Hans-Georg Kemper

Vom Expressionismus zum Dadaismus

Scriptor Taschenbuch S 50

Literaturwissenschaft

Hans-Georg Kemper

Vom Expressionismus zum Dadaismus

Eine Einführung in die dadaistische Literatur

Scriptor Verlag GmbH
Kronberg/Taunus
1974

© Scriptor Verlag GmbH & Co KG
Wissenschaftliche Veröffentlichungen
Kronberg Taunus 1974
Alle Rechte vorbehalten
Umschlagentwurf Stefan Krause
Gesamtherstellung
Friedrich Pustet, Regensburg
Printed in Germany
ISBN 3-589-20009-X

Hans-Georg Kemper

Vom Expressionismus zum Dadaismus
Eine Einführung in die dadaistische Literatur

Inhalt

Vorwort 7

Zur technischen Einrichtung des Bandes 12

Einleitung. Der Anfang in Zürich: Dada als Synthese der modernen
Kunst 13

I. Das Simultangedicht 26

1. Die Relativität von Raum und Zeit und die „Auflösung des Atoms"
   (Lichtenstein) 27
2. Die Hektik der Großstadt und die Geschwindigkeit der Wahrnehmung 33
3. Der Stillstand der Zeit im Moment der Verzückung (Ball) 38
4. Die Evolution der Natur oder Geschichte als Gegenwart 42
5. Die „Stunde des Mittags" und die „ewige Wiederkehr des Gleichen" (Nietzsche) 47
6. Zeit als Dauer und Leben als permanenter Formbruch (Bergson
   und Simmel) 57
7. Erinnerung und Wiederkehr oder die Rache des Mythos (Stadler
   und Heym) 60
8. Die Komprimation der Zeit im musikalischen Akkord (Schönberg) 73
9. Die Überwindung von Raum und Zeit durch den „inneren Klang"
   der Künste (‚Der Blaue Reiter' und ‚Der Sturm') 81
10. Der aggressive Mensch als „Gott des Augenblicks" (Huelsenbeck) 94
11. Die Auflösung von Subjekt und Objekt in der Simultaneität der
    Empfindungen (Mach und Vaihinger) 110
12. Die Einheit von Ich und Welt im Chaos des Lebens-Geräusches 118
13. Das Gesetz des Zufalls und die romantische „Weigerung" (Arp) 126

II. Das Lautgedicht 149

1. ‚Das große Lalulā'. Auf der Suche nach der „lingua adamica"
   (Morgenstern) 150

2. Zur Psychologie von Lautnachahmung und Lautsymbolik 157
3. Mimetisches Abrakadabra – abstrakte Magie (Ball, Blümner, Schwitters) 164
4. Ohnmacht und Macht der Sprache (Mauthner und Landauer) . . 182
5. ‚Die Flucht aus der Zeit‘: Romantik und Sprachtheologie (Ball) 194

III. Die Collage 206

1. Gestaltungsmöglichkeiten von Bild- und Textcollagen 207
2. Überwundenes Chaos oder vermerzte Wirklichkeit (Schwitters) 215

Verzeichnis der zitierten Literatur 236

Vorwort

Kaum eine andere Bewegung innerhalb der neueren Kunstgeschichte hat soviel Einfluß auf die Kunst der Gegenwart, soviel Aufmerksamkeit einer breiteren Öffentlichkeit und zugleich so wenig Interesse in der Forschung – insbesondere in der Literaturwissenschaft – gefunden wie Dada. Wer heute ‚happenings' inszeniert, wer ‚pop art' als Kunst verkauft, wer aus Freude am Spiel oder aus öffentlich beteuerter gesellschaftskritischer Einstellung heraus mit Sprache und Tonband experimentiert, wer mit Hilfe von Kunstobjekten den Bürger verschrecken, die Kunst abschaffen oder – vorsichtiger und mit Hoffnung auf Profit – erst einmal „decollagieren" möchte, darf sich unwidersprochen auf das Vorbild der Dadaisten berufen. Diese beteiligten sich in den vergangenen beiden Jahrzehnten durch eine Vielzahl zum Teil eilig geschriebener Memoiren munter an der avantgardistischen Glorifizierung ihrer stürmischen Jugendphase, der sie ursprünglich keinerlei „Ewigkeitswert" beigemessen hatten. So ist es denn auch kein Wunder, daß heute kaum ein fortschrittliches Schullesebuch an Texten von Arp oder Schwitters vorbeizugehen wagt. Als „Unsinnspoesie" etikettiert können die Schüler diese skurrilen Gebilde dann in der liebenswürdigen Gesellschaft von ‚Fisches Nachtgesang' und dem ‚großen Lalulā' belächeln oder sich gar – als willkommene Auflockerungsübung zwischen anspruchsvollerer Lektüre – zu eigenen Gestaltungsübungen von Lautgedichten und Collagen animiert fühlen.

Eine solche Rezeption hat, scheint mir, eine Bewegung nicht verdient, die mitten im Ersten Weltkrieg mit dem Anspruch angetreten war, eine Synthese der Kunst ihrer Zeit herbeiführen und repräsentieren zu wollen.

Allerdings wäre dieser Anspruch auf seine Berechtigung hin zu überprüfen. Doch das ist bislang noch nicht überzeugend geschehen. „Ist das ernst gemeint?" Diese von Ernst Robert Curtius 1950 gestellte rhetorische Frage hat das Entstehen einer Dada-Forschung lange Zeit beeinträchtigt. Der mitunter pathetische Ernst der dadaistischen Proklamationen fand am ehesten Eingang in die literarhistorischen Rekonstruktionsversuche der modernen Kunst. Aber die Aussagen der Pamphlete und Manifeste, die das Triviale und Ridiküle und daher für die seriöse Forschung Genierliche der dadaistischen Kunst mit oftmals kindlich anmutender Banalität beschrieben und rechtfertigten, vermochten die Wissenschaft kaum zu einer Analyse der poetischen Hinterlassenschaft des Dadaismus zu verlocken. Und was sollte schließlich auch die jahrelang liebevoll gepflegte ‚Werkimmanente Interpretation' mit bruitistischen Poemen oder mit vom Prinzip des Zufalls

– und nicht von einem schöpferischen Genius – diktierten Textcollagen an-
fangen? Wo sie sich intensiver auf die Texte einließ, mußte sie die Selbstdeutung der Autoren bestätigen, und bestenfalls ließen sich aus dieser
„Unsinnspoesie" Verfahrensweisen einer modernen Poetik destillieren, die
sich zum Verständnis und zur Rechtfertigung heutiger Sprachexperimente
zu eignen schienen.

Aber auch die seit einigen Jahren ausgetragene Methodendiskussion hat
dem Dadaismus bislang zu keiner angemessenen historischen Würdigung
verholfen. Die von Lukács in der ‚Expressionismus'-Debatte der Dreißiger
Jahre dogmatisch begründete Kritik an der „formalistischen" – anstatt
„realistischen" – Kunst des expressionistischen Jahrzehnts findet – nach
einem verständnisvolleren, durch die Studien von Adorno und Marcuse gekennzeichneten Zwischenstadium – neuerdings offenbar wieder Anhänger
bei Forschern, die dazu neigen, die Leistung des „Aufstands der Abstrakt-
Konkreten" an der Echtheit ihrer sozialistischen oder anarchistischen
Gesinnung zu bemessen. So legitim diese Fragestellung auch angesichts
entsprechender Bekenntnisse und Aktivitäten einiger Dadaisten ist, so un-
befriedigend bleiben gleichwohl Untersuchungen, die angesichts solcher
Intentionen den grundlegenden Kunstcharakter der Bewegung glauben
vernachlässigen zu können. Selbst dort, wo die Dadaisten die Kunst zerstören wollten – dies war zunächst keineswegs ihre Absicht –, blieben sie noch
an deren Voraussetzungen gebunden, und auch da, wo sie sich parteipoli-
tisch engagierten, suchten sie solche Ziele immer auch durch künstlerische
Mittel sichtbar zu machen und im Rahmen von Veranstaltungen anzustre-
ben, deren prätendierter Kunstcharakter ihnen die Entfaltung ihrer provo-
zierenden Absichten überhaupt erst ermöglichte. Ob Kunst oder Anti-
kunst: über diese Frage und über die historische Bedeutung des Dadaismus
läßt sich nur entscheiden, wenn man ihn im Kontext der damaligen Kunst
und vor dem Hintergrund der Zeit betrachtet, in der er entstand und gegen
die er opponierte.

Die vorliegende Einführung versucht, hierzu einige Aspekte beizutra-
gen, indem sie – Textanalyse und historische Darstellung verknüpfend – die
literarischen Zeugnisse Dadas mit grundlegenden Tendenzen der Epoche
zu vermitteln trachtet. Diese Tendenzen reichen von einer durch gesellschaftliche und zivilisatorische Veränderungen hervorgerufenen krisenhaften Erfahrung der Wirklichkeit bis hin zu naturwissenschaftlichen
Erkenntnissen und philosophischen Deutungen, in denen die Krise der
Moderne erfaßt und vorausgesagt wurde und in deren Kategorien daher die
Autoren ihre Zeit zu begreifen und literarisch zu gestalten versuchten. Da
es um eine literarhistorische Einordnung geht, muß auch die dem Dadaismus vorausgehende und zeitlich parallel verlaufende Literatur in repräsen-
tativen Beispielen in die Analyse einbezogen werden, so insbesondere der

Frühexpressionismus, aus dem heraus sich der Dadaismus wesentlich entwickelt hat.

Dabei geht es mir weder um eine Darstellung der Geschichte von Dada mit seinen verschiedenen Zentren in Zürich, New York, Berlin, Hannover, Köln und Paris – darüber informieren beispielsweise Willy Verkauf und Hans Richter –, noch primär um den Nachweis von Einflüssen. Abgesehen davon, daß im Einzelfall schwer zu entscheiden ist, was auf ein bloßes Hörensagen und was auf eingehende gedankliche Adaption zurückzuführen ist, verlagert man mit dem Nachweis eines Einflusses lediglich das Verstehensproblem von einem Autor auf einen anderen. Die rekonstruktiv erschlossenen Kategorien können ihre Signifikanz für die Epoche auch darin erweisen, daß sie sich bei Texten und Autoren finden, die in keinem unmittelbaren Abhängigkeitsverhältnis zueinander stehen. Allerdings gibt es hier Unterschiede. Grundkenntnisse von der Evolutionstheorie oder von der Philosophie Nietzsches darf man als allgemeines Bildungsgut der damaligen Zeit – zumindest bei den Intellektuellen – voraussetzen. Daß manche Dadaisten, deren Intentionen und bruitistische Aktionen einen unverkennbar positivistischen Charakter tragen, die Erkenntnistheorie Machs oder Vaihingers gekannt haben, ist nicht sicher. Gleichwohl ziehe ich diese heran, weil sie – zur Epoche gehörend – deren positivistischen Grundzug prägnant zum Ausdruck bringen.

Zum Charakter des Exemplarischen, der eine Einführung kennzeichnet, gehört ebenfalls die Beschränkung auf eine signifikante Auswahl der darzustellenden Positionen. Die hier entwickelten Analysekategorien sollen auch zum Verständnis solcher Textsorten, Autoren und Werke dienen, die nicht oder nur am Rande zur Sprache kommen. Bei manchen Werken und Textarten erübrigt sich ohnehin eine Analyse. Hier sind die historische Entwicklung und die Überlegungen, die zu ihrer Entstehung geführt haben, ungleich aufschlußreicher für das Verständnis der Bewegung. In vielen Fällen ist der überlieferte Text auch nur Substrat, Material und Medium für einen Vortrag oder für eine aggressive und provozierende Aktion, die als solche indessen kaum noch zu rekonstruieren sind. Umso wichtiger aber ist es auch hier, die historischen Begründungen für sie zu erarbeiten und anhand der überlieferten Texte und Theorien zu verfolgen, wo die Werke den angedeuteten Substratcharakter erhalten und wo die Aktionen die Funktion der Literatur übernehmen und ersetzen.

Es sind vor allem drei Textsorten, die zentrale Tendenzen jener Jahre zu verarbeiten suchen. Sie fungieren daher auch als orientierende Gliederungsprinzipien dieses Bandes. Eines der dominierenden Kennzeichen der Epoche ist die Intensität, mit der – von der Relativitätstheorie über die Lebensphilosophie bis hin zur komprimierten Hektik der großstädtischen Lebenserfahrung und zum Ereignis des Ersten Weltkriegs – das Phänomen der Zeit erforscht, reflektiert und erlebt wurde. Die Erfahrung einer Zeitenwende, eines als notwendig erkannten Untergangs der dekadent erscheinenden Gesellschaft und ihrer Kultur sowie eines Umschlags und Neubeginns in der von Nietzsche prophezeiten „Stunde des Mittags" findet seine literarisch gültigste Gestaltung im Simultangedicht. Es ist, scheint mir, auch kein Zufall, daß sowohl Expressionismus als auch Dadaismus angesichts dieser krisenhaften Zeiterfahrung und der „Überfülle des Erlebens" gerade in den kurzen literarischen Formen besonders zeittypische und eindrucksvolle Werke hervorgebracht haben. Diese stehen nicht zuletzt deshalb hier im Mittelpunkt der Betrachtung. – Die durch die genannten Theorien, Entwicklungen und Erfahrungen mitbedingte tiefgreifende erkenntnistheoretische Unsicherheit führte zu einer radikalen Sprachskepsis und Sprachkritik, die seit der Jahrhundertwende in vielfältiger Weise in der Literatur poetisch reflektiert und gestaltet wird. Das Lautgedicht ist der prägnanteste dadaistische Ausdruck dieser Krise und zugleich der Versuch zu ihrer Überwindung. Die Collage schließlich ist zwar einerseits auch Ausdruck der Zeit- und Sprachkrise, sie entfaltet ihre besondere Verweisungskraft aber erst, als es nach Ende des Krieges gilt, aus dem verbliebenen Trümmerhaufen der Zivilisation neues – poetisches – Leben zu erwecken. Die Unmittelbarkeit, mit der die demolierten Elemente der Realität Eingang in die Collage finden, weist voraus auf die Neue Sachlichkeit der Zwanziger Jahre, die diese – positivistische – Nähe zu dem in den einzelnen Fakten und Phänomenen Gegebenen ebenfalls anstrebt und in die der Dadaismus deshalb nicht weniger einmündet als in den Surrealismus, der die Unmittelbarkeit der Psyche zu erfahren und zu gestalten sucht.

Simultangedicht, Lautgedicht und Collage sind jene literarischen Ausdrucksformen, in denen sich die entscheidenden Phasen der Epoche spiegeln. An ihnen wird sich daher exemplarisch erkennen lassen, ob der Dadaismus den Anspruch, unter dem er in Zürich angetreten war – und den es einleitend darzustellen gilt –, hat einlösen können.

Schon jetzt aber wird die historische Bedeutsamkeit der genannten Textsorten deutlich. Wer sich heute zur Rechtfertigung seiner Kunst oder seiner Gestaltungsübungen auf gewisse dadaistische Techniken beruft, sollte wissen, daß diese einen sehr viel gewichtigeren historischen Stellenwert besitzen als ihre leichte Reproduzierbarkeit vermuten läßt. Und es ist zu hoffen, daß die angehenden und die bereits tätigen Deutschlehrer aus dem hier ausgebreiteten Material Anregungen gewinnen, um den Dadaismus mit ihren Schülern in einem anspruchsvolleren Rahmen zu betrachten, als dieser bisher in den Unterrichtshilfen vorgegeben wird. Die Schulpraxis läßt heute kaum noch Zeit für eine gründlichere fachwissenschaftliche Einarbeitung in den für eine Unterrichtseinheit geplanten Stoffbereich. Um

eine Orientierung wenigstens auf begrenzteren Gebieten gleichwohl zu ermöglichen, habe ich die drei Hauptteile des Buches und – soweit dies möglich war – auch die einzelnen, ihnen subsumierten Abschnitte so zu
konzipieren versucht, daß sie auch weitgehend unabhängig voneinander
verständlich sind. Querverweise im fortlaufenden Text machen auf die über
die einzelnen Teile hinausgehenden Zusammenhänge aufmerksam.

Dieses Buch ist im Zusammenhang mit einer literarhistorischen Darstellung des Expressionismus entstanden, die Silvio Vietta und ich an anderer
Stelle vorlegen. Manches, was im vorliegenden Band zur Signatur der Epoche und zum Expressionismus nur skizzenhaft angedeutet wird, ist dort
ausführlicher abgehandelt. Ich verdanke der Darstellung Silvio Viettas auch
für die Einführung in den Dadaismus vielfache Anregung.

Zur technischen Einrichtung des Bandes

Dieser Band enthält am Schluß ein durchnumeriertes Literaturverzeichnis. Auf die darin aufgeführten Publikationen wird im folgenden durch in Klammern gesetzte arabische Ziffern verwiesen, welche die entsprechende Nummer des Literaturverzeichnisses angeben, unter der der jeweilige Titel verzeichnet ist. Sind die Zahlen in einer Klammer durch ein Semikolon getrennt, so bezeichnet jede von ihnen eine andere, unter der genannten Zahl im Literaturverzeichnis aufzufindende Publikation, z. B. „(74; 77; 98)". Sind die Ziffern in den Klammern – wie meist – durch ein Komma getrennt, so kennzeichnet die Zahl vor dem Komma die entsprechende Nummer im Literaturverzeichnis, die Ziffer nach dem Komma die Seitenzahl der betreffenden Veröffentlichung; „(48,50)" bedeutet also: Publikation Nr. 48 des Literaturverzeichnisses, S. 50.

Einleitung

Der Anfang in Zürich: Dada als Synthese der modernen Kunst

Die Kunst- und Literaturrichtung, die „Lebenshaltung" und spätere Modeströmung Dada hat sich innerhalb weniger Monate aus einer „Künstlerkneipe" heraus entwickelt, die Hugo Ball im Februar 1916 unter dem Namen ‚Cabaret Voltaire' in der Zürcher Spiegelgasse gegründet hat. Wann, wie und von wem der Name Dada erfunden wurde, ist ebenso unsicher wie seine Bedeutung (vgl. 81, 8). –

Die Entstehungsphase ist für das Verständnis des Dadaismus von großer Bedeutung. In ihr werden die Voraussetzungen und Bedingungen erkennbar, die zu dieser „Kunstrevolution" führten, und in ihr entfalten sich bereits jene künstlerischen Aktivitäten und Textarten, welche die Dadaisten als typisch für die von ihnen vertretenen Intentionen betrachteten und deshalb in den nachfolgenden Jahren beibehielten: die aggressiven Publikumsprovokationen, die Aufführungen von bruitistischen Poemen, von Simultan- und Lautgedichten, das Dichten und Collagieren nach dem „Gesetz des Zufalls" sowie die ersten theoretischen Standortbestimmungen. Für die Untersuchung des weiteren historischen Kontextes, in den diese Bewegung einzuordnen und innerhalb dessen sie zu verstehen ist, vermag die Betrachtung dieser Gründungsphase daher erste wichtige Hinweise zu geben. – Im folgenden konzentriere ich meine Darstellung auf die Person Hugo Balls: Seiner Initiative verdankt die „Kneipe" – wie er sie gelegentlich nannte – ihre Entstehung und ihr Konzept, er ist der intellektuell bedeutsamste Kopf der ganzen Bewegung gewesen, und von ihm stammt auch – vor allem durch seine Briefe – das reichhaltigste und authentischste Material, das sich zur Rekonstruktion jener Entstehungsphase heranziehen läßt.

Miklavž Prosenc hat in seiner Studie über die ‚Dadaisten in Zürich' eindringlich erörtert, was der Erste Weltkrieg und die Emigration für die avantgardistischen Künstler jener Zeit bedeutete (77, 31–45). Viele Intellektuelle erlebten – aus Gründen, über die wir noch sprechen werden – den Krieg zunächst als eine Befreiung aus starken sozialen und politischen Spannungen, als Möglichkeit zu einem „Aufbruch" und einem gesellschaftlichen Neubeginn. Die Art dieser Spannungen, die im starken wirtschaftlichen Aufschwung Deutschlands mit der daraus resultierenden neuen, ökonomisch bedingten Klassenschichtung und dem gleichzeitigen Festhalten an tradierten ständischen Ordnungen *eine* wesentliche Ursache hatte, ist auch in literarhistorischen Studien mehrfach beschrieben worden, so im Blick auf Dada neben Prosenc von Brinkmann (65, 367 ff.) und Meyer (75, 1 ff.). Angesichts der Kriegsentwicklung und erschütternder Fronterlebnisse, denen sich offenbar auch der zunächst kriegsbegeisterte Hugo Ball konfrontiert sah (vgl. 5, 46), wandelte sich bei vielen – und auch beim Gründer des ‚Cabaret Voltaire' – die Zustimmung alsbald in entschiedene Ablehnung, obgleich die Propaganda, wie Meyer dargestellt hat, alles tat, um Patriotismus und Nationalismus zu schüren. Die linke Avantgarde war zudem tief enttäuscht über die Haltung der Sozialdemokratie, welche die Kriegskredite gebilligt hatte, und über das kriegsbegeisterte Gebaren einer Vielzahl angesehener Intellektueller. Hier zeichneten sich starke Polarisierungen ab, die bislang bestehende künstlerische Gemeinsamkeiten und Kunstgemeinschaften auseinanderbrechen ließen und die z. B. auch den Expressionismus in verschiedene Lager spalteten, so in die Gruppe jener, die sich der „reinen Kunst" widmeten, und in die Phalanx jener, die sich mehr und mehr einem geistigen oder politischen ‚Aktivismus' verschrieben.

Indessen sorgte auch das Kriegsgeschehen selbst dafür, daß zahlreiche Verbindungen und Künstlerfreundschaften über die Ländergrenzen hinweg abbrachen, und viele Künstlergruppen in Deutschland lösten sich angesichts der allgemeinen Mobilmachung notgedrungen auf. Jene Künstler, die nicht mit an die Front marschierten, fühlten sich „isoliert und sozial degradiert": „Derjenige, der einen Zivilanzug trug, war in den Augen der Gesellschaft nicht gesund und galt als abnorm." (77, 34) Dies galt ebenfalls für Hugo Ball, dessen Mutter von ihrem Sohn die Ehrenpflicht fürs Vaterland verlangte und – wenn man den anekdotenreichen Memoiren seiner Lebensgefährtin Emmy Hennings glauben kann – ihm sogar bis nach Zürich nachreiste, um ihn zum Einsatz an der Front zu bewegen (6, 83 f.). Die Künstler verloren durch den Krieg weitgehend ihr Publikum; dieses hatte, auch wenn es daheim geblieben war, kein Interesse mehr für Bücher, Theater und kulturelle Veranstaltungen. „Man hat nur den Krieg im Kopf", klagt Hugo Ball im April 1915 in einem Brief an Käthe Brodnitz, „und nichts als den Krieg. Kriegsberichte, Kriegshunde, Kriegskonterbande, Kriegspfannkuchen, Kriegslazarette etc. Man muß warten, bis wieder ruhigere Zeiten sind." (3, 37 f.)

Diese Beeinträchtigung und Lähmung der künstlerischen Wirkungsmöglichkeiten wird man bei Hugo Ball als einen wesentlichen Grund für seinen Entschluß zur Emigration betrachten müssen. Emmy Hennings, die ein Interesse daran hatte, die künstlerischen Ambitionen ihres 1920 zur katholischen Kirche konvertierten und als „Heiliger vom Tessin" gestorbenen Mannes im Nachhinein abzuschwächen, rechtfertigt Balls „Fahnenflucht" mit dessen Erschütterung über den Tod seines Freundes Han

Leybold: „Er war so aufgewühlt, so sehr erschüttert, und wenige Tage später fuhren wir in die Schweiz." (6, 60) Hans Leybold starb indessen bereits am 8. September 1914, wie der Todesanzeige in Franz Pfemferts expressionistischer Zeitschrift ‚Die Aktion' zu entnehmen ist (15, 785), und Ball reiste erst im Sommer 1915 in die Schweiz.

Balls Briefe aus jener Zeit geben Aufschluß über seine sorgfältig vorbereitete Emigration und zugleich über die Motive zur Gründung des ‚Cabaret Voltaire'. Im bereits erwähnten Brief vom 9. April 1915 an Käthe Brodnitz beklagt er sich darüber, daß „die fortschrittlichsten Dinge" „nach einiger Zeit ins öligste Fahrwasser" kämen, „weil kein Publikum dafür da" sei, und er fährt fort:

> „In Zürich scheint neuerdings viel Leben zu sein. . . . Neuerdings erhalte ich eine Aufforderung zur Mitarbeit, unterzeichnet von Dr. Walter Serner (also sind mindestens 5 junge Deutsche aus dem Aktionskreis zur Zeit in Zürich) Franzosen arbeiten mit, Italiener. Es ist nur noch im Ausland möglich.
>
> Mich zieht es auch dorthin. Leben, Bewegung, Wille muß sein. (hier ist nichts nichts nichts von alledem. Nur gegenseitige Beargwohnung, gegenseitiges Beschnüffeln.) Ich habe folgenden Plan: Am 1. Mai hier bei Zeit im Bild zu kündigen. 1. Juni von Berlin abzureisen. Zunächst nach Zürich. Von dort aus will ich weiter sehen. . . .
>
> Liebe Freundin, Sie ahnen nicht, was das für schwierige Fragen sind: Abreisen, Freunde, Gönner, Helfershelfer! Es kommt alles aus derselben Quelle: Man könnte (wir alle miteinander) das zehnfache leisten, wenn wir getragen wären von gemeinsamer Begeisterung.
>
> N. B. Ich widerrufe meine Ermunterung zum Plan eines ‚Salons'. Ich glaube nicht mehr dran. Ich glaube Berlin jetzt besser zu kennen als noch vor einer Woche. Sie würden nur Leute finden, die zu suchen nicht verlohnt. Wir leben (leider) nicht mehr in den Zeiten der Brentano und Schlegel. Es gibt nur eines: Das Ausland. Die Schweiz. Paris. Italien. Rußland." (3, 41 f.)

Die Suche nach Gemeinschaft in einer Künstlergruppe und auch das Streben nach Erfolg – „Ich kämpfe für meine Anerkennung", schreibt er an seine Schwester (2, 46) – sind neben seinem Pazifismus bedeutsame Motive für Hugo Balls Weggang aus Deutschland. Er wollte im Ausland verwirklichen, was er zuvor schon in München, wo er dem Kreis um Kandinsky nahestand, und in Berlin vergeblich zustandezubringen versucht hatte: ein „Künstlertheater" bzw. einen „Salon".

Umso mehr muß er nach seiner Ankunft in der Schweiz unter der anfänglichen Isolierung gelitten haben. Von Beginn an hatten er und Emmy Hennings Geldsorgen, die sie nötigten, in verschiedenen Varietés aufzutreten, sie als Chansonette, er als Klavierspieler. Für einige Monate schlossen sie sich einer Varieté-Truppe mit dem exotischen Namen ‚Flamingo' an. Hugo Ball, der dies Käthe Brodnitz am 16. November 1915 berichtet, be-

klagt dabei die „beständige Unsicherheit, unter Apachen zu leben und den
kleinen Verdienst zu verlieren", und fügt hinzu: „Unser Ehrgeiz ist, später
(in einigen Monaten) dann selbst ein kleines Ensemble zu haben und uns
so immer mehr herauszuarbeiten." (3, 47) Bereits sechs Wochen später berichtet er derselben Adressatin:

> „Um den Genuß unseres Ensembles sind Sie nun gekommen und das ist – aller
> Voraussicht nach – sogar *nie* mehr nachzuholen. Denn – am 1. Jan. kündigen wir
> und werden – vorausgesetzt, daß uns die Polizei keine Konzessions-Schwierigkei-
> ten macht, in einer entzückenden kleinen Weinstube ein literarisches Cabaret
> aufmachen, bei dem uns hiesige und ausländische Freunde mit Energie und Beiträ-
> gen unterstützen. Eine lebendige Zeitschrift gewissermaßen. Es besteht großes
> Interesse dafür und unsere seltsame Hartnäckigkeit, beim Maxime-Ensemble aus-
> zuhalten, hat uns einige Sympathie errungen, mit der wir es schließlich und am
> Ende wagen können." (3, 48)

Gleichzeitig beschäftigt er sich mit dem Gedanken, sein in München 1909
abgebrochenes Promotionsvorhaben – über Nietzsche – wiederaufzuneh-
men. Käthe Brodnitz hatte ihm offenbar dazu geraten. „Das Cabarett",
meint er, „wäre vielleicht ein gutes Sprungbrett dazu", und er fügt – offensichtlich fasziniert von der Idee – u. a. hinzu: „Möglich, das Cabarett geht
gut. Dann möchte ichs allerdings versuchen. Sie glauben, daß ich bis nächste
Weihnachten schon promovieren könnte? Müßte ich dann dieses Semester
noch belegen und wie hoch glauben Sie würden die Kosten kommen?" (3,
49) Vier Tage später – am 3. Januar 1916 – bittet er seine Schwester, ihm
die „Urkunden über meine Universitätsstudien in München u. Heidelberg"
„per Expreß Eingeschrieben" zuzuschicken: „Ich beschäftige mich sehr
mit der Möglichkeit, nachträglich hier zu doktorieren und würde dazu
diese Akten benötigen." (2, 50 f.) Das „Cabarett" sollte Ball also von den
drückenden finanziellen Sorgen befreien und ihm zugleich die Muße ver-
schaffen, akademische Ehren zu ernten, die er einige Jahre zuvor um künstlerischen Ruhmes willen ausgeschlagen hatte.

Ball bereitete die Premiere am 5. Februar 1916 gründlich vor. Dabei war
er für Mitarbeiter prinzipiell offen: „Ich habe Beziehungen zu den heterogensten Menschen und hoffe gerade damit etwas zu erreichen. Willkommen
sollen alle sein, die – etwas leisten." (3, 50) Im Januar 1916 lernte er den
rumänischen Maler und Architekten Marcel Janco kennen, der sich zur
Mitarbeit entschloß und seinerseits Hans Arp und Tristan Tzara für das
Unternehmen gewann. Ball bat Käthe Brodnitz unmittelbar nach Eröffnung des ‚Cabaret Voltaire': „Schicken Sie mir doch bitte, wenn es möglich
ist, Huelsenbeck. Ich hätte so gute Verwendung für ihn! Er kann sich doch
einen Namen machen!" (3, 52)

Huelsenbeck traf dann wahrscheinlich am 26. Februar in Zürich ein. Dieses Datum nennt Ball selbst im Vorwort zu dem von ihm im Juni 1916 herausgegebenen Almanach ‚Cabaret Voltaire' (17, 13), und es ist plausibel, weil er den Brief vom 27. Januar 1916 an Käthe Brodnitz, in dem er diese bittet, Huelsenbeck zu schicken, noch – wie aus einem Nachtrag hervorgeht – einige Tage „in der Tasche behielt" und weil Huelsenbeck andererseits in seinen Memoiren berichtet, er sei nach Erhalt der Einladung zunächst nach Dortmund und dann wieder zurück nach Berlin gefahren, um mit Hilfe eines Attests bei der Militärbehörde die Erlaubnis zu seinem „Abmarsch in die Schweiz" zu erlangen (10, 14 ff.). Deshalb dürfte die Tagebucheintragung Hugo Balls, Huelsenbeck sei bereits am 11. Februar in Zürich angekommen, zugunsten des späteren Datums zu korrigieren sein.

Ich erwähne dieses Detail, weil man in der Forschung bislang das frühere Datum für das richtige gehalten hat und weil man „Huelsenbecks Eintritt in die Gruppe" mit Recht als ein „Auslösemoment" betrachtet: „Durch ihn scheinen bisher zurückgehaltene und gestaute Gefühle und Aggressionen wachgerufen und die in einem gemäßigten Rahmen gehaltenen, dem Geschmack des Publikums angepaßten künstlerischen Darbietungen als ungenügend empfunden worden zu sein." (77, 55) Huelsenbeck sowie Emmy Hennings und die zuvor Genannten bildeten den Kern der Gruppe, der durch eine nicht geringe Zahl mehr oder weniger regelmäßig mitarbeitender und rezitierender Künstler ergänzt wurde (vgl. dazu 77, 46 ff.). Das ‚Cabaret' scheint sich zunächst erfolgreich angelassen zu haben. Es nimmt Ball so sehr in Anspruch, daß er von seinen Studienplänen fürs erste wieder Abstand nehmen muß (3, 52). Die „Künstlerkneipe" im Gasthof ‚Holländische Meierei' präsentierte ein sehr offenes Programm. Mit Recht spricht Döhl von einer „noch völlig undadaistischen Phase des ‚Cabaret Voltaire'" (68, 721).

Man darf diesem Unternehmen indessen nicht Ziel- und Richtungslosigkeit unterstellen. Die Offenheit der „Künstlerkneipe" ist vielmehr ihr Programm und verwirklicht sich konsequent in nahezu allen Bereichen. Zunächst sind alle Künste vertreten. „Gestern", berichtet Ball an Käthe Brodnitz, „hatten wir wundervolle Liszt-Rhapsodie. Vergangenen Sonntag 6 junge Russen, die zur Balalaika sangen. Außerdem Rumänen, Franzosen." (3, 52 f.) An den Wänden des Lokals sind moderne Bilder ausgestellt: „Wenn Sie also einmal wiederkommen, werden Sie einen entzückenden Raum vorfinden, in dem futuristische, kubistische, expressionistische Bilder hängen und einige interessante Menschen verkehren." (3, 52) Gelegentlich – allerdings erst später – gab es durch die Tanzschule Laban auch Balletteinlagen. Die am Unternehmen beteiligten Künstler beherrschten zumindest zwei Kunstarten und beteiligten sich darin an der Programmgestaltung: durch Musik, Bilder, Masken und Kostüme, literarische Beiträge und ihre Rezitation. Die Künstler entstammten – ebenso wie das Publikum – verschiedenen Nationen, sie waren polyglott und verfaßten auch ihre Beiträge fürs Programm in verschiedenen Sprachen. Von Anfang an arbeitete die Gruppe offen zusammen, es gab – das hat Prosenc betont – keinen künstlerischen Leiter oder Führer, der die Richtlinien des Programms bestimmt hätte. Offen waren die Varieté-Abende anfangs auch grundsätzlich für die Beteiligung des Publikums. So widmete man einzelne Abende der Kunst verschiedener Länder, z. B. veranstaltete man eine russische, schweizerische und französische Soirée (4, 76 ff.), bei der jeweils spontane Publikumsbeiträge als Einzel- oder Kollektivleistung – z. B. als Tischgesang – zustandekamen. Daß sich hier Emigranten miteinander Krieg führender Nationen kennen und vielleicht auch besser verstehen lernten, verlieh solchen Abenden anfangs ein weit über das nur Künstlerische hinausreichendes programmatisches Gewicht.

Die Offenheit des Programms betraf auch die Kunstrichtungen und Stilarten. In der Pressenotiz, die auf die Eröffnung des ‚Cabaret Voltaire' hinwies, hieß es ausdrücklich: „Das Prinzip des Kabaretts soll sein, daß bei den täglichen Zusammenkünften musikalische und rezitatorische Vorträge der als Gäste verkehrenden Künstler stattfinden, und es ergeht an die junge Künstlerschaft Zürichs die Einladung, sich ohne Rücksicht auf eine besondere Richtung mit Vorschlägen und Beiträgen einzufinden." (4, 71) So rezitierte man z. B. Verse von Kandinsky, Else Lasker-Schüler, Wedekind, van Hoddis, Lichtenstein, Werfel sowie Morgenstern und spielte Musik von Reger, Liszt und Débussy.

Die Forschung hat bislang verständlicherweise diese Phase der Entwicklung des ‚Cabaret Voltaire' im Blick auf die „Entstehung" des Dadaismus betrachtet und relativ kurz abgetan – zu Unrecht, wie ich meine. Denn was hier offensichtlich eine Zeitlang mit Erfolg praktiziert wurde, ist auch in jener Zeit der Emigranten- und Künstlergemeinschaften, der Varietés und Literatencafés, der Dichterzirkel, Soiréen und Lesegemeinschaften ein beachtenswertes Experiment, das in der Konsequenz der von ihm realisierten Offenheit kaum ein Pendant in jener Zeit besitzt. Dieser Charakter des Künstlerlokals war von Hugo Ball geplant, er hatte Ähnliches, wie gesagt, schon in München und Berlin verwirklichen wollen. Hier wurde die von Kandinsky 1910 neu beschworene Idee eines „Gesamtkunstwerks" in der Symbiose der Künste zumindest ansatzweise verwirklicht, hier wurden Toleranz und Demokratie geübt, hier wurde – wenigstens tendenziell – die Entfremdung des Künstlers von seinem Publikum, seine Abhängigkeit von Verlegern aufgehoben, hier realisierte sich partiell allabendlich im Medium künstlerischer Betätigung eine Lebensform, die in manchen Zügen anarchistischen Idealvorstellungen entspricht: eine kleine Gemeinschaft, die das

‚Cabaret Voltaire' als kollektive Aufgabe betrachtete, in der jeder seine
Freiheit durch gemeinsame Mitverantwortung fand und in der sich „die
Produktivität des einzelnen durch assoziierte Arbeit" „vervielfältigte" (75,
82). Meyer und seine Mitarbeiter, die den anarchistischen Elementen bei
Ball gründlich nachspüren, verweisen auf „formal-revolutionäre
Momente": auf die im Sinne Bakunins nur organisatorische Führerposition
Balls und auf die „kollektive Arbeitsweise der Gruppe" (75, 90). Ein drittes
Postulat dieses Anarchisten, für den sich Ball so sehr interessierte, daß er
ein druckreifes, aber nie publiziertes ‚Bakunin-Brevier' zusammenstellte,
wurde erst in den folgenden Monaten nach und nach zum Programm: die
„bedingungslose Zerstörung aller bürgerlichen Bildungselemente" als
„Voraussetzung für eine Um- bzw. Neugestaltung der Gesellschaft" (75,
92). Der Zürcher Dadaismus ist indessen auch in den folgenden Jahren weit
davon entfernt, den zuletzt genannten Aspekt in der recht äußerlichen
Form der Publikumsprovokationen ins Zentrum seiner Aktivitäten zu stellen.
    Im Juni 1916 erschien der – offenbar vorwiegend von Hugo Ball zusam-
mengestellte – Almanach ‚Cabaret Voltaire'. Im Vorwort hebt Hugo Ball
die Intention des Unternehmens hervor. Das Heft „soll die Aktivität und
die Interessen des Cabarets bezeichnen, dessen ganze Absicht darauf ge-
richtet ist, über den Krieg und die Vaterländer hinweg an die wenigen
Unabhängigen zu erinnern, die anderen Idealen leben." (17, 13) Tzara setzt
hier rückschauend andere Akzente (22, 12 f.) In der Benennung der Beiträger stimmen beide überein – bei Tzara fehlt lediglich Oppenheimer –:

„‚Cabaret Voltaire' enthält Beiträge von Apollinaire, Arp, Ball, Cangiullo, Cen-
drars, Hennings, Hoddis, Huelsenbeck, Janco, Kandinsky, Marinetti, Modigliani,
Oppenheimer, Picasso, van Rees, Slodki und Tzara. Es ist auf zwei Bogen die erste
Synthese der modernen Kunst- und Literaturrichtungen. Die Gründer des
Expressionisme, Futurisme und Cubisme sind mit Beiträgen darin vertreten." (4,
91)

Die Namen der Beiträger geben Ball recht. Sie unterstreichen den Syn-
kretismus der Kunstrichtungen, den das ‚Cabaret Voltaire' als Intention
Anfang Juni nicht prinzipiell aufgegeben hatte. In dem Vorwort zu dieser
Anthologie nennt Ball abschließend – und damit zum ersten Mal in einem
historischen Dokument – den Namen ‚Dada'. Er steht ganz im Kontext
dieser angestrebten Symbiose der internationalen Avantgarde: „Das nächste Ziel der hier vereinigten Künstler ist die Herausgabe einer Revue Internationale. La revue paraîtra à Zurich et portera le nom ‚DADA'. (‚Dada')
Dada Dada Dada Dada." (17, 13) Dada hat also seinem damaligen Selbstverständnis nach noch nicht den Ehrgeiz, sich als eine weitere eigenständige

Kunstrichtung *neben* anderen zu profilieren, sondern Dada sucht sie zu *vereinigen*.

Es ist in diesem Sinne bezeichnend, daß einige der wichtigsten Text- und Vortragsarten, die man später als typisch für den Dadaismus bezeichnen sollte, keinesfalls dadaistische Erfindungen sind, sondern von anderen Kunstrichtungen übernommen wurden. Dies gilt für das Simultangedicht, dessen Herkunft Ball im Almanach ausdrücklich erwähnt: „Und durch die Initiative des Herrn Tristan Tzara führten die Herren Tzara, Huelsenbeck und Janco (zum ersten Mal in Zürich und der ganzen Welt) simultanistische Verse der Herren Henri Barzun und Fernand Divoire auf sowie ein Poème simultan eigener Composition, das auf der sechsten und siebenten Seite abgedruckt wird." (17, 13) Das bruitistische Gedicht und die Publikumsprovokationen hatten bereits die Futuristen erprobt. Die „wundervolle Negermusik", die Ball erwähnt, ist auf die wenige Jahre zuvor entdeckte Negerkunst zurückzuführen, von denen einige Plastiken bereits im – von Kandinsky und Marc 1912 herausgegebenen – Almanach des ‚Blauen Reiter' abgedruckt waren: als Beispiel für die Kunst anderer Völker. Hans Arp, der in dem eben genannten Almanach bereits mit kleineren Arbeiten vertreten war, brachte schon relativ präzise Vorstellungen von einer abstrakten Kunst mit nach Zürich, und sein berühmt gewordenes „Unsinnsgedicht" ‚Kaspar ist tot' hatte er bereits 1912 gedichtet. Huelsenbeck hatte einige seiner „Aggressionspoeme" bereits 1915 auf einem zusammen mit Hugo Ball veranstalteten Expressionistenabend in Berlin vorgetragen, brachte sie also ebenfalls „fertig" nach Zürich mit. Die Gedichte und Lieder, die Emmy Hennings vortrug, waren z. T. bereits 1913 in der renommierten expressionistischen Buchreihe ‚Der jüngste Tag' erschienen, und auch die Gedichte Hugo Balls, die sie vortrug, waren zum nicht geringen Teil in seiner expressionistischen Phase entstanden. Offensichtlich hatte damals nur Tristan Tzara, „der den italienischen Futurismus von einem Auftritt der Futuristen in Bukarest her kannte", den „Ehrgeiz", „eine neue Kunstrichtung zu ‚erfinden'" (68, 721). Doch dies trug ihm den Widerstand Balls und Huelsenbecks ein (vgl. 4, 84 ff.).

Es kann von daher nicht verwundern, daß sich Hugo Ball bereits nach wenigen Monaten fluchtartig seinem ‚Cabaret' entzog, als es zunehmend jene „dadaistische" Richtung einzuschlagen begann, die seinen ursprünglichen Intentionen keineswegs entsprach. Indessen sind die Gründe für die Flucht, die Ball im Juli 1916 ins Tessin antrat, vielschichtig. Da war zunächst die Diskrepanz zwischen dem anspruchsvollen theoretischen Konzept und der Wirklichkeit der allabendlichen Vorstellungen. Der Wirt der ‚Holländischen Meierei' hatte den Vertrag mit den Künstlern in der Erwartung abgeschlossen, seinen Umsatz steigern zu können. Der Alkoholkonsum scheint denn auch das Verhalten des Publikums nicht unerheblich beeinflußt zu haben. Indessen bewegte sich nach Huelsenbeck das ‚Cabaret‘ von Anfang an ständig am Rande des Bankrotts, und der Wirt machte den Veranstaltern Vorhaltungen, sie müßten „bessere Unterhaltung bieten und mehr Zuhörer anlocken, oder das Kabarett müsse geschlossen werden" (10, 33). Ähnlich urteilt Ball, der allerdings das finanzielle Defizit ausschließlich auf Seiten der Künstler sieht (3, 52). Man muß die zunehmenden Verrücktheiten und Provokationen auch unter dieser Perspektive sehen: Sie waren ein Mittel, eine größere Besucherzahl anzulocken und den dauernd quengelnden Wirt zufriedenzustellen. Das oft genug – vor allem in fortgeschrittener Stunde – angetrunkene Publikum – meist Studenten und Emigranten – entwickelte offensichtlich bald eine Erwartungshaltung hinsichtlich der Provokationen und betrachtete die dadaistischen Exaltationen zunehmend als vergnügliches Spektakel, an dem es sich beteiligte und bei dem es sich austobte (vgl. 4, 84).

Abgesehen davon, daß Ball ein solches Publikum nicht gerade als ideale Zuhörerschaft im Blick auf die Intentionen des ‚Cabarets‘ ansehen konnte, griffen diese permanenten „Interaktionen" auch die Gesundheit an – nicht nur seine. Die täglichen Proben, die Programmorganisation, die Erfindung neuer Auftritte, die nebenher betriebenen privaten Studien schufen zusammen mit dem allabendlichen stundenlangen Cabaret-Programm eine Arbeitsbelastung, der sich Ball auf die Dauer rein physisch nicht gewachsen zeigte. Bereits am 15. März notiert er in seinem Tagebuch: „Das Kabarett bedarf einer Erholung. Das tägliche Auftreten bei dieser Spannung erschöpft nicht nur, es zermürbt. Inmitten des Trubels befällt mich ein Zittern am ganzen Körper. Ich kann dann einfach nicht mehr aufnehmen, lasse alles stehen und liegen und flüchte." (4, 79) Auch Emmy Hennings, so berichtet Ball an Käthe Brodnitz, „fühlt sich gar nicht recht wohl und ist ein bißchen überarbeitet." (3, 57) Sie scheint in jener Zeit mehrfach krank gewesen zu sein. Huelsenbeck, der nebenbei Medizin studierte, war – auch aus mehreren anderen Gründen (vgl. 10, 42ff.) – nach wenigen Monaten in einem derart desolaten Zustand, daß er sich in psychiatrische Behandlung begeben mußte.

Zum Teil mag die frühe Abkehr von Dada auch in persönlichen Rivalitäten und Animositäten der Künstler begründet sein – auf die Spannungen zwischen Tzara einerseits und Ball sowie Huelsenbeck andererseits habe ich bereits hingewiesen. Auch mit Hans Arp scheint sich Ball nicht sonderlich verstanden zu haben (vgl. 4, 74ff). Ball besaß offenbar einen schwermütig-eigensinnigen und introvertierten Charakter und einen zwar scharfen, aber auch skrupulösen und bedächtigen Intellekt. „Ich bin so langsam", klagte er einmal seiner Lebensgefährtin (6, 129), und einem Freund bekannte er: „Ich habe ein seltenes Talent, mich mit den ‚geistigen Menschen‘, die in meine Nähe kommen, alsbald zu verkrachen." (2, 58)

Letztlich ausschlaggebend dürfte aber jene bereits skizzierte Richtung des ‚Cabarets' gewesen sein, mit der er sich nicht mehr zu identifizieren vermochte. Offensichtlich hatten ihn in seinem Entschluß auch einige französische Kritiker bestärkt, die das aggressive Gebaren der Kabarettisten in einen direkten Zusammenhang mit der militärischen Aggression Deutschlands brachten. „Sie sagten", schreibt Ball, „ein Deutscher hat's gemacht, um Propaganda für sein Volk zu machen. Er ist ein Blasphemiker, und das bedeutet, er ist ein Dekadent, und diese Dekadenz ist eine Folgeerscheinung des drückenden Militarismus. Da verging mir die Lust. Lieber will ich untersuchen, wie weit sie recht haben. Und Heilmittel suchen gegen besagte Dekadenz." (2, 66; ähnlich 3, 58) Von daher verstehen sich auch seine heftigen Ausfälle in den Briefen nach seinem Weggang aus Zürich. „Ich erkläre hiermit", so teilt er Tristan Tzara mit, „daß aller Expressionismus, Dadaismus und andere Mismen schlimmste Bourgeoisie sind. Alles Bourgeoisie, alles Bourgeoisie. Übel, übel, übel." (2, 62 f.) Zwei Wochen später wird er noch deutlicher: „Das ‚Cabaret Voltaire' ist nichtsnutzig, schlecht, dekadent, militaristisch, was weiß ich was noch. Ich möchte so etwas nicht mehr machen." (2, 63) U. a. fordert er – im selben Brief an Tzara –: „Keine Marinettis mehr, keine Apollinaires mehr (ach, die Fingerfertigkeit!) Keine ‚Überraschungen' mehr (was ist das für eine Perfidie!) Sondern Plausibilitäten. Wirklichkeiten." (2, 64) An diesen Äußerungen ist mehreres bemerkenswert. Zum einen zeigen sie im Zusammenhang mit der von französischer Seite geübten Kritik, wie die Intentionen der Dadaisten, die mit der aggressiven Zerstörung bürgerlicher Kunst ein Sinnbild für die Zerstörung der Zeit und der bürgerlichen Gesellschaft bieten wollten, mißverstanden werden konnten als Fortsetzung einer nationalen Kriegspolitik mit anderen Mitteln, als deren Übertragung auf die Kunst und Kultur, als militante Vernichtung dessen, was der Krieg bislang noch nicht hatte zerstören können. Von da aus wird auch verständlich, warum Ball ausgerechnet dieser Vorwurf, dem er sich damit anschloß, besonders treffen mußte: weil er – mit dem Anarchismus sympathisierend und als überzeugter Pazifist emigriert – mit dem programmatischen Titel des ‚Cabaret Voltaire' gerade für Offenheit, Humanität und Versöhnung eintreten wollte. Die Oase aufgehobener Entfremdung, die harmonische Interaktion zwischen Künstlern und Publikum hatten sich im Laufe der Monate mehr und mehr in ihr Gegenteil verkehrt. Und mit dieser Entwicklung wollte Hugo Ball seinen Namen nicht identifiziert sehen. Seinen Namen: dies verweist auf einen weiteren wichtigen Grund für seinen Rückzug vom Dadaismus; „ich bin jetzt gewillt", schreibt er an Käthe Brodnitz am 6. Oktober, „mir einen Namen zu machen und mich durch nichts mehr von diesem Ziele abbringen zu lassen." (3, 59) Auch das ist plausibel angesichts der ehrgeizigen Pläne, die Ball schon vorher verfolgt hatte.

Die zitierten Bemerkungen zeigen aber auch, daß es Ball bei seinem Engagement für die Kunst wesentlich darum ging, „Wirklichkeiten" aufzuzeigen und bewußt zu machen. In diesem Sinne interpretiert er z. B. das Simultangedicht in seinem Tagebuch (vgl. unten, S. 147) und auch seine Lautgedichte, von denen er die ersten möglicherweise unmittelbar vor seiner Flucht ins Tessin vorgetragen hat (vgl. unten, S. 199 f.). Für die Aggressionen und Provokationen findet er indessen weder in seinem Tagebuch noch in seinen Briefen ein positives Wort.

Im März 1917 kehrte Hugo Ball zu Dada zurück. Er übernahm das ihm von Tzara angetragene Amt des Galeriedirektors. Mit seiner Amtsübernahme zog die Gruppe in „die komfortableren Räume der Galerie Corray in der Zürcher Bahnhofstraße 19, die in Galerie Dada umbenannt wurde" (77, 72). Die Gründe für Balls Entschluß zu diesem neuen Engagement sind vielfältig. Die Monate im Tessin hatte er mit Emmy Hennings und deren Tochter in drückender Geldnot und kaum vorstellbarer Armut verbracht. Seine Hoffnungen auf die rasche Publikation eines in jener Zeit geschriebenen Romans erfüllten sich nicht. Die finanziellen Sorgen und der gewandelte Charakter des Unternehmens Dada dürften ihn zur Übernahme des Amtes bewogen haben.

In der Galerie schien sich ein intelligenteres und seriöseres Publikum einzustellen, und Ball mochte glauben, seine neuen – oder zumindest neu gefestigten – Überzeugungen in diesem Rahmen besser als früher zur Geltung bringen zu können. In diesem Sinne heißt es im Tagebuch: „Die Barbarismen des Kabaretts sind überwunden. Zwischen ‚Voltaire' und Galerie Dada liegt eine Spanne Zeit, in der sich jeder nach Kräften umgetan und neue Eindrücke und Erfahrungen gesammelt hat." (4, 143) Tatsächlich scheinen sich diese Soiréen in einem erheblich gemäßigteren Rahmen vollzogen zu haben als die allabendlichen Veranstaltungen im ‚Cabaret Voltaire'. Als relativ seriös zum Beispiel muß man schon die Tatsache bewerten, daß die Galerie mit einer ‚Sturm'-Ausstellung eröffnete und damit – wie Ball in seinem Tagebuch vermerkt – „eine Fortführung der Kabarett-Idee vom vorigen Jahr" darstellte (4, 142), die ja auch im Programm dem Expressionismus deutlich verpflichtet war. Auch die einzelnen Soiréen, deren Programm Ball – im Unterschied zu dem der Abende im ‚Cabaret' – getreulich im Tagebuch verzeichnet, weisen ein anspruchsvolles Programm auf, das sich der modernen Kunst in allen ihren Bereichen – von der Musik bis hin zum Tanz – gewidmet hat. Tristan Tzaras ‚Negerverse' als vorletzter Programmpunkt der Eröffnungsfeier wirken da nahezu wie ein Fremdkörper (4, 144). In der vierten Soirée gar, die unter dem Titel ‚Alte und Neue Kunst' firmiert, trug Emmy Hennings Verse aus Mechthild von Magdeburgs ‚Fließendem Licht der Gottheit' vor – aus einem Hauptwerk deutscher mittelalterlicher Mystik also – und ferner „Aus dem Buche ‚Der Johanser

zum Grünen Werde zu Straßburg': Grundlos einig sein" sowie aus dem
„Mönch zu Halsbrune: ‚Die Wahrheit ist uns dabei Schein' (1320)", während Hans Arp aus der Chronik des ‚Herzogs Ernst' von 1480, aus Dürers
Tagebuch sowie aus Jacob Böhmes ‚Morgenröte im Aufgang' las (4, 158 f.).
Auch hier also ist die Absicht der Kunst-Synthese offenkundig. Aber es
liegt nahe anzunehmen, daß die mit den zuletzt zitierten Beiträgen angedeutete Tendenz der ‚Galerie Dada' nicht allen Mitgliedern der Gruppe gefallen haben dürfte. Dies gilt vor allem wieder für Tristan Tzara. Jedenfalls
ist die neuerliche, überstürzte und diesmal endgültige Flucht Balls, die sich
wiederum in einem Zustand äußerster psychischer und physischer
Erschöpfung – am 27. Mai (2, 81) – vollzog, auch auf interne „Stänkereien",
wie Richter sie nennt, zurückzuführen, auf „allzu Menschliches" wie
„Neid" und „Eitelkeit" (17, 39). Ball deutet im Tagebuch Ähnliches an (4,
151). Auch hier aber kommt anderes hinzu, das über die Zufälligkeiten bio-
graphischer Tagesereignisse hinausreicht und diese in einen historisch be-
deutsameren Kontext stellt. Ball hatte sich in der Einsamkeit des Tessin
durch seine Beschäftigung mit dem Anarchismus und durch den Einfluß
von Emmy Hennings innerlich der Kunst entfremdet. Hans Richter betrachtet es in seinem neuesten Erinnerungsbuch „als Tatsache, daß der my-
stisch-religiöse Einfluß Emmys Hugo Ball schließlich in ihre Bahnen
lenkte." (18, 81) Die Briefe aus jener Zeit scheinen dies zu bestätigen. Anar-
chistisches und christliches Gedankengut vermochte Ball unter der
Kategorie des Mitleids zu vereinigen: „Ihr liebt nicht", so schreibt er am
19. Dezember 1916 aus Zürich an seine Schwester – die ihm offenbar über
neuerliche Vorwürfe seiner Mutter berichtet hatte –, „und könnt nicht erlöst werden, solange ihr über eure Feinde siegen wollt, statt sie zu lieben.
Solange ihr nicht Mitleid mit euch selbst und allen Unterdrückten habt. Ihr
wollt eure Feinde aber ja nicht einmal kennen. Was ich hasse, ist die Macht
und alles, was sie begünstigt, statt die Armen zu begünstigen. Ich will arm
sein, versteht ihr mich? Ich will leiden, ich will mich nicht drücken. Ich bin
kein Drückeberger. Glaubt das nicht. Auch ich stehe im Schützengraben,
aber in einem andern. Ich bin nicht untreu. Ich kämpfe." (2, 72) Und im
selben Brief setzt er später hinzu: „Liebe für die, die am Boden liegen. Für
die Ausgestoßenen, die Zertretenen, die Gequälten. Mitleid. Mitleid. Mitleid." (2, 73) Diese vor seinem neuerlichen Engagement in Zürich geschriebenen Gedanken lassen seine erneute, endgültige Abwendung von Dada als
konsequent und notwendig erscheinen. Im Zeichen Voltaires hatte Ball im
Namen der Humanität und Versöhnung ein Gegenbild gegen den Wahn-
sinn des Krieges und des Nationalismus zu errichten versucht, hatte eine
Synthese der modernen Kunstrichtungen erstrebt, um mit den dadurch
vereinigten Kräften im Medium der Kunst über die Wirklichkeit aufzuklä-
ren, gegen sie zu protestieren und Perspektiven für neue Wirklichkeiten zu

eröffnen. Mit seinen Lautgedichten, die er auch 1917 im Kostüm eines „magischen Bischofs" vorgetragen zu haben scheint, hatte er der Dichtung einen unübersehbaren „sprachtheologischen" Akzent verliehen, der diese Lautpoeme in die Nachbarschaft der rezitierten Mystikertexte versetzt. Mit ihnen wollte er „reinere" Wirklichkeiten als Gegenbild gegen die Zeit zur Darstellung bringen. Aber damit hatte er auch schon den Bereich der Dichtung überschritten und ihre aufklärerischen Möglichkeiten durch Preisgabe des Wortes verlassen. Aktives Mitleid, aktive Mithilfe beim Kampf gegen die Macht, wie er sie in dem zitierten Brief postulierte, waren für ihn deshalb zunächst nur noch mit Hilfe des politischen Journalismus möglich, dem er sich in den folgenden Jahren zuwandte. Andererseits konnte er Dada als sinnvolle und vielleicht sogar notwendige Durchgangsstation auf seinem Lebensweg betrachten. Denn er hatte die moderne Kunst mit ihren Spielarten und Variationen in ihren aufklärerischen und „wirklichkeitsüberwindenden" Möglichkeiten erprobt.

Den hohen Anspruch, den Hugo Ball mit den von ihm ins Leben gerufenen künstlerischen Aktivitäten geltend macht, werden wir im folgenden zu überprüfen haben. Daß das ‚Cabaret Voltaire' und der Zürcher Dada unter Balls Beteiligung eine Synthese der Künste anstrebte und zum großen Teil auch verwirklichte, ist als historisches Faktum kaum zu bestreiten. Nun aber geht es vor allem um die Frage, ob die literarischen Dokumente des Dadaismus, die in jenen Jahren von anderen Kunstströmungen und Richtungen adaptiert und weiterentwickelt wurden, eine Synthese der literarischen Intentionen jener Zeit und darüber hinaus signifikanter Ausdruck allgemeinerer Tendenzen jenes Zeitraums der beginnenden Moderne sind. Es hängt nicht zuletzt von der Antwort auf diese Frage ab, welchen historischen Stellenwert man dem literarischen Dadaismus und damit auch den Intentionen Hugo Balls beimessen kann.

I. Das Simultangedicht

Es sind drei verschiedene Gedichttypen, die nach Ansicht der Schriftsteller und zum Teil auch der Forschung durch das Phänomen der „Simultaneität" charakterisiert sind. Als simultan erscheint zunächst das mit Hilfe der „Zeilenkomposition" im „Reihungsstil" verfaßte expressionistische Gedicht, weil die gleichbleibende Form der Aneinanderreihung inhaltlich oft disparat anmutender Bilder den Eindruck von deren Gleichzeitigkeit und damit auch ihrer Gleichwertigkeit und vielleicht sogar Gleich-gültigkeit herstellt. Demgegenüber lehrt das im Dadaismus gepflegte simultanistische Gedicht – so definiert es ein ‚Dadaistisches Manifest' – „den Sinn des Durcheinanderjagens aller Dinge, während Herr Schulze liest, fährt der Balkanzug über die Brücke bei Nisch, ein Schwein jammert im Keller des Schlächters Nuttke." (9, 28) Diese raum-zeitliche Identität der Ereignisse wird im Vortrag durch mehrere Personen simultan vergegenwärtigt. Der dritte, von dadaistischen Autoren entwickelte und von den Surrealisten häufig verwendete Gedichttyp ist das „automatische Gedicht"; hier liegt die Simultaneität im poetischen Verfahren: in der Identität von Einfall und Niederschrift ohne dazwischengeschaltete Kontrolle oder nachträgliche Änderung.

In der simultanistischen Darstellung erblickten die Dadaisten sogar den „scharf markierten Scheideweg", der sie „von allen bisherigen Kunstrichtungen" trenne (9, 28). Dies Urteil läßt sich historisch nicht aufrechterhalten. Die beiden im Dadaismus bevorzugten Arten des Simultangedichts sind weitgehend von denselben Voraussetzungen her zu verstehen und lassen sich als Steigerung von Intentionen begreifen, die bereits die Simultaneität des expressionistischen Gedichts hervorrufen. Diese Voraussetzungen sollen im folgenden expliziert werden. Sie führen auf grundlegende Entwicklungen im Bereich von Kultur, Wissenschaft, Technologie, Wirtschaft und Gesellschaft jener mit dem Expressionismus einsetzenden Epoche, zu der auch der Dadaismus gehört, und erhellen damit deren „Physiognomie". Sie führen mit ihren Wurzeln zugleich ins 19. Jahrhundert zurück.

Zunächst aber sei das expressionistische Simultangedicht als Voraussetzung der dadaistischen Radikalisierung an einem Beispiel vorgestellt, um vorläufig die Bedeutung der Simultaneität als Determinante sowohl des Inhalts wie auch der Form zu verdeutlichen. Die Tatsache, daß die expressionistischen Gedichte eines Jakob van Hoddis oder eines Alfred Lichtenstein in den dadaistischen Soiréen einen Ehrenplatz einnahmen und daß zum Beispiel Emmy Hennings und Hugo Ball sich dieses Reihungsstils auch noch in ihrer dadaistischen Phase bedienten, mag als erstes äußerliches Anzeichen für die – noch zu erweisende – innere Affinität zwischen expressionistischem und dadaistischem Simultangedicht gelten.

1. Die Relativität von Raum und Zeit und die „Auflösung des Atoms" (Lichtenstein)

Das expressionistische Simultangedicht wurde offenbar von verschiedenen Autoren unabhängig voneinander um 1910 „simultan" erfunden. Am außerordentlichsten war dabei der Eindruck, den das im Januar 1911 veröffentlichte Gedicht ‚Weltende' von Jakob van Hoddis auf die Zeitgenossen ausübte (vgl. 33, 119ff.). Der hier kreierte Stil fand alsbald zahlreiche Nachahmer. Auch Alfred Lichtensteins Lyrik erfuhr „durch die Begegnung mit Jakob van Hoddis und seinem ‚Weltende' – Stil" eine „Wendung", die sich allerdings vom Epigonalen freizuhalten wußte (36, 102). Er bildete den Reihungsstil noch vollkommener aus. Dies zeigt sein wohl berühmtestes Gedicht ‚Die Dämmerung', das für uns auch deshalb wertvoll ist, weil Lichtenstein in einer 1913 in der Zeitschrift ‚Die Aktion' erschienenen ‚Selbstkritik' seinen Stil und seine Intentionen an diesem im März 1911 erstmals publizierten Gedicht erläutert hat.

> Die Dämmerung
>
> Ein dicker Junge spielt mit einem Teich.
> Der Wind hat sich in einem Baum gefangen.
> Der Himmel sieht verbummelt aus und bleich,
> Als wäre ihm die Schminke ausgegangen.
>
> Auf lange Krücken schief herabgebückt
> Und schwatzend kriechen auf dem Feld zwei Lahme.
> Ein blonder Dichter wird vielleicht verrückt.
> Ein Pferdchen stolpert über eine Dame.
>
> An einem Fenster klebt ein fetter Mann.
> Ein Jüngling will ein weiches Weib besuchen.
> Ein grauer Clown zieht sich die Stiefel an.
> Ein Kinderwagen schreit und Hunde fluchen. (36, 44)

Das Gedicht wolle, erklärt Lichtenstein u. a., „die Einwirkung der Dämmerung auf die Landschaft darstellen. In diesem Fall ist die Einheit der Zeit bis zu einem gewissen Grade notwendig. Die Einheit des Raumes ist nicht erforderlich, deshalb nicht beachtet." (36, 113) Damit ist das Prinzip der Simultaneität formuliert. Das Gedicht greift mit dem Übergang vom Tag zur Nacht einen bestimmten Moment aus dem zeitlichen Ablauf heraus und vergegenwärtigt seine Wirkung auf die unterschiedlichsten und heterogensten Objekte der Realität. Darin zeigt sich die Nähe zu der bereits zitierten dadaistischen Position, die ebenfalls die unterschiedlichsten Ereignisse in der Gleichzeitigkeit ihres Geschehens ohne Rücksicht auf die Einheit des Raumes veranschaulichen will.

Doch auch jenen Aspekt der Simultaneität, der die spontane Umsetzung des Wahrgenommenen ins Bild zum Ziel hat, sucht Lichtenstein hier bereits tendenziell zu verwirklichen: „Absicht ist weiterhin, die Reflexe der Dinge unmittelbar – ohne *überflüssige* Reflexionen aufzunehmen. Lichtenstein weiß, daß der Mann nicht an dem Fenster klebt, sondern hinter ihm steht. Daß nicht der Kinderwagen schreit, sondern das Kind in dem Kinderwagen. Da er nur den Kinderwagen sieht, schreibt er: Der Kinderwagen schreit. Lyrisch unwahr wäre, wenn er schriebe: Ein Mann steht hinter einem Fenster." (36, 113) Damit beschreibt und rechtfertigt Lichtenstein als wahrnehmungspsychologisch richtige Umsetzung eines ersten Eindrucks und als exakte Mimesis, was sich dem Leser als groteske Entstellung zu erkennen gibt. Nach Lichtenstein sieht es tatsächlich so aus, als ob ein dicker Junge mit einem Teich spielt, als ob sich der Wind in einem Baum gefangen habe. Und daß ein Dichter vielleicht verrückt wird, ist eben offenbar der Eindruck, den er im Moment des Wahrgenommenwerdens erweckt. Die Eigentümlichkeit der Bilder beruht also auf einer besonderen Wahrnehmungsweise. Das „lyrische Ich" gibt lakonisch wieder, was es sieht, hört und empfindet. Es verzichtet dabei sogar fast vollständig auf die für die expressionistische Lyrik typische Metaphorik oder – mit einer Ausnahme – auf Vergleiche. Die für diese Verse typischen Stilfiguren bereichern und „schmücken" die Bilder nicht, sondern lassen sich eher unter Kategorien wie ‚Entstellung', Verschiebung oder Reduktion subsumieren. Heinrich Küntzel beschreibt das poetische Verfahren u. a. wie folgt:

„Grobkörnige sinnliche Verben und Adjektive heften sich an Dinge, Menschen, Tiere. Ob sie als Personifikationen, als Anthropomorphisierungen oder umgekehrt als Verdinglichungen auftreten, ob als schminkende Adjektive oder in Aktion und Bewegung gleichsam gelähmte Verben und Verbalformen (der Wind ‚hat sich gefangen', ein Dichter ‚wird vielleicht verrückt', ein Jüngling ‚will besuchen'): alles überziehen sie wie mit einem gemeinsamen Niederschlag. Auch die weichen Alliterationen und die vollen Silben, mit Gusto gereimt, schlagen einem wie feuchte Wäsche um die Ohren. Die Verbindung verschiedenartiger Sinneseindrücke zu einem einzigen Eindruck, der Prozeß der Synästhesie also, ist metonymischer Natur. Das heißt: der ‚eigentliche', der synthetische Eindruck wird durch Einzeleindrücke benannt, die mit ihm, wie die Rhetorik sich ausdrückt, in ‚realer Beziehung' stehen, ihm also nicht durch Vergleiche, durch Metaphern zu dienen suchen." (37, 406)

Der Titel benennt den Gesamteindruck, zu dem sich die einzelnen Bilder zusammenfügen. Die an sich zufälligen Beobachtungen von dem mit einem Teich spielenden Jungen oder dem Wind, der sich in einem Baum gefangen hat, erhalten durch den gemeinsamen Bezug zur Dämmerung eine zusätzliche Valeur, die jedes dieser Bilder für sich nicht hervorrufen würde. Zugleich „erklärt" der Titel die einzelnen Wahrnehmungen: In der Dämmerung verlieren die Gegenstände allmählich ihre klare Kontur, ihr Aussehen ändert sich. Dies und die veränderte Wahrnehmung ist das den Bildern Gemeinsame, und in ihm ereignet sich die Deformation der Gegenstände und Personen.

Absicht des Gedichts sei es, meint Lichtenstein, „die Unterschiede der Zeit und des Raumes zugunsten der Idee zu beseitigen." Und er erläutert dies so:

> „Der Urheber des Gedichtes will nicht eine als real denkbare Landschaft geben. Vorzug der Dichtkunst vor der Malkunst ist, daß sie ‚ideeliche' Bilder hat. Das bedeutet – angewandt auf die Dämmerung: Der dicke Knabe, der den großen Teich als Spielzeug benutzt und die beiden Lahmen auf Krücken über dem Feld und die Dame in einer Straße der Stadt, die von einem Wagenpferd im Halbdunkel umgestoßen wird, und der Dichter, der voll verzweifelter Sehnsucht in den Abend sinnt (wahrscheinlich aus einer Dachluke), und der Zirkusclown, der sich in dem grauen Hinterhaus seufzend die Stiefel anzieht, um pünktlich zu der Vorstellung zu kommen, in der er lustig sein muß – können ein dichterisches ‚Bild' hergeben, obwohl sie malerisch nicht komponierbar sind." (36, 113)

Man muß sich, um die Tragweite des hier geäußerten Anspruchs zu verstehen, an zwei fundamentale und epochemachende Erkenntnisse aus dem Bereich der Geistesgeschichte erinnern. Die eine – kunsttheoretische – hat Lessing in seinem ‚Laokoon' weitläufig entwickelt und begründet. Auf einen kurzen Nenner gebracht besagt sie: „Es bleibt dabei: die Zeitfolge ist das Gebiet des Dichters, so wie der Raum das Gebiet des Malers." (130, 259) Die andere – erkenntnistheoretische – hat Kant in der ‚Kritik der reinen Vernunft' expliziert: Raum und Zeit sind apriorische Anschauungsformen der reinen Sinnlichkeit, wobei der Raum, der die äußeren Wahrnehmungen ordnet, die Form des äußeren Sinnes, die Zeit hingegen die Form des inneren Sinnes ist. Dabei kommt der Zeit die umfassendere Bedeutung zu, weil auch die äußeren Vorstellungen Bestandteile des Inneren sind und nur im Nacheinander wahrgenommen werden können. Was uns in der Anschauung als „empirische Realität" unter den Formen von Raum und Zeit begegnet, ist aber gleichsam nur der Rohstoff der Erkenntnis: erst der Verstand und seine Begriffe ordnen das Material der Erscheinungen und ermöglichen damit Erkenntnis, denn – so lautet der berühmte Satz Kants

– Anschauungen ohne Begriffe sind blind, Begriffe ohne Anschauungen leer.

Vor diesem Hintergrund, der uns noch ausführlicher beschäftigen wird, werden Intention und Anspruch des Simultangedichts verständlich. Das von Lessing der Literatur zugesprochene Aufgabengebiet, die Darstellung des Geschehens in der Zeitfolge, wird durch die prätendierte Gleichzeitigkeit aufgehoben. Die Zeit wird gleichsam angehalten und der durch einheitliche Lage gekennzeichnete Raum wird aufgelöst. Die in sich abgeschlossene Zeilenkomposition als bedeutsames Element des Reihungsstils realisiert diese Punktualität der Zeit. Der Reihungsstil verwirklicht hier also nicht das Wesen der Zeit – die Sukzession –, sondern bezeichnet deren Aufhebung. Die formale Gleichheit der Verse versinnbildlicht den dauernden Moment. Es ist nicht erkennbar, daß das Gedicht auf einen Höhepunkt zustrebt, Verse und Strophen erscheinen als im Prinzip miteinander austauschbar. Das Gedicht hätte ebensogut noch fortgesetzt wie auch früher beendet werden können. – Es ist kein Zufall, daß etwa zur selben Zeit die futuristische und zum Teil auch die kubistische Malerei versucht, die Abfolge von Bewegungen in einem Bild festzuhalten und somit den ihr von Lessing zugewiesenen Raum auf die Zeit hin zu überschreiten. In solchen Bildern erscheint der Raum als Sukzession und die Zeit als Lage. Im Simultangedicht ist demgegenüber die Zeit zeitlos und der Raum raumlos, d. h. Raum und Zeit verlieren die ihnen jeweils zugehörigen Eigenschaften. Indem die Zeit aber stillsteht, wird sie zur Lage, gewinnt also die Qualität des Raumes, und indem sich dieser aus der konsistenten Einheit in eine beliebige Vielheit aufspaltet, durchbricht er zugleich die Lage der Zeit. So gesehen werden „die Unterschiede des Raumes und der Zeit" tatsächlich beseitigt, und zwar „zugunsten der Idee", die mit dem Motiv der ‚Dämmerung' als dem Übergang vom Tag zur Nacht das Moment des Transitorischen als Zustand aufgreift. Die Aufhebung der Unterschiede verwirklicht sich nur in dem ständigen Übergang von Raum zu Zeit und umgekehrt, der sich mit jeder Zeile neu ereignet – auf immer dieselbe Weise. Um diesen Übergang aber aufrechterhalten zu können, ist das Gedicht auf eine *rasche* Abfolge der Bilder angewiesen, denn jedes Ausmalen eines Bildes würde wiederum die Sukzession in der Anschauung in Bewegung setzen. Die Idee des Simultangedichts läßt sich also nur durch erhöhte Geschwindigkeit in der Abfolge der Bilder und Wahrnehmungen verwirklichen. Die Geschwindigkeit ist Vorbedingung dafür, daß unterschiedliche Räume als gleichzeitig imaginiert werden können und daß damit der ihnen von der Vorstellung zugesprochene Raumcharakter im Blick auf die Unterschiedlichkeit ihrer Lage aufgehoben werden kann. Paradoxerweise entfaltet sich in diesem erhöhten Tempo nun aber gerade nicht das Gefühl für den zeitlichen Ablauf oder für die „Zeitlichkeit" des Geschehens, obwohl sich die Lektüre des Gedichts natürlich sukzessiv entwickelt, sondern die Raschheit des Bild- und Vorstellungswechsels erweckt das Gefühl einer dauernden Gegenwart. Das wahrnehmende Subjekt wird von den wechselnden Erscheinungen so stark gefesselt, daß es das Zeitbewußtsein verliert. Durch die Geschwindigkeit also werden Raum und Zeit sowohl als Anschauungsformen des Subjekts wie auch als objektive Erscheinungsformen zu relativen Größen oder Kategorien. Je größer die Geschwindigkeit, desto kleiner die Dimension des Raumes und desto größer die Möglichkeit, verschiedene Gegenstände oder Lokalitäten gleichzeitig zu erfassen.

Die letzten Sätze zeigen, für sich allein betrachtet, eine gewisse Nähe zu der von Poincaré, Einstein und anderen nach der Jahrhundertwende – insbesondere zwischen 1904 und 1917 – entwickelten Relativitätstheorie, bei der die drei physikalischen Grundeinheiten Länge, Zeit und Masse als relativ im Blick auf die Geschwindigkeit und den Bewegungsstandort des Beobachters erkannt wurden. Natürlich sind unsere Beobachtungen zum Simultangedicht, die auf einem mit der Physik inkommensurablen Gebiet liegen und andere Raum- und Zeitkategorien verwenden, nicht mit der Relativitätstheorie in unmittelbaren Zusammenhang zu bringen. Dennoch scheint mir die historische Gleichzeitigkeit kein Zufall zu sein. Zweifellos haben die revolutionierenden naturwissenschaftlichen Entdeckungen jener Jahre einen tiefgreifenden Einfluß auf die Schriftsteller ausgeübt. Nach Hugo Ball sind es „drei Dinge . . ., die die Kunst unserer Tage bis ins Tiefste erschütterten, ihr ein neues Gesicht verliehen und sie vor einen gewaltigen neuen Aufschwung stellten: Die von der kritischen Philosophie vollzogene Entgötterung der Welt; die Auflösung des Atoms in der Wissenschaft; und die Massenschichtung der Bevölkerung im heutigen Europa." (4a, 136) Wir werden auf diese drei Faktoren noch näher eingehen. Die Relativitätstheorie ist – im Blick auf ihre Bedeutung für die Literatur – eine komplementäre Erscheinung zur modernen Atomtheorie: Der Relativierung und Auflösung traditioneller Raum-Zeit-Vorstellungen als unveränderlicher Ordnungskategorien entspricht die Überwindung der traditionellen Theorie, die besagt, daß die Materie nicht unendlich teilbar, sondern auf letzte feste Einheiten, eben die Atome, zurückführbar sei. Solche Atome, so zeigte sich, gibt es nicht, jedenfalls nicht als empirisch vorhandene „Materie", sondern allenfalls als wissenschaftliche Metapher, als physikalisches Denkmodell (vgl. 122, 109 ff.). Wenn sich aber die Materie – und damit die empirisch vorhandene Wirklichkeit – bei genauerer Analyse in eine „reductio in infinitum" auflöst, dann ist über sie zunächst nur noch theoretisch etwas auszusagen und der empirische Nachweis bleibt immer an die vorab festgelegten theoretischen Ausgangsbedingungen gebunden. Dies erklärt, warum „das Atom der heutigen Atomphysik einen offenen Inbegriff von Potentialitäten darstellt, deren mögliche Wirklichkeit zunächst durch theoretische

Berechnungen erschlossen wird." (122, 111) Auf diese Weise kann eine
Vielzahl unterschiedlicher Denkmodelle entstehen, die sich bei der empirischen Überprüfung als richtig erweisen, und zwar im Rahmen der vom
Denkmodell gesetzten Prämissen. Insofern ist die Physik des Atomfor-
schers „keine unmittelbare Erklärung einer gegenständlich feststehenden
Natur, sondern als verwissenschaftlichte hat sie sich selbst ihr Gebiet geschaffen, und dies ist nur möglich, wenn sie theoretische Begriffe als
Leitbestimmungen ansetzt, die ihren Sinn darin haben, die Forschung als
solche auszurichten." (122, 114)

Die Literatur hat auf diese „Auflösung des Atoms", die sie als Auflösung
einer feststehenden Wirklichkeit betrachten mußte, unterschiedlich reagiert. Sie konnte sie selbst mitvollziehen und in den Texten darstellen als
Destruktion der Form oder – vielleicht auch zugleich – als „Atomisierung"
des Inhalts bis hin zur unsinnig anmutenden Aneinanderreihung heterogener Wirklichkeitspartikel in Gestalt einzelner Wörter. Sie konnte sich in der
Darstellung ferner auf das konzentrieren, was die ‚positiven' Wissenschaften als erkenntnistheoretisch noch einzig sicheren Ausgangspunkt von
Wirklichkeitserfahrung übriggelassen hatten: die sensuellen Reize und
Empfindungen. Und sie konnte schließlich – analog zu den Naturwissenschaften – dazu übergehen, eine bewußt konstruierte Wirklichkeit darzustellen. Von dem hier explizierten Hintergrund läßt sich jedenfalls
Lichtensteins Aussage verstehen, er wolle in seinem Simultangedicht keine
im traditionellen Sinne reale Landschaft abbilden, sondern er habe die Bilder ausgewählt und komponiert, um damit eine Idee auszudrücken, nämlich die Beseitigung der Unterschiede von Raum und Zeit als Anschauungsformen oder empirische Erscheinungsformen. Voraussetzung dafür ist
neben der Geschwindigkeit eine Verfügbarkeit über die Realität, die sich
in Auswahl und Darstellungsweise am Kriterium der Idee selbst messen
lassen muß und in diesem Sinne nicht willkürlich oder beliebig ist: Die
Abfolge der Verse hat die Simultaneität ebenso darzustellen wie die Wahrnehmungsweise innerhalb der einzelnen Bilder, wo jeweils der erste Eindruck gestaltet wird. Trotz seiner poetischen Konstruktion kann der Dichter beanspruchen, etwas über die Wirklichkeit auszusagen, weil die
Simultaneität einen wesentlichen Aspekt moderner Wirklichkeitserfahrung
bezeichnet.

Diese setzt sich allerdings noch aus weiteren, im Blick auf die Literatur
nicht weniger bedeutsamen Faktoren zusammen. Was bisher von den naturwissenschaftlichen Erkenntnissen her zum Verständnis des Simultangedichts herangezogen wurde, ist lediglich ein kategorialer Rahmen, der die
Fragwürdigkeit traditioneller Welt-Anschauung in der größten wie in der
kleinsten Dimension der Wirklichkeit bezeichnet: im Weltall und im Atom.
Diese tangieren indessen die Wirklichkeitserfahrung des einzelnen kaum.

Doch gerade im Bereich alltäglicher Erfahrung vollzogen sich mit dem Beginn dieses Jahrhunderts tiefgreifende Wandlungen, die ein sehr viel unmittelbareres Gefühl der Simultaneität hervorriefen. Sie hängen mit dem zusammen, was Hugo Ball als „Massenschichtung der Bevölkerung" bezeichnet. Gemeint ist die Zusammenballung der Menschen in der Großstadt und der dadurch mitbedingte neue Erlebnis- und Erfahrungsraum.

2. Die Hektik der Großstadt und die Geschwindigkeit der Wahrnehmung

Zunächst mögen einige Daten aus der Wirtschafts- und Sozialgeschichte Umfang und Auswirkung der damaligen rapiden „Verstädterung" illustrieren:

„Noch Ende der Siebziger Jahre war Deutschland ein Agrarstaat; die Mehrzahl der Deutschen wohnte nicht in Städten, sondern auf dem Land und fand ihre politische Repräsentation überwiegend im konservativen Altpreußentum. Mitte der Neunziger Jahre hatte sich dies geändert; nahezu 1,5 Millionen Deutsche waren ausgewandert, weit mehr hatten aus den Ostgebieten, aus Ost- und Westpreußen, Pommern, Posen und Schlesien den Weg in die Stadt, zur Industrie gefunden – in Berlin, im mitteldeutschen Industriegebiet und dann im Rheinland und in Westfalen. Anfang der Neunziger Jahre zog die deutsche Industrie auch in der Zahl der beschäftigten Personen mit der Landwirtschaft gleich. Hatten 1882 noch 43,38 Prozent in der Landwirtschaft gearbeitet, so waren es 1895 noch 36,19 Prozent, ebenso viele wie im Bergbau und Hüttenwesen. Deutschlands Landvolk wurde zum Stadtvolk, der Agrarstaat zum Industriestaat; nur um 0,68 Prozent stieg in den Neunziger Jahren die Beschäftigtenzahl auf dem Agrarsektor, während sie in der Industrie 29,4 Prozent, im Handel und Verkehr 48,92 Prozent betrug." (101, 85)

Von 1890 bis 1910 verdoppelte sich die Zahl der Großstädte in Deutschland von 24 mit knapp 6 Millionen Einwohnern auf 48 mit nahezu 14 Millionen Einwohnern (103, 171). Zwei Drittel der 68 Millionen Deutschen wohnte 1914 in Städten (101, 96). Berlin, das 1880 an Einwohnerzahl die Millionengrenze knapp überschritten hatte, näherte sich um die Jahrhundertwende bereits der zweiten Million und zählte um 1910 – einschließlich der erst 1920 vorgenommenen Eingemeindung der Großstädte Charlottenburg, Neukölln, Schöneberg, Wilmersdorf und Lichtenberg – 3 730 000 Einwohner (103, 45). Die weitaus größte Gruppe der Erwerbstätigen in Berlin waren die Arbeiter (1925: 41,3 Prozent gegenüber 27,8 Prozent Angestellten und Beamten sowie 14,8 Prozent Selbständigen) (103, 46). In rasantem Tempo entstanden immer neue Siedlungen mit den für die Arbeiterviertel typischen, häßlichen Mietskasernen, die zum größten Teil unzumutbare Wohnverhältnisse schufen: zu kleine, dunkle, hellhörige Wohnungen mit unzureichenden sanitären Anlagen. Um die Jahrhundertwende gab es in Berlin „über 20000 Wohnungen, die aus einem Zimmer bestanden, das von acht und mehr Personen bewohnt wurde." (101, 92) Aus den Lebensbedingungen der Großstadt erwuchsen hochgradige soziale Spannungen, die auch aus den Anpassungsschwierigkeiten der zahlreichen, vom Land in die Stadt gezogenen und sich nun heimatlos fühlenden Menschen resultierte. Viele verloren als Arbeiter ihren früher höheren sozialen Status in dem einstmals erlernten und ausgeübten Beruf, sie erfuhren die monotone Arbeit in den lärmenden Fabriken als zermürbend und demütigend, und sie mußten erleben, daß ihnen wichtige politische Rechte vorenthalten wurden.

Auffälligstes Kennzeichen des Großstadtlebens war die ihm innewohnende Hektik, die sich mit einer „Überfülle des Erlebens" verband, wie sie Kurt Pinthus, der Herausgeber der berühmten expressionistischen Lyrik-Anthologie ‚Menschheitsdämmerung' 1925 rückschauend beschrieb. Er benennt als einen der Gründe dafür die zahlreichen technologischen Erfindungen, die zuerst in den Großstädten – zur Bewältigung des „Massenproblems" – verwertet wurden und das Leben jedes einzelnen tief beeinflußten:

„Welch ein Trommelfeuer von bisher ungeahnten Ungeheuerlichkeiten prasselt seit einem Jahrzehnt auf unsere Nerven nieder! . . . Man male sich zum Vergleich nur aus, wie ein Zeitgenosse Goethes oder ein Mensch des Biedermeier seinen Tag in Stille verbrachte, und durch welche Mengen von Lärm, Erregungen, Anregungen heute jeder Durchschnittsmensch täglich sich durchzukämpfen hat, mit der Hin- und Rückfahrt zur Arbeitsstätte, mit dem gefährlichen Tumult der von Verkehrsmitteln wimmelnden Straßen, mit Telephon, Lichtreklame, tausendfachen Geräuschen und Aufmerksamkeitsablenkungen. Wer heute zwischen dreißig und vierzig Jahre alt ist, hat noch gesehen, wie die ersten elektrischen Bahnen zu fahren begannen, hat die ersten Autos erblickt, hat die jahrtausendelang für unmöglich gehaltene Eroberung der Luft in rascher Folge mitgemacht, hat die sich rapid übersteigenden Schnelligkeitsrekorde all dieser Entfernungsüberwinder, Eisenbahnen, Riesendampfer, Luftschiffe, Aeroplane miterlebt. . . . Wie ungeheuer hat sich der Bewußtseinskreis jedes einzelnen erweitert durch die Erschließung der Erdoberfläche und die neuen Mitteilungsmöglichkeiten: Schnellpresse, Kino, Radio, Grammophon, Funktelegraphie. Stimmen längst Verstorbener erklingen; Länder, die wir kaum dem Namen nach kennen, rauschen an uns vorbei, als ob wir selbst sie durchschweiften. . . ." (117, 130)

Auch hier wird spürbar, wie stark dies – im doppelten Sinn des Wortes: – Sensationelle unter dem Eindruck der Simultaneität erlebt wird. Dies nicht nur in dem Sinne, daß diese Generation – wie Pinthus formuliert –

„zusammengeballt in zwei Jahrzehnte" mehr erlebte „als zwei Jahrtausende vor uns" (117, 131), sondern auch im Sinne einer tiefgreifenden Wandlung der Kategorien von Raum und Zeit: die Entfernungen schrumpfen zusammen, die Vergangenheit bleibt – z. B. in den „Stimmen längst Verstorbener" – gegenwärtig. Wie stark die technischen Erfindungen die Welt in den Augen der Zeitgenossen gleichsam präsentisch machen, wie sehr die Aufmerksamkeit des wahrnehmenden Subjekts vor allem durch das Phänomen der Geschwindigkeit auf das gelenkt wird, was sich in kaum mehr zu überschauender Vielfalt in der Gegenwart abspielt, und wie nachhaltig dadurch die Wahrnehmungsstruktur und die Sensibilität beeinflußt werden, hat Filippo Tommaso Marinetti, der Begründer und Führer des 1909 ins Leben gerufenen Futurismus, in der Einleitung eines seiner Manifeste 1913 so formuliert:

„Der Futurismus beruht auf einer vollständigen Erneuerung der menschlichen Sensibilität, die eine Folge der großen wissenschaftlichen Entdeckungen ist. Wer heute den Fernschreiber, das Telephon, das Grammophon, den Zug, das Fahrrad, das Motorrad, das Auto, den Überseedampfer, den Zeppelin, das Flugzeug, das Kino, die große Tageszeitung (Synthese eines Tages der Welt) benutzt, denkt nicht daran, daß diese verschiedenen Arten der Kommunikation, des Transportes und der Information auf seine Psyche einen entscheidenden Einfluß ausüben. . . . Der Bewohner eines Alpendorfes kann durch eine Zeitung jeden Tag angsterfüllt um die Aufständischen in China, die Suffragetten in London und in New York . . . bangen. Der ängstliche und unbewegliche Einwohner jeder beliebigen Provinzstadt kann sich den Rausch der Gefahr leisten, wenn er im Kino einer Großwildjagd im Kongo beiwohnt. . . . – Die Welt schrumpft durch die Geschwindigkeit zusammen. Neues Weltgefühl. Will sagen: die Menschen haben nacheinander das Gefühl für das Haus, das Gefühl für das Stadtviertel, in dem sie wohnen, das Gefühl für die Stadt, das Gefühl für die geographische Zone, das Gefühl für den Kontinent erworben. Heute besitzen sie das Gefühl für die Welt. Es hat für sie wenig Sinn zu wissen, was ihre Vorfahren taten, aber sie müssen wissen, was ihre Zeitgenossen in allen Teilen der Erde tun. Daraus ergibt sich für den einzelnen die Notwendigkeit, mit allen Völkern der Welt in Verbindung zu treten. Deshalb muß sich jeder als Mittelpunkt fühlen, Richter und Motor des erforschten und des unerforschten Alls. Das menschliche Gefühl nimmt gigantische Ausmaße an, es besteht die dringende Notwendigkeit, jeden Augenblick unsere Beziehungen zur ganzen Menschheit zu bestimmen." (62, 130f.)

Die Großstadt wird von den Künstlern als Kulminationspunkt moderner Zivilisation erfahren. Sie gilt als Ort dauernder Sensationen und eines gesteigerten Lebensgefühls. Sie beansprucht die ganze Aufmerksamkeit des Subjekts. Die Geschwindigkeit, mit der Entfernungen überwunden und Nachrichten übermittelt werden, erzeugt einerseits ein Gefühl der Verbundenheit mit der „Welt" – ein „Weltgefühl" – und verkleinert damit zugleich

deren Dimensionen, erschwert oder verhindert sogar andererseits aber auch
die Möglichkeit, zum *Bewußtsein* zu kommen: das Subjekt ist in hohem
Maße veräußerlicht und – im ursprünglichen Sinn des Wortes – verding-
licht, es ist hingegeben an die Vielfalt der Erscheinungen, es geht auf in der
Wahrnehmung einer disparaten, ständig fluktuierenden und eigentlich nur
als Sinnesreiz gegebenen Oberflächenwelt. Jedes Erlebnis, jede Information wird alsbald von einer anderen abgelöst, besitzt den Charakter des
Transitorischen und scheint gleichwertig und damit auch gleich-gültig zu
sein.

Darin wird jene weitreichende Ambivalenz sichtbar, die das Verhalten
der Künstler gegenüber der Großstadt kennzeichnet. Einerseits genießen
sie – wie die Futuristen – den Nervenkitzel und auch das häufig bohème-
hafte Leben, sie bejahen es als Möglichkeit einer ungebundenen und intensiven Selbstverwirklichung, bei der das Subjekt – auf der Höhe der Zeit ste-
hend – mit Hilfe der Kommunikation, des Transportes und der
Information die Welt adaptiert und sich so als deren Mittelpunkt fühlen
kann. Andererseits wird diese von der Großstadtgeschwindigkeit geforderte Hingabe an disparat anmutende Oberflächenerscheinungen als
zwanghafter Dissoziationsprozeß erfahren, der eine grundsätzliche erkenntnistheoretische Unsicherheit mit herbeiführt.

Vor allem diesen letzteren Aspekt hat Silvio Vietta neuerdings überzeugend an einigen frühexpressionistischen Lyrikern aufgezeigt. Er verweist
mit Recht darauf, daß die im Reihungsstil verfaßte frühexpressionistische
Lyrik „als erste dezidierte Großstadtlyrik im deutschsprachigen Raum gelten kann" (82, 360) und daß sie in ihrer „formalen Struktur eben jene veränderte Wahrnehmungsstruktur zur Darstellung bringt", die von einem Philosophen wie Georg Simmel schon 1904 „phänomenologisch als
Erfahrungs- und Wahrnehmungsnorm der Großstadt selbst analysiert"
worden ist (82, 360). Das wahrnehmende Ich kann die durch die Großstadt
vermittelte Erlebnisfülle als „Überbelastung" erfahren, wie es in den
Schlußversen von Lichtensteins Gedicht ‚Punkt' zum Ausdruck kommt:

„Das Herz ist wie ein Sack. Das Blut erfriert.
Die Welt fällt um. Die Augen stürzen ein." (36, 69)

Dies, so erklärt Vietta, sei „die Beschreibung der neuen, überbelastenden
Bedingungen der Objektwelt, die im Subjekt selbst das Subjekt dissoziie-
ren, wie seinerseits die Dissoziation des Wahrnehmungssubjekts zum
Zusammenbruch der wahrgenommenen Wirklichkeit führt" (82, 361).
Dieser Aspekt mag zugleich erklären, warum auch die wahrgenommene
Wirklichkeit in der ‚Dämmerung' den Charakter der Entstellung, der
Deformation und das Signum des Untergangs trägt.

Die „Überfülle des Erlebens" führt darüberhinaus aber auch zu einem Gefühl der Langeweile, das durch die „ewige Wiederkehr des Gleichen" in Gestalt von Sinnesreizen und von der Oberflächlichkeit der Abenteuer, der sich ständig wandelnden Ereignisse mit hervorgerufen wird. Frühexpressionistische Autoren wie Heym, van Hoddis, Lichtenstein, Trakl und Benn gestalten dieses Gefühl. Sie veranschaulichen durch die starre Zeilenkomposition das unterschiedslose In- und Nebeneinander der heterogensten Phänomene und damit deren Nichtigkeit und Gleichgültigkeit. Die Ambivalenz zwischen der in oberflächlichen Sinnenreizen erlebten Schönheit der Großstadt und der dahinter lauernden Langeweile wird in den folgenden Äußerungen des Jugendstilarchitekten Henry van de Velde deutlich:

„Alles bestrebt sich, zu zeigen, daß sich unsere Epoche eine Schönheitskonzeption anzueignen sucht, die aus der Sinnlichkeit schöpft, die sich in uns beim Anblick des Lebens, des Lebenswunders regt. Niemals vorher hat eine gleiche zitternde Bewegung das Bild der Städte erregt. Die Beleuchtung hat weder eine so große Rolle gespielt, noch über so viel Leuchtkraft verfügt. Niemals hat sie so zahllose Funken in Schaufenster und Schilder geworfen, niemals vervielfältigte sie sich zu solch endlosen Girlanden, wenn Regengüsse den Asphalt überschwemmen. Über die Plätze und entlang der Boulevards zirkulierten nie zuvor so viel bunte Fahrzeuge, nie so viel verschiedenartige Uniformen.

Niemals stieg aus den Häfen so viel Rauch empor, und nachts spiegelten die Flüsse nie so viel glänzende Edelsteine wider. An nebligen, eisigen Winterabenden bieten uns die Bahnhofshallen verwirrend phantastische Anblicke und versetzen uns auf den tiefen Meeresgrund, wo sich Ungeheuer schnaubend und pfeifend verfolgen. Die öffentlichen Gärten sind von tieferem Grün und die Blumenbeete von leuchtenderen Farben. Der Sand auf den Wegen ist gelb, und wir entdeckten das Violett der Schatten. Und wenn Enttäuschung, Trauer oder Langeweile ihre kalte Hand auf unsere Seele legen, suchen wir Orte auf, wo Glas und Silbergerät auf glänzenden Tischplatten in die Spiegelscheiben lachen, wo auf weißgedeckten Tischen um jedes Glas eine Schar kleiner, fröhlich strahlender Seelchen tanzt, wie Blumen zitternd, deren Stiele der Wind schaukelt. An solchen Orten befreit sich unsere Seele von dem Druck, der auf ihr lastet, und so sind die Restaurants nichts anderes als Hospitäler unserer Kümmernisse und unserer Spleens; die uns bedienenden Kellner die geschulten Krankenwärter unserer Langeweile.

Das Grauen vor dem unendlichen Nichts, das die Griechen zu dem zügellosen, entschlossenen Kultus des Lebens trieb, findet bei uns ein Gegenstück in dem Entsetzen vor der Langeweile. Diese liegt uns näher, sie ist ein drohenderes, grausameres, tödlicheres Übel als das Nichts, als der Tod selbst, an den wir, durch die stete Gegenwart von allzu alltäglichen Gefahren, verlernt haben zu denken.

Die Lebendigkeit in den Dingen unserer Umgebung kann uns schützen, ebenso wie ihre Schönheit uns zerstreuen kann, wenn sie jener Qualität angehört, die diese eigenartige Sinnlichkeit zu erregen vermag, welche der Anblick des Lebens, das Wunder des Lebens in uns weckt." (79, 135 f.)

Die zuletzt zitierten Sätze verweisen auf ein weiteres – für das Verständnis des Dadaismus ebenfalls bedeutsames – Phänomen: Die Erfahrung der modernen Zivilisation wird einer sehr vagen Kategorie des „Lebens" subsumiert, wie sie in der Lebensphilosophie entwickelt wurde. Der von einigen frühexpressionistischen Autoren – etwa von Franz Werfel und Ernst Stadler – zum Teil pathetisch geforderte und gestaltete „Aufbruch ins Leben" entstammt ebenfalls dieser Tradition, und ihre Gedichte sind gleichfalls durch Reihungsstil und Simultaneität gekennzeichnet. Letztere ist also nicht nur Ausdruck einer spezifisch großstädtisch-modernen, sondern zugleich einer antizivilisatorischen „Lebens"-Erfahrung.

3. Der Stillstand der Zeit im Moment der Verzückung (Ball)

Hugo Ball hat in seiner expressionistischen Phase die Wirklichkeit sowohl in ihren dämonischen wie auch in ihren schönen Zügen poetisch darzustellen versucht. Die neben Herwarth Waldens ‚Der Sturm' bedeutendste expressionistische Zeitschrift ‚Die Aktion', die von Franz Pfemfert ediert wurde, eröffnete ihren Jahrgang 1914 mit folgendem, auf der ersten Seite abgedruckten Gedicht Hugo Balls:

Der Verzückte

Und manchmal überfällt mich eine tolle Seligkeit.
Alle Dinge tragen den Orchideenmantel der Herrlichkeit.
Alle Gesichter tragen an goldenen Stäben zur Schau ihr innerstes Wesen.

Die Inschriften der Natur fangen an zu stammeln, leicht zu lesen.
Alle Wunder drängen wie Seesterne an die Oberfläche.
Die Golfströme der Luft kreisen und schweben wie diamantene Bäche.
Aus jedem toten Gerät wollen sich hundert staunende Augen erheben.
In jedem Stein überschlägt sich wild eifersüchtiges Leben.

Die Kirchtürme flammende Gottesschwerter. Dröhnend schlagen die Stunden.
Meine Zunge eine Jerichorose. Duft strömt und Musik mir vom Munde.
Auf meine Fingerspitzen, die sich in Beschwörungen ducken,
Lassen sich alle verirrten Küsse nieder, die durch das Weltall zucken.

Daher begibt es sich, daß über den fliegenden Dächern der Stadt,
Die mich beherbergt, der leuchtende Mond seinen Bogen hat
Wie aus Opal geschnitten ein weitgespannter Viadukt.
Und daß nicht mehr Wirklichkeit ist, was da spukt.

Es sind geisterhafte Orchester auf der Wanderung zu vernehmen.
Es ist, als ob unterm Pflaster Höllen aus Licht heraufgeschwommen kämen.
Die Menschen, die da gehen, schreiten an elfenbeinernen Stöcken.
Die Häuser, die da stehen, prunken in Purpurmänteln und Galaröcken.

Die Bilder und die Gesichter kommen hervor wie trunkene Tropenfalter,
Wenn du in roten Nächten durch die Glutgärten Ceylons gehst.
An Ärmel und Knie hangen sich ihrer so viele und schwer,
Daß du ermattet zuletzt, ganz wirr und taumelnd im blühenden Gifte stehst. (15,
1f.)

Es geht in diesem Zusammenhang weder um eine Interpretation noch um
eine Bewertung der literarischen Qualität dieses Poems. Immerhin ist auf
den ersten Blick erkennbar, daß es in Form, Inhalt und Gehalt mehrere
Kunstrichtungen und Autoren gleichsam synoptisch adaptiert. Die prosa-
nahe Langzeile beispielsweise erinnert ebenso wie die „Lebensmystik" an
den hymnischen Stil Ernst Stadlers, der um diese Zeit ebenfalls mehrere
Gedichte in der ,Aktion' veröffentlicht hat (zu Stadler vgl. 79). Es steht ferner dem – der Lebensphilosophie verpflichteten – Vitalismus nahe, dessen
Entwicklung vom Naturalismus bis zum Expressionismus Gunter Martens
materialreich dargestellt hat (vgl. 74). Darüberhinaus enthält es in der Äs-
thetisierung der Wirklichkeit typische Elemente des Jugendstils, wie sie zuletzt Horst Fritz am Beispiel Richard Dehmels entwickelt hat (vgl. 69).
Gerade dadurch aber ist das Gedicht aufschlußreich: Es zeigt, daß man zu
kurz greifen würde, wenn man das Entstehen des Reihungsstils, der ja auch
dieses Gedicht kennzeichnet, und des Phänomens der im Anschauen dispa-
rater Realitätselemente dissoziierten Subjekts gleichsam monokausal nur
aus einer vielleicht schockhaften Erfahrung der Großstadtwelt ableiten
wollte. Offenbar wird auch noch im Frühexpressionismus die Großstadtwelt von Perspektiven und Kategorien her betrachtet, die in den vorhergehenden Epochen entwickelt wurden und Gültigkeit besaßen. So ist es
bezeichnend, daß der Lebensbegriff, der dem zitierten Gedicht Balls zugrundeliegt, gleichsam die Totalität des Weltganzen, des Realen und des
nicht mehr mit den Sinnen Erfahrbaren, zu umfassen scheint. Es ist die
Rede von „allen Dingen", „allen Gesichtern" „allen Wundern", von der
Natur ebensowohl wie vom Menschen und seinem Bereich: der Stadt. Auch
diese aber ist nur Element des Ganzen, Größeren, sie erscheint nur in partialen Aspekten, in Segmenten wie den Dächern, dem Straßenpflaster und
den Häusern, und dies sind keineswegs spezifische Großstadtrequisiten.
Die Stadt gewinnt keine Kontur, der Blick schweift über die Dächer zum
„leuchtenden Mond", dessen Bogen einem „weitgespannten Viadukt"
gleicht: in solchen Vergleichen und Parallelisierungen offenbart sich der
Zustand der Verzückung, in dem die getrennten Bereiche von Natur und
Mensch in der rauschhaften Anschauung ineinanderfließen. In diesem
Zustand ist das wahrnehmende Subjekt dissoziiert, hingegeben an – auch
in ihrer Abfolge im Gedicht – disparat anmutende Erscheinungen, deren
gemeinsames Kennzeichen aber „der Orchideenmantel der Herrlichkeit"

ist. Indem das „lyrische Ich" diesen überall, an jedem „toten Gerät", an jedem „Stein" wie auch an den Menschen mit der höchsten Anspannung aller seiner Sinne wahrnimmt, kann es sich zugleich als Mittelpunkt des „Weltalls" fühlen: es ist in allen Dingen und alle Dinge sind in ihm.

Doch dies ist nur eine veräußerlichte Symbiose. Daß „alle Wunder" – wie es in der zweiten Strophe heißt – „wie Seesterne an die Oberfläche" „drängen", dies hat für die Wahrnehmungsweise des Gedichts symbolischen Charakter, denn alle diese Wunder werden lediglich in ihrer äußeren Erscheinung erfaßt. Wie in Lavaters ‚Physiognomischen Fragmenten' (vgl. dazu unten, S. 153 f.) tragen „alle Gesichte" „ihr innerstes Wesen" „zur Schau", aber dieses Wesen ist auf das Gesicht, auf die Oberfläche reduziert, und diese ist bei allen Dingen gleich. In einem verschwenderischen Ausmaß werden alle Gegenstände mit sinnlichen Attributen versehen. Dabei dominiert die optische Sinneswahrnehmung: die Stäbe sind golden, die Bäche diamanten usw., jedes Gerät hat „hundert staunende Augen". Doch auch die anderen Sinne sind – wie man leicht feststellen kann – an der bildlichen Vergegenwärtigung stark beteiligt. Die Vergleiche sind so zahlreich und ausführlich, daß sie mitunter sogar ihre dienende Funktion zu verlassen und Eigenständigkeit zu beanspruchen scheinen. Das ist möglich, weil sowohl die als eigentlich wie als uneigentlich bestimmten Phänomene dieselben sinnlichen Qualitäten aufweisen und weil diese in ihrer verschwenderischen Evokation offenbar wichtiger sind als die Dinge selbst: die Farben, Klänge und Düfte und die durch sie hervorgerufenen Empfindungen gewinnen entschieden die Oberhand, die Gegenstände, an denen sie erscheinen, sind beliebig, disparat und austauschbar. Es scheint so, als löse sich die ganze Welt in eine Vielzahl fluktuierender sensueller Reize und Empfindungen auf.

Ein zeitlicher Ablauf ist nicht erkennbar. Das Gedicht endet etwas gezwungen, es hätte ebensogut früher aufhören oder sich noch fortsetzen können. Das in ihm thematisierte „Weltgefühl" entwickelt sich nicht, sondern ist schon in der ersten Zeile vorhanden. Es bezeichnet einen „manchmal" eintretenden Zustand, dessen bestimmendes zeitliches Kennzeichen die Simultaneität ist. Raum und Zeit scheinen im Glücksgefühl der All-Verbundenheit für eine kurze Zeitspanne aufgehoben zu sein. Das Nacheinander der Verse und Bilder verleiht diesem Gefühl Dauer. Jede Zeile benennt diese Simultaneität und hält sie gleichsam fest, indem sie immer das Ganze der thematisierten Phänomene benennt: bestimmendes Merkmal der Gegenstände ist der Plural: „alle Dinge", „alle Gesichte", „die Inschriften", „alle Wunder", „die Golfströme" und so fort oder auch „jedes Gerät", „jeder Stein" als Kollektivbezeichnung. Daraus resultiert wiederum die auffällige Unanschaulichkeit des Gedichts. Dies ist kein Widerspruch zu der Einsicht, daß es in hohem Maße von der Evokation des

Sensuellen und der Empfindungen lebt, sondern bestätigt sie: die Gegenstände sind gleichsam nur der Anlaß zur Entfaltung der sensuellen Reize und der dadurch ausgelösten Empfindungen, sie haben keinen Eigenwert und sind deshalb auch nicht anschaulich gefaßt. Jede Einzelheit würde das freischweifende Gefühl hemmen. Die Gegenstände sind deshalb entleert: sie sind ihrer Individualität, ihres konkreten Inhalts beraubt, sie werden nur als Oberflächenphänomene gefaßt und auf ihre sinnlichen Qualitäten reduziert, und sie werden im Medium des Sensuellen einander bis zur Austauschbarkeit hin anverwandelt und funktionalisiert.

Das erlebende Ich erfährt diese intensiv erlebte „Sinnlichkeit" schließlich als Überbelastung, es ist „ermattet" und steht „wirr und taumelnd im blühenden Gifte", also im Zustand der Dissoziation, der denjenigen der Verzückung beendet. Damit deutet sich der Gegenzustand an, ohne daß er noch – wie in anderen Gedichten Balls aus derselben Zeit – zur Gestaltung käme.

Die Reduktion der Objekte auf sensuelle Reize ist ein charakteristisches Kennzeichen nicht nur der Gedichte Lichtensteins, wie Küntzel gezeigt hat (37, 405), sondern auch und vor allem des dadaistischen Simultangedichts. Als eine besondere Ausprägung dieses Gedichttyps „erfanden" die Dadaisten sogar das „bruitistische Gedicht". Dieses, so erläutern sie in dem bereits eingangs erwähnten Manifest, „schildert eine Trambahn, wie sie ist, die Essenz der Trambahn mit dem Gähnen des Rentiers Schulze und dem Schrei der Bremsen." (9, 28) Daß es wenig sinnvoll ist, ein solches Gedicht zu interpretieren, leuchtet wohl ein: Sein Sinn erschöpft sich in der Präsentation dieser Geräuschkulisse. Wichtiger und aufschlußreicher ist demgegenüber die Frage nach den Gründen, die zur Entstehung dieses Gedichttyps geführt haben könnten. Wenn ich also im folgenden einige Tendenzen aus den dem Dadaismus und Expressionismus vorausgehenden Epochen aufzeige, die verständlich machen können, warum es zu einer solchen Betonung des Sensuellen, zu einer Partialisierung des Raumes und der Wirklichkeitselemente, zur Vorstellung von deren prinzipieller Gleichwertigkeit und damit gleichrangigen Verwertbarkeit als Sujet der Dichtung – dies alles als Voraussetzung zur Gestaltung der Simultaneität – kommen konnte, dann ist dies ein Beitrag zum Verständnis des literarischen Dadaismus. Dieser Rekurs gestattet es uns zugleich, die Position des Dadaismus innerhalb und gegenüber den ihm vorausgehenden Kunstrichtungen näher zu bestimmen. Was dabei zur Sprache kommt, gehört vorwiegend in den Bereich der Geistesgeschichte und thematisiert dabei u. a. den ersten der drei von Hugo Ball als zentral für die Entwicklung der „neuen Kunst" aufgeführten Aspekte: „die von der kritischen Philosophie vollzogene Entgötterung der Welt".

4. Die Evolution der Natur oder Geschichte als Gegenwart

Der Prozeß der Säkularisation setzt im wesentlichen mit der Aufklärung ein. Es ist völlig ausgeschlossen, ihn hier auch nur andeutungsweise zu beschreiben. Den bedeutenden Anteil der Philosophie an dieser „Entgötterung der Welt" hat neuerdings Walter Schulz präzis und umfassend zugleich dargestellt (122). Es ist indessen – dies macht Schulz vor allem in dem ersten, ‚Verwissenschaftlichung' genannten Kapitel seines monumentalen Werkes deutlich – das Schicksal der Philosophie, insbesondere seit dem 19. Jahrhundert selbst zunehmend ein Opfer dieses Prozesses zu werden, und dies insbesondere im Bereich von Metaphysik und Erkenntnistheorie. Innerhalb der Philosophie hat – zumindest für das Bewußtsein der nachfolgenden Generationen – vor allem Friedrich Nietzsche am nachhaltigsten die Metaphysik einer radikalen Kritik unterzogen und als Konsequenz die Notwendigkeit des Nihilismus – als Voraussetzung eines „großen Jas zum Leben" – propagiert. Jedoch ist auch sein Nihilismus-Begriff – wie Silvio Vietta im Anschluß an Heideggers Nietzsche-Analysen mit Recht hervorhebt –, „als Konstatierung der Sinnlosigkeit" noch „orientiert an einem metaphysischen Begriff von ‚Sinn' und damit selbst noch ein metaphysischer Begriff" (72).

Nietzsches Position entwickelt sich durch eine intensive Adaption jener wissenschaftlichen – insbesondere naturwissenschaftlichen – Erkenntnisse, die im 19. Jahrhundert zunehmend zum eigentlichen Träger einer „antimetaphysischen Bewegung" werden und die weder im methodischen Ansatz noch im Resultat einer metaphysischen Rückbindung anheimfallen. Daß sich bedeutsame literarische Intentionen des Expressionismus und Dadaismus mindestens genauso einleuchtend von bestimmten (natur-)wissenschaftlichen Verfahren und Erkenntnissen her verstehen lassen wie von der Philosophie Nietzsches: dies ist am Beispiel des Simultangedichts im Zusammenhang mit Relativitäts- und Atomtheorie bereits deutlich geworden. Wir werden einige weitere Tendenzen in der Entwicklung der Naturwissenschaften in unsere Untersuchung miteinbeziehen, die für die Literatur von besonderem Belang sind. Dabei wird sich herausstellen, daß die Lebensphilosophie zumindest mit dem Positivismus wichtige Gemeinsamkeiten besitzt. Gerade diese wiederum aber sind es, die einen entscheidenden Verständnishorizont für zentrale dadaistische Tendenzen eröffnen. Auf sie richtet sich daher auch unser Hauptinteresse.

Die Generation der Expressionisten und Dadaisten mußte, wie wir sahen, erfahren, daß sich die gesellschaftliche Wirklichkeit in einem rapiden, für den einzelnen kaum noch durchschaubaren Wandel befand. Schon vorher aber hatten die Wissenschaften – insbesondere die Naturwissenschaften – die traditionelle Ordnung des Seienden mehr und mehr radikal infragegestellt. Seit dem 18. Jahrhundert entwickelten und verselbständigten sich mit zunehmendem Wissensumfang und bei wachsender methodischer Differenzierung immer mehr Einzelwissenschaften. Sie verloren teilweise den Kontakt miteinander. Als Einzelwissenschaften legitimierten sie sich dadurch, daß sie einen kleinen und damit überschaubaren Teilbereich des Wissens bis in Einzelheiten hinein durchforschten und beherrschten. Damit gingen zunehmend übergreifende Sinn- und Wertkategorien verloren. Nach der Theologie verlor nun die Philosophie die Fähigkeit und die Möglichkeit zur integrierenden Weltauslegung und Zeitanalyse. Eine Vielzahl von Faktoren, Erkenntnissen und Gesetzmäßigkeiten wurde auf zahlreichen Gebieten entdeckt und als bedeutungsvoll deklariert. Der Zusammenhang des Ganzen drohte sich mehr und mehr aufzulösen. Entscheidende Fragen und Probleme – wie etwa die nach der Schöpfung, nach der Entstehung des Menschen und des Lebens überhaupt –, die jahrhundertelang von Theologie und Philosophie diskutiert und verbindlich beantwortet worden waren, wurden nun naturwissenschaftlich erforscht.

Insofern konnte die Biologie, konnten die Erkenntnisse Darwins, seine Evolutionstheorie, seine Lehre von der Zuchtwahl und von dem inneren Konnex alles Lebens das besondere Interesse der Öffentlichkeit beanspruchen. Die von Darwin durch Funde wissenschaftlich legitimierte Evolutionstheorie besagt bekanntlich, daß sich der Mensch in einer langen Entwicklung von einigen Primordialzellen über die Fische, Amphibien und Säugetiere zu einem affenartigen Wesen und schließlich zum Menschen entwickelt habe und daß auch seine geistigen Fähigkeiten ihn nicht prinzipiell, sondern nur graduell von anderen Lebewesen, zum Beispiel vom Affen, unterscheiden, da sie in niedrigeren Abstufungen auch bei diesem nachweisbar sind.

Die Lehre von der Evolution läßt sich als genaue Umkehrung der alten neuplatonischen Lehre von der Emanation verstehen. Diese behauptete, der göttliche Geist habe sich in kontinuierlicher Stufenfolge über die intelligible und sensible Welt bis hinab zur Materie, die als Prinzip des Schlechten begriffen wird, entfaltet und dabei auf jeder weiteren Stufe seiner „Materialisierung" einen Teil seiner ursprünglichen Reinheit eingebüßt. Ziel der menschlichen Seele sollte daher sein, in einem mystischen Akt das Haften am Leiblichen und Weltlichen zu überwinden und sich mit dem transzendenten göttlichen Geist wieder zu vereinen. Im Gefolge der Evolutionstheorie entwickelte sich nun die umgekehrte Tendenz: die mystische Entgrenzung und Hingabe an das „Leben", an die zahllosen vegetativen und animalischen Objektivationen der Natur, mit denen sich der Mensch seiner Herkunft nach brüderlich verwandt fühlen konnte. Wilhelm Böl-

sche, der unermüdliche und wortgewaltige Popularisator der naturwissenschaftlichen Erkenntnisse, spricht diese Tendenz zu Beginn seines monumentalen dreibändigen Werkes über ,Das Liebesleben in der Natur' in
dithyrambischer Ergriffenheit aus:

> „Schau dem schönen Segelfalter dort nach, wie er majestätisch sich zu dem Thy-
> mian niedersenkt. Aus Tieren, niedriger als dieser schwebende Schmetterling, bist
> du, Mensch, geworden, du als Mensch der modernen Erkenntnis. Von Urwesen
> ging dein Stamm aus, unvollkommener noch als dieser stumme, reglos in der glü-
> henden Sonne sich badende Thymian. Groteske Geschöpfe ohne eine Spur deiner
> Gestalt waren ,du'. Sie krochen am Meeresstrand, als dieser Strand noch der wei-
> che Schlamm war, der heute jene messerharten Felsgräten bildet, an denen sich
> da unten am Kap die blaue Welle zu Schlamm zermalmt. Und mit allen diesen
> Wesen, die du waren und doch nicht du vor Äonen der Zeit, hängst du zusammen
> durch die ungeheure Weltenkraft der Liebe, der Zeugung, des ewigen Gebärens
> und Werdens. Tausend- und tausend-, millionen- und millionenmal hast du da
> unten geliebt, gelitten und geblutet, bist gekreuzigt worden und auferstanden am
> dritten Tag. Dort, in der Vergangenheit, in der unermeßlichen Kette aller dieser
> Vor-Ichs deines eigenen Ich . . . liegen die Lösungen all deiner Rätsel, deiner tiefen
> Geheimnisse, die dich durchspinnen wie ein dunkles Schicksalsnetz, wie ein
> schwarzes Spinngewebe, an dem deine Tränen wie Tautropfen blinken." (102, 7)

Auch Arno Holz läßt seinen ,Phantasus' mit einer Erinnerung an die
Ursprünge der Evolution beginnen: „Sieben Billionen . . . Jahre . . . vor
meiner Geburt / war ich / eine Schwertlilie. / Meine suchenden Wurzeln
/ saugten / sich / um einen Stern." (34, 7) Der starke mystische Einschlag
in vielen Gedichten von der Jahrhundertwende bis hin zum Expressionismus – man erinnere sich an Hugo Balls Gedicht ,Der Verzückte' – hat hier
eine ihrer wesentlichen Wurzeln, wobei diese „Lebensmystik" nicht wie
in der Mystik des Altertums und des Mittelalters das Ablegen von allem
Irdischen als Vorbedingung der Vereinigung mit dem göttlichen Geist
meint, sondern das Einswerden mit den verschiedenen Objektivationen des
Lebens, ja mit diesem selbst.

Aber was und wo ist dieses Leben? Die Einsicht in die prinzipielle Verwandtschaft mit allem Lebendigen führt für den Poeten zur Konsequenz
grundsätzlicher Gleichheit und damit auch Beliebigkeit jener Naturphänomene, die als Sujet der Gedichte und zugleich als Objekte der Ichfindung
dienen können. Die Kontinuität der naturgeschichtlichen Evolution
schließt trotz des Gedankens der Höherentwicklung eine Bevorzugung
etwa des Animalischen vor dem Vegetativen aus, weil die jeweils höhere
Stufe in ihren Voraussetzungen und Bedingungen nicht ohne die vorangegangene zu begreifen ist. „In jedem Stein", lautet ein Vers von Hugo Ball,
„überschlägt sich wild eifersüchtiges Leben". Und: „Aus jedem toten

Gerät wollen sich hundert staunende Augen erheben." Diese Vitalisierung der Materie ist nur unter der Kategorie der Evolution zu begreifen. Leben ist eine Art dynamischer Kraft, welche die Materie – immer noch – zur Höherentwicklung antreibt: aus totem Gerät wollen sich Augen öffnen. Das Anorganische hat den teleologischen Drang, organisch zu werden. Im Drang und Trieb zur Evolution verbinden sich die Vorstellungen von Vitalismus und Voluntarismus.

Diese Vorstellungen lassen sich aus der Biologie selbst herleiten. Ruth Moore hat die Entwicklung dieser Wissenschaft, insbesondere ihre experimentelle Entdeckung lebenswichtiger Stoffe, Elemente und Funktionen (Sauerstoff und Atmungsfunktion, Gewebe, Zellen und Keime) ausführlich dargestellt (110). Die zunächst – auch von Darwin – noch streng mechanistisch erklärten Lebensprozesse wurden erst gegen Ende des 19. Jahrhunderts – und hier hauptsächlich durch Hans Driesch – organologisch verstanden. Driesch beobachtete durch Experiment mit Zellteilungen und am Beispiel von halbierten Zellen, die sich gleichwohl zu vollausgebildeten Organismen entwickelten, daß für die Morphogenese aus unsichtbar kleinen Zellen eine Kraft verantwortlich sein müsse, die sich nicht mit Hilfe physikalischer oder chemischer Vorgänge erklären ließ. Driesch griff deshalb sogar auf den aristotelischen Entelechiebegriff als Erklärungsmodell zurück. Das Leben war damit eine „immaterielle Kraft" (110, 108) und somit aller mechanistischen Erklärung entzogen, zugleich aber für jede naturphilosophische Spekulation offen. Driesch selbst interessierte sich in der Folge zunehmend für Mystik und Parapsychologie.

Mit der Evolutionstheorie wird eine weitere bedeutsame Tendenz erkennbar: die Reduktion des geschichtlichen Denkens, die sich bereits im Historismus des 19. Jahrhunderts andeutet. Geschichte wird nicht mehr im Rahmen eines übergreifenden – oder gar noch geschichtsphilosophisch begründeten – Sinnentwurfs menschlichen Handelns betrachtet, sondern sie ist nunmehr auf die Naturgeschichte reduziert und wird unter naturgesetzlichen Kategorien gesehen. Damit gewinnt die Geschichte eine eigentümlich präsentische Dimension: Der Mensch hat seine Geschichte jederzeit vor Augen. In jeder niedrigeren Objektivation der Natur, in jeder Pflanze und jedem Tier begegnet sie ihm als anschauliche Gegenwart, sie ist also gleichsam in den Anschauungs- und Erscheinungsformen des Raumes simultan wahrnehmbar. Das Subjekt vermag sich – „hinauswandernd in die Äonen des Raumes und der Zeit, hinauswandernd zu all den alten Brüdern im Tier- und Pflanzenreich" (102, 9) – jederzeit oder auch nur im besonderen Moment der ,Verzückung' in der Entgrenzung und Hingabe an die Vielfalt des Lebens seiner eigenen Identität auch im Blick auf Vergangenheit, Gegenwart, ja sogar Zukunft zu vergewissern. Was die Zukunft anbelangt, so kehrt das Ich mit dem Tod in die Natur – und das heißt auch: auf

eine frühere Stufe seiner Objektivation – zurück. Als Beispiel dafür zitiere
ich die ersten Verse aus Franz Werfels Gedicht ‚Sterben im Walde‘:

> „Im Himmel, Grün, Wind und Baumdunkel verfangen,
> Von Farren und Gräsern umwachsen Glieder und Wangen
> Bin ich im Walde melodisch zu Grunde gegangen.
> Nun beginnt die süße Verwesung mich zu verzehren.
> Ameisen und Raupen kriechen über meine Augen.
> Und kein Wimpernzucken will ihnen wehren." (60, 1055 f.)

Aus der Evolutionstheorie läßt sich allerdings auch die entgegengesetzte
Schlußfolgerung ziehen, wie dies Richard Dehmel als bedeutender Reprä-
sentant des Jugendstils getan hat: Der Geist des Menschen stellt den Höhepunkt der bisherigen Entwicklung in der Naturgeschichte dar. Die im Geist
sich ereignende „Bewußtwerdung des Lebens" ist daher in der Kunst zu
repräsentieren und von ihr darzustellen. Der Künstler wiederholt im
schöpferischen Prozeß das Schaffen der Natur, ohne deshalb aber auf eine
Nachahmung oder Widerspiegelung des empirisch Vorfindlichen angewiesen zu sein. Der Dichter als Kulminationspunkt der bisherigen Evolution
ist den Entwicklungsmöglichkeiten der ihn umgebenden Natur immer
schon voraus. Er muß nicht nach der Natur, sondern wie die Natur schaffen, und das bedeutet: so wie sich in der Natur aus kleinen Elementen ein
Großes und Ganzes, wie sich aus Niedrigerem Höheres entwickelt, so dienen dem Dichter einzelne Elemente der Realität lediglich als Stoff für eine
neue, höhere Form des Seins, die sich zwar nur im Kunstwerk verwirklicht,
die aber den Anspruch erhebt, in der kompositorischen Formung etwas
über das Wesen der Natur auszusagen und damit Gefühle und Erfahrungen
zu vermitteln, die der Natur selbst nicht so zu entnehmen sind. So wie sich
das Leben in der Natur nicht in den einzelnen Stoffen und Elementen zeigt,
sondern in deren Wachsen und „Funktionieren", so sind auch für Dehmel
die Form und die Funktionalisierung der Motive und Bilder besonders
wichtig, weil sich in ihnen das Schöpferische entfaltet. Durch funktionali-
sierende Verknüpfung von disparat erscheinenden Elementen erschafft der
Dichter ein Geflecht von Korrespondenzen und stiftet auf poetische Weise
„Leben", so wie auch das Leben in der Natur nicht in irgendeinem stoffli-
chen Substrat, sondern nur in seinem dynamischen Wirken, nur als
„Leben-Stiften" und damit als abstraktes, schöpferisches Prinzip, als „immaterielle Kraft" erkennbar ist. Der Lebens-Begriff ist damit allerdings total formalisiert und entleert (vgl. dazu 69, 43 ff. u. 152 f.).
   Die Evolutionstheorie vermittelt die Vorstellung, daß das Leben ständig
im Werden begriffen und daher mit dem Werden und Wachsen selbst iden-

tisch ist. Darin steckt ein weiteres Moment der Simultaneität: das Schöpferische offenbart sich immer nur im Vollzug, in statu nascendi, und ist daher auch im Gedicht – trotz der notwendigen Aneinanderreihung der Bilder – nur als identischer Zustand in der Gleichzeitigkeit der Bewegung darstellbar.

Das Prinzip des Leben-Stiftens konkretisiert sich – wie auch das Zitat von Bölsche oder Hugo Balls Bild von „allen verirrten Küssen", „die durch das Weltall zucken" und sich auf seinen „Fingerspitzen" niederlassen, belegen – für zahlreiche Poeten im Phänomen der Liebe und auch im Zeugungsakt. Die Literatur vom Naturalismus bis zum Expressionismus wird nicht müde, beides zu verherrlichen (vgl. 74).

Martens leitet den Vitalismus – wie mir scheint zu einseitig – aus der Lebensphilosophie Nietzsches, Bergsons und Simmels her. Es ist zwar nicht zu leugnen, daß der Begriff Vitalismus der philosophischen Fachsprache entstammt und daß er dort eine naturphilosophische Richtung bezeichnet, „die im Gegensatz zur ‚mechanischen Kausalität' Darwins eine nach physikalischen Gesetzen nicht erklärbare Autonomie der Lebensvorgänge aus der Beobachtung organischer Entwicklung (besonders der Embryogenetik) abzuleiten sucht" (74, 15). Doch damit deutet Martens zugleich die naturwissenschaftlichen Grundlagen an, die den philosophischen Ansatz ermöglichten. Daß die Lebensphilosophie aber die vitalistischen Vorstellungen der Autoren – einschließlich der Dadaisten – nachhaltig beeinflußt hat, steht außer Frage. Einige lebensphilosophischen Grundgedanken seien daher im folgenden vorgestellt.

5. Die „Stunde des Mittags" und die „ewige Wiederkehr des Gleichen" (Nietzsche)

Aus der Fülle des perspektivenreichen und widerspruchsvoll erscheinenden Werkes von Nietzsche greife ich hier nur wenige – für seinen Ansatz wie für unseren Zusammenhang wichtige – Problemkomplexe heraus. „Was Nietzsches ganzes Denken bestimmt und hervortreibt", so hat Karl Ulmer als Einheit seines Werkes plausibel zu machen versucht, „kann in einer Formel als der Wille zum großen Menschentum und zur höheren Kultur bezeichnet werden." (116, 12) Diese Charakterisierung leuchtet für Nietzsches Spätphase am unmittelbarsten ein, wo er die Entwürfe zu der – von den Herausgebern nachträglich systematisch geordneten und unter dem Titel ‚Der Wille zur Macht. Versuch einer Umwertung aller Werte' edierten – Fragmentsammlung abwechselnd unter den Überschriften ‚Die ewige Wiederkunft des Gleichen / Der Wille zur Macht / Umwertung aller Werte' zu subsumieren suchte (116, 64). Die Vorstellung des Willens zur Macht impliziert zugleich diejenige des Willens zum Leben im Sinne einer Steigerung. Unter diesem Aspekt ist Nietzsche – wie Peter Pütz gezeigt hat (115, 9 f.) – gerade zu Beginn dieses Jahrhunderts rezipiert worden. Wie ist aber die Vorstellung von der ewigen Wiederkehr des Gleichen mit dem Postulat der Steigerung, der höheren Kultur, dem Willen zur Macht in Einklang zu bringen? Dahinter verbirgt sich wiederum das Problem von Zeit und Geschichte.

An den Anfang der Überlegungen stelle ich zunächst einen Entwurf Nietzsches aus dem Nachlaß der achtziger Jahre:

„Es ist die Zeit *des großen Mittags, der furchtbarsten Aufhellung: meine* Art von *Pessimismus: –* großer Ausgangspunkt.
I. Grundwiderspruch in der Zivilisation und der Erhöhung des Menschen.
II. Die moralischen Wertschätzungen als eine Geschichte der Lüge und Verleumdungskunst im Dienste eines Willens zur Macht (des *Herden*-Willens, welcher sich gegen die stärkeren Menschen auflehnt).
III. Die Bedingungen jeder Erhöhung der Kultur (die Ermöglichung einer *Auswahl* auf Unkosten einer Menge) sind die Bedingungen alles Wachstums.
IV. Die *Vieldeutigkeit* der Welt als Frage der Kraft, welche alle Dinge unter der *Perspektive ihres Wachstums* ansieht. Die moralisch-christlichen Werturteile als Sklaven-Aufstand und Sklaven-Lügenhaftigkeit (im Vergleich zu den aristokratischen Werten der *antiken* Welt).“ (113, 493 f.)

Zunächst vermag diese Passage Nietzsches Nähe zu Darwin mit dessen Theorie der Zuchtwahl, der Selektion des Stärkeren zu illustrieren. Schon Hans Vaihinger hat 1902 auf diesen Einfluß aufmerksam gemacht: „Das Ja zum Leben, als Widerspruch gegen Schopenhauer, entstamme dem Vertrauen, daß nach dem Gesetz Darwins ein natürlicher Sieg des Stärksten und Besten zu erwarten sei.“ (115, 9) Dies bedeutet zugleich, daß Nietzsche die Bedingungen für die Höherentwicklung der Kultur und des Menschen mit den „Bedingungen alles Wachstums“ – wie er hier formuliert – gleichsetzt. Er identifiziert Leben mit Werden oder Wachstum und betrachtet die – notwendige – Höherentwicklung des Menschen und seiner Kultur grundsätzlich im Rahmen einer allem Dasein zugrundeliegenden Natur-Notwendigkeit. Dies allerdings in einem besonderen, noch zu erläuternden Sinn.

Für Nietzsche ergibt sich die Notwendigkeit, eine neue und äußerste Möglichkeit des Menschen und der Kultur zu setzen – und dieses Setzen „selbst als die äußerste Möglichkeit menschlicher Größe zu verstehen“ (116, 17) –, wesentlich aus einer Analyse der bisherigen Geschichte des Menschen und seiner Zivilisation. Dabei unterzieht er – das wird aus der zitierten Passage ebenfalls deutlich – die bisherigen Wertsetzungen einer radikalen Kritik. Moral ist für ihn der Oberbegriff für alle Regeln und

Gesetze, mit denen die Menschen auf den verschiedensten Gebieten ihre Existenz in der Gesellschaft zu sichern suchen. Alle Sinnsetzungen erweisen sich dabei insofern als „Lüge", weil sie *Setzungen* des Menschen sind, der sich selbst und der Welt einen Sinn religiöser, metaphysischer, moralischer Art gleichsam unterschiebt, der als Qualität gar nicht in Mensch und Welt steckt. Für sich betrachtet ist die Welt ein Chaos. Selbst im Kosmos – man denke wieder an die Relativitätstheorie, die Nietzsche im Nachhinein recht zu geben scheint – herrscht nicht die gesetzliche Ordnung, die wir ihm beimessen. Dies führt er zu Beginn des dritten Buchs der ‚Fröhlichen Wissenschaft' aus:

> „Hüten wir uns, etwas so Formvolles, wie die zyklischen Bewegungen unserer Nachbarsterne überhaupt und überall vorauszusetzen; schon ein Blick in die Milchstraße läßt Zweifel auftauchen, ob es dort nicht viel rohere und widersprechendere Bewegungen gibt, ebenfalls Sterne mit ewigen geradlinigen Fallbahnen und dergleichen. Die astrale Ordnung, in der wir leben, ist eine Ausnahme; diese Ordnung und die ziemliche Dauer, welche durch sie bedingt ist, hat wieder die Ausnahme der Ausnahmen ermöglicht: die Bilder des Organischen. Der Gesamtcharakter der Welt ist dagegen in alle Ewigkeit Chaos, nicht im Sinne der fehlenden Notwendigkeit, sondern der fehlenden Ordnung, Gliederung, Form, Schönheit, Weisheit, und wie alle unsere ästhetischen Menschlichkeiten heißen. Von unserer Vernunft aus geurteilt, sind die verunglückten Würfe weitaus die Regel, die Ausnahmen sind nicht das geheime Ziel, und das ganze Spielwerk wiederholt ewig seine Weise, die nie eine Melodie heißen darf, – und zuletzt ist selbst das Wort ‚verunglückter Wurf' schon eine Vermenschlichung, die einen Tadel in sich schließt. Aber wie dürften wir das All tadeln oder loben! Hüten wir uns, ihm Herzlosigkeit und Unvernunft oder deren Gegensätze nachzusagen: es ist weder vollkommen, noch schön, noch edel, und will nichts von alledem werden, es strebt durchaus nicht danach, den Menschen nachzuahmen! Es wird durchaus durch keines unserer ästhetischen und moralischen Urteile getroffen!" (112, 115 f.)

Diese Sätze enthalten zugleich eine radikale Sprachkritik (vgl. dazu unten, S. 182 f.). Nietzsches Kritik macht aber auch vor der Kategorie des Subjekts nicht halt, eben weil dieses solche lügenhaften Deutungen des Objektbereichs hervorbringt. Walter Schulz hat diese Kritik an der Subjektivität zusammengefaßt:

> „Die Subjektivität selbst und als solche aber ist keine eindeutige Größe. Konkret: es ist unangemessen und unerlaubt, allgemeine Bestimmungen der Subjektivität, wie Wille, Vernunft, Freiheit, Ichhaftigkeit zu verwenden, denn diesen Bestimmungen entspricht keine Realität. Die Realität der Subjektivität ist gar nichts Festes, sondern ein fließendes Auf und Ab, das als solches in einer Chemie der Begriffe und Empfindungen analysiert werden muß." (122, 409)

Nietzsches Nihilismus ergibt sich, so sagt er selbst, „als Konsequenz der bisherigen Wert-Interpretation des Daseins." (113, 493) Die Bedeutung dieses Nihilismus für die frühexpressionistische Literatur hat neuerdings Silvio Vietta umfassend aufgezeigt (72), für den Dadaismus wird sie noch zu erörtern sein.

Der Nihilismus ist aber nicht das Ziel der Nietzscheschen Philosophie, sondern Voraussetzung für den von ihm angestrebten Neubeginn. Er ist nicht nur Folge einer erkenntnistheoretischen Reflexion, sondern er besitzt historische Dimension, weil er von Nietzsche als notwendige Folgerung aus der geschichtlichen Entwicklung selbst entfaltet wird. Die Heraufkunft des Nihilismus ist notwendig, weil „unsre bisherigen Werte selbst es sind, die in ihm ihre letzte Folgerung ziehen, weil der Nihilismus die zu Ende gedachte Logik unsrer großen Werte und Ideale ist, – weil wir den Nihilismus erst erleben müssen, um dahinter zu kommen, was eigentlich der Wert dieser ‚Werte‘ war . . . Wir haben, irgendwann, *neue Werte* nötig . . ." (113, 635) Der ‚Wille zur Macht‘ nun, so erläutert Nietzsche im selben Aphorismus, bezeichnet die auf den Nihilismus folgende „Gegenbewegung": „eine Bewegung, welche in irgendeiner Zukunft jenen vollkommenen Nihilismus ablösen wird; welche ihn aber *voraussetzt*, logisch und psychologisch; welche schlechterdings nur *auf ihn und aus ihm* kommen kann." (113, 634f.)

Damit wird erneut der Widerspruch deutlich: Einerseits erscheint der Mensch ganz auf seine Leiblichkeit, auf seine Triebschicht reduziert, „Ich", „Geist", „Vernunft" oder „Bewußtsein" sind – als z. T. nur begriffliche Konstruktionen, denen ohnehin keine Realität entspricht – nicht mehr die eigentlich gestaltenden Prinzipien seines Lebens, sondern sein Leib und seine Triebstruktur (111, 1096) bestimmen sein Leben als Teil des umfassenden Lebens im Sinne des Naturgeschehens: „der Mensch ist nicht anders als alles Welthafte in das sinnlos zufällige Weltspiel ‚hineingemischt‘. Auf der andern Seite aber billigt Nietzsche dem bindungslosen Menschen eine absolute Sonderstellung zu. Als nicht teleologisch bestimmt ist er überhaupt unbestimmt und kann aus sich das machen, was er will." (122, 412) Die erste Lehre entwickelt Nietzsche unter der Perspektive der ewigen Wiederkehr des Gleichen, die zweite unter den Kategorien Übermensch und Wille zur Macht.

Für Karl Löwith ist Nietzsches Lehre vom Übermenschen die Voraussetzung für die Lehre von der ewigen Wiederkehr, „weil nur der Mensch, der sich selbst überwunden hat, auch die ewige Wiederkehr alles Seienden wollen kann" (114, 59). Dies bedeutet zugleich eine „Selbstüberwindung des Nihilismus", weil der Mensch durch diesen Willen „den Gedanken an das Letzte: die Selbstvernichtung, ‚die Tat des Nihilismus‘, überwindet: „im Mut zum Nichts vollendet und überwindet sich am Ende der Nihilismus zum Über-mut des Übermenschen, aus dem heraus Nietzsche die ewige Wiederkehr lehrt" (114, 63). Diese Wiederkehr enthält eine kosmologische und eine anthropologische Sinnperspektive. Die Welt ist bestimmt durch den physikalischen Satz von der gleichbleibenden Masse und der Erhaltung der Energie. Sie ist also unveränderlich dieselbe und als solche nicht im Sinne eines finalen progressus in infinitum, sondern als Kreislauf zu verstehen. Alles, was gegenwärtig ist, war schon einmal da und wird wieder so sein, denn die dem All zugrundeliegende Kraft bleibt sich ewig gleich und ist ewig tätig:

> „Wenn die Welt als bestimmte Größe von Kraft und als bestimmte Zahl von Kraftzentren gedacht werden *darf* – und jede andre Vorstellung bleibt unbestimmt und folglich *unbrauchbar* –, so folgt daraus, daß sie eine berechenbare Zahl von Kombinationen, im großen Würfelspiel ihres Daseins, durchzumachen hat. In einer unendlichen Zeit würde jede mögliche Kombination irgendwann einmal erreicht sein; mehr noch: sie würde unendliche Male erreicht sein. Und da zwischen jeder Kombination und ihrer nächsten Wiederkehr alle überhaupt noch möglichen Kombinationen abgelaufen sein müßten und jede dieser Kombinationen die ganze Folge der Kombinationen in derselben Reihe bedingt, so wäre damit ein Kreislauf von absolut identischen Reihen bewiesen: die Welt als Kreislauf, der sich unendlich oft bereits wiederholt hat und der sein Spiel in *infinitum* spielt." (113, 704)

Der Mensch ist diesem Geschehen vollständig ausgeliefert:

> „Mensch! Dein ganzes Leben wird wie eine Sanduhr immer wieder umgedreht werden und immer wieder auslaufen, – eine große Minute Zeit dazwischen, bis alle Bedingungen, aus denen du geworden bist, im Kreislaufe der Welt, wieder zusammenkommen. Und dann findest du jeden Schmerz und jede Lust und jeden Freund und Feind und jede Hoffnung und jeden Irrtum und jeden Grashalm und jeden Sonnenblick wieder, den ganzen Zusammenhang aller Dinge. Dieser Ring, in dem du ein Korn bist, glänzt immer wieder. Und in jenem Ring des Menschendaseins überhaupt gibt es immer eine Stunde, wo erst einem, dann vielen, dann allen der mächtigste Gedanken auftaucht, der von der ewigen Wiederkunft aller Dinge: – es ist jedesmal für die Menschheit die Stunde des *Mittags*." (114, 94)

Alles also, was zur Welt gehört, kehrt in seinem Entstehen und Vergehen wieder und wird damit gleichsam in ihr aufbewahrt. Dies auferlegt dem Menschen eine besonders ethische Verantwortung: er muß im Sinne eines kategorischen Imperativs in jedem Augenblick so zu leben versuchen, daß er diesen „immer wieder zurückwollen *könnte*." (114, 89) Darin wird die bereits erwähnte metaphysische Rückbindung Nietzsches offenkundig. Er „will – darin im Rahmen der alten Metaphysik verbleibend – das Handeln von der Ordnung des Seienden im Ganzen her sanktionieren, selbst dann, wenn sich diese Ordnung als sinnloses Kreisgeschehen zeigt." (122, 417)

Dieser doppelte Ansatz der ewigen Wiederkehr im kosmischen und im anthropologisch-ethischen Bereich steckt voller Ungereimtheiten, die Löwith im einzelnen aufgezeigt hat (114, 99 ff.). Der Mensch soll sich für etwas entscheiden, dem er als Teil der Welt immer schon unterworfen ist, und er soll dies in einem Augenblick tun, der dann über sein ganzes weiteres Leben entscheidet: „aus dem, was von Natur aus *immer wieder* kommt, wird etwas, das *einmal für immer* entscheidend sein soll." (114, 107) Dieser Moment ist die „Stunde des Mittags", die sich leitmotivisch durch den ‚Zarathustra' zieht und deren unmittelbar bevorstehende Ankunft auch das Werk beendet. Ursprünglich hatte Nietzsche sogar als Titel für dieses Buch ‚Mittag und Ewigkeit' erwogen (114, 109). Im 10. Kapitel des ‚Vierten und letzten Teils' – also kompositorisch genau in dessen Mitte – antizipiert Zarathustra diesen Augenblick. Ich zitiere aus diesem ‚Mittags' betitelten Kapitel einige Zeilen – aus Zarathustras Selbstgespräch –, um die Nähe zu dem Gedicht ‚Der Verzückte' von Hugo Ball zu verdeutlichen:

„Still! Still! Ward die Welt nicht eben vollkommen? Was geschieht mir doch!

. . .

Wie solch ein müdes Schiff in der stillsten Bucht: so ruhe auch ich nun der Erde nahe, treu, zutrauend, wartend, mit den leisesten Fäden ihr angebunden.
O Glück! O Glück! Willst du wohl singen, o meine Seele? Du liegst im Grase. Aber das ist die heimliche feierliche Stunde, wo kein Hirt seine Flöte bläst. Scheue dich! Heißer Mittag schläft auf den Fluren. Singe nicht! Still! Die Welt ist vollkommen.

. . .

Das wenigste gerade, das Leiseste, Leichteste, einer Eidechse Rascheln, ein Hauch, ein Husch, ein Augen-Blick – *wenig* macht die Art des *besten* Glücks. Still!
– Was geschah mir: Horch! Flog die Zeit wohl davon? Falle ich nicht? Fiel ich nicht – Horch! in den Brunnen der Ewigkeit?
– Was geschieht mir? Still! Es sticht mich – wehe – ins Herz? Ins Herz! O zerbrich, zerbrich, Herz, nach solchem Glücke, nach solchem Stiche!
– Wie? Ward die Welt nicht eben vollkommen? Rund und reif? O des goldenen runden Reifs – wohin fliegt er wohl? Laufe ich ihm nach! Husch!"

. . .

, O Himmel über mir', sprach er seufzend und setzte sich aufrecht, ‚du schaust mir zu? Du horchst meiner wunderlichen Seele zu? Wann trinkst du diesen Tropfen Taus, der auf alle Erden-Dinge niederfiel – wann trinkst du diese wunderliche Seele – wann, Brunnen der Ewigkeit! du heiterer schauerlicher Mittags-Abgrund! wann trinkst du meine Seele in dich zurück?'" (112, 513 ff.)

Dies ist aber nur die Vorausdeutung auf den eigentlichen großen Mittag, der sowohl als „Stunde des großen Pan" wie auch als eschatologisches Ereignis zu begreifen ist. Er wird daher zutiefst ambivalent erfahren: als „heiterer schauerlicher Mittags-Abgrund", als Zeit höchster Vollkommenheit und zugleich als „höchste Zeit einer äußersten Not und Gefahr" (114, 13). Wie hier Sein und Werden, Zeit und Ewigkeit zusammengedacht werden, erläutert Karl Löwith u. a. so:

„Die Fülle der Zeit, als ihm die Welt „vollkommen" ward, erlebte Nietzsche in einem ekstatischen Augenblick, dem er den Namen ‚Mittag und Ewigkeit' gab. Eine Ewigkeit um Mittag verneint nicht die Zeit, als wäre sie die zeitlose Ewigkeit Gottes vor der Erschaffung der Welt, sondern sie meint die Ewigkeit der Weltzeit selbst: den ewig wiederkehrenden Kreislauf des immer gleichen Entstehens und Vergehens, worin die Beständigkeit des ‚Seins' und der Wechsel des ‚Werdens' ein und dasselbe sind. Was ‚immer' ist, ist nicht zeitlos; was sich immer ‚gleich' bleibt, ist nicht zeitlich. In dieser so verstandenen Ewigkeit, ohne Anfang und Ende oder Ursprung und Ziel, ist vollkommen beisammen, was sonst in die Dimensionen der Zeit zeitlich verstreut ist. Nietzsches Lehre von der Überwindung der Zeitlichkeit der Zeit zur Ewigkeit der ewigen Wiederkehr des Gleichen ist also weder eine bloße Flucht aus der Zeit noch ein bloßes Lob der Vergänglichkeit. Die Verkündigung dieser ‚neuen Ewigkeit' – neu nur im Verhältnis zur alten der Zeitlosigkeit – ist zu Nietzsches eigenster Lehre geworden und dem entspricht, daß der Zarathustra sein eigentliches Werk und ‚Testament' ist." (114, 12)

Die Lehre vom Übermensch und vom Willen zur Macht ist im Zusammenhang mit diesem durch die ewige Wiederkehr gekennzeichneten Weltgeschehen zu sehen. Der Begriff des Willens ist in der Philosophie am nachdrücklichsten von Schopenhauer neu gefaßt worden: Schopenhauer löst ihn aus seinem bis dahin kaum angetasteten Zusammenhang mit Vernunft und Geist, innerhalb dessen er als bewußtes Vermögen betrachtet worden war. Statt dessen ist der Wille nunmehr ein dumpfer Drang und blinder Trieb, der Welt wie Mensch in unterschiedlichen Graden seiner Objektivation zugrundeliegt. Er ist – wie Hans M. Wolff überzeugend dargelegt hat (121) – schon bei Schopenhauer eine Kraft, die sich beim Menschen insbesondere als unersättliche Begierde und als Trieb zu erkennen gibt und die auch den Intellekt beherrscht, indem sie ihn zur Erfüllung ihrer Begierden einsetzt. Für Nietzsche ist der Wille ebenfalls eine Kraft, die er aber nicht negativ beurteilt wie Schopenhauer, sondern positiv: als Kraft liegt der Wille nämlich allem Geschehen zugrunde, er ist das Leben selbst, und da das Leben ein Werden ist, ist er Wille zur Macht, zur Steigerung und damit auch zur Höherentwicklung. Er ist daher auch für den Menschen das Prinzip des Handelns, das auf den Weg zum Übermenschen führt. „Der Wille zur *Akkumulation von Kraft*", sagt Nietzsche in seinem Nachlaß, „ist spezifisch für das Phänomen des Lebens, für Ernährung, Zeugung, Vererbung – für Gesellschaft, Staat, Sitte, Autorität. Sollten wir diesen Willen nicht als bewegende Ursache auch in der Chemie annehmen dürfen? – und in der kosmischen Ordnung?" (113, 775) Ähnlich ein anderer Aphorismus:

„Der siegreiche Begriff ‚*Kraft*‘, mit dem unsere Physiker Gott und die Welt geschaffen haben, bedarf noch einer Ergänzung: es muß ihm ein innerer Wille zugesprochen werden, welchen ich bezeichne als ‚*Willen zur Macht*‘, d. h. als unersättliches Verlangen nach Bezeigung der Macht; oder Verwendung, Ausübung der Macht, als schöpferischen Trieb usw. Die Physiker werden die ‚Wirkung in die Ferne‘ aus ihren Prinzipien nicht los; ebensowenig eine abstoßende Kraft (oder anziehende). Es hilft nichts: man muß alle Bewegungen, alle ‚Erscheinungen‘, alle ‚Gesetze‘ nur als *Symptome* eines *innerlichen* Geschehens fassen und sich der Analogie des Menschen zu diesem Ende bedienen. Am Tier ist es möglich, aus dem Willen zur Macht alle seine Triebe abzuleiten; ebenso alle Funktionen des organischen Lebens aus dieser *einen* Quelle.“ (113, 455)

Auch für Nietzsche ist der „‚Geist‘ nur ein Mittel und *Werkzeug* im Dienst des höheren Lebens, der Erhöhung des Lebens.“ (113, 895) Bislang aber – vor allem seit Entstehen des Christentums – hat der Geist eine wesentlich lebensfeindliche Rolle gespielt. Die Mehrheit der „Herde“, der Schwachen und Lebensuntüchtigen hat sich bislang immer gegen die „stärkeren Menschen“ durchzusetzen vermocht durch eine Vielfalt von Normen, Gesetzen und Konventionen, die aber nun als „Lüge“ erkannt werden. Der daraus resultierende Nihilismus und die Forderung nach neuen Werten sind Ausdruck der Einsicht des Geistes, nun wieder – wie in der Antike – dem Leben dienen zu müssen. Das heißt: der Geist muß seine bisherige Funktion aufgeben. In der „Stunde des Mittags“ vollzieht sich diese letzte und höchste Einsicht und Entscheidung des Geistes. Sein Ziel ist die Ermöglichung des Daseins als Übermensch, der – wie der Mensch in der Antike – in einer neuen Unmittelbarkeit lebt. Der Mensch überwindet und steigert sich selbst, aber um den Preis einer totalen Reduktion.

Diese beginnt bereits – vor der erst in Zukunft zu erwartenden Existenz des Übermenschen – mit der Einsicht in die prinzipielle Abhängigkeit von Vernunft, Geist oder Intellekt vom Leib, von der als „Selbst“ bezeichneten Triebstruktur. Diese Erkenntnis lehrt Zarathustra in dem berühmten Kapitel ‚Von den Verächtern des Leibes‘:

„Leib bin ich ganz und gar, und nichts außerdem, und Seele ist nur ein Wort für ein Etwas am Leibe.
Der Leib ist eine große Vernunft, eine Vielheit mit *einem* Sinne, ein Krieg und ein Frieden, eine Herde und ein Hirt.
Werkzeug deines Leibes ist auch deine kleine Vernunft, mein Bruder, die du ‚Geist‘ nennst, ein kleines Werk- und Spielzeug deiner großen Vernunft.
‚Ich‘ sagst du und bist stolz auf dies Wort. Aber das Größere ist, woran du nicht glauben willst – dein Leib und seine große Vernunft: die sagt nicht Ich, aber tut Ich.
. . .
Hinter deinen Gedanken und Gefühlen, mein Bruder, steht ein mächtiger Gebie-

ter, ein unbekannter Weiser – der heißt Selbst. In deinem Leibe wohnt er, dein Leib ist er.

Es ist mehr Vernunft in deinem Leibe, als in deiner besten Weisheit. Und wer weiß denn, wozu dein Leib gerade deine beste Weisheit nötig hat?

Dein Selbst lacht über dein Ich und seine stolzen Sprünge. ‚Was sind mir diese Sprünge und Flüge des Gedankens?' sagt es sich.

‚Ein Umweg zu meinem Zwecke. Ich bin das Gängelband des Ichs und der Einbläser seiner Begriffe." (112, 300 f.)

Diese Reduktion des Menschen auf seinen Leib und seine Triebschicht ermöglicht Nietzsche die Identifizierung von Mensch und Welt, Subjekt und Objekt unter der Kategorie des „Willens zur Macht". In diesem ist der Mensch eins mit *allem* Leben. Diese Konsequenz ergibt sich auch aus folgender Passage (‚Jenseits von Gut und Böse'):

„Gesetzt endlich, daß es gelänge, unser gesamtes Triebleben als die Ausgestaltung und Verzweigung *einer* Grundform des Willens zu erklären – nämlich des Willens zur Macht, wie es *mein* Satz ist –; gesetzt, daß man alle organischen Funktionen auf diesen Willen zur Macht zurückführen könnte und in ihm auch die Lösung des Problems der Zeugung und Ernährung – es ist *ein* Problem – fände, so hätte man damit sich das Recht verschafft, *alle* wirkende Kraft eindeutig zu bestimmen als: *Wille zur Macht.* Die Welt von innen gesehen, die Welt auf ihren ‚intelligiblen Charakter' hin bestimmt und bezeichnet – sie wäre eben ‚Wille zur Macht' und nichts außerdem." (112, 601)

Ein gesunder Leib und die Bejahung der Triebe sind daher Voraussetzungen eines „vernünftigen", wahrhaftigen Lebens. Sie sind auch Kennzeichen des Übermenschen.

Zu Beginn seiner ‚Reden' entwickelt Zarathustra das Gleichnis ‚Von den drei Verwandlungen' des Geistes. Zuerst ist der Geist ein Kamel, das im Dienst des „Du sollst!" steht und bereitwillig alle Lasten trägt, die ihm auferlegt werden. Dann aber wird aus ihm ein Löwe, der aus dem „Du sollst!" ein „Ich will!" macht und sich damit Freiheit verschafft. Aber erst als Kind vermag der Geist auch neue Werte zu schaffen:

„Aber sagt, meine Brüder, was vermag noch das Kind, das auch der Löwe nicht vermochte? Was muß der raubende Löwe auch noch zum Kinde werden?

Unschuld ist das Kind und Vergessen, ein Neubeginnen, ein Spiel, ein aus sich rollendes Rad, eine erste Bewegung, ein heiliges Ja-sagen.

Ja, zum Spiele des Schaffens, meine Brüder, bedarf es eines heiligen Ja-sagens: *seinen* Willen will nun der Geist, *seine* Welt gewinnt sich der Weltverlorene." (112, 294)

Erst in diesem neuen und unmittelbaren Kindsein erfüllt sich der Geist. Er will den Willen zur Macht als Lebenswillen, er geht auf im sinn- und

zwecklosen Spiel, das dem des Kindes gleicht. Er gewinnt damit seine
Unschuld und Vollkommenheit zurück. „Und eben diesem Spiel des Kindes, so meint Nietzsche, entspricht das Weltenspiel, das ewig närrisch Sein
und Schein vermischt." (122, 417) Die Welt, so sahen wir bereits, ist ein
Chaos, das „Weltenspiel" ist durch keinerlei Zweckmäßigkeit bestimmt. In
ihm herrscht vielmehr der Zufall. Was teleologisch und vernünftig aussieht,
ist – im Rahmen des kosmischen Geschehens – selbst nur ein Zufall: „Jene
eisernen Hände der Notwendigkeit, welche den Würfelbecher des Zufalls
schütteln, spielen ihr Spiel unendliche Zeit: da *müssen* Würfe vorkommen,
die der Zweckmäßigkeit und Vernünftigkeit jedes Grades vollkommen
ähnlich sehen." (111, 1102) Zufall, so definiert Nietzsche im Nachlaß, „ist
selber nur *das Aufeinanderstoßen der schaffenden Impulse.*" (113, 912)
Diese Ansicht hat schließlich auch Konsequenzen für den Künstler: „Die
Natur, künstlerisch abgeschätzt, ist kein Modell. Sie übertreibt, sie verzerrt. Sie läßt Lücken. Die Natur ist der *Zufall.* Das Studium ‚nach der
Natur' scheint mir ein schlechtes Zeichen: es verrät Unterwerfung, Schwäche, Fatalismus, – dies Im-Staubeliegen vor *petits faits* ist eines *ganzen*
Künstlers unwürdig. Sehen, *was ist* – das gehört einer andern Gattung von
Geistern zu, den *antiartistischen,* den Tatsächlichen. Man muß wissen, *wer*
man ist. . ." (112, 994)

In solchen Bestimmungen deutet sich die Nähe zum Dadaismus an. Welche Rolle dort der Zufall, das Chaos, die Kindlichkeit, die Unmittelbarkeit
des künstlerischen Schaffens, die Reduktion des Intellekts, die den Bildern
innewohnende Dialektik von Zerstörung und Neubeginn haben, wird uns
noch beschäftigen. Im Blick auf Nietzsches Wirkung wie auf sein Werk im
Rahmen der philosophischen Tradition wird man festhalten müssen, daß
seine Bedeutung sowohl in der Eröffnung jener vagen Zukunftsperspektive
eines Übermenschen, als auch in seinem diesen Zustand vorbereitenden erkenntnistheoretischen Nihilismus liegt, der mit der radikalen Infragestellung des Geistes eine umfassende Reduktion des Menschen auf seinen Leib,
seine Triebschicht und damit auf den sich darin manifestierenden, allem
Seienden als Werdendem zugrundeliegenden „Willen zur Macht" bedeutet.
Die seit Descartes' Unterscheidung von res cogitans und res extensa philosophisch vollzogene Unterscheidung von Subjekt und Objekt wird somit
widerrufen und auf den Monismus dieses als „Kraft", „Trieb" und
„Leben" definierten Willens zurückgeführt. Insofern hat Löwith, wie mir
scheint, recht, wenn er Nietzsche wegen dieser Tendenz einer „Rückkehr
zur Natur" den „Rousseau des neunzehnten Jahrhunderts" nennt (114,
192). Konsequent durchdacht ist es daher auch das „Leben" selbst, das –
wie Löwith ebenfalls (zugleich als Kritik an Nietzsche) ausführt – die Verwandlung des Menschen zum Übermenschen hervorruft:

„Zarathustras Wille ist – falls Zarathustra-Dionysos die höchste Art *alles* Seienden ist – ein schöpferischer Zufall und ein Wollen-müssen. Und was sich zur Bejahung der ewigen Wiederkehr überwindet, ist – falls *alles* Leben ‚Selbstüberwindung‘ ist – auch nicht der Mensch, der nicht mehr an Gott glaubt und darum lieber das Nichts will als nicht will, sondern das in allem Seienden gleichartige, gleichmächtige und gleichbedeutende Leben." (114, 196)

Das „Leben" überwindet den Nihilismus und führt ihn – bedingt durch die ewige Wiederkehr des Gleichen-auch wieder herbei.

Zahlreiche Expressionisten haben im Sinne Nietzsches einen solchen „Aufbruch ins Leben" nicht nur gepredigt, sondern in ihren Werken vollzogen. Der „neue Mensch", den sie herbeisehnten und gestalteten, zeigt in erschreckendem Ausmaß die Folgen einer solchen Welt-Anschauung: in der Ausschaltung des Verstandes, in der permanenten Subordination unter das Triebgesetz ihres Willens finden diese Menschen die Erfüllung ihres „Lebens". Sie erweisen sich als Gefangene ihrer eigenen Triebe und huldigen einem irrationalen, kulturfeindlichen Irrationalismus. Ganz im Sinne Nietzsches erfüllen sie damit das Programm einer „Rückkehr zur Natur", indem sie den „neuen Menschen" als „alten Adam" gestalten. Damit widerrufen sie zugleich, was sich der Mensch im Lauf seiner Geschichte an Qualitäten erworben hat, die ihn vom Tier unterscheiden. Sie stellen die – im Geist des Menschen kulminierende – naturwissenschaftliche Theorie der Evolution gleichsam vom „Kopf" wieder auf die „Füße", sie verabsolutieren die „Naturalisierung des Menschen", ohne darin im Sinne der Marxschen Dialektik zugleich eine „Humanisierung der Natur" anzusetzen. Die Dadaisten, welche die „Aufbruchs"-Pathetik des Expressionismus verhöhnten, hatten von ihrem Selbstverständnis her wenig Recht dazu, denn was die Expressionisten herbeisehnten, glaubten sie bereits verwirklicht zu haben, nämlich jene kindliche Stufe des Geistes – jene „zeugungsfrohe Verbundenheit mit dem Kinderwagen", wie Hugo Ball formuliert –, die nach dem zitierten Gleichnis Zarathustras auf das – expressionistische – Löwengebrüll des „Ich will" folgt und aus ihm ein mit dem chaotischen Dasein versöhntes „Ich bin" macht.

6. Zeit als Dauer und Leben als permanenter Formbruch (Bergson und Simmel)

Unter den Lebensphilosophen verdienen in unserem Zusammenhang noch Henri Bergson und Georg Simmel besondere Beachtung. Bergsons philosophischer Ausgangspunkt ist eine präzise Neubestimmung der unterschiedlichen Bedeutungen von Raum und Zeit. Seit Zenon haben Philosophie und Wissenschaft die Zeit immer auch in räumlichen Kategorien gedacht, indem sie sie zum Beispiel im Zusammenhang mit der Bewegung oder gar – wie wir schon am Beispiel der Relativitätstheorie sahen – in Abhängigkeit von ihr betrachteten. Die Zeit, erklärt nun Bergson, hat mit solcher im Raume stattfindenden Bewegung überhaupt nichts zu tun. Sie bleibt sich immer unveränderlich gleich, sie ist – als erlebte Zeit und gebunden an das Seelenleben – einheitlich fließende *Dauer.* Der Raum ist gekennzeichnet durch Homogenität, Nebeneinander und Trennung, die Zeit durch Heterogenität, Zusammenhang und Verbindung. Auf diese gegensätzlichen Bestimmungen von Raum und Zeit bezieht Bergson nun eine Reihe weiterer Phänomene: Leib und Seele, Materie und Bewußtsein (bzw. Gedächtnis), Notwendigkeit und Freiheit und schließlich sogar die Aufgabenverteilung von Naturwissenschaft und Philosophie. Arthur Hübscher faßt dies so zusammen: „Die Welt des Raumes fällt den exakten Wissenschaften zu, die Welt der Zeit der Philosophie. Und mit den Aufgaben bestimmen sich die Methoden. Das Organ der exakten Wissenschaften ist der Verstand, das Organ der Philosophie die Intuition. Der Verstand verharrt bei der Analyse, er faßt das Nebeneinander auf, das Unzusammenhängende, das Zählbare und Berechenbare, die Materie. Die Intuition erfaßt das Zusammenhängende, den Geist, das Leben, die reine Dauer, sie dringt ins Innere der Dinge vor." (105 a, 107 f.)

Dabei kommen dem Leben und damit der Zeit, der Intuition und der Philosophie eine entscheidende Vorrangstellung zu, die zu einer Abwertung des Verstandes und der naturwissenschaftlichen Erkenntnismethoden führt. Diese Akzentuierung erfolgt besonders eindrucksvoll in seinem wichtigsten Frühwerk, dem 1912 in deutscher Sprache erschienenen Buch ‚Schöpferische Entwicklung' (Evolution créatrice, 1907). Hier bemüht sich Bergson – wie vor ihm schon Schopenhauer und Nietzsche –, die Untauglichkeit des Intellekts zur Erkenntnis des Lebens nachzuweisen. Der Verstand, so erläutert er, trägt „ein latentes Mathematikertum in sich", das nur zur Erkenntnis der leblosen Materie taugt. „Tritt nun der Intellekt an die Erforschung des Lebens heran, so behandelt er das Lebendige mit Notwendigkeit genau wie das Leblose" (100, 200). Das Leben nämlich verläuft in der stetig fließenden, unwiederholbaren Zeit, der Verstand aber ist darauf angewiesen, die Wirklichkeit zu gliedern, sie abstrahierend in wiederholbare Teile zu zerlegen. „So kehrt sich der Verstand, einzig auf das konzentriert, was sich wiederholt, einzig darin befangen, Gleiches mit Gleichem zu verschweißen, vom Schauen der Zeit ab. Ihn widert das Fließende, und er bringt zur Erstarrung, was er berührt. Wir denken die reale Zeit nicht. Aber wir leben sie, weil das Leben über den Intellekt hinausschwillt." (100, 52) Um das Leben zu erfassen, besitzt der Mensch in der Intuition ein eigenes Organ. Bergson nennt sie eine „halb erloschene Lampe, die nur von Zeit zu Zeit, und nur für Sekunden, aufflackert. Schließlich aber, sie flackert doch auf, wenn ein vitales Interesse ins Spiel kommt." (100, 271) Es ist für Bergson ein Zufall der Evolution, daß die Intuition in der Menschheit, an der wir teilhaben, so weitgehend zugunsten des Intellekts verkümmert ist. Es wäre eine andere Evolution denkbar, die eine intelligentere oder intuitivere Menschheit hervorbringen könnte. Ideal und vollkommen wäre eine Menschheit, in der sich diese gegensätzlichen Richtungen der Bewußtseinsarbeit in gleicher Intensität entfalten würden. Die Intuition ist so etwas wie ein seelisches Erlebnis der Dauer als Grundrealität der Welt. Um dieses bewußt machen zu können, entwickelt Bergson den Begriff einer intuitiven Erkenntnis, mit deren Hilfe die Lebensbewegung erfaßt werden soll, ohne in den Fehler des Intellekts zu verfallen und „wieder in die Fesseln einer starren Begrifflichkeit" zu geraten. Die intuitive Erkenntnis muß – so zitiert Gunter Martens den französischen Philosophen – versuchen, zu „geschmeidigen, beweglichen, fast flüssigen Vorstellungen (vorzustoßen), die immer bereit sind, sich den flüchtigen Formen der Intuition anzubilden." (74, 59) „In diesem Sinn schlägt Bergson vor, Definitionen zu dynamisieren. . ., feststehende Eigenschaften durch Bezeichnung von Tendenzen und Akzentuierungen zu ersetzen. . . und die intuitiv erfaßte Wirklichkeit durch eine Vielzahl gegensätzlicher Aspekte zu beschreiben" (74, 59).

Die Realität also ist für Bergson unablässiges Wachstum, unaufhörliche Schöpfung, an der auch der Mensch mit seinem Willen und den einzelnen Willensakten, die jeweils ein Neues in die Welt setzen, teilhat. Als „schöpferische Entwicklung" wird die Realität durch die „Lebensschwungkraft" („élan vital") in Bewegung gehalten. Diese ist ein Verlangen nach Schöpfung, nach Verlebendigung und Vergeistigung des Stoffes, der Materie. Sie kann sich aber nie rein verwirklichen, weil die Materie als bereits Gewordenes gleichsam eine hemmende Gegenbewegung darstellt, die nicht vollständig überwunden werden kann.

In diesem Punkt weist die Lehre Bergsons eine besondere Nähe zu Georg Simmels vorwiegend kulturkritisch orientierter Lebensphilosophie auf. Simmel sucht „einen Weg zur Überbrückung des unversöhnlich erscheinenden Gegensatzes zwischen Intellekt und Leben, Form und Bewegung" (74, 65). Er begreift Leben als eine Entwicklung, die sich selbst ständig eine festumrissene Form setzt, um sich in ihr zu erfüllen, um diese Form dadurch aber zugleich wieder zerstörend zu transzendieren. So erklärt Simmel in seinem 1918 erschienenen Buch ‚Lebensanschauung', in dem er seine bereits früher geäußerten Ansichten nochmals zusammenfassend aufgreift:

„Hier ist nun der Versuch gemacht, das Leben als ein solches zu begreifen, welches die Grenze gegen sein Jenseits *stetig* übergreift und in diesem Übergreifen sein eigenes Wesen hat, der Versuch, an diesem Transzendieren die Definition des Lebens überhaupt zu finden, die Geschlossenheit seiner Individualitätsform zwar festzuhalten, aber nur, damit sie in kontinuierlichem Prozeß durchbrochen werde. Das Leben findet sein Wesen, seinen Prozeß darin, Mehr-Leben und Mehr-als-Leben zu sein, sein Positiv ist als solcher schon sein Komparativ." (119, 27)

Was Simmel als Form bezeichnet, sind die Konkretionen des politischen, sozialen und kulturellen Lebens, die nach dieser Theorie von dem Lebensstrom immer wieder zerstört werden müssen. Daher konnte Simmel zum Beispiel auch den Ausbruch des 1. Weltkriegs als notwendige „Erneuerung des Lebens" begreifen und als Zeichen und Chance eines Neubeginns begrüßen. Ähnlich positiv ließ sich der Krieg auch von Nietzsche her verstehen, der ihn geradezu gefordert und vorausgesetzt hatte. Bei Nietzsche impliziert – wie Martens betont – die Vorstellung des Werdens zugleich diejenige der Zerstörung: „Die Lebensbewegung, das Werden, schließt die ständige Überwindung und Vernichtung des eben Erreichten ein: das Zerstören ist ein notwendiger Akt innerhalb eines Weltprinzips, in dem ‚Zeugen, Lieben und Morden eins ist'" (74, 51).

An einigen Beispielen soll im folgenden die Relevanz der hier entwickelten lebensphilosophischen Gedanken für das Verständnis sowohl expressionistischer wie auch dadaistischer Gedichte aufgezeigt werden.

7. Erinnerung und Wiederkehr oder die Rache des Mythos (Stadler und Heym)

Von Anfang an lassen sich im Expressionismus zwei Richtungen unterscheiden, die von der Forschung häufig als gegensätzlich klassifiziert werden: eine pathetisch-messianische und eine erkenntniskritisch-nihilistische. Je ein Gedicht mag den jeweiligen Typus illustrieren und die Nähe beider Richtungen zur Lebensphilosophie verdeutlichen.

Ernst Stadlers ‚Form ist Wollust' gilt als eines der bekanntesten Programmgedichte des Expressionismus:

Form ist Wollust

Form und Riegel mußten erst zerspringen,
Welt durch aufgeschlossne Röhren dringen:
Form ist Wollust, Friede, himmlisches Genügen,
Doch mich reißt es, Ackerschollen umzupflügen.
Form will mich verschnüren und verengen,
Doch ich will mein Sein in alle Weiten drängen –

Form ist klare Härte ohn' Erbarmen,
Doch mich treibt es zu den Dumpfen, zu den Armen,
Und in grenzenlosem Michverschenken
Will mich Leben mit Erfüllung tränken. (52, 16)

„Form" bezieht sich hier offensichtlich nicht nur auf die literarische Struktur. Sie läßt sich vielmehr darüberhinaus im Sinne Simmels als die in Erscheinung getretene Objektivation des Lebens begreifen, als das zur Konvention Gewordene im Bereich der Sozietät, das es zu überwinden gilt. Aber auch das Individuum selbst, das sein „Sein in alle Weiten drängen" will, erfährt sich als „geprägte Form", die in ihrer Isoliertheit, ihrem Gewordensein dem kontinuierlichen Strömen des Lebens enthoben ist und sich nun selbst auflösen muß, um wieder Element des Lebens werden zu können. Wir können, erklärt Simmel, „das Leben nur als das stetige Hinübergreifen des Subjekts in das ihm Fremde oder als das Erzeugen des ihm Fremden ansehen." (119, 25) Voraussetzung dafür ist aber wiederum, daß sich „die Individualität als geprägte Form" „der Kontinuität des Lebensstromes, die keine geschlossene Prägung zuläßt, entziehen zu müssen scheint" (119, 17 f.): erst in dieser Dialektik von Begrenzen und Entgrenzen ist die Weiter- und Höherentwicklung des Lebens möglich. Denn – so erklärt Simmel an anderer Stelle –: „Ein nur kontinuierliches heraklitisches Fließen, ohne ein bestimmtes, beharrendes Etwas, enthielte ja die Grenze gar nicht, über die ein Hinausgelangen geschehen soll, nicht das Subjekt, welches hinausgreift." (74, 65) Form ist also „Wollust", so könnte man den angesichts der inhaltlichen Aussage paradox anmutenden Titel des Stadlerschen Gedichts zu verstehen suchen, weil sie überhaupt erst die Grenze setzt und damit die Möglichkeit zu ihrer Überwindung liefert.

Diese Spannung zwischen Gewordenem und Werdendem spiegelt sich in dem spannungsvollen Kontrast zwischen inhaltlicher Aussage und traditioneller Form des Gedichts. Letztere legitimiert den Inhalt, sie faßt die in ihm ausgesprochene Entgrenzung aber selbst schon wieder in eine starre Grenze. Damit symbolisiert die Form, daß der Drang zur „Entselbstigung", zum Formbruch, selbst noch Formcharakter besitzt, der nicht mehr transzendiert werden kann. Die Destruktion der Form und die Entgrenzung ins Leben sind selbst ein Formprinzip, und deshalb ist auch der Reihungsstil, dessen sich Stadler in seinen Gedichten – zumeist in der für ihn charakteristischen Langzeile – bedient, sowohl Zeichen für die Begrenzung als auch Medium der Entgrenzung im Ablauf des Gedichts. Die Isoliertheit des in jeweils einer Zeile ausgesagten Inhalts kennzeichnet die notwendige Begrenzung. Als solche aber ist sie zu überwinden. Diese Überwindung vollzieht sich im anschließenden Vers, dessen Abgeschlossenheit aber wiederum die Transzendierung erfordert.

Darin wird eine besondere Form der Simultaneität erkennbar. Zunächst entfaltet sich das Gedicht ganz als ständiges, gleichmäßiges Werden, das sich im Sinne Bergsons als reine Dauer begreifen läßt. Der Reihungsstil macht die Gleichmäßigkeit und Kontinuität des Ablaufs besonders sinnenfällig. Gleichzeitig aber enthält auch hier die Form das Moment der Wiederholung in sich, und sie zerlegt den zeitlichen Ablauf in gleiche – vom Inhalt her auswechselbare – Phasen. Damit vollzieht sich das ständige Werden als permanente Repetition. Jeder Vers „erinnert" den vorangegangenen und weist bereits auf den nachfolgenden voraus. Sören Kierkegaard hat – in dem 1909 in deutscher Sprache erschienenen ‚Furcht und Zittern' – erklärt, die neue Philosophie werde lehren, daß das ganze Leben eine Wiederholung sei. Dabei unterscheidet er zwischen Wiederholung und Erinnerung als Bewegungen in entgegengesetzter Richtung: „das, woran man sich erinnert, ist gewesen, wird rückwärts wiederholt, wogegen man sich bei der eigentlichen Wiederholung nach vorwärts erinnert. Darum macht die Wiederholung, wenn sie möglich ist, einen Menschen glücklich, während ihn die Erinnerung unglücklich macht" (114, 175). Im Sinne eines erinnernden Wiedereinholens des Lebens durch die als Form geprägte und daher vom Leben getrennte Individualität sind auch Stadlers expressionistische Gedichte zu verstehen. In jedem Moment des werdenden Gedichts sind Erinnerung und Wiederholung gegenwärtig. Es ist aber trotz alles zielgerichteten Werdens ein Geschehen, das notwendig unabgeschlossen bleiben muß und sich als ein Kreislauf enthüllt.

In diesem nahezu zwanghaften Prozeß offenbart sich deshalb auch etwas geradezu Verzweifeltes, weil in ihm das Ziel – „Friede, himmlisches Genügen" – weder in der „Form" noch im Leben endgültig erreicht werden kann, weil sich jede Konkretion bereits als erstarrte Partialität, als Nicht-Leben, erweist und weil das Leben nicht als fluktuierendes Ganzes, sondern nur über solche einzelnen Objektivationen zu erfahren und zu erfassen ist. In einer großen dichterischen Anstrengung durchläuft das „lyrische Ich" in Stadlers zyklisch komponierter Gedichtsammlung ‚Der Aufbruch' nicht nur die Stadien seiner Jugend, sondern – gleichsam erinnernd – auch verschiedene Phasen der Geschichte, es durchstreift die Bereiche der modernen Zivilisation wie die Orte der Abgeschiedenheit in der Natur und in der Mystik, um sich in der Begegnung mit diesen „Stationen" – so die Überschrift eines dieser Zyklen – zu „spiegeln" – ‚Die Spiegel' lautet eine andere –, um seine Identität zu suchen und zugleich auch wieder preiszugeben. Insofern bedeuten diese Aufenthalte jeweils nur eine kurze „Rast" – so der Titel des Schlußzyklus – vor dem erneuten „Aufbruch". Die weit gespannten und disparat anmutenden Themenkreise der Gedichte verweisen auf den dissoziierten und sich bewußt dissoziierenden Zustand des „lyrischen Ichs" und zugleich auf eine Entwertung und Funktionalisierung der vom Ich durchwanderten Lebens- und Wirklichkeitsbereiche. Diese sind von dem Moment an gleich-gültig, wenn das lyrische Subjekt sie verlassen und sich einem neuen Bereich zugewandt hat, denn nur der Aufbruch zählt, nicht aber das Verweilen. Diese permanente Bewegung der „Verselbstung" und „Entselbstigung" – um mit Goethe zu reden – führt zu einer Steigerung, bei der das Ich – alles Einzelne zunehmend hinter sich lassend – sich mehr und mehr – wie auch am Schluß des hier zitierten Gedichts – auf die Totalität des Lebens zuzubewegen scheint. Aber diese ist leer. Leben enthüllt sich als gleichsam „immaterielle Kraft", als reine Funktion des Transzendierenmüssens, als Komparativ des „Mehr-als-Lebens" im Sinne Simmels. In der Anzahl seiner inhaltlichen Konkretionen erweist sich das Leben als endlich, die Zeitabfolge indessen – also die leere Zeit oder die Zeit als Dauer – ist unendlich und ebenso der Lebenswille als permanent evolutionierender „Wille zur Macht". Deshalb bleibt dem „lyrischen Ich" – wie nach Nietzsche auch dem Leben selbst – nichts anderes übrig als die „ewige Wiederkehr des Gleichen", die in der zyklischen Kompositionsweise Stadlers ins Poetische gewendet erscheint als kunstvoll variierte Motivrepetition, und dies bis in die Einverwandlung unterschiedlicher Sujets in den gemeinsamen Vorstellungsbereich sich wiederholender Metaphern hinein. Die tendenzielle Ineinssetzung der Motive bewirkt zugleich eine Entleerung ihrer jeweils spezifischen Bedeutung. Auch dadurch – nicht nur durch das Moment ihrer jeweiligen Überwindung durch das sie transzendierende Ich – werden sie ent-wertet und gleich-gültig. Aber dadurch unterliegt auch das Subjekt selbst diesem Prozeß. Mit jedem Überschreiten verliert es eine Möglichkeit seiner Identifikation, und somit wird es umso unbestimmter, je mehr es auf eine Totalität zustrebt, in der alle einzelnen Objekte nicht aufgehoben, sondern zurückgelassen sind. Die Leere fällt auf das Subjekt selbst zurück, und jede Repetition des Vorgangs erhöht den Ich-Verlust. Nur in Gestalt der Leere nähern sich Subjekt und Objekt einander an.

Stadler selbst ist nicht soweit gegangen. Er hat auf dem Wege dorthin „Rast" gemacht. Deshalb muß auch unsicher bleiben, ob er die hier entwickelte Konsequenz bewußt hat gestalten wollen. Immerhin war er ein Kenner der Lebensphilosophie (vgl. 79), und die angedeuteten Konsequenzen sind in seiner Gedichtsammlung angelegt. Sie erweisen die Affinität seines „messianischen" Expressionismus zu der nihilistischen Position etwa eines Georg Heym. – Natürlich übersteigt, was hier expliziert wurde, bei weitem das, was eine Interpretation des Gedichts ‚Form ist Wollust' ergeben würde. Indessen geht es mir – auch im folgenden – nicht um eine Einzelinterpretation, sondern um das Sichtbarmachen grundsätzlicher Aspekte, welche die historische Genese und die Intentionen des dadaistischen Simultangedichts verständlich machen können. Die einzelnen Gedichte dienen nur als „Plausibilitätsargumente", als illustrierende Markierungspunkte in der Explikation dieses Zusammenhangs. Später wird dann – vor allem bei den Lautgedichten und der ‚Anna Blume'-Sammlung von Kurt Schwitters – der Analyse der Gedichte und – bei Schwitters – ihrer zyklischen Komposition besondere Aufmerksamkeit gewidmet. Was hier beispielsweise über die Bedeutung zyklischer Gestaltung lediglich behauptet wurde, gelangt dort noch ausführlich zur Sprache.

Jürgen Ziegler hat nachgerechnet, daß 96 Prozent von Heyms frühen Gedichten dieselben Formmerkmale aufweisen. Zu ihnen gehören die vierzeilige Gedichtstrophe, das Metrum des fünfhebigen Jambus sowie der Endreim (33, 44 f.). In ihnen wird die Monotonie einer „neutralen Perspektive" erkennbar (33, 53), welche die Funktion eines wahrnehmenden Subjekts übernimmt und dieses ersetzt. Was diese Perspektive in der Haltung der Gleichgültigkeit registriert, „bedeutet für die in der ‚Ebene' lagernden Objekte gegenseitige Gleichwertigkeit." Diese Ebene umfaßt nicht nur das sinnlich Wahrnehmbare, sondern sie ist fähig, „Reales wie den Großstadt-spülicht gleichberechtigt neben Mythologischem, Dämonischem, Groteskem aufzunehmen." (33, 54) Die Monotonie „impliziert, daß die von ihr geprägten Gedichte ihrer Tendenz nach unbegrenzt fortgesetzt werden können und damit ohne Abschluß bleiben." (33, 65) Die jede subjektive Regung ausschließende neutrale Perspektive spiegelt „die Gewalt, der das Subjekt objektiv ausgesetzt ist." (33, 65) Ja, dieses wurde selbst „längst schon ganz und gar Objekt" (33, 66). Der Reihungsstil dieser Gedichte präsentiert jeden Wirklichkeitsausschnitt als gleichwertig und gleichgültig und macht damit die Zusammenhanglosigkeit der Realität und den dissoziierten Zustand des Subjekts durch die starre poetische Konstruktion sinnenfällig.

Daneben hat Heym einen anderen Gedichttypus entwickelt, bei dem die dynamische Beschwörung des Untergangs zu einer Lockerung des strengen Reihungsstils und zu zusammenhängenden Bildkomplexen führt, während aber Strophenform, Versmaß und Endreim die Einheitlichkeit und Strenge der Form gleichwohl noch aufrechterhalten. In diesem Stil sind die bekanntesten Gedichte Heyms verfaßt, so beispielsweise auch folgendes:

Der Gott der Stadt

Auf einem Häuserblocke sitzt er breit.
Die Winde lagern schwarz um seine Stirn.
Er schaut voll Wut, wo fern in Einsamkeit
Die letzten Häuser in das Land verirrn.

Vom Abend glänzt der rote Bauch dem Baal,
Die großen Städte knien um ihn her.

Der Kirchenglocken ungeheure Zahl
Wogt auf zu ihm aus schwarzer Türme Meer.

Wie Korybanten-Tanz dröhnt die Musik
Der Millionen durch die Straßen laut.
Der Schlote Rauch, die Wolken der Fabrik
Ziehn auf zu ihm, wie Duft von Weihrauch blaut.

Das Wetter schwelt in seinen Augenbrauen.
Der dunkle Abend wird in Nacht betäubt.
Die Stürme flattern, die wie Geier schauen
Von seinem Haupthaar, das im Zorne sträubt.

Er streckt ins Dunkel seine Fleischerfaust.
Er schüttelt sie. Ein Meer von Feuer jagt
Durch eine Straße. Und der Glutqualm braust
Und frißt sie auf, bis spät der Morgen tagt. (31, 192)

Man hat hier mit Recht von Mythisierung und „personifizierendem Verfahren" gesprochen. Zu letzterem bemerkt Mautz: „Diente es zuvor einer vergöttlichenden Überhöhung und Verklärung des Wirklichen, so dient es jetzt der Veranschaulichung der Übermacht einer dem Menschen fremden, ihn bedrohenden Wirklichkeit und der Demaskierung ihres negativen, ungeheuren Wesens." (32, 83) So betrachtet sind die „dämonisierenden Metaphern" bei Heym „Ausdruck gerade der Entfremdung von Natur und Mensch. Das ‚Leben', das sie toten Dingen und Naturerscheinungen verleihen, versinnbildlicht die Übermacht der toten Dinge über den Menschen in einer Welt, die er selbst geschaffen hat und zu beherrschen glaubt, die sich aber ihm gegenüber zu verselbständigen und ihn zu beherrschen droht." (32, 91) Dieser detail-getreu beschriebene „Gott" ist zunächst eine sich in Blitz und Donner elementar offenbarende Naturgewalt, die die Stadt als den Bereich des Menschen vernichtet. In mythischer Personifizierung beschwört das Gedicht die Natur als jene Macht, die den Menschenmassen und der vom Menschen geschaffenen modernen Zivilisation schlechthin überlegen ist. Die Natur, so scheint es, rächt sich hier in Gestalt des Gottes Baal, der ursprünglich eine Himmelsgottheit und zugleich ein Rache- und Strafgott im alten Orient war, für die Entfremdung, die zwischen ihr und dem Menschen durch dessen Verschulden eingetreten ist, und sie rächt sich gerade an jenem Bereich, an dem diese Entfremdung am offenkundigsten geworden ist: an der Stadt als dem Inbegriff der Vermassung und Verdinglichung und zugleich als jener Stätte, in der die Beherrschung über die Kräfte der Natur sich unter den rauchenden Schloten der Fabriken in technischen Fortschritt und profitablen Nutzen umsetzt. Doch der Mensch, der das Stadium des Mythos verlassen zu haben glaubt, indem er die Kräfte der

Natur, denen er sich anfangs schutzlos ausgeliefert sah, ihres qualitativen Charakters als numinoser Macht entkleidet, sie zu berechnen und zu beherrschen lernt, zahlt ihr immer noch denselben Preis: er entwertet sich selbst, verliert seine Identität, wird selbst zur bloßen Zahl – im Gedicht erscheint er lediglich noch als „Million" –, er bleibt selbst noch in der von ihm initiierten fabrikmäßigen Ausbeutung der Natur ihr Opfer, so wie der mythische Mensch sich als Opfer der noch undurchschauten Naturgewalt fühlen mußte. Und so wie der Mythos die Dinge beseelte, so werden hier die vom Menschen geschaffenen Dinge wie Städte und Häuser zu handelnden Subjekten, die dem Baal huldigen, der sich – wie im Mythos – auch im Zeitalter der modernen Zivilisation noch als Gott erweist.

So gesehen setzt dieses Gedicht ins Bild, was Horkheimer und Adorno als ‚Dialektik der Aufklärung' beschrieben haben. So wie der Mythos schon Elemente der Aufklärung enthielt, so bleibt die Aufklärung dem Mythos verhaftet, den sie zu überwinden glaubt: „Der Fluch des unaufhaltsamen Fortschritts ist die unaufhaltsame Regression." (105, 35) In der modernen Naturbeherrschung offenbart sich dasselbe Phänomen wie in der mythischen Naturverfallenheit: der Mensch unterwirft sich einer von ihm undurchschauten, obgleich selbst initiierten Herrschaft, die seine Selbstverwirklichung verhindert. „Die Absurdität des Zustandes", so diagnostizieren die Autoren, „in dem die Gewalt des Systems über die Menschen mit jedem Schritt wächst, der sie aus der Gewalt der Natur herausführt, denunziert die Vernunft der vernünftigen Gesellschaft als obsolet." (105, 38) Indem die seit der Aufklärung herrschende Vernunft die Natur in quantifizierbare und damit berechenbare Größen zerlegte und indem sie „alles Einzelne in Zucht nahm, ließ sie dem unbegriffenen Ganzen die Freiheit, als Herrschaft über die Dinge auf Sein und Bewußtsein der Menschen zurückzuschlagen." (105, 40) Diese Natur nimmt in Heyms Gedicht dämonischmythische Gestalt an. Und eben als unbegreifliche, rächende mythische Person symbolisiert sie, daß sie vom Menschen immer noch unbegriffen ist. Dies ist das Erhellende und Aufklärerische an dem Gedicht, und daher wäre es falsch, Heym ideologiekritisch vorzuhalten, er remythisiere hier gleichsam die moderne Zivilisations- und Großstadtwelt, anstatt die darin sichtbar werdende Entfremdung und Verdinglichung des Menschen als dessen eigene Tat zu durchschauen und entsprechend zu gestalten. Eine solche Argumentation trifft dieses Gedicht schon deshalb nicht, weil sie hinter dessen Problemstellung zurückfällt, denn sie setzt – darin aufklärerisch-fortschrittsgläubig – den Menschen unhinterfragt absolut und eskamotiert die Natur, die sich eben auch *dafür* in Heyms Gedicht zu rächen scheint.

Das Grauen, das dieser vernunftlos-triebhafte Baal einflößt, beruht nicht zuletzt auf seinem völlig unberechenbaren und unaufhaltsamen Irrationalismus, den der Mensch selbst im Laufe seiner „Evolution" durch die zunehmende „Zivilisierung" überwunden zu haben glaubt. Dieser kreatürliche Urzustand, diese „rein natürliche Existenz" bildete – so Horkheimer und Adorno – „der Zivilisation die absolute Gefahr. Mimetische, mythische, metaphysische Verhaltensweisen galten nacheinander als überwundene Weltalter, auf die hinabzusinken mit dem Schrecken behaftet war, daß das Selbst in eine bloße Natur zurückverwandelt werde, der es sich mit unsäglicher Anstrengung entfremdet hatte, und die ihm eben darum unsägliches Grauen einflößte." (105, 31) Unter dieser Perspektive enthüllt das Gedicht sogar eine sublime Ironie. Das schwarze Meer der Kirchtürme und der Kirchenglocken sowie die Schlote der Fabrik stehen stellvertretend für Entwicklungsstadien auf dem Weg der Zivilisation. Ihre Gleichzeitigkeit in den großen Städten symbolisiert nicht nur unbewältigte Vergangenheit im Sinne immer noch gesuchter metaphysischer Rückbindung, sondern zugleich auch die ewige Wiederkehr des Gleichen, die bereits ein wesentliches Kennzeichen des geschichtslosen Mythos ist: In den Kulten der Antike wurde Baal in Form einer Steinsäule als Symbol des Phallus verehrt. In den Kirchtürmen und Fabrikschornsteinen hat sich die Menschheit in verschiedenen Stadien ihrer Entwicklung jeweils andere Steinsäulen als Symbol dessen, was sie anbetete, errichtet. Dennoch versinnbildlichen diese immer dasselbe, nämlich die Subordination des „Leibes", der Triebschicht unter die Herrschaft der Entsagung, welche die Natur unterdrückte, um die Zivilisation zu ermöglichen. Doch deshalb sind diese Symbole auch zutiefst ambivalent: sie bezeichnen zugleich den Preis, den der Mensch für seine Höherentwicklung bezahlen mußte und halten ihn gleichsam als drohendes Menetekel die Menschheitsgeschichte hindurch gegenwärtig.

Indem in Heyms Gedicht Kirchtürme und Fabrikschornsteine sich dem großen Baal gleichsam selbst als kultisch-sakrales Opfer darbringen, scheint sich jene „Stunde des Mittags" anzubahnen, in welcher die im Korybanten-Tanz vereinigten Menschen ihre Höherentwicklung widerrufen und in den Ursprung ihrer Evolution zurückkehren: Die Rückkehr zur Natur vollzieht sich indessen nur um den Preis einer vollständigen Zerstörung der bisherigen, auf dem Wege der „Zivilisierung" erworbenen Werte. „Der mittägliche panische Schrecken", so erklären Horkheimer und Adorno, „in dem die Menschen der Natur als Allheit plötzlich innewurden, hat seine Korrespondenz gefunden in der Panik, die heute in jedem Augenblick bereit ist auszubrechen: die Menschen erwarten, daß die Welt, die ohne Ausgang ist, von einer Allheit in Brand gesetzt wird, die sie selber sind und über die sie nichts vermögen." (105, 29) Das „Meer von Feuer", das Baal am Schluß des Gedichts durch die Straßen „jagt", und der „Glutqualm", der „sie" – es bleibt unbestimmt, wer damit gemeint ist – „auffrißt", haben eschatologischen Charakter. Die unterdrückte Natur, die zugleich die Natur des Menschen ist, zerstört die Merkmale der Zivilisation.

Aber sie erweist sich eben damit auch als destruktive Macht, die im Akt der
Vernichtung noch zu rechtfertigen scheint, was sie zerstört.

Damit scheint das Gedicht in eine Alternative aufzulösen, was Marx als
Dialektik von Humanisierung der Natur und Naturalisierung des Menschen postulierte. Diese erweist sich indessen – auch durch die Analysen
von Horkheimer und Adorno – im Blick auf die historische Entwicklung
als Utopie, und die Folge ist jene radikale und irrationale Zerstörung der
Zivilisation im Zeichen eines naturhaften Lebens, das selbst jeder Humanität entbehrt und das, indem es so total in die Anfänge der Evolution zurückführt, eben diese selbst wiederum als notwendig zu erweisen scheint.
Darin wird Nietzsches Lehre von der ewigen Wiederkehr des Gleichen offenkundig, und der prozeßhafte Charakter dieser Kreisbewegung deutet
ebenso wie das als ‚Gott der Stadt' bezeichnete Natursymbol Baal darauf-
hin, daß letzten Endes immer die Natur, das „Leben", die allem Sein zugrundeliegende chaotische Irrationalität das Übergewicht über die
zivilisatorische Rationalität behalten wird. Der eschatologische Mythos,
der hier gestaltet wird, beschreibt jenen Moment der Umkehr, der immer
wiederkehren wird und der als Stunde der höchsten Vollkommenheit zugleich die „höchste Zeit einer äußersten Not und Gefahr" darstellt. Die
Stunde des Untergangs wird herbeigesehnt und herbeigefürchtet. Es ist
aber nicht – wie von Nietzsche intendiert – ein bewußter Entschluß des
Menschen, sondern – dies wurde auch als eigentliche Konsequenz seiner
Lehre herausgestellt – es ist schließlich das Leben oder die Natur selbst,
durch welche sich der Untergang vollzieht. Die „Millionen" lassen sich in
ihrer Geschäftigkeit durch das herannahende apokalyptische Ungewitter
nicht stören. Wenn aber ihr Lärm wie Musik und Tanz klingt, wenn die
Kirchtürme als Meer und der Rauch der Fabriken als Wolken bezeichnet
werden, dann sind dies hier keine abgedroschenen Vergleiche und Metaphern, sondern sie machen sinnenfällig, daß sich die Menschen in der Stadt
gleichsam wie in einer „zweiten Natur" eingerichtet haben. Die Betrachtungsweise des wahrnehmenden Subjekts verweist gleichsam stellvertretend auf einen Bewußtseinszustand, der die „Errungenschaften" der Zivilisation noch mit den Sinnen und dem Erfahrungsrepertoire des mythischen
Menschen erlebt und für den deshalb auch die Großstadt jene Bedeutung
besitzt, welche die Natur im Mythos hatte. Die Angst als mythische
Grunderfahrung und als Anlaß zur gedanklichen Bewältigung und zur
Beherrschung der Natur ist dem Menschen geblieben. Und auch dies verdeutlicht, daß die Vernichtung der Stadt und die herbeigesehnte Rückkehr
zur Natur diese Angst nicht nehmen wird.

Insofern greift Gunter Martens, wie mir scheint, zu kurz, wenn er die
„Entgegensetzung von antivitalem Sein und lebensvollem Aufbruch" bei
Heym im Sinne eines „Positivums Leben" als des eigentlich Erstrebten in-

terpretiert: „alle dargestellten endzeitlichen Zustände und Vorgänge sind polar dem ersehnten Leben entgegengesetzt, die untergehende Welt, die zunächst den Lebenskult zu widerlegen scheint, bleibt antithetisch auf das Positivum ‚Leben' bezogen, ist nichts anderes als das zugehörige Gegenstück und verweist damit auf dieselbe Hochschätzung des Vitalen, wie sie den positiven Gestaltungen der Vitalisten zugrundeliegen." (74, 205) Bei Heym sind Natur und Leben unkontrollierbare zerstörerische Mächte. Die Sehnsucht nach Aufbruch und Neubeginn wird – dies ist jedenfalls der Befund in den Gedichten – überschattet von dieser Erfahrung. Stadlers Gedichtsammlung, die diesen „positiven" Aufbruch gestaltet, zeigt, daß dieser in der gleichen Leere endet, die Heym herbeisehnt, um sie möglicherweise zu überwinden. Heyms Destruktion und Stadlers ‚Aufbruch' enthalten jeweils den anderen Aspekt in sich, und trotz unterschiedlicher Ausgangspunkte und Intentionen verweisen beide auf einen Nihilismus, der sich von der Realitätserfahrung ebenso wie von Nietzsches Philosophie herleiten und begreifen läßt. Bei Heym ist die auch in den mythologischen Gedichten streng durchgehaltene Form, auf die Martens nur am Rande eingeht, Ausdruck dieses Nihilismus. Sie scheint einerseits – wie bei Stadler – durch das strenge Setzen von Grenzen die zerstörerische Gewalt zu immer mächtigerer Anstrengung des Transzendierens – und damit Zerstörens – nötigen zu wollen, andererseits aber ist – auch in dem hier besprochenen Gedicht – unverkennbar, daß sie eher das Gegenteil bewirkt. Sie hemmt die Dynamik, und noch die nahezu visionäre Gestaltung des Weltuntergangs vollzieht sich im Gleichmaß des unveränderten Metrums, im Gleichklang des Rhythmus und der Reime. So verdeutlicht auch der Kontrast zwischen Form und Inhalt die Ambivalenz zwischen Furcht und Hoffnung, zwischen Nicht-Wollen und Wollen des Untergangs. Aber die Form symbolisiert auch die unabänderliche, schicksalhafte Notwendigkeit, mit welcher die Vernichtung erfolgen muß, eine Neutralität der Perspektive, die sich als Fatalismus angesichts der Destruktion zu erkennen gibt.

Indessen läßt sich gerade bei diesem „dynamischen" Gedichttypus die Spannung zwischen Vorwärtsdrang und Retardation von einer anderen Sinnperspektive her als notwendige Polarität begreifen: von Nietzsches Begriffen des Dionysischen und Apollinischen. Im ‚Willen zur Macht' gibt Nietzsche folgende Definition:

„Mit dem Wort ‚dionysisch' ist ausgedrückt: ein Drang zur Einheit, ein Hinausgreifen über Person, Alltag, Gesellschaft, Realität, über den Abgrund des Vergehens: das leidenschaftlich-schmerzliche Überschwellen in dunklere, vollere, schwebendere Zustände; ein verzücktes Jasagen zum Gesamt-Charakter des Lebens, als dem in allem Wechsel Gleichen, Gleich-Mächtigen, Gleich-Seligen; die große pantheistische Mitfreudigkeit und Mitleidigkeit, welche auch die furcht-

barsten und fragwürdigsten Eigenschaften des Lebens gutheißt und heiligt; der
ewige Wille zur Zeugung, zur Fruchtbarkeit, zur Wiederkehr; das Einheitsgefühl
der Notwendigkeit des Schaffens und Vernichtens.
   Mit dem Wort ‚apollinisch‘ ist ausgedrückt: der Drang zum vollkommenen
Für-sich-sein, zum typischen ‚Individuum‘, zu allem was vereinfacht, heraushebt,
stark, deutlich, unzweideutig, typisch macht: die Freiheit unter dem Gesetz.
   An den Antagonismus dieser beiden Natur-Kunstgewalten ist die Fortentwicklung der Kunst ebenso notwendig geknüpft, als die Fortentwicklung der Menschheit an den Antagonismus der Geschlechter. Die Fülle der Macht und die Mäßi-
gung, die höchste Form der Selbstbejahung in einer kühlen, vornehmen, spröden
Schönheit: der Apollinismus des hellenischen Willens." (113, 791f.)

Wie das Dionysische, so hat Peter Pütz diese Begriffe interpretiert, will
auch das Apollinische „Einheit, aber nicht die universale, alle Gegensätze
umspannende des Dionysischen, sondern die eindeutige, die aus der Fülle
des Ganzen einen Teil heraushebt und sich bewußt auf ihn beschränkt".
„Würde das Dionysische allein herrschen, so wären Dumpfheit und Chaos
die Folge; es bedarf daher des vereinfachenden, ordnenden Momentes: des
Apollinischen. Setzte sich dieses absolut, dann würde Erstarrung das Ende
sein; das Apollinische ist daher auf das überströmend Lebendige seines
Gegenteils angewiesen." (115, 25) Das beste Beispiel für die geglückte Verbindung beider Prinzipien sind für Nietzsche die Griechen, die ihren maß-
losen, dionysisch-asiatischen „Untergrund" durch das Apollinische bändigen mußten und sich dadurch ihre Schönheit und die „Natürlichkeit der
Sitte" eroberten (113, 792). Im Grunde schätzt Nietzsche aber das Dionysische höher ein, weil sich in ihm das Leben und der Wille zur Macht unver-
fälscht aussprechen. So ist denn auch die in der „Stunde des Mittags" sich
vollziehende Rückkehr in einen – neuen – mythischen Zustand gleichbe-
deutend mit der Inthronisation des Dionysischen.
   Wenn man nun diese Grundkräfte als künstlerische Stilprinzipien faßt –
wie auch Nietzsche dies bereits getan hat – und sie auf den hier besprochenen Gedichttypus überträgt, dann wären der die Wirklichkeit in partiale
Elemente aufteilende Reihungsstil und die starre Form mit dem Apollinischen gleichzusetzen, während das Dionysische im Vorwärtsdrängenden,
„Expressiven" der Gedichte und in ihrem dynamischen, „Mitfreudigkeit
und Mitleidigkeit" vermittelnden Inhalt zu erkennen wäre. Von hier aus
wird noch deutlicher sichtbar, daß diese Form als solche eine wichtige inhaltliche und gehaltliche Bedeutung besitzt, die sich in polarer Spannung
zum Inhalt entfaltet. Die Form ist hier keineswegs mehr nur jenes dienende
Gefäß, das sich geschmeidig der inhaltlichen Aussage des Gedichts anpaßt,
um sie optimal zum Ausdruck zu bringen, sondern sie stellt sich als eigener
und notwendiger Teil des Gesamtgehalts dem Gedichtinhalt entgegen.
Selbst dort noch, wo sich das Dionysische anschickt, alle Form im Sinne

Simmels, alles Apollinische im Sinne des Partialen, Isolierten, des zur Leblosigkeit Erstarrten und damit Antivitalen zu zerstören, um zu einer neuen Unmittelbarkeit des Lebens zu gelangen: selbst dort sorgt die Form noch als unerbittlicher Kontrapost für einen geordneten Ablauf. Wenn sich aber selbst die Überwindung der Form nur innerhalb der Form – und damit auch als Form – vollzieht, dann ist sie nicht überwunden. Gäbe es die geprägte Form nicht, so wäre das Leben zu ihrer Überwindung gar nicht genötigt, ihr Dasein ist es, das zum permanenten Überwinden und Transzendieren nötigt, so daß selbst diese Evolution des Lebens noch Form-Zwang ist. Leben kann daher, so gesehen, nie reines und unverfälschtes Leben sein. Diese Gleichzeitigkeit von Dionysischem und Apollonischem, von Vitalem und Antivitalem, von dynamischem Progreß und Retardation ist im Reihungsstil des expressionistischen Simultangedichts veranschaulicht.

Es war nötig, diesen zuletzt reichlich textfernen Gedankengang bis zu diesem Punkt zu führen. Denn von hier aus wird die Position verständlich, die die Dadaisten eingeschlagen haben. Diesen Standort gewannen sie allerdings nicht nur durch logisch-konsequentes Resümieren dessen, was sich als Resultat aus den frühexpressionistischen Destruktions- und Aufbruchsversuchen ergab, sondern auch und vor allem auf Grund der realhistorischen Entwicklung, die mit dem Ersten Weltkrieg jene totale Destruktion Wirklichkeit werden ließ, die Heym und andere Frühexpressionisten noch herbeigesehnt und herbeigefürchtet hatten. Damit schien der Zustand des vollkommenen Nihilismus erreicht zu sein. Die „Stunde des Mittags" war eingetreten und das „Leben" war auf dem besten Wege, nicht nur die „Form", nicht nur alles Antivitale, sondern auch noch sich selbst zu zerstören. Immerhin bestand aber 1916 noch die Denkmöglichkeit, daß der Wirklichkeit gewordene Nihilismus nur die Durchgangsstation für einen Neubeginn war. Entscheidend aber war der damalige Zustand selbst als der prophezeite und nun in Erscheinung getretene Nihilismus, von dem als Faktum auszugehen und den zu gestalten Mimesis war. In diesem Sinne deutet beispielsweise Hugo Ball die ‚Phantastischen Gebete' von Richard Huelsenbeck:

> „Seine Verse sind ein Versuch, die Totalität dieser unnennbaren Zeit mit all ihren Rissen und Sprüngen, mit all ihren bösartigen und irrsinnigen Gemütlichkeiten, mit all ihrem Lärm und dumpfen Getöse in eine erhellte Melodie aufzufangen. Aus den phantastischen Untergängen lächelt das Gorgohaupt eines maßlosen Schreckens." (4, 78)

Nietzsches erkenntnistheoretischer Nihilismus klingt in solchen Formulierungen durch, und diese illustrieren damit, daß der Nihilismus der Dadaisten seine Ursachen nicht ausschließlich und unmittelbar in der hi-

storischen Entwicklung selbst hat, sondern daß diese in einem nicht näher
bestimmbaren Maße zugleich in Nietzscheschen Kategorien gesehen und
bewertet wurde.

Die Dadaisten also richten sich in diesem Nihilismus gleichsam positiv
ein und praktizieren ihn in ihren Werken, indem sie versuchen, ihn bewußt
zu machen und damit auch im Bewußtsein der Adressaten herbeizuführen.
Der Nihilismus ist jener Subjekt und Objekt gleichermaßen umfassende
Zustand, in dem die „Form" ihre dominierende Macht verloren hat ange-
sichts der totalen Vergleichgültigung und Entwertung aller Wert- und
Wahrheitsnormen und angesichts einer sich der Wahrnehmung als chao-
tisches Durcheinander präsentierenden Realität. Die zuvor bereits im Sinne
Nietzsches als notwendig begriffene Zerstörung der „decadence" wird als
Befreiung und damit auch als Freiheit erfahren, die zugleich eine künstleri-
sche Freiheit zu ermöglichen scheint. Und dies wiederum scheint die
Dadaisten zu dem Glauben verleitet zu haben, in dieser durch keinerlei
Notwendigkeit bedingten nihilistischen Freiheit sei bereits jener Zustand
des Geistes erreicht, der nach dem erwähnten Gleichnis Nietzsches das
„Ich will!" des Löwen durch das „Ich bin!" des Kindes ablöst und in die-
sem Zustand der neuen Unmittelbarkeit, der umfassenden Regression und
Reduktion lasse sich bereits jenes Leben verwirklichen, das nach Nietzsche
auf den Zustand des Nihilismus folgt und dessen Kennzeichen eben ein
Leben ohne den Zwang der „Form" ist. Die im Frühexpressionismus erkennbar werdende polare Gleichzeitigkeit von „Leben" und „Form", von
Vitalem und Antivitalem, aus welcher der Wille zur Destruktion und zum
Aufbruch einen seiner wesentlichen Antriebe bezog und der letztlich in
eine nihilistische Leere führte, wird im Dadaismus aufgelöst. Die „Form"
wird selbst zum Element des Lebens, das nicht als leerer, sondern als inhaltlich gefüllter Nihilismus – nämlich als Unmittelbarkeit des Chaos – verstanden wird. Später – das läßt sich am Beispiel von Schwitters zeigen –
kehrt der Dadaismus zur „Form" zurück, so wie auch die bürgerliche
Gesellschaft nach Beendigung des Krieges zu einem neuen Leben zurückkehrt, das allerdings den alten Wert- und Wahrheitsnormen huldigt, als sei
nichts geschehen. –

Dies wird im folgenden noch im einzelnen zu erörtern und zu differenzieren sein. Eine erste notwendige Differenzierung betrifft das Problem der
Formnegation in Expressionismus und Dadaismus. Es gibt hier einen
„gleitenden" Übergang, wie am nachfolgend zu besprechenden Gedicht zu
ersehen ist. Dieses gehört noch zum Expressionismus, weist aber bereits
alle für den Dadaismus charakteristischen Merkmale auf, wie sie danach am
Beispiel der ‚Phantastischen Gebete' von Huelsenbeck erörtert werden.
Einige der in den ‚Phantastischen Gebeten' zusammengefaßten „Aggressionspoeme" wurden ja bereits 1915 verfaßt und vorgetragen. Dieser histo-

rische Befund verweist auf die Zusammengehörigkeit von Frühexpressionismus und Dadaismus, die sich vor dem Hintergrund der bislang
erörterten Aspekte nun auch an den Texten selbst erweisen muß.

Die Auswahl des „Übergangsgedichts" ermöglicht zugleich die Erörterung eines weiteren für die Simultaneität wichtigen Aspektes: die Bedeutung der Musik und die Analogie zu musikalischen Prinzipien bei der
Gestaltung literarischer Texte.

8. Die Komprimation der Zeit im musikalischen Akkord (Schönberg)

Am 1. August 1914 – an jenem Tag also, an dem Frankreich und Deutschland nach der am 28. Juli erfolgten Kriegserklärung Österreich-Ungarns an
Serbien die allgemeine Mobilmachung anordneten – erschien eine Ausgabe
der ‚Aktion‘, in der sich folgendes Gedicht von HaHu Baley findet:

Widmung für Chopin

Drei Meere tanzen hochgeschürzt ans Land.
Des Droschkenkutschers Hut durchbohren Mondesstrahlen.
Als Kehrichtwalze holpert der Verstand,
Wir glänzen durch die Nacht gleich singenden Aalen.

Giraffenhals ragt schräg zum Nordlichthimmel.
Die Mondesratte knüpft ihm bleichen Kragen.
Am Tropenkoller würgt ein Polizistenlümmel.
Bald werden wir ein neues Land erfragen.

Aus unsrem Ohr lustwandeln Eiterströme.
Das Auge rankt sich wüst um das Monokel.
An einem Drahtseil leckt ein schlichter Böhme.
Ein Schwein steht segnend auf dem Marmorsockel.

Zehntausendfarbenschnee. Cocytus. Kinotempel.
Ein Mann greift weibernd nach dem Hosensack.
Auf Eselsrücken brennen handgroß Feuerstempel
Und Hähne machen Kopfsprung in den Chapeau claque.   (15, 673)

„Ha Hu Baley" ist ein Pseudonym für Hans Leybold und Hugo Ball, die
in den vorangegangenen Monaten jeweils mit mehreren eigenen, aber – unter diesem Pseudonym – auch mit einigen gemeinsamen Gedichten in der
‚Aktion‘ vertreten waren. Das zitierte Poem ist das letzte, in dieser Zeitschrift veröffentlichte gemeinsame Werk. In ihrer Ausgabe vom 26. September 1914 zeigt die ‚Aktion‘ bereits den Tod von Hans Leybold an. Am
8. September gestorben, ist dieser eines der ersten Opfer, das der Krieg auch
unter den Künstlern fordert.

1913 hatte der knapp 20jährige Leybold zusammen mit Franz Jung die ‚Zweiwochenschrift' ‚Revolution' herausgegeben. Diese wurde aber alsbald wieder auf staatsanwaltliche Intervention hin verboten. Der Grund war nach Huelsenbeck ein Gedicht von Hugo Ball – mit dem Titel ‚Ave Maria' –, in dem sich z. B. die Verse finden: „O, Maria, du bist gebenedeit unter den Weibern, / Mir aber rinnt der geile Brand an den Beinen herunter" (9, 11). Das war Gotteslästerung, pubertär anmutende primitiv-massive Provokation. „Ball war im Glauben an die Kirche erzogen worden", schreibt Huelsenbeck in diesem Zusammenhang, „aber in seiner Jugend, im Zustand der Anomie, zerfielen die Werte, und er sah, wie sie ohne Stabilität, im Zustand der Relativität, der Welt und den Menschen nicht mehr helfen konnten. Ball wurde ein Ungläubiger, ein Zyniker, ein Mensch, der das Chaos umarmte." (9, 11) Er war – so muß man ergänzen – schon damals offensichtlich überzeugter Nietzscheaner, und dazu muß man sich daran erinnern, daß Ball 1909 eine Dissertation über Nietzsche fast zum Abschluß gebracht hatte. Er lebte also schon damals in jenem Zustand des Nihilismus, dem jede Moral, alle tradierten Werte nichts mehr galten und der sich einzig dem Leben selbst in seiner Unmittelbarkeit hingeben wollte. Das Anfang 1914 in der ‚Aktion' publizierte Gedicht ‚Der Verzückte' ist deshalb kein Widerspruch zu der beschriebenen Haltung, sondern bestätigt sie. Ist es dort die momentane dionysische Hingabe an das „Leben", so ist es in dem soeben zitierten Gedicht der Kampf gegen die „decadence", gegen die Krankheit, Morbidität und „Lüge" der Zivilisation und die in ihr gültigen Wertvorstellungen.

Ein Blick auf Lichtensteins Gedicht ‚Die Dämmerung' und die in ihm verwirklichten Absichten des Autors genügt, um zu erkennen, daß in der ‚Widmung für Chopin' keine neue Wahrnehmungsstruktur in psychologisch richtigen Bildern wiedergegeben werden soll. Vielmehr werden – zu Beginn der dritten Strophe – Auge und Ohr als krank bzw. als völlig entartet denunziert. Auch der Verstand ist lediglich eine „Kehrichtwalze", und damit sind die für die traditionelle Erkenntnistheorie im Blick auf die Sinneswahrnehmung wichtigsten Organe abgetan. Ein Blick auf Georg Heyms Gedicht ‚Der Gott der Stadt' wiederum macht deutlich, daß es hier auch nicht um die beschwörende, im Verlauf des Gedichts sich steigernde und am Schluß kulminierende Vision eines Weltuntergangs geht, in dem sich das Leben oder die Natur am Menschen und seiner Zivilisation rächt und sie rückgängig macht. Vielmehr „tanzen" hier gleich zu Beginn „drei Meere" „hochgeschürzt ans Land", und die Formulierung ridikülisiert, was seit der altorientalischen Sage von der Sintflut als apokalyptisches Zeichen des Gotteszorns und des Weltuntergangs verstanden wird. Die Vorstellung, daß sich die Natur am Menschen rächt, scheint in der zweiten Zeile parodiert zu werden: die „Mondesstrahlen" „durchbohren" – lediglich – „des

Droschkenkutschers Hut" – vielleicht ist dies jener „Chapeau claque", in welchen am Schluß des Gedichts die Hähne einen Kopfsprung machen. Immerhin: die Rückkehr zur Natur, der Widerruf der Evolution wird auch hier – am Schluß der ersten Strophe – thematisiert: „Wir glänzen durch die Nacht gleich singenden Aalen", wobei sich die Aale wiederum auf die ans Land gehüpften Meere beziehen lassen als auf jenen Ursprung, von dem einmal alles Leben seinen Ausgang nahm. Sogar die Aufbruchs-Thematik ist in Gestalt der Zeile „Bald werden wir ein neues Land erfragen" gegenwärtig, doch auch dies in einem Zusammenhang, der sie lächerlich macht: mit der einem fremden Land entstammenden Krankheit des Tropenkollers, an dem ein „Polizistenlümmel" würgt.

Wenn es auch von der zuvor skizzierten Position des Nihilismus aus nicht verwundert, daß dieses Gedicht die im Polizistenlümmel repräsentierten Werte staatlicher Ordnung, daß es die Religion – „Ein Schwein steht segnend auf dem Marmorsockel" und das sittliche Empfinden attackiert – „Ein Mann greift weibernd nach dem Hosensack" –, so ist doch erstaunlich, daß die von Nietzsche und den Frühexpressionisten in dessen Sinne aufgestellten Gegenwerte nicht weniger der Lächerlichkeit anheimgegeben werden. Hier sind offenkundig alle Werte entwertet.

Sogar die Gedichtstruktur bleibt davon nicht unangetastet. Eine sinnvolle Komposition beispielsweise ist hier nicht mehr erkennbar, es sei denn, man betrachte die kompositorische Unordnung als bewußte und stringent durchgehaltene Formintention, die das einzig adäquate Pendant zum destruierenden Nihilismus des Inhalts sei. Dabei liegt die Besonderheit dieser kompositorischen Unordnung darin, daß sie im Verlauf des Gedichts erst bewußt gemacht und hergestellt wird. Das heißt: sie existiert keineswegs von Anfang an, sondern sie wird erst dadurch wirksam, daß gewisse zunächst erkennbare kompositorische Beziehungen im weiteren Verlauf des Gedichts nicht bestätigt werden. Dazu nur einige Beispiele: Die „Mondesstrahlen" aus der zweiten Zeile der ersten Strophe werden in dem genau entsprechenden Vers der zweiten Strophe im Motiv der „Mondesratte" wieder aufgenommen. Sucht man indessen nach weiteren semantischen Bezügen, so gerät man auf Irrwege: Man bringt den „bleichen Kragen" des „Giraffenhalses" in Zusammenhang mit dem „Hut" des Droschkenkutschers, den Kutscher wiederum in Konnex mit dem „Holpern" der „Kehrichtwalze" des „Verstandes"; diese Vorstellung könnte wiederum auf den „Tropenkoller" – in der genau entsprechenden Zeile der zweiten Strophe – verweisen, während dem „Würgen" des Polizistenlümmels an genau entsprechender Stelle in der dritten Strophe das „Lecken" des schlichten Böhmen zu entsprechen scheint. Doch so sehr diese und andere Korrespondenzen zu einer Sinnsuche, zur Herstellung latenter semantischer Felder auffordern: sie ergeben keinen Sinn, sie setzen sich nicht bis zum Schluß fort, sie deuten eine Ordnung offenbar nur an, um sie wieder destruieren zu können.

Eine Einheit der Stimmung ist ebensowenig erkennbar wie die Intention, etwa einen bestimmten zeitlichen Moment – wie zum Beispiel ‚Die Dämmerung' bei Lichtenstein – zu erfassen. Fast alle in den Bildern genannten Tätigkeiten sind durch iterative Verben als beliebig lang andauernde Vorgänge gekennzeichnet, aber auch wieder nicht alle. Ja selbst eine einheitlich und eindeutig negative Tendenz ist in dem Gedicht nicht feststellbar. Verse wie „Wir glänzen durch die Nacht gleich singenden Aalen. / Giraffenhals ragt schräg zum Nordlichthimmel" oder „Bald werden wir ein neues Land erfragen" sind – für sich allein genommen – keineswegs so negativ wie andere. Und ob sie diese Qualität durch den größeren Zusammenhang des ganzen Gedichts erhalten, ist nicht eindeutig zu entscheiden. Denn infolge des Reihungsstils steht jede Zeile – wiederum nicht ohne Ausnahme, wie die beiden Schlußverse bezeugen – isoliert für sich.

Gleichwohl ist der Reihungsstil das dominierende und am einheitlichsten durchgehaltene formale Kennzeichen des Gedichts. Im Unterschied aber zu den Gedichten von Stadler und Heym tritt er hier nicht in spannungsvollen Kontrast zum Inhalt und ermöglicht den dynamischen Progreß, sondern er ist hier adäquater Ausdruck des Inhalts und der anderen kompositorischen Elemente. Denn es zeigte sich, daß in diesem Gedicht alles gleich-gültig zu sein scheint: Positives und Negatives im inhaltlichen Bereich, Ordnung und Unordnung bei der strukturellen Verknüpfung. Dies bringt der Reihungsstil als Simultaneität zum Ausdruck. Er versinnbildlicht einen Standpunkt des Nihilismus, der offenkundig nichts mehr herbeiführen will, sondern sich nur noch selbst präsentiert, und zwar als einen Zustand, der von Anfang an da ist und sich zugleich auch erst im Verlauf des Gedichts herstellt.

Fragt man von diesen Voraussetzungen her nach dem Sinn des Titels ‚Widmung für Chopin', so führt dies auf einen weiteren bedeutsamen Aspekt zum Verständnis des Simultangedichts. Chopin, der „Romantiker des Klaviers", bezeichnet indessen nur stellvertretend den Ausgangspunkt des in der Romantik einsetzenden und dann im musikalischen Expressionismus Arnold Schönbergs kulminierenden Prozesses der Auflösung der klassischen Harmonie und Tonalität in der Musik. Die Tendenz zur Verwischung, zum Ineinanderübergehen der Töne, die enharmonische Verwechslung – hier vor allem die Beteiligung verschiedener Tonarten an einem Akkord, also die „Vermischung verschiedener Elemente" (um die Analogie zur Literatur zu verdeutlichen) –, die Neigung zu Synkopen, zum „Übereinanderschieben verschiedener Taktsysteme" (95, 59), die Ungleichmäßigkeit der Zeitintervalle – Chopins „Rubato" –, die Einführung unsymmetrischer Taktarten wie etwa des Fünfvierteltakts in Chopins erster Klaviersonate, generell die Tendenz zur „romantischen Störung der Symmetrie", wie sie Emil Staiger beschrieben hat (95), sind erste wichtige Schritte auf diesem Weg. Vor allem das zuletzt genannte Charakteristikum, das sich auch in der Auflösung einer strengen Komposition – etwa bei der Sonate – zu erkennen gibt, haben wir auch per analogiam an der strukturellen Fügung des Chopin gewidmeten Gedichts beobachtet.

Doch da es uns auch hier um übergreifende Zusammenhänge geht, für welche die einzelnen Gedichte lediglich als Exempel fungieren, um die Relevanz des jeweils Explizierten für die Literatur gleichsam stellvertretend zu dokumentieren, soll uns diese Widmung nur als Anlaß dienen, um die prinzipielle Homologie von Simultangedicht und expressionistischer Musik zu verdeutlichen. Diese Homologie liegt auch hier in der gewandelten Zeitbetrachtung.

Im Unterschied zu den Raum-Künsten – der Malerei, Plastik und Architektur – verwirklichen sich Literatur und Musik in der Zeit. Allerdings vermochte die Musik im Unterschied zur Literatur immer schon einen Aspekt der Simultaneität zu realisieren, und zwar „durch Harmonie, Klangfarbe und Klangspannung zweier oder mehrerer Instrumentalfarben oder -gruppen", und dazu konnte noch die „Ausdrucksebene der Sing- oder Sprechstimme" treten (89, XIII). Vor allem in der expressionistischen Musik Arnold Schönbergs, der in seinen kompositorischen Anfängen der Romantik verpflichtet war und der um 1910 der Bewegung des ‚Blauen Reiters' nahestand (96, 253), radikalisiert sich diese Tendenz zur Simultaneität. Schönberg stellt Struktur und Form des traditionellen, auf dem Abstand der Terz basierenden Akkords und damit die Tonart selbst infrage. Er inthronisiert nun die Quarte: „Akkorde und Akkordtürme aus übereinandergestellten Quarten treten seit 1906, seit der I. Kammersymphonie, op. 9, in Schönbergs Werken auf, und zwar gleichzeitig melodisch und harmonisch." (96, 254) In diesem Werk finden sich sechsstimmige Quartenakkorde, in welchen sich der Übergang zur atonalen Musik vollzieht und damit auch zur Befreiung von den bis dahin gültigen Gesetzen der Harmonie.

Neben die vertikale Ausdehnung und „Dissoziierung" der Akkorde tritt die Tendenz zur Verknappung und Isolierung des zeitlichen Ablaufs der Musikstücke. Hans Heinz Stuckenschmidt, dessen Ausführungen über ‚Arnold Schönbergs musikalischen Expressionismus' ich hier folge, sieht in der Komprimierung des zeitlichen Ablaufs ein typisch expressionistisches Element, nämlich das „ästhetische Gesetz hochgespannten Ausdrucks" (96, 257): „Ausdruck wird in kleinste Phrasen komprimiert, mitunter in einen Akkord, der dann eben als vertikales Gerinnsel, als Aufrechtstellung, als statisches Symbol einer Melodie fungiert." (96, 259) Das zweite von Schönbergs ‚Kleinen Stücken für Kammerorchester' umfaßt beispielsweise lediglich „sieben Takte von 16 Sekunden Spieldauer" und „wird nun für

einige Jahre die Ausdrucksform kat exochen der Schönberg-Schule." (96,
260) Anton Webern und Alban Berg beispielsweise suchen – jeweils 1912
– ihren Meister hinsichtlich der Kürze dieser „tönenden Mikrokosmen"
womöglich noch zu übertreffen. Stuckenschmidt zitiert dazu Nietzsches
Äußerung aus der ‚Götzendämmerung': „Mein Ehrgeiz ist, in zehn Sätzen
zu sagen, was jeder andere in einem Buche sagt – was jeder andere in einem
Buche *nicht* sagt" und resümiert anschließend: „In der Tat, was die Wiener
Schule am Vorabend des Ersten Weltkrieges erkannte und in einer Sprache
von einzigartiger Komprimation ausdrückte, das hatte kein anderer zu sagen vermocht. Als habe die Furchtbarkeit der Vision diesen Musikern den
Atem verschlagen, näherte sich die Sprache dem Extrem der geringsten
Ausdehnung: dem Stillstand auf einer Formel, die bis zur Eruption mit Idee
geladen war." (96, 261)

Die Parallelen zum Simultangedicht in seiner zuletzt hier besprochenen
Gestalt sind offenkundig. Der Reihungsstil, der in diesem Fall kein Transzendieren herausfordert und keinen zeitlichen Progreß initiiert, sondern
den Stillstand der Zeit markiert, ließe sich als musikalischer Akkord verstehen, in dem die Disparatheit der Stimmungen und Gefühle in dem Reich-
tum ihrer Dissonanz und Atonalität simultan zum Ausdruck gelangt.
Voraussetzung dafür ist die gleiche Zeitdauer der jeweils eine Zeile umfassenden „Töne" und deren „Atonalität", deren fehlende Harmonie untereinander.

Im Bereich der Simultaneität hat nun allerdings das Gedicht wiederum
einen Vorteil gegenüber der Musik. Dies wird deutlich, wenn man die
Beobachtung Strawinskys heranzieht, „daß die Zeit auf verschiedene Weise
abläuft, je nach der inneren Disposition des Subjekts." (96, 257) Die „erlebte Zeit" ist für Strawinsky im Gegensatz zu Bergson keine gleichmäßig
fließende Dauer, sondern abhängig vom psychischen Zustand. Den
Moment der ‚Verzückung' erlebt der Mensch daher lediglich als kurzen
Augenblick, wenige Sekunden der Angst können ihm wie eine Ewigkeit erscheinen. Der kosmischen Relativität der Zeit entspricht somit also eine
psychische. Während der musikalische Akkord bei der Wiedergabe solcher
Unterschiede aber unwiderruflich an den Moment der realen Dauer, in
welcher der Akkord erklingt, gebunden ist, bleibt das Gedicht über einen
solchen Augenblick hinaus präsent, und es vermag die Dauer auch innerhalb der Töne eines Akkords zu differenzieren: etwa durch den Wechsel
von inchoativen und iterativen Verben wie in dem hier besprochenen
Gedicht, so daß in diesem die kürzeste und die längste Zeitdauer –
„Moment" und „Ewigkeit" – simultan zusammenfallen.

Die Simultaneität des Gedichts vermag sich im Stillstand der Zeit zugleich auf die optische Präsenz des Textes zu stützen. Die räumliche Anwe-
senheit zeichnet es vor der allein auf die akustische Vergegenwärtigung an-

gewiesenen und damit eben doch der zeitlichen Sukzession unterworfenen Musik aus. Deshalb vermag sich das Simultangedicht auch – im Gegensatz zur Musik – der Raum-Kunst anzunähern, wie dies am unmittelbarsten in Gestalt der Collagen – nicht zufällig ebenfalls in jenem historischen Zeitraum – geschieht.

Die Malerei jener Epoche wiederum – vor allem die Futuristen – versuchten umgekehrt, die Zeit als dynamischen Ablauf darzustellen. Dies gelang ihnen – wie sich an den Bildern Umberto Boccionis, Giacomo Ballas oder Gino Severinis erkennen läßt – durch eine Perspektivierung, die einzelne Bewegungsabläufe gleichsam räumlich segmentierte. So führt beispielsweise Giacomo Balla in seinem Bild ,Hund an der Leine' diesen Hund und die ihn ausführende Dame dadurch in Bewegung vor, daß er jedes Hundebein, den Schwanz und die Leine mit undeutlichem, „verschleifendem" Pinsel in vielfacher Ausführung malt, jeden Fuß also in der äußersten Vor- und Rückstellung und zugleich in allen Bewegungsfolgen dazwischen: Bewegung ist hier simultan eingefangen und räumlich sichtbar gemacht. Wir sahen schon an den Äußerungen Marinettis, daß den Futuristen die Geschwindigkeit als eines der entscheidenden Kennzeichen moderner Zivilisation galt. Deshalb suchen sich auch die dieser Kunstrichtung angehörigen Maler gern Sujets, die durch die Rasanz des Bewegungsablaufs gekennzeichnet sind, so etwa Boccioni mit seiner ,Attacke der Ulanen' oder wiederum Balla mit seinem ,Dahinschießenden Automobil'.

Geschwindigkeit als Zeit relativierende und auch kontrahierende Größe: dies wäre auch eine Deutungsmöglichkeit für die zeitlich so stark geraffte expressionistische Musik. Auch sie könnte somit Ausdruck einer durch die moderne Zivilisation entscheidend mitbedingten Überbelastung der Wahrnehmungsstruktur sein. So wie auch das Simultangedicht die Überbeanspruchung der optischen Wahrnehmung durch die Raschheit nicht nur der Bewegung innerhalb der Bilder, sondern auch der Bildabfolge bewußt macht, so die Musik durch die auf den Moment konzentrierte Überbelastung der akustischen Wahrnehmung. Die Musiker selbst haben ihre Kompositionsprinzipien unter diesem Aspekt nicht erörtert. Wohl aber haben sie das Problem diskutiert, ob das an traditionellen musikalischen „Hörgesetzen" orientierte und von der Natur nur mit einer bestimmten Kapazität ausgestattete Ohr überhaupt in der Lage ist, die ihm von der neuen Musik zugemutete akustische Differenzierung zu leisten. Thomas von Hartmann, der dieser Fragestellung in seinem Aufsatz ,Über Anarchie in der Musik' nachgeht, erinnert dabei an die – nach Kant ja keineswegs selbstverständliche – Einsicht, daß sich auch die menschliche Wahrnehmungsstruktur „wie alles in der Welt historisch entwickelt" – „das, was dem Musiker zu alten Zeiten als etwas Falsches vorkam, ist für das gegenwärtige Ohr ein Wohlklang" (85, 91 f.) –, daß das Ohr also noch keineswegs am Ende seiner

Wahrnehmungsmöglichkeiten angelangt sei, sondern daß sich „auch die Gesetze unseres Gehörs unendlich entwickeln und vervollkommnen." (85, 92) In diesem Sinne hat die anarchische Gegenwartsmusik für ihn geradezu eine erzieherische Aufgabe. Nur das Prinzip der Anarchie „kann uns zur strahlenden Zukunft, zur neuen Wiedergeburt führen." Die neue Theorie soll die Kunst, „indem sie die wahren Sinnesgesetze entdeckt, zur noch größeren bewußten Freiheit, zu anderen neuen Möglichkeiten führen." (85, 94) Ein anderer Theoretiker verweist zur Rechtfertigung der neuen Atonalität auf die musikalische Praxis der Natur: „Die Musik der Natur – das Licht, der Donner, das Sausen des Windes, das Plätschern des Wassers, der Gesang der Vögel – ist in der Auswahl der Töne frei. Die Nachtigall singt nicht nur nach Noten der jetzigen Musik, sondern nach allen, die ihr angenehm sind. Die freie Musik richtet sich nach denselben Gesetzen der Natur wie die Musik und die ganze Kunst der Natur." (90, 125)

In den beiden zuletzt genannten Beiträgen klingen wohlbekannte Vorstellungen an: Evolution, Wiedergeburt, Berufung auf die Gesetze der Natur. Die Aufsätze entstammen dem 1912 von Wassily Kandinsky und Franz Marc edierten Almanach ,Der Blaue Reiter', den Klaus Lankheit, der ihn vor kurzem neu herausgegeben und kommentiert hat, ohne Umschweife als „die bedeutendste Programmschrift der Kunst des 20. Jahrhunderts" qualifiziert (12, 7). Er steht mit diesem Urteil in der Fachwelt nicht allein. Auch wenn man diese Ansicht für eine – zumindest voreilige – Übertreibung und für eine Überschätzung hält, so kann man nicht umhin, diesen 1914 in zweiter Auflage erschienenen Almanach für eine im Blick auf die programmatische Aussage und die Wirkungsgeschichte sehr gewichtige Publikation zu halten, die in unserem Zusammenhang von besonderem Interesse ist, weil Hugo Ball nachweislich – vor allem 1914 – zum Kreis jener Künstler gehörte, die sich, wenn sie auch keine geschlossene Gruppe bildeten, dennoch durch Freundschaft und durch die Übereinstimmung in den im ,Almanach' vertretenen Thesen zur modernen, abstrakten Kunst zusammengehörig fühlten. Hugo Ball hebt zu Beginn seines Tagebuchs die Verwandtschaft zu diesen Künstlern, insbesondere zu Kandinsky, stark hervor (vgl. 4, 11 ff.), und er wollte sich, wie Lankheit nachweist, an einer weiteren Publikation des ,Blauen Reiters' beteiligen (12, 282). Im Blick auf Balls Tagebuchaufzeichnungen zu jener Periode konstatiert Lankheit, „daß die hier von Hugo Ball umrissenen Gedanken mit denen des ,Blauen Reiters' nahezu identisch waren. Gleichgestimmte Geister hatten sich gefunden." (12, 283) Auch Hans Arp war in dem Almanach bereits „mit einer Zeichnung und mehreren Vignetten vertreten" und hatte schon an einer Graphik-Ausstellung des Kreises in München teilgenommen (12, 299). Doch nicht allein wegen dieser Zusammenarbeit verdient der ,Blaue Reiter' unsere Aufmerksamkeit, sondern auch weil die dort proklamierten Ziele im ‚Cabaret Voltaire‘ zumindest tendenziell eine Fortsetzung fanden und weil sich auch die Struktur der dadaistischen Texte von den künstlerischen Zielen des Almanachs her besser begreifen lassen, obgleich in ihm kein Beitrag zur neuen Dichtung erschien.

9. Die Überwindung von Raum und Zeit durch den „inneren Klang" der Künste (‚Der Blaue Reiter‘ und ‚Der Sturm‘)

Ziel des kunstvoll komponierten Almanachs, der in den drei abschließenden Beiträgen Kandinskys seinen Höhepunkt findet, ist die Suche nach einem neuen, alle Einzelkünste vereinigenden Kunstprinzip, ist die Besinnung auf jene Aufgabe, um die es ihnen gleichermaßen geht, ist die Entdeckung jenes medialen Ortes, in dessen Evokation und Darstellung schließlich alle Künste zusammenklingen. Dies Gemeinsame nennt Kandinsky den „inneren Klang", und folgerichtig schließt der Almanach mit seiner ‚Bühnenkomposition‘ ‚Der gelbe Klang‘, in dem alle Künste zusammenwirken. Darin kommt schon zum Ausdruck, daß der Musik in diesem „Konzert" eine besondere Rolle zugedacht ist.

Um dies zu verstehen, muß man sich daran erinnern, daß die philosophische Ästhetik des 19. Jahrhunderts der Musik die Vorrangstellung unter den Künsten zuspricht. Vor allem Schopenhauer und Nietzsche begründen diese Ansicht. Der Wille als die der gesamten Wirklichkeit von der Materie bis zum Menschen zugrundeliegende Kraft objektiviert sich nach Schopenhauer in den „Platonischen Ideen". Die Künste sollen zur Erkenntnis dieser Ideen anregen:

> „Sie alle objektiviren also den Willen nur mittelbar, nämlich mittelst der Ideen: und da unsere Welt nichts Anderes ist, als die Erscheinung der Ideen in der Vielheit, mittelst Eingang in das principium individuationis (die Form der dem Individuo als solchem möglichen Erkenntniß); so ist die Musik, da sie die Individuen übergeht, auch von der erscheinenden Welt ganz unabhängig, ignorirt sie schlechthin, könnte gewissermaßen, auch wenn die Welt gar nicht wäre, doch bestehn: was von den andern Künsten sich nicht sagen läßt. Die Musik ist nämlich eine so *unmittelbare* Objektivation und Abbild des ganzen *Willens*, wie die Welt selbst es ist, ja wie die Ideen es sind, deren vervielfältigte Erscheinung die Welt der einzelnen Dinge ausmacht. Die Musik ist also keineswegs, gleich den andern Künsten, das Abbild der Ideen; sondern *Abbild des Willens selbst*, dessen Objektivität auch die Ideen sind: deshalb eben ist die Wirkung der Musik so sehr viel mächtiger und eindringlicher, als die der andern Künste: denn diese reden nur vom Schatten, sie aber vom Wesen." (120, 304)

Von dieser Auffassung, die der abstraktesten – weil ungegenständlichsten – der Künste den größten Realitätscharakter zuspricht, haben sich die

Künstler und Kunsttheoretiker bis hin zum ‚Blauen Reiter‘, der seinerseits zur Programmschrift der modernen, abstrakten Kunst wurde, begeistern und inspirieren lassen. Die Frage war seitdem, wie sich die anderen Künste ebenfalls zu dieser Unmittelbarkeit der Musik erheben könnten. Richard Wagner, ein begeisterter Anhänger Schopenhauers, wollte dies Problem für die Dichtung dadurch lösen, daß er sie mit der Musik verband. In seinen Bühnenkunstwerken sollte das dichterische Wort durch die Musik in seiner „gefühlischen" Entfaltung zu einem Höhepunkt gelangen, den es allein niemals erreichen könnte. Wagner verwies dabei auf die Entstehung der menschlichen Sprache, die sich „aus einem unendlich verfließenden Gefühlsvermögen" über das Stadium „menschlicher Empfindungen" in einem „naturnotwendigen Fortschritt" entwickelt habe (97, 4f.) Und er beschreibt die Folgen für die Lyrik:

> „Je mehr sich in der Entwicklung des menschlichen Geschlechtes das unwillkürli-
> che Gefühlsvermögen zum willkürlichen Verstandesvermögen verdichtete; je
> mehr demnach auch der Inhalt der Lyrik aus einem Gefühlsinhalte zu einem Ver-
> standesinhalte ward, – desto erkennbarer entfernte sich auch das Wortgedicht von
> seinem ursprünglichen Zusammenhange mit jener Urmelodie, deren es sich ge-
> wissermaßen für seinen Vortrag nur noch bediente, um einen kälteren didakti-
> schen Inhalt dem altgewohnten Gefühle so schmackhaft wie möglich zuzufüh-
> ren." (97, 5)

Mit Hilfe der „Tonsprache" soll nun aber die „Wortsprache" an der „uner-meßlichen Tiefe der Harmonie, dieses urverwandtschaftlichen Schoßes aller Töne", „dieses ungeheuren Gefühlschaos" auf neue Weise teilhaben (97, 7). Und damit soll zugleich der Verstand zugunsten des Gefühls über-wunden werden, denn: „Der Verstand löst, das Gefühl bindet; d. h. der Verstand löst die Gattung in die ihr inliegenden Gegensätze auf, das Gefühl bindet die Gegensätze wieder zur einheitlichen Gattung zusammen." (97, 9)

    Friedrich Nietzsche, anfangs ein Verehrer Schopenhauers und Wagners, später deren erklärter Gegner, ermöglicht mit seinem Beitrag eine „Lösung" des Problems, die in aller Konsequenz eigentlich erst die Dadai-sten mit der Erfindung des Lautgedichts herbeigeführt haben. Der Wille „als die allgemeinste Erscheinungsform eines uns übrigens gänzlich Unent-zifferbaren", hat auch in der Sprache eine „eigne symbolische Sphäre": „Alle Lust- und Unlustgrade – Äußerungen *eines* uns nicht durchschauba-ren Urgrundes – symbolisieren sich im *Tone des Sprechenden*" (91, 21). Das bedeutet:

„Consonanten *und* Vokale sind ohne den vor Allem nöthigen fundamentalen Ton nichts als *Stellungen* der Sprechorgane, kurz Geberden –; sobald wir uns das *Wort* aus dem Munde des Menschen hervorquellen denken, so erzeugt sich zu allererst die Wurzel des Wortes und das Fundament jener Geberdensymbolik, der *Tonuntergrund*, der Wiederklang der Lust- und Unlustempfindungen. Wie sich unsre ganze Leiblichkeit zu jener ursprünglichsten Erscheinungsform, dem ‚Willen‘ verhält, so verhält sich das consonantisch-vokalische Wort zu seinem Tonfundamente.

Diese ursprünglichste Erscheinungsform, der ‚Wille‘ mit seiner Skala der Lust- und Unlustempfindungen, kommt aber in der Entwicklung der Musik zu einem immer adäquateren symbolischen Ausdruck: als welchem historischen Proceß das fortwährende Streben der Lyrik nebenher läuft, die Musik in Bildern zu umschreiben: wie dieses Doppelphänomen, nach der soeben gemachten Ausführung, in der Sprache uranfänglich vorgebildet ist.“ (91, 22)

Die eminente Bedeutung des Musikalischen in der Lyrik von der Jahrhundertwende bis zum Expressionismus hat *eine* ihrer Wurzeln sicher in solchen ästhetischen Anschauungen. Die Lyrik fand ihre eigentliche Bestimmung darin, die „Urmelodie“, den „Willen“ als das allem zugrundeliegende Lebensprinzip durch Töne zu symbolisieren. Auch als Motiv spielt die Musik eine überragende Rolle. Dies gilt vor allem für den „messianischen Expressionismus“. So eröffnete beispielsweise die wohl bekannteste Buchreihe des Expressionismus, ‚Der jüngste Tag‘, mit einer dialogisierten Prosaerzählung von Franz Werfel – ‚Die Versuchung‘ –, in welcher ein Dichter in der Auseinandersetzung mit dem Teufel seine eigentliche Aufgabe und Berufung entdeckt. Er erkennt sie, als er dem Gottesdienst in einer Dorfkirche beiwohnt:

„Da beginnt die Musik. Hörner und Klarinetten setzen falsch nacheinander ein und haben Mühe, sich zu finden, während unten und oben jedes für sich und unbeirrt Bombardon und Flöte ihres Weges gehn.

Und jetzt, jetzt ist es doch Musik. Süß, einfach wie Atem, wie Wind, ineinander Thema und Baß. Ist es ein Stück aus der Schöpfung Haydns, ist es Pergolese oder ein simpler ländlicher Choral?

Das Einzige ist auf einmal da, was alle, alle Geschöpfe vereint, Musik. Das Unbegreiflichste und Sicherste dieser Welt. Wie auch Lärm um uns ist, der langsame Viervierteltakt hebt an, und jedes Gemüt hört unbewußt den Takt seines eigenen Wandelns und empfindet die große Brüderschaft der Wesen, fühlt wie sein Gang der Gang der Planeten ist, der Tanz der Sonnen und der kleine Lauf eines Wiesels.

Die ruhige, schreitende Melodie ist da und mich erfaßt ein erhabenes Allerbarmen.“ (59, 28)

„Die Welt", so erkennt der Poet, „braucht mich." (59, 29) Und er hilft ihr
und „erlöst" sie, indem er ihr ganzes Leid im Medium musikalisch-poeti-
scher Gestaltung benennt und zugleich in den Wohlklang der Töne auflöst,
um sie so gleichsam in ihren Ursprung, in ihre „Urmelodie" zurückzuführen, in jenen Anfang der ‚Schöpfung', in der alle und alles im ‚Willen' eins
und gleich sind. Auch in Heyms Gedicht ‚Der Gott der Stadt' klingt diese
Sehnsucht nach mythischem Regreß im Bild der „wie Korybantentanz"
dröhnenden Musik der „Millionen" nach.

Indessen: auch solche Bilder sind nur Bilder, aber keine Musik. Sie bleiben der Welt der sinnlichen Wahrnehmung, der Erscheinung verpflichtet,
die Nietzsche als die konkret und manifest gewordene Form des ‚Lebens'-
‚Willens' mit dem Apollinischen in Zusammenhang bringt: „Wie aber sollte
das Wunder geschehen! Wie sollte die ganz in's Anschauen versunkene
apollinische Welt des Auges den Ton aus sich erzeugen können, der doch
eine Sphäre symbolisiert, die eben durch das apollinische Verlorensein im
Scheine ausgeschlossen und überwunden ist!" (91, 23) Nietzsche hat diese
Frage rhetorisch gemeint. Für ihn konnte die Dichtung diese Grenze nicht
überschreiten, und daraus resultierte für ihn die prinzipielle Überlegenheit
der Musik. Hugo Ball aber verstand diese Frage als Postulat: die Dichtung
muß ihre abbildende Funktion, muß ihr Haften am Bild, an den Erscheinungen aufgeben und eben jenen Ton der Lust- und Unlustgefühle wiederzugeben versuchen, den auch die Musik symbolisierte. Erst dadurch wurde
sie der Musik ebenbürtig und konnte wie diese als wahre Naturnachahmung gelten, so wie Nietzsche diese definiert hatte: „Der ‚Wille', als ursprünglichste Erscheinungsform, ist Gegenstand der Musik: in welchem
Sinne sie Nachahmung der Natur, aber der allgemeinsten Form der Natur
genannt werden kann." (91, 25) Die Dichtung also mußte abstrakt werden,
um wesentlich sein zu können, sie mußte ihre im Bild gestaltete Nachahmung der Erscheinung, des empirisch Vorfindlichen aufgeben. Bedeutsame
Anzeichen für diesen Prozeß, der als Destruktionsprozeß zu beginnen
hatte, finden wir in dem Gedicht ‚Widmung für Chopin'. In radikalisierter
Form erscheint diese Destruktion in den ‚Phantastischen Gebeten' Huelsenbecks sowie in den „Unsinnsgedichten" Hans Arps, um schließlich in
den Lautgedichten Hugo Balls zu kulminieren. – Diese Entwicklung sei
hier vorgreifend angedeutet – zum besseren Verständnis der Relevanz, welche die theoretischen Überlegungen des ‚Blauen Reiters', die sich auf die
Abstraktion von Musik und Malerei beziehen, auch für die Literatur besitzen, und auch zum besseren Verständnis jener diesen Reflexionen und Tendenzen gemeinsamen historischen Voraussetzungen in der philosophischen
Ästhetik des 19. Jahrhunderts.

Die Beiträger des ‚Blauen Reiters' konnten sich indessen nicht nur – wie
etwa Arnold Schönberg – auf Schopenhauer, Wagner und Nietzsche beru-

fen, sondern in ihren Vorstellungen spielen auch andere – von uns bereits dargestellte – Tendenzen eine bedeutsame Rolle, vor allem die Evolution, die sich mit den lebensphilosophischen Gedanken vom Leben als einer immateriellen, schöpferischen Kraft, welche die starren Formen des Gewordenen zu transzendieren trachtet, verbindet.

Arnold Schönbergs Almanach-Beitrag ,Das Verhältnis zum Text', der übrigens unbedingt in die Anthologie von Knaus gehört hätte (vgl. 84), knüpft zunächst an Gedanken Schopenhauers und Wagners an, um dann ganz im Sinne Nietzsches, aber ohne ihn zu nennen, die Vorrangstellung der Musik vor der Dichtung zu betonen. Bei ihm zeigt sich darüberhinaus deutlich der Einfluß biologisch-organologischer Vorstellungen, wie wir sie bereits bei der Entwicklung der Biologie im 19. Jahrhundert angedeutet haben, die sich auf der Suche nach dem Leben und nach der Leben ermöglichenden Kraft immer stärker auf den Bereich der Zellen und Mikroorganismen konzentrierte. Mit analogen Überlegungen begründet Schönberg die Kürze seiner musikalischen Mikroformen: ,,Mir war . . . klar, daß es sich mit dem Kunstwerk so verhalte wie mit jedem vollkommenen Organismus. Es ist so homogen in seiner Zusammensetzung, daß es in jeder Kleinigkeit sein wahrstes, innerstes Wesen enthüllt." (94, 74)

Letzterem forscht Leonid Sabanejew in einem Aufsatz über ,Prometheus von Skrjabin' – eine von Farbeffekten begleitete musikalische Komposition – genauer nach. Die ,,Kunstidee" ist für ihn ,,ein gewisser mystischer Vorgang, der zum Erreichen eines ekstatischen Erlebnisses dient – der Ekstase, dem Sehen in höheren Plänen der Natur." (93, 107) Im Moment mystischer Ekstase – man denke wieder an Hugo Balls Gedicht ,Der Verzückte' – ist der Geist des Künstlers als Kulminationspunkt der bisherigen Evolution in der Lage, die gesetzmäßige Weiterentwicklung der Natur zu erkennen und – vor allem durch die Musik – zu gestalten. Im Geist ist aber die Natur gleichsam zu sich selbst gekommen, als höchstes schöpferisches Organ der Natur ist der Geist frei geworden und kann die Evolution selbst bestimmen. In diesem Sinne deutet Sabanejew das Prometheus-Symbol in dem Kunstwerk. Er nennt es ,,das Prometheus-Poem des schöpferischen Geistes, welcher, schon frei geworden, frei die Welt schafft. Das ist eine Art symphonischen Konspektes des Mysteriums, worin die Mitwirkenden gezwungen werden, die ganze Evolution des schöpferischen Geistes mit zu erleben" (93, 118f.)

Zugleich wird sich der Geist in der Musik der Anfänge der Evolution erinnern: ,,Bei diesen Klängen entsteht die grandiose Idee des ursprünglichen Chaos, in welchem zum erstenmal der Wille des schöpferischen Geistes erklang" (93, 122). In der Vereinigung der Künste werden nach Sabanejew jene Künste, ,,die die unmittelbar sich den Willensimpulsen unterordnende Substanz als Material haben, d. h. die fähig sind, den Willen

unmittelbar zum Ausdruck zu bringen – diese Künste werden dominieren
(Musik, Wort, plastische Bewegung)." (93, 111)

Der wichtigste und umfangreichste Beitrag des Almanachs stammt von
Kandinsky und behandelt die ‚Formfrage'. Will Grohmann hat ihn als
„Kandinskys reifsten Beitrag zur Kunsttheorie" bezeichnet (12, 288). In
ihm sind wie in einem Brennspiegel all jene von uns bislang explizierten
oder auch nur angedeuteten philosophischen, ästhetischen und naturwissenschaftlichen Theorien sowie die Grundgedanken der anderen Beiträger
des Almanachs und seines berühmten, 1912 erschienenen Traktats ‚Über
das Geistige in der Kunst' zusammengefaßt und weiterentwickelt. Kandinsky parallelisiert rigoros den künstlerischen Schaffensprozeß und die
künstlerische Form mit der Evolution der Natur. Diese wird durch eine
notwendige „innere Form" bewirkt, die den in der Natur – und im
Menschen – waltenden Geist antreibt, sich auf immer höheren Stufen der
Objektivation zu „materialisieren". Die Materie als das Geformte ist aber
nur „eine Vorratskammer, aus welcher der Geist das ihm in diesem Falle
Nötige wählt", um zur „Evolution, zur Erhöhung" zu gelangen. „So ist
hinter der Materie, in der Materie der schaffende Geist verborgen" (87,
132). Die „Evolution, die Bewegung nach vor- und aufwärts", ist an zwei
Bedingungen geknüpft: ihr dürfen keine äußeren Schranken im Wege stehen, und die als abstrakter Geist gefaßte Kraft muß in ihrer freien Auf-
wärtsbewegung „herausklingen und gehört werden können." (87, 136)
Dabei wird jede Objektivation des Geistes, die einen neuen Wert setzt,
selbst zu einer Schranke, sobald sie von den Menschen akzeptiert und zur
kulturellen Norm erhoben wird. „Deshalb wird jeder neue Wert von den
Menschen feindlich betrachtet" (87, 136), er muß sich durchsetzen und
damit – selbst neue Schranken setzend – die bestehenden Schranken verschieben: „Die ganze Evolution, d. h. das innere Entwickeln und die äußere
Kultur, ist also ein Verschieben der Schranken." Und: „Die Schranken
werden ständig aus neuen Werten geschaffen, die die alten Schranken um-
gestoßen haben." (87, 137) Die Verquickung von Elementen der Evolutionstheorie mit lebensphilosophischen Gedanken vor allem Simmelscher
Prägung ist offenkundig. Auch das Zwanghafte und Notwendige des Prozesses, bei dem sich der Geist immer wieder eine Form, eine Schranke setzen muß, in dem er immer wieder – apollinisch – in Erscheinung treten und
konkret werden muß, wird von Kandinsky betont. In diesem Punkt erfolgt
aber eine für das Verständnis seiner Theorie höchst bedeutsame Umwertung: Die Form ist nur das Zufällige, Äußerliche, sich ständig Wandelnde
und in seiner Erscheinungsform Beliebige. Entscheidend sind demgegenüber der Geist und seine innere Notwendigkeit:

„So sieht man, daß im Grunde nicht der neue Wert das wichtigste ist, sondern der Geist, welcher sich in diesem Werte offenbart hat. Und weiter die für die Offenbarungen notwendige Freiheit.

So sieht man, daß das Absolute nicht in der Form (Materialismus) zu suchen ist.

Die Form ist immer zeitlich, d. h. relativ, da sie nichts mehr ist als das heute notwendige Mittel, in welchem die heutige Offenbarung sich kundgibt, klingt.

Der Klang ist also die Seele der Form, die nur durch den Klang lebendig werden kann und von innen nach außen *wirkt*.

Die Form ist der äußere Ausdruck des inneren Inhaltes.

Deshalb sollte man sich aus der Form keine Gottheit machen." (87, 137)

Indem die Form als der eigentlich historische Faktor so abgewertet wird, wird der Blick frei auf die Zeitlosigkeit dieses Geistes. Und dies ermöglicht wiederum die Simultaneität des Almanachs im Blick auf die in ihm dokumentierten Bilder. Die Abbildungen stammen aus der gesamten Geschichte der Kunst, und sie umfassen die chinesische Malerei ebenso wie damals gerade neu entdeckte Negerplastiken. Bei aller Unterschiedlichkeit der Form offenbart sich doch in allen derselbe Geist, den Kandinsky auch als „inneren Klang", als „Leben" bezeichnet (87, 155). Die Gegenwart unterscheidet sich indessen dadurch von allen vorangegangenen Epochen, daß in ihr das Bewußtsein für die Relativität der Form wächst. Schon in seinem Traktat ‚Über das Geistige in der Kunst' hatte Kandinsky auf diesen Faktor als ein entscheidendes Zeichen der Zeit hingewiesen: auch in den Naturwissenschaften vollziehe sich die „geistige Wendung", sie zeige sich darin, daß die Wissenschaft „vor der Tür der Auflösung der Materie" stehe.

Das Leben, der Geist kann sich frei und aus innerer Notwendigkeit entfalten. Der erste Schritt dazu ist im Bereich der Kunst die Befreiung des Geistes von jenen Formen, deren er sich in früheren Epochen bedient hatte. Der zweite Schritt ist die innere Sicherheit und Souveränität, mit welcher sich der Geist jene Formen selbst sucht oder schafft, in denen er sich adäquat zum Ausdruck – zum Klingen – bringen kann. Deshalb ist in der Gegenwart eine Vielfalt starker künstlerischer Formen gleichberechtigt nebeneinander möglich, sofern sie eben nur diesem Geist selbst zum Ausdruck verhelfen. Auf solche Weise ist dieser Geist jene Kraft, die immer schon gewirkt hat und die zugleich simultan die ganze Welt selbst zum Klingen bringt. In ihm fallen also Raum und Zeit zusammen (87, 167 f.).

Zwei im Blick auf die Literatur wichtige Aspekte seien zum Schluß noch hervorgehoben. Der eine betrifft Kandinskys Erklärung der abstrakten Form, der andere das Moment der Zerstörung und Erneuerung. Kandinsky illustriert die Abstraktion an einem anschaulichen Beispiel: einem Bindestrich. Innerhalb eines Textes hat dieser – richtig verwendet wie in diesem Fall – eine praktisch-zweckmäßige Bedeutung. Jeder Gegenstand hat sie im alltäglichen Gebrauch. In der Kunst aber ist gerade sie es, die den Geist an seiner reinen Entfaltung hindert. In ihr ist also das Praktisch-Zweckmäßige zu eliminieren. Kandinsky erläutert dies am Beispiel des Gedankenstrichs:

> „Bringen wir also eine ähnliche Linie in ein Milieu, welches das Praktisch-Zweckmäßige vollkommen zu vermeiden vermag. Z. B. auf eine Leinwand. Solange der Beschauer (es ist kein Leser mehr) die Linie auf der Leinwand als ein Mittel zur Abgrenzung eines Gegenstandes ansieht, unterliegt er auch hier dem Eindrucke des Praktisch-Zweckmäßigen. In dem Augenblick aber, in welchem er sich sagt, daß der praktische Gegenstand auf dem Bilde meistens nur eine zufällige und nicht eine rein malerische Rolle spielte und daß die Linie manchmal eine ausschließlich rein malerische Bedeutung hatte, in diesem Augenblick ist die Seele des Beschauers reif, den *reinen inneren Klang* dieser Linie zu empfinden." (87, 161)

Dies erinnert an Nietzsches Unterscheidung zwischen dem vokalischen als dem eigentlich nützlichen Teil des Wortes und seinem Tonfundament, in dem sich erst die „ursprünglichste Erscheinungsform", nämlich der Wille, zu erkennen gibt und auf dessen Darstellung daher auch die lyrische Sprache abzielt. Von Kandinsky wie von Nietzsche her ergibt sich also als theoretisches Postulat für die Dichtung, daß sie abstrakt werden muß, um dem inneren Klang zum Ausdruck zu verhelfen, daß sie deshalb die alltagssprachliche Funktion und Bedeutung des Wortes – das Praktisch-Zweckmäßige an diesem – auszuschalten habe.

Solche Ansichten haben sich – das sei hier als kurzer Exkurs eingeschaltet – die Mitglieder des „Sturm"-Kreises um Herwarth Walden zu eigen gemacht. Ihr bedeutendster Dichter war August Stramm, der bereits 1915 im Krieg fiel und den ich hier auch deshalb mit zwei Gedichtbeispielen vorstelle, weil er das dichterische Werk von Kurt Schwitters nachhaltig beeinflußt hat. Stramm versuchte – dies übersieht man häufig – das Wort in zweifacher Hinsicht über seine alltagssprachliche Leistung hinaus zu steigern und zu reinigen. So wollte er die Fähigkeit des Wortes zur Darstellung der Wirklichkeit verbessern, wie z. B. in folgendem vielzitierten Gedicht:

Patrouille

Die Steine feinden
Fenster grinst Verrat
Äste würgen
Berge Sträucher blättern raschlig
Gellen
Tod
(53, 86)

– Der Titel bezeichnet hier den Erfahrungszusammenhang, dem sich die Bilder des Gedichts in Selektion und Abfolge ohne Schwierigkeiten zuordnen lassen. Alles, was bei der Erkundung des Geländes begegnet, besitzt den Charakter des lebensgefährlich Bedrohenden und verweist auf den aufs äußerste angespannten Zustand des wahrnehmenden Subjekts. Die Sprache ist verknappt. Einzelne Artikel und eine Präposition – „Berge Sträucher" statt „Berge von Sträuchern", wie man dies Bild z. T. „entmetaphorisieren" könnte – entfallen, ein ungewöhnliches, sonst nur mit Präfix ‚ver-' und intransitiv gebrauchtes Verb begegnen. Durch solche in der Lyrik an sich keineswegs ungewöhnlichen Abweichungen vom Gefüge der normalen Sprache erreicht Stramm eine besondere Fülle, Konzentration und Intensität der Aussage, die auch jenen Simultaneffekt realisiert, auf den es bereits Lichtenstein ankam: eine Unmittelbarkeit der Darstellung ohne „überflüssige Reflexion".

Auf der anderen Seite finden sich in Stramms Gedichtsammlungen z. T. seitenlange Poeme, die aus unermüdlichen Repetitionen und Variationen bestimmter Wörter bestehen. Sie lesen sich wie eine poetische Umsetzung dessen, was Kandinsky bereits in seiner Schrift ‚Über das Geistige in der Kunst' über das Wort als „inneren Klang" geschrieben hatte:

„Das Wort ist ein innerer Klang. Dieser innere Klang entspringt teilweise (vielleicht hauptsächlich) dem Gegenstand, welchem das Wort zum Namen dient. Wenn aber der Gegenstand nicht selbst gesehen wird, sondern nur sein Name gehört wird, so entsteht im Kopfe des Hörers die abstrakte Vorstellung, der dematerialisierte Gegenstand, welcher ‚im Herzen' eine Vibration sofort hervorruft. So ist der grüne, gelbe, rote Baum auf der Wiese nur ein materieller Fall, eine zufällige materialisierte Form des Baumes, welchen wir in uns fühlen, wenn wir das Wort Baum hören. Geschickte Anwendung (nach dichterischem Gefühl) eines Wortes, eine innerlich nötige Wiederholung desselben zweimal, dreimal, mehrere Male nacheinander kann nicht nur zum Wachsen des inneren Klanges führen, sondern noch andere nicht geahnte geistige Eigenschaften des Wortes zutagebringen. Schließlich bei öfterer Wiederholung des Wortes (beliebtes Spiel der Jugend, welches später vergessen wird) verliert es den äußeren Sinn der Benennung. Ebenso wird sogar der abstrakt gewordene Sinn des bezeichneten Gegenstandes vergessen und nur der reine Klang des Wortes entblößt. Diesen ‚reinen' Klang hören wir vielleicht unbewußt auch im Zusammenklange mit dem realen oder später abstrakt gewordenen Gegenstande. Im letzten Falle aber tritt dieser reine Klang in den Vordergrund und übt einen direkten Druck auf die Seele aus. Die Seele kommt zu einer gegenstandslosen Vibration, die noch komplizierter, ich möchte sagen ‚übersinnlicher' ist als eine Seelenerschütterung von einer Glocke, einer klingenden Saite, einem gefallenen Brette usw. Hier öffnen sich große Möglichkeiten für die Zukunftsliteratur." (86, 45 f.)

Was Kandinsky hier am Beispiel der Dramen Maeterlincks für die Zukunft fordert, hat August Stramm in dichterische Praxis umgesetzt:

Urtod

Raum
Zeit
Raum
Wegen
Regen
Richten
Raum
Zeit
Raum
Dehnen
Einen
Mehren
Raum
Zeit
Raum
Kehren
Wehren
Recken
Raum
Zeit
Raum
Ringen
Werfen
Würgen
Raum
Zeit
Raum
Fallen
Sinken
Stürzen
Raum
Zeit
Raum
Wirbeln
Raum
Zeit
Raum
Wirren
Raum
Zeit
Raum
Flirren
Raum
Zeit

Raum
Irren
Nichts.
(53, 88)

In der permanenten Repetition eines auf jeweils ein Wort reduzierten Reihungsstils sollen Raum und Zeit im Vorgang des Wirbelns und Stürzens zu einem „Nichts" aufgelöst und damit vernichtet werden. Die Wiederholung und die Ähnlichkeit der Laut-Klänge sollen die alltagssprachliche Bedeutung der Worte zusätzlich entleeren und damit die Voraussetzung zur Entfaltung ihres „inneren Klanges" schaffen.

Im Wort-Organ als der – wie man damals glaubte – kleinsten syntaktischen und semantischen Einheit der Sprache war – so wie in der Zelle oder im Atom im Bereich von Biologie und Physik – der eigentliche Lebensnerv – hier der Sprache – erfaßbar, ihre gleichsam schöpferische Spiritualität, die der Dichter durch Intuition und Inspiration in ihrer Geistigkeit zu entfalten hat. In diesem Sinne und zum nicht geringen Teil unter Berufung auf die Gedichte Stramms haben die Mitglieder des ‚Sturm'-Kreises ihre Wortkunst-Theorie zu entwickeln versucht. Es war von daher folgerichtig, daß der Vortragskünstler des ‚Sturm', Rudolf Blümner, schließlich auch noch die Einheit des Wortes zugunsten der Laute preisgab. Lothar Schreyer bemerkt zu Blümners Lautdichtung ‚Ango laina', die wir später noch analysieren werden (hier geht es zunächst um den literarhistorischen Zusammenhang, in den *diese* Lautpoesie einzuordnen ist): „Dieses Werk ‚Angolaina' war eine vollkommene Wortklangentsprechung zur absoluten Malerei, dem Werk Kandinskys. Sie war ein sprachkosmisches Ereignis, ein einmaliges Phänomen von großer Gewalt und männlicher Zartheit, ein wahrer reinigender Sturm, geistdurchwogt, das menschliche Maß durchbrechend, eine Verlautbarung der schöpferischen Mächte, die das Chaos ordnen – selbst ein Kosmos, Welt und Schmuck; auch Schmuck, wie der Name Kosmos besagt. Denn dieses Werk war vollkommen schön. Es ist mit Rudolf Blümner erloschen für diese Welt." (63, 74)

August Stramms Wirklichkeitsbeschreibung in der ‚Patrouille' und seine poetisch-ungegenständliche Deutung des Todes im ‚Urtod' verweisen auf eine thematische Einheit, die sich wiederum im Zeichen der Simultaneität begreifen läßt. Richard Brinkmann hat diesen „Zug zur Simultaneität" bei Stramm in einem Aufsatz ‚Zur Wortkunst des Sturm-Kreises' in sehr allgemeiner Weise folgendermaßen gedeutet:

„In der beständigen Verkürzung der Sprache, in der Zusammenziehung der extensiven grammatischen, syntaktischen Satzstruktur in ein einziges Wort, in all dem, was in der Schreyerschen Wortkunst-Lehre *Konzentration* heißt, manifestiert sich nicht zuletzt dieser Drang des Menschen, des modernen Menschen, aber vielleicht des Menschen überhaupt, dieser Drang nach Simultaneität, nach Gleichzeitigkeit, nach der Aufhebung der Zeit, diese Sehnsucht, die Zeit zu vernichten, ihrem Gesetz zu entfliehen, das ja eben das Gesetz des Vorwärtsschreitens, das heißt aber des Vergehens und des Todes ist. Es ist diese Schwermut, die in den Gedichten Stramms zu spüren ist, und dies vielleicht weniger in den rational identifizierbaren Aussagen als eben in ihrer Form, in der jedes Wirklichkeitsstückchen erst seinen Sinn bekommt; es ist diese Schwermut der Sehnsucht nach der Aufhebung der Zeit als des Weges zum Tode und zugleich der Erfahrung, daß doch eben in der Aufhebung der Zeit das Leben aufgehoben wird, das sich nur in der Zeit vollzieht, und daß dergestalt in der Aufhebung der Zeit der Tod vorweggenommen wird. So ist der Tod schreckliches Ende und sehnsüchtig erstrebtes Ziel der Selbstverwirklichung. Und das ist charakteristisch für manche Bereiche moderner Dichtung: dieses Miteinander von Todesangst und Todessehnsucht." (63, 71 f.)

„Die Reinigungsarbeit des Sturm", erklärt Schreyer, „war dem Krieg und der Revolution benachbart. Reinigung grenzt stets an Vernichtung. Aber Reinigung ist zugleich Voraussetzung und erste Formung des Neuen." (21, 56) Sieht man von den aufs Zeitlos-Gültige und Anthropologisch-Existenzielle zielenden Aspekten solcher Äußerungen ab (die indessen das Selbstverständnis jener Epoche, auf die sie gemünzt sind, richtig wiedergeben), so gewinnen auch Stramm und die Wortkunst des Sturm-Kreises Kontur im Rahmen des von uns entwickelten historischen Zusammenhangs. Sie sind Ausdruck einer Erfahrung, welche die historische „Stunde des Mittags" zu erleben glaubte.

Noch vor Ausbruch des Krieges formuliert auch Kandinsky diesen Aspekt – es ist der zweite von uns erwähnte bedeutsame Gesichtspunkt aus seinem Aufsatz über die ‚Formfrage' im Almanach des ‚Blauen Reiter':

„Der innere Inhalt des Werkes kann entweder einem oder dem anderen von zwei Vorgängen gehören, die heute (ob nur heute? oder heute nur besonders sichtbar?) alle Nebenbewegungen in sich auflösen. Diese zwei Vorgänge sind:
1. Das Zersetzen des seelenlos-materiellen Lebens des 19. Jahrhunderts, d. h. das Fallen der für einzig fest gehaltenen Stützen des Materiellen, das Zerfallen und Sichauflösen der einzelnen Teile.
2. Das Aufbauen des seelisch-geistigen Lebens des 20. Jahrhunderts, welches wir miterleben und welches sich schon jetzt in starken, ausdrucksvollen und bestimmten Formen manifestiert und verkörpert.
   Diese zwei Vorgänge sind die zwei Seiten der ‚heutigen Bewegung'." (87, 181)

Destruktion und Erneuerung – was Kandinsky in deutlicher Anlehnung an Nietzsche und vorwiegend im Blick auf die Malerei als Nacheinander beschreibt, ist in der Literatur häufig ein kompliziertes, auf vielen semantisch-syntaktisch-kompositorischen Ebenen mit unterschiedlicher Intensität sich vollziehendes, simultanes Ineinander. Es wäre indessen ein Irrtum anzunehmen, daß die Mitarbeiter des ‚Blauen Reiter‘ oder des ‚Sturm‘ die von Kandinsky beschriebene Destruktion in ihren Werken wirklich vollzogen hätten. Was in der abstrakten Malerei wie in der Wortkunst den Anschein der Destruktion traditioneller Formen und Inhalte erweckt, ist in Wahrheit bereits das Gereinigte, Neue, ist schon Ausdruck des schöpferischen, nur seiner inneren Notwendigkeit gehorchenden Geistes. In dieser Kunst wird ein neuer Anfang gesetzt durch Reduktion des künstlerischen Materials auf den immateriellen Ursprung, dem neue Formen und Werte entspringen, welche die neuen Werke bereits strukturieren.

Es blieb nach bedeutsamen Anfängen im Frühexpressionismus, von denen wir als Beispiel bereits ‚Widmung für Chopin‘ kennengelernt haben, den Dadaisten vorbehalten, die Zerstörung der überkommenen Werte sowie das „Zerfallen und Sichauflösen der einzelnen Teile" wirklich zu vollziehen. So destruierten sie das Wort und seine Bedeutung, indem sie es in einen zerstörten Kontext stellten, der gleichwohl noch das „Praktisch-Zweckmäßige" als Folie und Vergleichsbasis beibehielt und daher entgegen den Intentionen Kandinskys keinen „inneren Klang", sondern eine erheiternde, häufiger aber eine ärgerliche und schockierende Vernichtung von Sinnvorstellungen bewirkte, die auch noch in ihrer Qualität als Un-Sinn am Sinnkriterium gemessen werden mußten. Doch auch dieser Drang zum Desórdre, in dem manche das eigentliche Charakteristikum des Dadaismus sehen wollen, war kein Selbstzweck und erst recht nicht ausschließliches Ziel dadaistischer Intentionen, sondern geschah zumindest bei einigen in der Hoffnung auf das Neue, das aus der um seinetwillen notwendigen Zerstörung hervorgehen sollte. Dieses Neue zeigt sich literarisch in den Lautgedichten von Ball und in den Collagen von Schwitters. Es ist kein Zufall, daß Ball wie Schwitters mit ihren Versuchen zur Überwindung von Destruktion und Nihilismus nicht unwesentlich auch an den Ideen Kandinskys und des Sturm-Kreises anknüpften, ohne sich aber mit ihnen noch ganz identifizieren zu können. Dies lag zumindest bei Ball an dem nicht nur literarisch vollzogenen, sondern durchlebten Nihilismus, der einen umfassenderen als einen nur poetischen Neubeginn erforderte und der ihn alsbald von seinen Lautexperimenten wieder abrücken ließ. Und das lag bei Schwitters daran, daß er die bei Stramm immerhin noch anvisierte Wirklichkeit, die sich ihm nach Ende des Krieges als tiefgreifender Zerfall und als Chaos präsentierte, im Unterschied zu dem in die Abstraktion geflüchteten Sturm-Kreis künstlerisch vergegenwärtigen und gleichwohl im Sinne des Sturm als Kunstwerk gestalten wollte. In der Zerstörung wie im Neubeginn richten sich die Intentionen der Dadaisten meist auch auf die Realität, und dies verleiht ihren Versuchen historisch ein größeres Gewicht und

größere Bedeutsamkeit als der selbstgenügsamen und – zunächst nur semantische – Bedeutungslosigkeit anstrebenden Evokation „innerer
Klänge", wie sie Kandinsky und Walden postulierten, denen deshalb sehr
viel eher das kritische Etikett einer ‚Flucht aus der Zeit' gebührt, welches
Hugo Ball – freilich in einem anderen, noch zu erörternden Sinne – sich
selbst und den Dadaisten zugemessen hat.

Im folgenden geht es darum, an einzelnen exemplarischen Positionen die
Stadien der dadaistischen Zerstörung und Erneuerung zu verfolgen.

10. Der aggressive Mensch als „Gott des Augenblicks" (Huelsenbeck)

Über Richard Huelsenbecks ersten Auftritt im ‚Cabaret Voltaire' notiert
Hugo Ball in seinem Tagebuch:

> „Am 9ten las Hülsenbeck. Er gibt, wenn er auftritt, sein Stöckchen aus spanischem
> Rohr nicht aus der Hand und fitzt damit ab und zu durch die Luft. Das wirkt auf
> die Zuhörer aufregend. Man hält ihn für arrogant und er sieht auch so aus. Die
> Nüstern beben, die Augenbrauen sind hoch geschwungen. Der Mund, um den ein
> ironisches Zucken spielt, ist müde und doch gefaßt. Also liest er, von der großen
> Trommel, Brüllen, Pfeifen und Gelächter begleitet" (4, 77)

– hier zitiert Ball die ersten Verse des folgenden Gedichts:

Baum

Langsam öffnete der Häuserklump seines Leibes Mitte dann
schrien die geschwollenen Hälse der Kirchen nach den Tiefen
über ihnen
hier jagten sich wie Hunde die Farben aller je gesehenen Erden
alle je gehörten Klänge stürzten rasselnd in den Mittelpunkt.
es zerbrachen die Farben und Klänge wie Glas und Zement und
weiche dunkle Tropfen schlugen schwer herunter.
im Gleichschritt schnarren die Gestirne nun und recken hoch die
Teller in ihrer Hand.
O Allah Cadabaudahojoho O hojohojolodomodoho
O Burrubu hihi o Burrubu hihi o hojolodomodoho
und weiß gestärkte Greise ho
und aufgeblasene Pudel ho
und wild geschwungne Kioske ho
und jene Stunden die gefüllt sind mit der Baßtrompeten Schein
Fagotte weich bezecht die auf den Gitterspitzen wandeln und
Tonnen rot befrackt gequollne Dschunken ho
Oho oho o mezza notte die den Baum gebar

die Schattenpeitschen schlagen nun um deinen Leib
weiß ist das Blut das du über die Horizonte speist
zwischen den Intervallen deines Atems fahren die bewimpelten
Schiffe
Oho oho über den Spiegel deines Leibes saust der Jahrhunderte Geschrei
in deinen Haaren sitzen die geputzten Gewitter wie Papageien
Luftschlangen und Flittergold sind in den Runzeln deiner Stirne
alle Arten des Verreckens liegen vor dir begraben oho
sieh Millionen Grabkreuze sind dein Mittagsmahl
die Kadenz deines Kleides ist wie Ebbe und Flut
und wenn du singst tanzen die Flüsse vor dir
Oho joho also singst du also geht deine Stimme
O Alla Cadabaudahojoho O hojohojolodomodoho
O Burrubuh hibi o burrubuh hihi o hojohojolodomodoho   (35, 20)

Dies ist eines der bekanntesten dadaistischen Gedichte Huelsenbecks. Vermutlich hat er es aber – das geht indirekt auch aus Balls Tagebucheintragung
hervor – bereits nach Zürich mitgebracht. Es gehört also seiner Entste-
hungszeit nach noch zur vordadaistischen Phase. Der „fließende Übergang" vom Expressionismus zum Dadaismus läßt sich indessen auch an
Form und Inhalt des Gedichts erkennen.

Schon sein Anfang erinnert im Motivbestand an Heyms ‚Der Gott der
Stadt': der „Häuserklump" an den auf einem „Häuserblocke" sitzenden
Gott, die „geschwollenen Hälse der Kirchen" an „Der Kirchenglocken ungeheure Zahl". Und auch das, was sich in beiden Gedichten ereignet,
scheint sich zu gleichen: der Untergang der Zivilisation durch eine sich rächende mythisch-apokalyptische Macht. Die Unterschiede sind indessen
nicht zu übersehen. Bei Heym vollzieht sich der Untergang als ein plötzlich
hereinbrechendes Geschehen mit deutlich erkennbaren Augenblicks- und
Ortsmerkmalen. Huelsenbecks Poem beginnt zunächst im „epischen Prä-
teritum", um nach wenigen Zeilen ins Präsens überzugehen. Dies könnte
bedeuten – wenn man überhaupt konzedieren will, daß solche Beobachtungen angesichts offenkundig „defizienter" Lyrik einen Sinn haben könnten –, daß jenes apokalyptische Ereignis, das sich in Heyms Gedicht ereignet, bei Huelsenbeck bereits vergangen ist und nur noch zu Beginn erinnert
wird, um sodann zu den Folgen in der „Gegenwart", im Zustand danach,
überzuleiten. Wenn man diese Interpretation einen Moment aufrechterhält
und den Text von da aus genauer betrachtet, dann ergibt sich eine plausible
Sinnperspektive.

Eine erdbebenartig hereinbrechende Naturkraft vernichtet die durch den
„Häuserklump" repräsentierte Zivilisation. Angesichts dieses Ereignisses
verlieren die Kirchen ihre Funktion, sie werden durch die Katastrophe

gleichsam überholt und verfallen einer „transzendentalen Obdachlosigkeit", die hier als „Tiefe über ihnen" gekennzeichnet wird. In den nachfolgenden Versen dominieren nun jene Phänomene, die im ‚Blauen Reiter' im
Zentrum der kunsttheoretischen Erörterung stehen: „Farben und Klänge".
Sie zerbrechen angesichts des Ereignisses „wie Glas und Zement", auch sie
also fallen dieser Vernichtung anheim, nicht anders als die Kirchen und die
Zivilisation auch. Die „weichen dunklen Tropfen" des Urelements Wasser,
von dem die Evolution ihren Ausgang nahm, decken auch sie zu. In der
Folge herrscht ödes Gleichmaß, der Kosmos ist gleichsam zum Ausgangspunkt des „Gleichschritts" zurückgekehrt, und entsprechend wird das
Gedicht von da ab präsentisch. Das bedeutet: es schildert einen zeitlosen
Zustand, in dem moderne „Requisiten" – wie Kioske – neben historisch
nicht festlegbaren unterschiedslos nebeneinandergestellt werden. Wenn es
– experimentweise – gestattet ist, dies noch weiter „auf den Begriff" zu
bringen, dann könnte es bedeuten: Die gesamte Theorie des ‚Blauen Reiter'
wird hier gleich zu Beginn „gestürzt". Und wie zum Hohne erklingt anschließend eine Musik, die allein schon durch ihre – in den Lauten repräsentierte – Primitivität, im Vortrag tatkräftig unterstützt durch den einför-
migen Trommelwirbel, alles andere als einen „inneren Klang" zum
Ausdruck bringt. Der schöpferische Geist, der wähnte, der Kulminationspunkt der Evolution und damit frei zu sein, wird hier auf jenen Lebens-
Willen reduziert, den Schopenhauer als blinden Drang und dumpfen Trieb
definiert hatte, welcher sich zwar im Intellekt oder „Geist" ein Licht ange-
zündet hatte, aber nur, um mit dessen Hilfe seine Triebe und Begehren besser erfüllen zu können.

   Dieser sich in allen Stufen und Stadien seiner Objektivation gleichgeblie-
bene Trieb erscheint hier als mythisch-dämonische Macht, als personifi-
zierte Gottheit, die mit „du" angesprochen wird und deren Taten und
Eigenschaften das „lyrische Ich" besingt. Dieser Gott verfügt über Raum
und Zeit: er speit das Blut über die Horizonte, über den Spiegel seines Leibes saust der Jahrhunderte Geschrei. Es ist nicht deutlich, ob mit dieser dämonischen Macht wie bei Heym eine Naturkraft gemeint ist. Der Titel
könnte dies andeuten, obgleich er zum Verständnis des Gedichts auch dann
nicht viel beiträgt, wenn man die einzelnen Bilder des zweiten Teils als metaphorische Zuordnungen (Leib als Stamm, Haare als Blatt- und Astwerk
usw.) verstehen wollte. Dies ist nur partiell möglich und sinnvoll, und man
verstellt sich dadurch möglicherweise den Blick für wichtigere Intentionen
des Gedichts.

   Eine wesentliche, über Heym hinausgehende Absicht ist die Parodie
zentralen jüdisch-christlichen Glaubensgutes. Um dies zu verdeutlichen,
zitiere ich einige Verse aus dem Psalm 104:

1. Lobe den Herrn, meine Seele! Herr, mein Gott, du bist sehr herrlich; du bist schön und prächtig geschmückt.

2. Licht ist dein Kleid, das du anhast; du breitest aus den Himmel wie einen Teppich;

3. du wölbest es oben mit Wasser; du fährst auf den Wolken wie auf einem Wagen und gehst auf den Fittichen des Windes;

4. der du machst Winde zu deinen Engeln und zu deinen Dienern Feuerflammen;

5. der du das Erdreich gegründet hast auf seinen Boden, daß es bleibt immer und ewiglich.

6. Mit der Tiefe decktest du es wie mit einem Kleide, und Wasser standen über den Bergen.

7. Aber von deinem Schelten flohen sie, von deinem Donner fuhren sie dahin. . . .

24. Herr, wie sind deine Werke so groß und viel! Du hast sie alle weislich geordnet, und die Erde ist voll deiner Güter.

25. Das Meer, das so groß und weit ist, da wimmelt's ohne Zahl, große und kleine Tiere.

26. Daselbst gehen die Schiffe; da sind Walfische, die du gemacht hast, daß sie darin spielen.

27. Es wartet alles auf dich, daß du ihnen Speise gebest zu seiner Zeit.

28. Wenn du ihnen gibst, so sammeln sie; wenn du deine Hand auftust, so werden sie mit Gut gesättigt.

Parodie, so definiert ein bekanntes Sachwörterbuch, ist „die verspottende, verzerrende oder übertreibende Nachahmung eines schon vorhandenen ernstgemeinten Werkes oder einzelner Teile daraus unter Beibehaltung der äußeren Form, doch mit anderem, nicht dazu passendem Inhalt" (135, 431). Nicht zufällig hat Huelsenbeck seinen dadaistischen Gedichten, als er sie im Herbst 1916 veröffentlichte, den Titel ‚Phantastische Gebete' gegeben. Daß als Vorlagen moderner Parodien „zumeist keine bestimmten Gedichte, sondern lyrische Gattungsformen" fungieren, wie Rotermund festgestellt hat (19, 34), trifft auch hier zu. In diesem Fall ist es der Typ des hymnischen Psalms, und der Psalm ist eine der ältesten und ehrwürdigsten Formen jüdischen und christlichen Gebets. Von Anfang an war er aber auch – das ist für Huelsenbecks Gedichte von Belang – eng mit der Musik verknüpft: Der Psalter galt als „das Gesangbuch der jüdischen Gemeinde" (134, 12). Zu den wesentlichen Kennzeichen des hymnischen Psalms gehört die im Prädikationsstil vorgetragene Verherrlichung von Jahwes Eigenschaften, oft auch – wie in dem zitierten Beispiel – eine rekapitulierende Verherrlichung seines Waltens und Wirkens in Schöpfung und Heilsgeschichte. In der Form der Anrede manifestiert sich der Psalm als Gebet und damit als Bekenntnis zu Gott, in der beschreibenden Erzählungsform ist er zugleich die aktive Verkündigung Gottes durch die Gemeinde (vgl. 134).

Im zweiten Teil von Huelsenbecks Gedicht enthüllen die im Psalmenstil aneinandergereihten Prädikationen ein wahrhaft erschreckendes göttliches

Wesen. In ihm offenbart sich kein Gott der Schöpfung, sondern des Chaos, kein Gott der Heils-, sondern der Un-Heilsgeschichte. Statt alles zu speisen, wie es im 104. Psalm heißt, verspeist er alles einschließlich der Menschen selber. Statt das Wasser zu bändigen und das Erdreich sicher zu erhalten, läßt dieser Un-Hold durch seinen Gesang die Flüsse tanzen, und mit diesem Gesang geht das Gedicht zuende und – vielleicht – die Welt in jenem Element unter, aus dem die gesamte Natur nach altem biblischem Glauben und nach moderner naturwissenschaftlicher Erkenntnis hervorgegangen war.

Im Aufzählen solcher Unheilstaten wird man denn auch schwerlich die Gebetsfunktion des Treuebekenntnisses verwirklicht sehen können. Dies umso weniger, als die Prädikation offenkundig auch karikierende Absichten verfolgt: „In deinen Haaren sitzen die geputzten Gewitter wie Papageien / Luftschlangen und Flittergold sind in den Runzeln deiner Stirne". In solcher gleichzeitigen Herabsetzung und Ridikülisierung des gepriesenen Ungeheuers zeigt sich zumindest der Intention nach ein bedeutsamer Schritt über Heym hinaus. Bei diesem ist die sich rächende mythisch-dämonische Natur in ihrer zerstörerischen Schrecklichkeit eine in distanzloser Ernsthaftigkeit erfahrene Macht. Bei Huelsenbeck zeigen Parodie und Karikatur den Willen zur Distanzierung, als Zeichen eines Nihilismus, der sich selbst von der mythischen Angst befreit zu haben glaubt und der, obgleich er die „ewige Wiederkehr des Gleichen" als permanente Zerstörung und Sinnlosigkeit erfährt und gestaltet, diese dennoch bejaht und im Nihilismus verharrt, weil dieser allein jede metaphysische Rückbindung aufhebt und eine als Bindungslosigkeit zu betrachtende Freiheit gewährt, die sich an der „Entgötterung der Welt" beteiligen und die Welt als Chaos akzeptieren kann.

Ein solcher Nihilismus muß folgerichtig auch die Kunst als Wert entwerten. Das gilt für ihre Form, ihren Inhalt und ihre Funktion. Die strenge Form des Simultangedichts wird aufgelöst, der Reihungsstil und die Simultaneität des Geschehens selbst aber werden beibehalten. Die Bilder werden zum Teil unsinnig und unverständlich, obgleich Huelsenbeck im allgemeinen in der Destruktion der Bildwelt keineswegs so radikal ist wie etwa Arp oder Schwitters. Die Sinnstruktur, die erkennbar bleibt, ist für Huelsenbeck nötig, weil sich in ihr das Parodistische und Karikaturistische entfalten muß, weil die Zerstörung von Sinn erst dann bewußt wird und gelingt, wenn dieser selbst im Gedicht thematisiert wird. Insofern, scheint mir, ist auch unsere Interpretation nicht illegitim, bei der wir das Gedicht zunächst einmal ernst nahmen, indem wir das Unsinnige oder Sinnlose in den Bildern nicht beachteten. Paradigmatisch für Huelsenbecks Verfahren ist zum Beispiel der Vers: „im Gleichschritt schnarren die Gestirne nun und recken hoch die Teller in ihrer Hand." Der zweite Teil des Bildes ist in keinen sinnvollen Zusammenhang mit dem ersten zu bringen. Der erste läßt sich, wie wir sahen, trotz der Katachresen in einem bis zu diesem Vers ernsthaft-sinnvollen Kontext interpretieren. Gerade die Zusammenhanglosigkeit der beiden Bildteile hebt aber diese Ernsthaftigkeit nicht eigentlich auf, sondern führt zu einer Konfrontation, die jedem der beiden Teile sein „Recht" zu belassen scheint. Dies läßt sich auch an der Abfolge der Bilder beobachten. Wenn indessen auf die Zeile „Luftschlangen und Flittergold sind in den Runzeln deiner Stirne" die beiden Verse folgen: „alle Arten des Verreckens liegen vor dir begraben oho / sieh Millionen Grabkreuze sind dein Mittagsmahl", dann wirkt angesichts dieser apokalyptischen Visionen der ridikülisierende vorangehende Vers selbst nur wie „Flittergold", welches das Grauen nicht auszulöschen vermag, das durch die nachfolgenden Bilder hervorgerufen wird. Der Unsinn wirkt als unsinnige Beigabe, die im Grunde kein Gegengewicht, keine befreiende Distanzierung von den alptraumartigen Schreckensvisionen ermöglicht, sondern sich im Gegenteil als deren Element, als ihr Ausdruck und vielleicht ihre Folge verstehen lassen muß, als Zeichen eines wahnverwirrten, destruierten Subjekts, dem das Grauen Sinne und Verstand geraubt hat. Es liegt nahe, beide Deutungsmöglichkeiten miteinander zu vermitteln: Subjektiv möchte das „lyrische Ich" durch die unsinnig anmutenden Passagen seine Unabhängigkeit und Freiheit, seine Überlegenheit gegenüber diesem Chaos demonstrieren, objektiv indessen offenbart es damit eine geistige Verfassung, die – als total dissoziierte – eben Ausdruck der als destruierende Macht erfahrenen Objektwelt ist, die in Wahrheit also von letzterer zerstört ist: der Wille zur Destruktion der Objektwelt wäre lediglich die Folge der vom Objektbereich im Subjekt angerichteten Zerstörung.

Ähnlich – wenn auch mit deutlicherer Akzentuierung des psychologischen Aspekts – hat Huelsenbeck den Dadaismus ein halbes Jahrhundert nach seiner Entstehung zu deuten versucht:

„Der kreative Irrationalismus setzt das Gefühl des Terrors voraus, die Empfindung der Angst und des Alleinseins, so wie wir es – von Kriegen umgeben – in der Schweiz empfanden, die existenzielle Verzweiflung, der wir mit Ironie, Regression und Angriffslust begegneten. Man muß das alles öfter sagen, um den Dadaismus wirklich verständlich zu machen. Die Ironie und der Zynismus sind nur die Anfänge eines Gesamtgefühls des Negativismus, die Zerstörung ist ein Teil der weiteren Entwicklung (man findet sie in der modernen Kunst deutlich ausgedrückt in den zerrissenen Papieren, den Fetzen von Hüten und Hosen, den zerbrochenen Holzstücken, den Teilen verunglückter Automobile), die Auslöschung des eigenen Ich (die durch Aggression kompensiert werden kann), das Erlebnis des absoluten Nichts, wie man es etwa auf den leeren Leinwänden von Yves Klein findet. Es ist die Leerheit, von der die existentiellen Philosophen sprechen, die dem

Gefühl der Kreativität vorausgeht, es ist das Wissen (wie Nietzsche es hatte), daß die Umwertung aller Werte, die Planung aller konstruktiven, progressiven Ideen nach langem Bemühen, nach vieljähriger Verzweiflung endlich dahin kommt, wo die kreative Irrationalität zu neuer Leistung angefacht wird." (9, 14f.)

Wer zur Erklärung der dadaistischen Publikumsaggressionen sowie des gepredigten und teilweise auch privat gelebten Nihilismus die genannten psychologischen und soziologischen Kategorien heranzieht, wer also von objektiver Entfremdung, Depersonalisation, Regression usw. spricht, der reduziert auf handliche Begriffe, was sich bei genauerer historischer Betrachtung als ein sehr komplexes Geflecht von objektiven Bedingungen und subjektiven Motivationen zu erkennen gibt. So sehr der zur Schau gestellte Nihilismus rückschauend als Kennzeichen einer subjektiv vielleicht unbegriffenen Entfremdung als eines gesellschaftlichen Zustands erscheinen mag, so war er doch zugleich auch subjektiv erlebt und stellte eine bewußt gewollte Realisierung einer Nietzscheschen Zeitdiagnose dar; und so sehr auch die unsinnig anmutenden Sprechpartien als Zeichen einer psychoanalytisch deutbaren Regression zu verstehen sind, als Rückkehr in einen infantilen Zustand infolge einer mißlungenen oder bewußt verweigerten Anpassung, so sehr sollen sie zugleich jenen – von ganz anderen Voraussetzungen her zu bewertenden – kindlichen Zustand des Geistes antizipieren, der nach Nietzsche bereits Kennzeichen einer neuen Unmittelbarkeit ist.

In unserem Zusammenhang gilt es insbesondere zu beachten, in welchem Ausmaß etwa Huelsenbeck mit seinen Provokationen zumindest in den ersten Wochen seines Zürcher Aufenthalts künstlerische Intentionen verfolgte und welch hohen Anteil das Planmäßige, Ritualisierte und Artifizielle an seinen Auftritten besaßen. Dies sei im folgenden in einigen Aspekten illustriert.

1920 schrieb er – noch unter dem unmittelbaren Eindruck des von ihm initiierten, politisch-anarchistisch orientierten Berliner Dada: „Mit dem Revolver in der Tasche Literatur machen war eine Zeitlang meine Sehnsucht gewesen. Etwas wie ein Raubritter der Feder, ein moderner Ulrich von Hutten – das war das Bild gewesen, das ich mir von einem Dadaisten machte. Der Dadaist sollte eine große Verachtung für diejenigen haben, die ‚im Geist' ein Tuskulum und eine Retirade für ihre eigenen Schwächen fanden." (1, 168) Dies schließt auch eine Absage an die Ideen des ‚Blauen Reiter' ein und stimmt mit dem Befund unserer Betrachtung seines Gedichts ‚Baum' überein. Gerade die Zeit des Zürcher Dada und insbesondere die Anfangsphase des ‚Cabaret Voltaire' stellt er – und dabei ist die polemische Distanzierung nicht zu überhören – unter das Zeichen der auch von Kandinsky geforderten „abstrakten Kunst", und er schließt sich darin ein: „Die

Energien und Ehrgeize der Mitarbeiter des Cabaret Voltaire in Zürich waren von Anfang an rein künstlerische. Wir wollten das Cabaret Voltaire zu einem Brennpunkt ‚jüngster Kunst' machen, . . . Unter ‚jüngster Kunst' verstanden wir damals im großen und ganzen: abstrakte Kunst. . . . Die Mitarbeiter des Cabaret Voltaire waren alle Künstler in dem Sinne, daß sie die letzten Entwicklungen der artistischen Möglichkeiten in ihren Fingerspitzen empfanden." (1, 162 f.) Diese Aussagen bestätigen, was wir in der Einleitung über die Intentionen des Cabarets auf Grund anderer Quellen dargestellt haben. Seinen Vortragsstil hatte Huelsenbeck bereits in Berlin erprobt. Die Kunstrichtung, der er hierbei verpflichtet zu sein scheint, ist der Futurismus. Die Futuristen hatten mit ihren Rezitationsabenden, die von Baumgarth anschaulich dokumentiert werden (62, 36 ff.), bereits Muster für solche Publikumsprovokationen geliefert. Indessen entzündeten sich dort die – im Laufe eines Abends nur sporadischen und kurzzeitigen – tumultartigen Szenen vor allem am Inhalt der Manifeste und Gedichte, weniger am Vortragsstil, der erst bei den Dadaisten eine dominierende Rolle spielen sollte.

Huelsenbecks Vortragsweise steht gemessen an den späteren Eskapaden noch am Anfang der Entwicklung. Die Rezitation gewinnt bei ihm, sofern er seine eigenen Gedichte vorträgt, jedenfalls zunächst noch nicht die Oberhand über die inhaltliche Aussage der Texte, sondern soll diese unterstreichen. Immerhin scheinen seine ‚Gebete' von Anfang an für den Vortrag konzipiert zu sein, und dieser ist daher wesentlicher Bestandteil der Aussage und Wirkung seiner Poeme (vgl. 75, 123 ff.). Huelsenbeck, der die eingangs zitierte Beschreibung seiner Vortragsweise durch Ball ausdrücklich bestätigt (10, 28), bediente sich in seiner „Korpsstudenten-Schneidigkeit" – wie Hans Richter formuliert – „einer Reitgerte, die er zur Unterstreichung seiner frischgedichteten ‚Phantastischen Gebete' rhythmisch durch die Luft und metaphorisch auf die Hintern des Publikums sausen ließ." (17, 18) „Er hatte einen wilden blonden Schopf", erinnert sich Marcel Janco, „und wenn er aufs Podium trat, trug er einen dünnen Stock aus Rosenholz, den er in der Hand wirbeln ließ wie ein Raufbold. Er war ein Dichter des Ausdrucks und ein Aktivist und riß den ganzen Saal durch seine Begeisterung mit. Seine Verse brachte er hervor, als wären es Schmähungen." (11, 32) Er unterstrich also sichtbar die destruierende Gewalt seiner Verse, und er wirkte darüberhinaus arrogant und aggressiv. Er demonstrierte – oder zelebrierte gar – eine Haltung überlegener Distanz, eines kulturmüden, aber keineswegs dissoziierten Nihilismus, der sich von den Schrecken, die er verkündigte und verkörperte, selbst kaum noch betroffen zeigte, der die mythische Angst überwunden hatte und die „Entgötterung der Welt" bejahte und furchtlos betrieb.

Ein weiteres Requisit, das zunächst einer künstlerischen Aussage diente, weil es bestimmte Kunstintentionen infragezustellen schien, war seine Begleit-„Musik", die große Trommel. Sie symbolisiert einerseits den wahren Grundton der Wirklichkeit, wie ihn auch die Gedichte darstellen, sie scheint die Theorie der „inneren Klänge" zu verspotten, sie ist wegen ihrer Beliebtheit beim Militär assoziationsreiches Zeichen der Zeit, der „Millionen Grabkreuze", die im Gedicht beschworen werden, aber die Trommel signalisiert damit andererseits und zugleich auch „Angriff", sie ist Element der Provokation, so „wie ein Trompentensignal für das Pferd eine Aufforderung zum Trabe ist", wie Nietzsche erklärt, der unterhalb der hohen oder reinen Musik zwei Arten einer „conventionellen" Musik unterscheidet: einerseits eine, die – wie heute vor allem die Schlagermelodie – „sich zu Erinnerungszeichen abgeschwächt hat", und andererseits eine „vor Allem physisch wirkende Aufregungsmusik", „als Stimulanzmittel für stumpfe oder abgespannte Nerven", „und so schwankt sie zwischen Trommellärm und Signalhorn einher, wie die Stimmung des Kriegers, der in die Schlacht zieht." (91, 30f.)

Indessen können sich künstlerische Intentionen und literarische Texte in dem Moment erheblich verändern, in dem sie ihre immanente Ästhetizität verlassen und der Wirklichkeit in Gestalt eines Publikums konfrontiert werden, welches gerade auf der Ästhetizität der Kunst beharrt und das den chaotischen Bilderreigen nicht als Nachahmung einer chaotischen Realität, sondern als Angriff auf sein ästhetisches und sittliches Empfinden betrachtet. Spätestens an dieser Stelle vollzieht sich in der Interaktion zwischen Künstler und Publikum eine Dynamik, die dem Textsubstrat eine andere Bedeutung verleiht als dieses für sich allein aussagen würde – und als Buchpublikation aussagt. Und diese Erfahrung bleibt natürlich nicht ohne Einfluß auf den Künstler, sondern kann ihn dazu führen, seinen Vortrag mehr und mehr vom Aufzeigen einer destruierten Realität zu einer Destruktion des ihm als unmittelbare Realität gegenübertretenden und opponierenden Publikums zu verlagern und seinen Vortrag damit mehr und mehr unter dem Aspekt möglichst wirkungsvoller provokatorischer Effekte zu reflektieren und zu gestalten. Im selben Maße verlieren die Texte aber auch ihre aufklärerische Funktion, sie werden nur noch Mittel zu einem Zweck, der sich in unartikulierter Aggression gegen die Adressaten Luft macht und erschöpft. Was für den Autor gilt, trifft indessen auch für das Publikum zu: die beabsichtigte Auslöschung des Ichs kann, wie Huelsenbeck erwähnte, durch Aggression gerade kompensiert werden. Letztlich haben solche Spektakel denn auch genau dem Gegenteil dessen gedient, was die Texte selbst aussagen wollten. Mir ist jedenfalls kein Fall bekannt, bei dem das Publikum zu erkennen gegeben hätte, daß es nach einem der durch die Dadaisten hervorgerufenen Eruptionen eine neue Einsicht über die wahre – nämlich chaotische – Wirklichkeit gewonnen habe.

Was hier soeben allgemein beschrieben wurde, läßt sich mit Hilfe einiger Thesen aus der Aggressionsforschung und am Beispiel der ‚Phantastischen Gebete‘ genauer aufzeigen. Ich kann dabei allerdings im Rahmen dieser Einführung nur einige grobe Hinweise zur Aggressionsforschung geben und muß auf eine Darstellung der unterschiedlichen und ideologisch begründeten Ausgangspositionen der Forschungsansätze zur Aggression ebenso verzichten wie auf eine Erörterung der gesamtgesellschaftlichen Prädispositionen einer Zeit, die ohnehin ein in hohem Maße aggressives oder auch aggressionsförderndes Klima besaß. Die in der Aggressionsforschung mit Recht vorrangig diskutierte anthropologisch höchst bedeutsame Frage, ob es neben den im gesamten animalischen Bereich beobachtbaren Begierden und Bedürfnissen – z. B. der Befriedigung des Hungers – weitere als zur unveränderlichen Natur des Menschen gehörige Triebe gibt, oder ob die „Unersättlichkeit der Bedürfnisse" – und damit auch ein Phänomen wie die Aggression – „keineswegs ein biologisches, sondern ein gesellschaftliches Phänomen" ist (125, 27), ist in unserem Zusammenhang und von unseren Voraussetzungen her ohnehin nicht beantwortbar, und ihre Lösung würde auch zu dem hier vorliegenden Problem der Aggressionseskalation nichts Entscheidendes beitragen können.

In der Aggressionsforschung hat sich inzwischen die Erkenntnis durchgesetzt, daß die Aggression ein sehr komplexer Typ von sozialen Verhaltensweisen ist, „die durch die Bedingungen der Umwelt hervorgebracht und variiert werden." (124, 54) Sie werden von Kind auf erlernt. In unserer Gesellschaft scheint „der Glaube an die Notwendigkeit aggressiver Verhaltensweisen zu den kulturellen ‚Selbstverständlichkeiten'" zu gehören (124, 53). Die von Freud bis zu Lorenz vertretene These, es gebe einen angeborenen Aggressionstrieb, könnte Ausdruck einer solchen Selbstverständlichkeit sein. Wenn man heute für Freuds Sexualitäts- und Aggressionstheorie auch die Zeichen seiner Zeit – „das Leben in Wien um die Jahrhundertwende" und „den Schock", „den der Erste Weltkrieg in Mitteleuropa auslöste" (127, 50) – verantwortlich macht, dann wird man diese auch für die Erklärung der dadaistischen Aggressionen heranziehen müssen. Auf die Hektik des als überbelastend erfahrenen Großstadtlebens haben wir bereits verwiesen. Der Ausbruch der „Massenaggression" 1914 und deren Folgen haben zweifellos eine „permissive Atmosphäre" geschaffen, in der aggressives Verhalten bewußt erlebt, als Aktion erlernt und auch leichter ausgeführt werden konnte. Aggression ist selbst Kennzeichen und Ausdruck der gesteigerten Hektik und Geschwindigkeit, denn sie führt zu raschen und auffälligen Situations- und Verhaltensänderungen. Und da aggressive Handlungen in den meisten Fällen von Erfolg gekrönt sind, werden sie auch so häufig praktiziert und von klein auf erlernt. Die leichte Erlernbarkeit aggressiven Verhaltens hat sicher auch zu einer bestimmten Ritualisierung der dadaistischen Provokationen geführt. Das Planmäßige ihrer Aktionen widerspricht denn auch von vornherein dem Phänomen der Aggression, sofern man dieses mit der Vorstellung einer spontanen seelischen Eruption verbindet, die sich in unkontrollierten Handlungen äußert und die häufig auf einen konkreten Anlaß – die Erfahrung einer Frustration – zurückzuführen ist. Betrachtet man indessen „jede Verhaltenssequenz, welche auf die Verletzung eines Organismus oder Organismusersatzes abzielt" (133, 12), als Aggression, dann lassen sich auch die dadaistischen Aktivitäten unter diesen Begriff subsumieren. Allerdings ist die Frustrations-Aggressions-Theorie, der diese vage Definition entstammt, in der Forschung heute in Mißkredit geraten. Mit ihr, so spottet Herbert Selg, „kann zur Zeit jeder, der mitreden will, den kleinen Psychologen spielen." (133, 35) Doch eben nach dem dort beschriebenen, leicht erlern- und handhabbaren „Schema" verlief der größte Teil der „Gemütserregungskunst" der dadaistischen „Psychologen".

Dies läßt sich auch an der Struktur etwa der ‚Phantastischen Gebete' erkennen. Das „Rezept" lautet: man kombiniere Bilder und Worte, welche die religiösen und ethisch-moralischen Empfindungen des Publikums möglichst tief verletzen, indem sie diese verhöhnen und verspotten. Dazu nur ein Beispiel aus dem Gedicht ‚Ebene':

> „sehet den Mutterkuchen wie er schreiet in den Schmetterlingsnetzen der Gymnasiasten
> sokobauno sokobauno
> es schließet der Pfarrer den Ho-osenlatz rataplan rataplan den Ho-osenlatz und das Haar steht ihm au-aus den Ohren
> vom Himmel fä-ällt das Bockskatapult das Bockskatapult und die Großmutter lüpfet den Busen
> wir blasen das Mehl von der Zunge und schrein und es wandert der Kopf auf dem Giebel
> es schließet der Pfarrer den Ho-osenlatz rataplan rataplan den Ho-osenlatz und das Haar steht ihm au-aus den Ohren
> vom Himmel fällt das Bockskatapult das Bockskatapult und die Großmutter lüpfet den Busen" (35, 17)

So geht es munter fort, und diese Verse werden noch mehrmals repetiert. Heutzutage vorgetragen, können sie ein geradezu homerisches Gelächter hervorrufen, das sich übrigens, wie die Erfahrung zeigt, im Verlauf des Vortrags steigert, und zwar an jenen Stellen, an denen sich diese Bilder wiederholen. Von ihnen bleibt schließlich nur noch das Reizwort „Ho-osenlatz" übrig, das im Gedicht noch mehrfach repetiert wird. Dieses Wort muß den Dadaisten ungemein gefallen haben. So verwendet es Tristan Tzara beispielsweise als „Gütemarke" in seiner ‚Chronique Zurichoise 1915–1919':

„poème simultané breveté Tzara Ho osenlatz et van Hoddis *Hüülsen-beck* Hoosenlatz tourbillon Arp" usw. (22, 11). Es verweist gleichsam als Symbol – vielleicht müßte man besser sagen: als Emblem – auf jenen Bereich, aus dem letztlich, wie auch Freud damals noch (vor der Entwicklung der Todestriebtheorie) lehrte, die Aggressionen resultieren: „aus der Nichtbefriedigung sexueller Impulse (der sog. Libido)." (133, 13) Der Sexualbereich war in der öffentlichen Moral jener Zeit stark tabuisiert, und entsprechend erfolgversprechend waren daher auch Provokationen in dieser Richtung, erst recht, wenn sie – wie im vorliegenden Fall – mit dem Pfarrer zugleich noch das religiöse Empfinden verletzen konnten, – ferner die Ehrfurcht vor der Mutter und dem werdenden oder neugeborenen Leben sowie vor dem Alter. Für sich allein betrachtet und im Blick auf ihren Inhalt sind die Verse unsinnig. Sinn erhalten sie erst im Blick auf ihre provokatorische Funktion. Die Tatsache, daß sie heute nur noch Gelächter hervorrufen, verweist auf den bedeutsamen Umstand, daß diese „Aggressions-poeme" ihren ursprünglich intendierten Sinn verlieren, wenn sich die gesellschaftlichen Wertvorstellungen, die sie infragestellen wollen, weitgehend verändert haben. Deshalb mißversteht man diese Verse, wenn man sie nur mit aktualisiertem Vorverständnis liest. Dann sind sie nur noch komisch.

Das Phänomen der Wiederholung spielt für die weitere Entwicklung der lautstarken Interaktionen zwischen den Dadaisten und ihrem Publikum eine bedeutsame Rolle. Die Repetition ist – so sahen wir – bereits ein wesentliches Element des Gedichts ‚Ebene', aus dem wir soeben zitierten. Schon hier läßt sich die allerdings nicht beweisbare Hypothese aufstellen, daß die Repetition damals den provokatorischen, heute eher den komischen Effekt des Gedichts erhöht hat. Die Anzahl der Störungen ist, so lautet eine Hypothese der Frustrations-Aggressions-Theorie, von unmittelbarer Bedeutung für die Stärke der Aggressionsneigung (133, 12). Die Repetition wird aber zu einem komplizierten Problem, sobald man sie auf die mehrfachen Vorträge derselben Gedichte auf den Veranstaltungen und auf die Wiederkehr der dadaistischen Provokationen selbst bezieht. Dann ergibt sich nämlich, daß sich der provokatorische Schock abstumpfte, denn man muß davon ausgehen, daß sich vor allem im ‚Cabaret Voltaire' allmählich ein Stammpublikum herausgebildet hatte. Die Dadaisten suchten dieser Abstumpfung dadurch zu begegnen, daß sie die Programmabfolge variierten und immer neue Provokationen ersannen. Der Wortlaut der einmal gedichteten ‚Phantastischen Gebete' blieb aber unverändert. Dies geht aus den Memoiren der Dadaisten eindeutig hervor. So schreibt z. B. Huelsenbeck: „Ich wählte oft das Gedicht ‚Die Flüsse' zum Vortrag, weil es besonders kühne Bilder enthält und die Zuhörerschaft zum Widerstand aufreizt." (10, 42) Bei mehrmaligem Anhören änderte sich indessen die

Qualität des „Widerstandes". Auch dies geht aus Huelsenbecks Schilderung hervor. Als seine Freundin eines Tages das ‚Cabaret' besucht und während seines Vortrags den Raum verläßt, geschieht folgendes:

> „Ich hielt mitten im Gedicht inne und sprang vom Podium. Die Zuhörerschaft protestierte, Ball, der ohne zu spielen am Klavier gesessen hatte, erhob sich erstaunt.
> L. verließ schnellen Schrittes das Kabarett, ich stürzte ihr ebenso schnell nach, behindert nur durch die enganeinandergestellten Stühle und Tische, an denen an diesem Abend für unsere Verhältnisse ungewöhnlich viel Menschen saßen. Der Raum war durch Zigarrenrauch verdunkelt. Sprechen, Singen, Grölen und Protestrufe wurden hörbar.
> ‚Wir wollen unser Geld zurückhaben', schrie ein betrunkener Student.
> ‚Schweinerei . . .'
> ‚Betrügerbande . . .'" (10, 42f.)

Das Publikum hatte sich inzwischen also offenbar an die Provokationen gewöhnt und erwartete sie. Es war enttäuscht, als der Vortrag abgebrochen wurde, und forderte dessen Fortsetzung. Hätte es sich durch den Inhalt der Gedichte gleichsam noch existentiell betroffen gefühlt, hätte es den Abbruch des Vortrags begrüßen müssen. Hätte Huelsenbeck wie an anderen Abenden seinen Vortrag „ordnungsgemäß" beendet, hätte das Publikum „wie immer" – ebenfalls – aggressiv reagiert, wahrscheinlich weil dies zum Ritual gehörte und auch eine „kathartische" Wirkung hatte. Durch die Brüllerei des Vortragenden und durch das schon während der Rezitation einsetzende Gejohle war der Inhalt der Gedichte vermutlich ohnehin kaum noch verständlich.

Es liegt nahe anzunehmen, daß dieser in dem sich mehr und mehr einspielenden und verselbständigenden Prozeß zunehmend an Bedeutung verlor. Hauptsache, so scheint es, er war unsinnig. Auch dies ist an Huelsenbecks Gedichten erkennbar. So lautet etwa der Anfang von ‚Der redende Mensch':

> „DADADADADA – Die Dame die ihre alte Größe erreicht hat die Impotenz der Straßenfeger ist skandalös geworden
> wer kann sagen ich bin seit er bin und du seid dulce et decorum est pro patria mori oder üb immer Treu und Redlichkeit oder da schlag einer lang hin oder ein Tritt und du stehst im Hemd wer wagt es Rittersmann oder Knapp und es wallet und siedet und brauset und zischt Concordia soll ihr Name sein schon bohren die Giraffen die Köpfe in den Sand und noch immer donnert das Kalbfell nicht" usw. (35, 23)

Das Spiel mit dem Wort Dada zu Beginn weist dieses „Gedicht" als zur bereits fortgeschrittenen Phase des ‚Cabarets' gehörig aus, denn diese Bezeichnung wurde erst einige Wochen – wenn nicht gar einige Monate – nach Gründung des ‚Cabaret Voltaire', spätestens jedoch im Mai 1916, entdeckt oder erfunden. An den Anfang, wo Huelsenbeck der Aufmerksamkeit noch halbwegs sicher sein konnte, plazierte er gleich ein besonders aufreizendes Bild: „die Impotenz der Straßenfeger ist skandalös geworden". Diese Aussage funktioniert hier nur noch als zwar neues, aber eine wohlbekannte Tendenz andeutendes Signal, auf welches das Publikum bereits entsprechend reagiert haben dürfte. Was dann noch an „Inhalt" folgt, ist fast schon belanglos für die Provokation. Es lohnt denn auch, scheint mir, nicht, diesen weiteren Inhalt genauer zu analysieren, der sich als offensichtlich willkürlich aneinandergereihte Collage von bekannten Redensarten und Sprichwörtern darstellt. Huelsenbeck hat sich nicht einmal die Mühe gemacht, sie durchgängig so anzuordnen, daß sie ihre innere Widersprüchlichkeit oder die Doppelzüngigkeit etwa öffentlicher und privater Moral zu erkennen geben. Erst zum Schluß ergibt sich noch einmal eine „Steigerung": „ich bin der Papst und die Verheißung und die Latrine in Liverpool" (35, 23).

Aber spätestens hier schlägt die Aggression in ihr Gegenteil um. Zunächst hatte sie instrumentellen Charakter. Der provokative Inhalt der Texte und die aufregende Vortragsart waren Mittel, um Einsichten herbeizuführen. Allmählich wurde die Aggression dann zum Selbstzweck, dem die Texte und die Vortragsweise zu dienen hatten. Am Schluß aber fiel die Aggression gleichsam auf sich selbst zurück, sie geriet selbst zur Darstellung, sie war nur noch sinnloses, häufig unartikuliertes Geschrei, das sich in sich selbst erschöpfte, das nichts mehr – erst recht keine Wert- und Wahrheitsnormen – zerstören konnte, weil es auf ein nur noch sinnlich wahrnehmbares Spektakel herabgesunken war, das jene Ebenen des Verstandes, der Vernunft und der Moral, in denen diese Normen von Belang sind, überhaupt nicht mehr erreichte. Es gereicht Huelsenbeck und Ball zur Ehre, daß sie sich als erste frühzeitig genug von diesem „Lärm" distanzierten und Wege einschlugen, die eine gesellschaftspolitische Aufklärung verfolgten. Auch die Aggressionen des Berliner Dada entarteten in der Folge nur selten zum Selbstzweck, sie waren von zahlreichen theoretischen Artikeln und Manifesten begleitet, welche die Stoßrichtung der Provokationen in einen relativ unzweideutigen Kontext stellten. Aus der Haltung des antibürgerlichen, mit dem Bolschewismus sympathisierenden Protestes heraus und im Zusammenhang mit den Revolutionsunruhen in Berlin in der Zeit nach dem Ende des 1. Weltkriegs entwickelten die Berliner Dadaisten – vor allem der Oberdada Baader und Hausmann – die Neigung zu teilweise spektakulären Aktionen in der Öffentlichkeit, die zumindest bei Baader

deutlich politische Akzente trugen und den Dadaisten ein größeres öffent-
liches Interesse eintrugen, als dies den Zürchern beschieden war (vgl. dazu
75, 246 ff. u. 269).

Wenn Huelsenbeck seine ‚Phantastischen Gebete‘ 1916 in Buchform publizierte, dann ist dies als deutliches Zeichen einer entschiedenen Abkehr
vom aggressiven „Bruitismus“ zu werten. Der Wortlaut der Texte gewinnt
dadurch seine ursprüngliche Funktion wieder. Der provokatorische Charakter, den er im Sinne verbaler Aggressionen nicht verliert, ist nicht mehr
Selbst- und Endzweck, sondern Mittel und auslösendes Moment zur Auseinandersetzung des Lesers mit dem Gesagten. Unter dieser Perspektive
betrachtet gewinnen selbst die Gedichte des zuletzt besprochenen Typs
neue Deutungsmöglichkeiten. Beispielsweise scheint mir ‚Die Kesselpauke‘, die das Motiv des ‚redenden Menschen‘ wieder aufgreift, trotz aller
Unsinnigkeit des Wortlauts die Evolution widerrufen zu wollen. So heißt
es noch am Anfang: „HOHOHOHO ich bin der Anfang der Welt indem
ich das Ende bin“, und der zweite Teil des Gedichts lautet:

„ich sage euch löscht die Sonne aus und laßt die Blindschleichen aus den Futteralen
springen denn niemand solle die Nacht vor dem Morgen loben unverhofft sage
ich euch kommen die lackierten Neger und schütten die Bütten aus auf das Tul-
penbeet in dem Bauch der kleinen Fische höre ich die Schreinerwerkstatt wer
zweifelte da an dem Aufstieg des redenden Menschen der Herr hats gegeben der
Herr hats genommen und doch kostet der Eintritt nur 50 centimes wer sieht nicht
die Dickteufel wie sie ihre fuchsroten Haare fetten sie bellen aus ihren Achselhöh-
len wenn der Berberhengst in die Kaffeekanne springt in dem Gehäuse ihres Leibs
schnurrt eine Spindel wer zweifelte aber da an dem Aufstieg des redenden Menschen“ (35, 30)

So wie Bölsche in jedem Segelfalter das Du des Menschen erkennt, so erblickt Huelsenbeck in grotesker Verzerrung im Bauch der Frösche die
Schreinerwerkstatt, um mit dem anschließenden Satz „wer zweifelte da an
dem Aufstieg des redenden Menschen“ den Gedanken der Evolution zu
verspotten. In den vorangehenden Bildern scheint er sie sogar im Sinne
einer „ewigen Wiederkehr des Gleichen“ von Anfang an neu beginnen lassen zu wollen. Nach dem Auslöschen der Sonne sollen aus der „Brutstätte“
der Zivilisationsprodukte – den Futteralen – die Blindschleichen entspringen, die zur Gattung der Echsen und damit zu den ältesten Lebewesen auf
der Erde gehören (die aber lächerlicherweise in diesem Kontext auch deshalb erscheinen, weil sie *blind* sind – als Folge des Auslöschens der Sonne),
und anschließend beschwört Huelsenbeck die von ihm so sehr geliebten
Neger, die eine primitive Stufe des aufsteigenden Menschen andeuten oder
auch seine Rückkehr dorthin. Vielleicht haben solche Anspielungen im da-

maligen zeitgenössischen Kontext noch eine größere Evidenz gehabt als heute. Sie schlagen nochmals die Brücke zum Gedicht ‚Baum‘, in dem der Widerruf der Evolution deutlicher zu erkennen war. Auch mit der ‚Kesselpauke‘ übertrommelt Huelsenbeck die „inneren Klänge“ des zum Kulminationspunkt der Evolution aufgestiegenen „redenden Menschen“. Indem er so destruiert und das Reden auf ein dem Ton der Pauke entsprechendes Brüllen reduziert, demonstriert und praktiziert er einen Nihilismus, der die Züge einer infantilen „Unmittelbarkeit“ trägt.

Von Zürich nach Berlin zurückgekehrt „fällt“ – so tadeln Meyer und seine Mitarbeiter – Huelsenbeck „in einen Humanismus“, „von dem man meinen sollte, daß er ihn schon in Zürich überwunden hätte.“ (75, 183) 1917 veröffentlicht Huelsenbeck einen Aufsatz mit dem Titel ‚Der neue Mensch‘, in dem es u. a. heißt: „. . . er betet sich selbst an, wie Maria den Sohn anbetet.“ Und: „Er ist der Gott des Augenblicks, der Größe der seligen Affekte, der Phönix aus dem guten Widerspruch, und er ist immer neu, der homo novus eigenen Adels, weil sein Herz ihm zu jeder Minute die Alternative bereit hält: Mensch oder Unmensch.“ (75, 181) Der Mensch als „Gott des Augenblicks“: damit hat Huelsenbeck seine Nietzsche entlehnte „Anthropologie“ auf eine signifikante Formel gebracht, die auch für seine Zürcher Zeit gilt. Sie bezeichnet zugleich deren spezifische Simultaneität. Diese besteht in der Gleichzeitigkeit dessen, was nach Nietzsche aufeinander folgen soll, nämlich in der im Zeichen des Nihilismus erfolgenden Destruktion und der daraus resultierenden neuen Unmittelbarkeit, die aus dem „Herzen“ – als dem Organ des Trieb-Willens – lebt und den Geist in den Zustand des Kindes zurückversetzt. Für Huelsenbeck aber ist die ganz und gar irrational betriebene Destruktion selbst bereits Ausdruck und Kennzeichen dieses neuen Zustands, weil sich das „Herz“ in ihm bereits betätigt. Im Vollzug der Aggression erlebt der Mensch „die Größe der seligen Affekte“, er erlebt sich – sein „Herz“ fühlend – darin jedesmal neu. Da er in der Destruktion die Evolution widerruft, ist die Zeit als Natur-Geschichte aufgehoben, zumindest für den Augenblick, in dem die Zerstörung stattfindet. Sie gipfelt in jenem Moment, da das Publikum in einem irrationalen Ausbruch auf die Aggression reagiert und dadurch seinen Trieben ebenfalls freien Lauf läßt, denn dadurch setzt es ebenfalls all jene Normen und Werte außer Kraft, die sich der Mensch im Laufe der Evolution – einschließlich der Vernunft – erworben hat. Da dies Ereignis immer nur punktuell eintreten kann, ist es permanent – allabendlich – zu wiederholen. Im aggressiven Ausbruch wird der bürgerliche Unmensch zum neuen Menschen, der in Wirklichkeit, wie bereits gesagt, der alte Adam ist.

Meyer und seine Mitarbeiter erblicken das „emanzipatorische“ Element der „dadaistischen Aufführungen“ u. a. gerade darin, daß diese sich wegen ihrer augenblickshaften Spontaneität und Unwiederholbarkeit der Reproduzierbarkeit und der kulturellen Verwertbarkeit entziehen, daß sie Gruppenerlebnisse initiieren und dem Vortragenden jeweils neu „produktive Freiheit" gewähren (75, 126). Abgesehen davon, daß sie – wie mir scheint – diese Aufführungen viel zu idealistisch schildern und ihren ritualisierten Charakter übersehen, entgeht ihnen, obgleich sie Comte zitieren (75, 123), daß gerade diese Nichtfestlegbarkeit Ausdruck und Verwirklichung eines erkenntnistheoretischen Positivismus ist, dem sich die Welt in eine im Prinzip unerkennbare Fluktuation von Erscheinungen aufgelöst hat, in der es keinerlei sinngebende Orientierung, keinen Halt gibt außer der Provokation selbst, die sich aber im Aufführungsakt erschöpft und die daher einer permanenten – allabendlichen – Reproduktion bedarf, um die Verunsicherung und – wie Huelsenbeck sagt – „Auslöschung des eigenen Ich" für einen Augenblick zu „kompensieren" (9, 14). – Auf den positivistischen Grundzug der Epoche, den der Dadaismus auf diese Weise demonstriert, gehen wir im folgenden ein.

11. Die Auflösung von Subjekt und Objekt in der Simultaneität der Empfindungen (Mach und Vaihinger)

Mit zunehmendem Wissensumfang – darauf habe ich bereits hingewiesen (vgl. oben, S. 43) – verloren die Einzelwissenschaften im 19. Jahrhundert mehr und mehr den Kontakt miteinander und entwickelten die Tendenz zur Selbständigkeit. Diesem beinahe zwangsläufigen Prozeß suchte eine Gegenbewegung zu begegnen, die alle Wissenschaften auf dieselben theoretischen Prinzipien verpflichten wollte: der Positivismus. Dieser – von Comte theoretisch begründet – versucht im Sinne eines wissenschaftstheoretischen Monismus „die Methoden und Erkenntnisziele der Geisteswissenschaften denen eines naturwissenschaftlichen Gesetzesdenkens anzugleichen" (128, 30). Der Positivismus des 19. Jahrhunderts „sah kulturelle und geistige ‚Tatsachen' als empirisch gegebene Data von Natur und Gesellschaft bedingt, konnte sie aber ebenso wie die sozialen und ökonomischen Strukturen der Gesellschaft selbst auch als ‚zweite Natur' (Marx) mißverstehen, deren Prozesse mit gesetzmäßiger Notwendigkeit ablaufen und deshalb nicht kritisierbar, sondern nur beschreibbar sind." (128, 30) Der Positivismus bezeichnet nach Habermas „das Ende der Erkenntnistheorie". Die Frage nach den Bedingungen und dem Sinn von Erkenntnis ist für den Positivismus „durch die Tatsache der modernen Wissenschaften sinnlos geworden. Erkenntnis ist implizit durch die Leistungen der Wissenschaften definiert." (104, 88) Die Beschränkung der Erkenntnis auf das Gegebene, sinnlich Wahrnehmbare, auf die Beobachtung und Beschreibung von darin sichtbar werdenden Gesetzmäßigkeiten bedeutet zugleich eine entschiedene Ablehnung aller Metaphysik. ‚Antimetaphysische Vorbemerkungen' nennt Ernst Mach, einer der einflußreichsten positivistischen Erkenntnistheoretiker, das erste Kapitel seines zuerst 1885 erschienenen Werkes ‚Die Analyse der Empfindungen und das Verhältniss des Physischen zum Psychischen' (107). Radikaler als Nietzsche verzichtet Mach nicht nur auf alle vorgängigen Sinnkonstituierungen im Blick auf Subjekt und Objekt, sondern er sucht – am Beispiel des Psychischen und Physischen – nachzuweisen, daß es gar keinen Gegensatz zwischen Subjekt und Objekt gibt, sondern lediglich eine Vielzahl fluktuierender Oberflächenerscheinungen. So ist das Ich „so wenig absolut beständig als die Körper" (107, 3). Subjekt und Objekt sind „vermeintliche Einheiten", die „nur Nothbehelfe zur vorläufigen Orientirung und für bestimmte praktische Zwecke sind"; deshalb „müssen wir sie bei vielen weitergehenden wissenschaftlichen Untersuchungen als unzureichend und unzutreffend aufgeben. Der Gegensatz zwischen Ich und Welt, Empfindung oder Erscheinung und Ding fällt dann weg" (107, 9). Damit fallen Wesen und Erscheinung der Wirklichkeit im sinnlich Gegebenen zusammen. Empfindung, als das, was affiziert, ist das allein Reale, aus dem sich auch „Ich und Welt" als jeweils verschiedenartige Empfindungskomplexe – aber eben letztlich *Empfindungs*komplexe – aufbauen. Damit ergibt sich ein rigoroser Monismus, der den Anspruch erhebt, entscheidende Kategorien abendländischen Denkens und Weltverständnisses als Fiktion entlarvt zu haben.

Was wirklich ist, tritt in einer prinzipiell unabsehbaren Fülle von Empfindungen, Wahrnehmungen, Tatsachen und Fakten in Erscheinung, und es ist Aufgabe der Wissenschaft, den Zusammenhang der Einzelphänomene zu erfassen und zu beschreiben. Da es keinen metaphysisch begründeten Zusammenhang der Dinge mehr gibt, diese aber gleichwohl wechselnde Konnexionen eingehen, muß dieser rein funktionale Zusammenhang erkannt und beschrieben werden. Voraussetzung für die Richtigkeit dieser Beschreibung ist – neben der Beschränkung auf die Oberflächenerscheinungen und der Enthaltsamkeit von jeder metaphysischen Spekulation – die exakte, theoretisch abgesicherte Methode der Beschreibung. Neben die sinnliche tritt also die methodische Gewißheit: „Die Wissenschaft behauptet den Vorrang der Methode vor der Sache, weil wir uns nur mit Hilfe wissenschaftlicher Verfahrensweisen über die Sache zuverlässig informieren können. Die Gewißheit der Erkenntnis, die der Positivismus fordert, meint also gleichzeitig die empirische Gewißheit der sinnlichen Evidenz und die methodische Gewißheit obligatorisch einheitlichen Prozedierens." (104, 97) Auch hier wird jede theoretische Spekulation vermieden und weitgehend durch die Präzision des Verfahrens ersetzt. Dieses entspricht mit der Konzentration auf die Beschreibung – also auf eine relativ einfache Stufe in der Methodik wissenschaftlichen Vorgehens – der Reduktion der Wirklichkeit auf ihre Oberflächenerscheinungen. Aus deren permanenter Fluktuation und aus der Verweigerung einer metaphysischen Absicherung des Verfahrens ergibt sich die „prinzipielle Unabgeschlossenheit und Relativität" der Erkenntnisse (104, 100).

In unserem Zusammenhang ist vor allem der erkenntnistheoretische Ansatz des – auch als Empiriokritizismus bezeichneten – Positivismus von Belang, wie er sich um die Jahrhundertwende darstellt. Die Erörterungen von Hans Vaihinger zu diesem Problem sind sehr viel ergiebiger als diejenigen Machs, weil Vaihinger diese Erkenntnistheorie in Auseinandersetzung mit der Philosophie- und Geistesgeschichte zu begründen versucht, während Mach dies für überflüssig zu halten scheint und nach seinen ‚Antimetaphysischen Vorbemerkungen' sofort zur wissenschaftlichen Analyse der Empfindungen übergeht, wobei er mit genau definierten Zeichensystemen operiert, die auch sprachlich an die Stelle der kritisierten Begriffe treten. Vaihinger gab seinem in den Jahren 1876–78 geschriebenen, aber erst 1911 erstmals veröffentlichten ‚System der theoretischen, praktischen und religiösen Fiktionen der Menschheit auf Grund eines idealistischen Positivismus' den Titel ‚Die Philosophie des Als Ob'. Auch sein Ausgangspunkt ist nachhaltig vom Evolutionsgedanken bestimmt, und zwar in zweifacher Hinsicht. Zum einen vergleicht er „die logischen oder Denkprozesse mit den organischen Bildungsvorgängen": „Die Zweckmäßigkeit, welche wir bei dem Wachstum, bei der Fortpflanzung und Neubildung, bei der Anpassung an die Umgebung, bei der Heilung usw. im Gebiete des Organischen beobachten, kehrt wieder in dem der psychischen Prozesse." (123, 2) Die Psyche als eine „organische Gestaltungskraft" arbeitet wie die Natur, die sich immer höher entwickelt hat, zweckmäßig – und das heißt auch: rationell –, um „in der Verarbeitung und Vermittlung des Empfindungsmaterials zur Erreichung eines reicheren und volleren Empfindungslebens" zu gelangen (123, 5). Daß die Psyche, die auch die Fähigkeit des Denkens umschließt, wie ein Organ teleologisch operiert und sich selbst dabei immer mehr vervollkommnet, verrät ihre Herkunft und – dies ist der zweite Aspekt – ihre Stellung im Rahmen der Evolution:

„Im gesamten Gefüge des kosmischen Geschehens sind auch die subjektiven Denkbewegungen mit einbegriffen. Sie sind die höchsten und letzten Resultate der ganzen organischen Entwicklung; die Vorstellungswelt ist gleichsam die letzte Blüte des ganzen kosmischen Geschehens; . . . Die logischen Prozesse sind ein Teil des kosmischen Geschehens und haben zunächst nur den Zweck, das Leben der Organismen zu erhalten und zu bereichern; sie sollen als Instrumente dienen, um den organischen Wesen ihr Dasein zu vervollkommnen; sie dienen als Vermittlungsglieder zwischen den Wesen." (123, 15)

Die Psyche ist deshalb gar nicht imstande, ein gleichsam objektives oder adäquates, „richtiges" Abbild der Wirklichkeit zu liefern – und dies weder im Bereich der sinnlichen Wahrnehmung noch innerhalb des logisch-diskursiven Denkens –, weil sie selbst als Organ Teil der Natur ist – sie kann also, in traditionellen philosophischen Begriffen gesprochen, gar nicht als Subjekt einem Objekt gegenübertreten, weil sie selbst Bestandteil des Objekts ist – und weil ihre ganze Arbeitsweise und ihr Instrumentarium einem anderen Ziel dient: dem praktischen Handeln (123, 66).

> „Alle diese Vorstellungen sind nicht Bilder des Geschehens, sondern selbst ein Geschehen, ein Teil des kosmischen Geschehens; dieses Geschehen tritt auf einer gewissen Stufe der organischen Entwicklung mit Notwendigkeit ein: das kosmische Geschehen setzt sich in diesen Vorstellungen selbst fort; sie sind ja psychische Produkte, psychische Prozesse, und das psychische Geschehen ist doch sicherlich ein Teil des kosmischen Geschehens überhaupt; die Welt, so wie wir sie vorstellen, ist erst ein sekundäres oder tertiäres Gebilde, das im Spiel des kosmischen Geschehens in unseren Köpfen entsteht und das nur zur Vermittlung des Geschehens selbst entsteht. Nicht ein Bild der wahren Welt ist diese Vorstellungswelt, sondern ein Instrument, um jene zu erfassen und subjektiv zu begreifen." (123, 64)

So unterliegt auch die Wissenschaft dem Irrtum, es in ihren Begriffen mit der Wirklichkeit zu tun zu haben: „sie hat es mit dem Wirklichen nur insofern zu tun, als sie die unabänderlichen Sukzessionen und Koexistenzen feststellt; dagegen die dasselbe umspielenden, umfassenden Begriffe sind fiktiver Natur, Zutaten der Menschen, bilden bloß die Einfassung, mit der der Mensch den Edelstein der Wirklichkeit umgibt, um diese besser handhaben zu können." (123, 68) Alle Begriffe, mit denen die Wissenschaft operiert – etwa das Atom, das Ding an sich, auch die Zahlen usw. –, sind nur Fiktionen, denen keine Realität entspricht. Sie sind – darin liegt ihre Fragwürdigkeit im Blick auf die Wirklichkeit und zugleich ihre Zweckmäßigkeit für das Denken – Vereinfachungen, um sich schneller und besser über die Realität verständigen zu können. Sie sind also analogische Fiktionen: „Man kann nur sagen, daß sich die objektiven Erscheinungen so betrachten lassen, *als ob* sie sich so verhielten; aber nimmermehr besteht ein Recht, hier dogmatisch aufzutreten und das ‚als ob' in ein ‚daß' zu verwandeln." (123, 30) Die „wissenschaftlich gereinigte Vorstellungswelt" stellt den höchsten Punkt der Entwicklung der Psyche dar. Sie ist „eine unendlich feine Maschine, welche sich der logische Trieb baut, und sie verhält sich zur sinnlichen, vorwissenschaftlich geschaffenen Vorstellungswelt wie ein modernes Eisenhammerwerk zum primitiven Steinhammer des Tertiärmenschen, wie eine Dampfmaschine und eine Eisenbahn zum plumpen Wagen des Heidebewohners." (123, 67) Doch hatte die Psyche ursprünglich die Aufgabe, beim Kampf ums Dasein der Erhaltung und Selbstbehauptung des

Lebens zu dienen – und das ist nach Vaihinger im Grunde immer noch ihr Zweck –, so verselbständigte sich das Denken immer mehr im Laufe der Entwicklung, so daß – Vaihinger erinnert an den „Realismus"-Streit, der bis ins Mittelalter hinein ausgetragen wurde – den Begriffen mehr Wirklichkeit zugestanden wurde als dieser selbst und schließlich – im Idealismus Hegels – Denken und Wirklichkeit ineins gesetzt werden konnten. Indessen: „Diese Abweichung von der Wirklichkeit steigt in den höheren Entwicklungsstufen der Psyche und erreicht schließlich einen solchen Maximalgrad, daß sie als solche erkannt wird." (123, 157) Eben dies geschieht in Vaihingers ,Philosophie des Als Ob'. Dies bedeutet erkenntnistheoretisch, daß sich das Denken wieder an den Anfang der Evolution zurückgesetzt sieht:

> „Somit werden wir allmählich immer tiefer geführt und veranlaßt, ganz allmählich von oben herab das Gerüste, das der Mensch um die Wirklichkeit herumstellt, abzubrechen; um dies zu tun, mußten wir uns immer auf die vorhergehenden Sprossen und Etagen dieses Gerüstes setzen: brachen aber immer wieder diese selbst ab, bis wir nun auf die Grundpfeiler jenes Gerüstes gekommen sind: *Raum und Stoff*. Dieser sukzessive Abbruch des Denkgerüstes ist charakteristisch für den Aufbau selbst und seine allmähliche Aufführung im Laufe der Zeit in der historischen Entwicklung der Menschheit.
>
> Die logische Funktion dankt sich am Ende und Ziele ihrer Tätigkeit selbst ab: das Gerüste wird abgeschlagen, wenn es seinen Zweck erfüllt hat." (123, 69f.)

Vaihinger fügt einige Sätze später hinzu: „So baut der logische Trieb auf, um schließlich seine Produkte selbst zu zerstören." (123, 70) Zu diesen Produkten gehören aber auch Raum und Stoff als Grundpfeiler, auf dem sich das Denken erhebt. Auch sie sind bereits Fiktionen des diskursiven Denkens. Was ihnen zugrundeliegt, sind die elementaren Empfindungen: „Als eigentlich Wirkliches würden sich nach bestimmten Gesetzen Gebilde erzeugen, welche wir als Fiktionen betrachten, und welche sich aus jenen Empfindungen in gewissen Empfindungszentren entwickeln, und Hilfsmittel einer reicheren Empfindungsverknüpfung sind." (123, 69) In unserem Zusammenhang ist es besonders wichtig, diesen Aspekt des Übergangs von den Empfindungen zur Anschauung zu verstehen. Er sei daher genauer dargestellt. Vaihinger geht davon aus, daß die Psyche sich um der besseren Orientierung willen gezwungen sieht, das „Empfindungschaos" zu ordnen. Erster und besonders wichtiger Anhaltspunkt für eine solche Gliederung ist „die Beobachtung", „daß gewisse Empfindungen in derselben Verknüpfung immer wiederkehren." (123, 164) „Diese Wiederkehr kann in doppelter Form vorkommen, in Simultaneität oder Aufeinanderfolge." (123, 164) Das heißt: Wenn ich in eine Landschaft blicke, so drängt sich mir gleichzeitig eine Fülle von Empfindungen auf, darunter aber auch stets dieselbe, z. B. das Grün der Bäume, Pflanzen und Wiesen. Diese Empfindungen fasse ich daher als „grün" zusammen und hebe sie damit aus der Fluktuation der anderen Empfindungen heraus. Dasselbe geschieht, wenn ich durch eine Landschaft wandere: immer wieder begegnen mir dieselben Empfindungen in der Aufeinanderfolge. Nun ereignet sich aber etwas noch Wichtigeres: Ich klassifiziere zugleich die Formen und Gestalten als „Dinge", so etwa den Baum als Baum, die Pflanze als Pflanze, und ihnen lege ich den Empfindungskomplex „grün" als Eigenschaft bei. Dabei besteht z. B. der Baum ja selbst auch lediglich aus einem Empfindungskomplex. Der kardinale Fehler liegt also nach Vaihinger darin, daß ich bereits Dinge und Eigenschaften unterscheide, wo mir doch im Grunde nur Empfindungen gegeben sind:

> „Gegeben sind dem Bewußtsein nur Empfindungen; indem es ein Ding hinzudenkt, dem diese Empfindungen als Eigenschaften angehören sollen, begeht das Denken einen kolossalen Irrtum! Es hypostasiert die Empfindung, die doch nur ein Prozeß ist, zu einer seienden Eigenschaft; es schreibt diese ‚Eigenschaft' einem ‚Dinge' zu, das entweder eben nur in dem Komplex der Empfindungen selbst besteht, oder gar von dem Denken noch zu dem Empfundenen hinzugedacht wird. Man mache es sich doch klar, daß, wenn das Denken einen Empfindungskomplex unter die Kategorie von Ding und Eigenschaft subsumiert, es einen ungeheuren Fehler begeht. . . . Das Denken setzt eben den Empfindungskomplex *zweimal*; erstens als Ding, zweitens als Eigenschaft." (123, 167 f.)

Dabei wäre dieser erste Schritt auf dem Wege der Fiktionen gar nicht denkbar ohne die Sprache:

> „Und diese Aufstellung des Dinges wäre nie möglich gewesen ohne Mithilfe der Sprache, welche für das Ding ein Wort hergibt, und welche den Eigenschaften besondere Namen gibt. An das Wort heftet sich nun jener Wahn, es gäbe ein Ding, welches Eigenschaften habe: das Wort gestattet die Fixierung des Irrtums. Die logische Funktion hebt aus dem allgemeinen Fluß des Geschehens und Empfindens einen Empfindungskomplex heraus, fingiert ein Ding, dem diese Empfindungen, die doch die Psyche allein hat, als Eigenschaften angehören sollen. Allein Ding, Eigenschaft und das Urteil, in dem sie kopuliert werden, sind lauter Veränderungen des Wirklichkeitsbestandes, sind Fiktionen, d. h. sind – Irrtümer, aber fruchtbare Irrtümer." (123, 170)

Die letzte Aussage ist für Vaihinger besonders wichtig, denn in ihr gründet sein positivistischer Optimismus. So sehr nämlich diese Operationen einerseits erkenntnistheoretisch als Irrtümer zu qualifizieren sind, so sehr sind sie andererseits Ausdruck jener Zweckmäßigkeit, in deren Diensten sich das Denken ursprünglich entwickelt hat: „die Aufstellung dieses fiktiven Dinges hat einen enormen praktischen Wert; es ist gleichsam der Nagel, an welchen die Empfindungen als Eigenschaften gehängt werden. Ohne seine Aufstellung wäre es dem Denken gar nicht möglich gewesen, in dem Wirrwarr der Empfindungen Ordnung zu schaffen." (123, 170) Dies gilt für die meisten anderen Fiktionen, die er sich nachzuweisen bemüht. Man muß sie, obgleich sie die tatsächliche Wirklichkeitserkenntnis verfälschen, akzeptieren, weil sie die Orientierung und das Handeln des Menschen erleichtern. Aber man muß sich ihrer Falschheit im Blick auf wahre Wirklichkeitserkenntnis bewußt sein. Das Denken und die von ihm verwendeten Fiktionen sind nicht Selbstzweck, sondern Mittel: „Der letzte und eigentliche Zweck des Denkens ist das Handeln und die Ermöglichung des Handelns. Von diesem Standpunkt aus betrachtet, erscheint die Vorstellungswelt im großen und ganzen eben als ein bloßes Mittel; ihre einzelnen Bestandteile sind ebenfalls nur Mittel." (123, 66 f.) Damit werden wie bei Mach Idealismus und Materialismus – im Sinne eines physikalischen Realismus – gleichermaßen kritisiert und auf einen radikalen Phänomenalismus reduziert, in dem zugleich der erkenntnistheoretische Pessimismus eines Schopenhauer und Nietzsche aufgefangen wird, indem die Einsicht in die Unfähigkeit des Intellekts zur Erkenntnis der wahren Wirklichkeit gleichsam kompensiert wird durch die Einsicht in die praktische Nützlichkeit solcher Fiktionen:

„Wir kennen nur Relatives, wir kennen nur unabänderliche Beziehungen und Gesetze der Phänomene: alles andere ist subjektive Zutat. Die Scheidung der Welt in Dinge an sich = Objekte und Dinge an sich = Subjekte ist die Urfiktion, von der alle anderen schließlich abhängen. Auf dem Standpunkt des kritischen Positivismus gibt es also kein Absolutes, kein Ding an sich, kein Subjekt, kein Objekt; es bleiben also einzig und allein die Empfindungen übrig, welche da sind, welche gegeben sind, aus denen die ganze subjektive Welt aufgebaut ist in ihrer Scheidung in eine Welt physischer und in eine Welt psychischer Komplexe: der kritische Positivismus erklärt jede andere und weitere Behauptung für fiktiv, subjektiv und unbegründet: für ihn existieren nur die beobachteten Sukzessionen und Koexistenzen der Phänomene; an diese allein hält er sich. Jede Erklärung, welche weitergeht, kann nur mit den Hilfsmitteln des diskursiven Denkens sich weiter behelfen, also mit Fiktionen. Die einzige fiktionsfreie Behauptung in der Welt ist die des kritischen Positivismus. Jede nähere, eingehendere Behauptung über das Seiende als solches ist fiktiv. Insbesondere ist jedes weitere, darauf gebaute System wertlos, insofern es sich nur im Kreise der Hilfsmittel, Hilfsbegriffe und Instrumente des diskursiven Denkens bewegen kann." (123, 78 f.)

Es geht hier nicht um immanente Kritik an Vaihingers Position – etwa um den Einwand, daß, wenn alles Denken Fiktion ist, auch seine eigene Argumentation davon nicht ausgeschlossen werden kann –, sondern es geht zunächst um die Einsicht, daß sich trotz unverkennbarer Unterschiede höchst bedeutsame Gemeinsamkeiten zwischen Lebensphilosophie und Positivismus erkennen lassen. Dies versteht sich keineswegs von selbst, denn die Lebensphilosophie hatte das Wort Leben – wie Gunter Martens mit Recht hervorhebt – „sogar pointiert als ‚Anti-Begriff' verstanden und den rationalistischen Theorien des Positivismus und Materialismus entgegengesetzt" (74, 16). Auch für den Positivismus Vaihingers ist aber das Leben einer Erkennbarkeit prinzipiell entzogen. Auch er versteht wie die Lebensphilosophen das Leben oder die Wirklichkeit im Rahmen eines Evolutionsdenkens als sich organologisch-teleologisch steigerndes Phänomen, in dessen Verlauf die Psyche eine immer höhere Entwicklung durchmacht und sich entsprechend immer mehr vom Leben selbst entfernt. Auch in Vaihingers Philosophie schlägt die „Stunde des Mittags", in der der Intellekt seine Nichtigkeit im Blick auf die wahre Erkenntnis der Wirklichkeit erkennt und sich auf seine ursprüngliche Funktion besinnt: dem Leben zu dienen (hier im Sinne der Ermöglichung des Handelns und damit der Selbsterhaltung des einzelnen Lebewesens). Auch Vaihinger eröffnet damit den Weg zu jener von Nietzsche im Zustand des Kindseins erstrebten neuen Unmittelbarkeit, einer neuen Nähe zum Leben, das auch bei ihm im Grunde nur als Chaos erfahren werden kann, als ständige Fluktuation von auf Empfindungen basierenden Erscheinungen, die nur durch die Psyche selbst einer Ordnung unterworfen werden. Insofern ist diese Wirklichkeit auch nur durch eine Vielzahl gegensätzlicher Aspekte zu beschreiben, und deshalb sind für ihn „logisch widerspruchsvolle Begriffe" gerade „die wertvollsten" (123, 65).

Allerdings – darin liegt die auch im Blick auf die Literatur entscheidende und überaus folgenreiche Verkürzung – sind bei Mach und Vaihinger der bei Nietzsche noch metaphysisch begründete Nihilismus und die im Zusammenhang mit neuen Werten in die Zukunft projizierte neue Unmittelbarkeit in eine Anerkennung des ‚positiv' Gegebenen umgeschlagen. Es bedarf keiner besonderen Inspiration wie bei Bergson, keines mystisch erlebten Augenblicks der Ekstase, um das „Leben" – etwa als „immaterielle Kraft", als „Willen", als geistiges Prinzip, als „inneren Klang" – zu erfahren. Das „Leben" liegt nicht hinter den Erscheinungen, die in solchen Augenblicken der ‚Verzückung' zu transzendieren sind, sondern es ist in den Empfindungen jederzeit gegenwärtig und verfügbar. Man braucht eigentlich nur die Arbeit der Psyche zu unterbinden und sich der unendlichen Vielfalt der Empfindungen hinzugeben, um das „Phänomen" des Lebens zu „haben", man braucht nur zu handeln, um den Zweck des Lebens zu erfüllen. – Damit wird die Beziehung zum bruitistischen Aktionismus der Dadaisten deutlich. Für Vaihinger gehört auch „der noch jetzt nachzuckende Kampf um den Grad, in dem die Einbildungskraft abweichen darf von der Natur, inwiefern sie sich nachahmend verhalten soll, und inwieweit sie frei gestaltend verfahren darf", in den Bereich der „ästhetischen Fiktion". Auch hier ist für ihn „der praktische Wert solcher Fiktionen" ausschlaggebend (123, 84f.). Von seinem Ansatz her liegt es natürlich nahe, den Bereich der Nachahmung in der Kunst überhaupt zu verlassen, weil diese als künstlerisches Prinzip eben eine Fiktion ist, und sich statt dessen den Erscheinungen selbst hinzugeben, sie zu erfahren und – in der Aktion – herbeizuführen und zu erleben. Mindestens aber legt dieser Ansatz nahe, die Erscheinungen im Sinne von Empfindungen selbst zu gestalten. Damit bleibt die Kunst zwar im Bereich der Nachahmung, aber sie ist nach dieser Auffassung der Wirklichkeit oder dem Leben selbst unmittelbar nahe gerückt. Die Ausprägungen und Folgen dieses „poetischen Positivismus" sollen uns im folgenden beschäftigen.

12. Die Einheit von Ich und Welt im Chaos des Lebens-Geräusches

Man könnte jenen bei Heym und Trakl besonders ausgeprägten Typ des im Reihungsstil und in gleichsam neutraler Perspektive verfaßten Simultangedichts als Ausdruck jenes Zusammenfalls von Subjekt und Objekt interpretieren, der von Mach und Vaihinger erkenntnistheoretisch begründet wird. Die Form der Aneinanderreihung heterogener Bilder kann als entsubjektivierte, mechanisch und automatisch ablaufende Registratur der Realität verstanden werden, die gerade auch durch die Zufälligkeit des Heterogenen die ordnende und sinnstiftende Perspektive des wahrnehmenden Subjekts auszuschalten scheint, so daß sich hier die Wirklichkeit als Fluktuation von Erscheinungen gleichsam selbst zur Anschauung bringt. Andererseits ist der Reihungsstil – dies hat Vietta mit Recht betont – ein Ordnungsprinzip: „Gerade die Diskontinuität ist hier das einheitliche, kohärenzstiftende Formprinzip." (82, 356) Und dies verweist wiederum auf ein ordnungsstiftendes Subjekt, das sich dieser Form als einer Fiktion im Sinne Vaihingers bediente, um souverän und nach Belieben über das Chaos der Wirklichkeit verfügen zu können und es somit für den Moment eines Eindrucks in seiner Dissonanz zu veranschaulichen. Georg Trakl könnte seine Gedichte in diesem Sinne verstanden haben, wenn er mit Bezug auf sein 1910 verfaßtes Gedicht ‚Der Gewitterabend', das zu den ersten Gedichten im expressionistischen Reihungsstil zählt, sein kompositorisches Verfahren als seine „bildhafte Manier" bezeichnet, „die in vier Strophenzeilen vier einzelne Bestandteile zu einem einzigen Eindruck zusammenschmiedet", und wenn er als Begründung für diese Form „das lebendige Fieber" nennt, „das sich eben gerade diese Form schaffen mußte" (54, 478). Dies erinnert an den musikalischen Akkord Schönbergs. Trakls

Äußerung – eine der wenigen über sein Dichten überhaupt – läßt sich so verstehen, daß jenes „Fieber" nicht eigentlich Ausdruck einer besonderen Subjektivität und einer Subjektivierung des Gedichts ist, sondern daß es auf einen als chaotisch erfahrenen „Urgrund" verweist, der sowohl Kennzeichen der Objektwelt wie auch des Subjekts ist, in dem er deshalb diese Form „schaffen mußte". So gesehen weist dieser Stil Subjekt und Objekt als identisch aus, und damit erinnert er an den erkenntnistheoretischen Ansatz von Mach und Vaihinger, die allerdings die Existenz von Subjekt und Objekt lediglich als Kategorien infragegestellt – nämlich als bloße Fiktion entlarvt – haben. Demgegenüber macht das expressionistische Simultangedicht durch die im Reihungsstil veranschaulichte Partialisierung der Wirklichkeit die Identität von Subjekt und Objekt als einen Zustand tiefgreifender Dissoziation bewußt: die Dissoziiertheit und Depersonalität des Subjekts ist Ausdruck einer als chaotisch und sinn-los erfahrenen Wirklichkeit. Die metaphysische Rückbindung, die sich hier noch als Erfahrung einer „transzendentalen Obdachlosigkeit" zu erkennen gibt, spielt für Mach und Vaihinger allenfalls noch als erkenntnistheoretisches, keinesfalls aber mehr als existentielles Problem eine Rolle. Ihre Erkenntnistheorie hat das Gebiet der Metaphysik gerade als Fiktion entlarvt und abgetan und damit die Rückkehr zum positiv Gegebenen eröffnet. Diese gewissermaßen klaglose Beschränkung auf die Phänomene der Realität vollziehen im Bereich der Kunst – zumindest der Intention nach – erst die Dadaisten mit ihren simultan inszenierten bruitistischen Spektakeln, die indessen den Eindruck erwecken, als führten die ins Stadium des Mythos zurückgekehrten „Primitiven" einen „Korybantentanz" auf, der genau die Funktion hat, die er im Mythos besaß: er soll die Dämonen bannen und die eigene Angst übertönen.

Doch nicht nur in dieser Hinsicht bedeutet das dadaistische Simultangedicht einen End- und Höhepunkt, sondern auch im Blick auf die Radikalität, mit der die Dadaisten in ihm das Chaos der Empfindungen erleben und zur Darstellung zu bringen versuchten. Auch hier markiert das expressionistische Simultangedicht eine deutliche „Zwischenstation". Die erste Strophe des eben erwähnten Gedichts ‚Der Gewitterabend' von Trakl lautet:

O die roten Abendstunden!
Flimmernd schwankt am offenen Fenster
Weinlaub wirr ins Blau gewunden,
Drinnen nisten Angstgespenster.   (54, 27)

Der erste Vers gibt einen Eindruck wieder, dessen qualitative „Tönung" sich indessen einer eindeutigen Bestimmbarkeit entzieht. Darin wird das

Bemühen erkennbar, subjektive Wertungen auszuschalten. Auffällig sind die Farbworte, die bei Trakl, wie man häufig beobachtet hat (vgl. 55; 57), die Tendenz besitzen, sich zu verabsolutieren, sich aus „Eigenschaften" zu „Dingen" zu entwickeln, wie dies in der dritten Zeile erkennbar wird. Damit tritt im Sinne Vaihingers ein Revisionsprozeß ein, der zwar nicht grundsätzlich die Kategorien von Ding und Eigenschaft aufhebt, aber doch, wie es der tatsächlichen Empfindung entspricht, dem Wahrgenommenen abwechselnd Eigenschafts- und Dingcharakter verleiht. Zugleich wird die Wahrnehmung unanschaulich: im „Rot" und „Blau" sind – ganz im Gegensatz etwa zu den Intentionen eines pointillistisch verfahrenden impressionistischen Gedichts – gleichsam alle Farbnuancen enthalten, die dem anschauenden Subjekt begegnen. Die Gegenstände verlieren ihre unverwechselbare Individualität. Das zeigen der Plural (Abendstunden, Angstgespenster) und die Kollektivbezeichnung „Weinlaub". Das Dargestellte ist zeitlos und augenblickshaft zugleich: es sind „die Abendstunden" gleichsam schlechthin, und dennoch bezeichnen sie den zeitlich begrenzten Übergang vom Tag zur Nacht. Das Bild „flimmert", das Weinlaub schwankt „wirr", und die hier noch erkennbare Einheit des Raumes wird in den nachfolgenden Versen und Strophen aufgelöst. Lichtenstein, so sahen wir (vgl. oben, S. 27 ff.), wollte eine unmittelbare Wahrnehmung „ohne überflüssige Reflexion" darstellen. Der „Kinderwagen" „schreit" bei ihm, weil Auge und Ohr diesen Eindruck haben. Die Präzision der Wahrnehmung erweist sich indessen bereits als Reduktion ihrer Leistung, denn faktisch ist diese Wahrnehmung ja falsch, die Anschauung ist im Sinne Kants blind, weil der die Sinneswahrnehmung ordnende Verstand bereits weitgehend ausgeschaltet ist. Er wird lediglich noch als formgebende Idee im Bereich der Selektion der Wahrnehmungen und ihrer Komposition tätig. Bei Trakl – dafür gibt es bessere Beispiele als die zitierte Strophe – wird die Leistung der Anschauung noch weiter reduziert in Richtung auf das ihr in der sinnlichen Wahrnehmung zugrundeliegende Material: auf die Empfindungen, die als solche ja unanschaulich sind, weil ihnen Raum und Zeit als der „Psyche" zugehörige Formen der Anschauung nicht eignen. Empfindungen sind „wirre" und „flimmernde" Farben und Töne.

Die Töne entfalten sich bei Trakl aber auch bereits im Sprachmaterial selbst. Man hat in eingehenden Untersuchungen die Musikalität seiner Verse analysiert und beobachtet, wie stark Trakl auch bei der Entstehung seiner Verse um diese Klangstruktur gerungen hat (vgl. 56; 58). An seinen späteren Gedichten läßt sich dies besser erkennen. Doch auch in der hier zitierten Strophe zeigen sich die Ansätze dieser Entwicklung beispielsweise an den zahlreichen Alliterationen („-*st*unden", „*sch*wankt", „-ge*sp*enster"; „*fl*immernd", „*F*enster"; „*W*einlaub", „*w*irr", „*g*ewunden") und Assonanzen („*o*", „r*o*t", „*o*ffen"; „*A*bend", „*A*ngst-"; „fl*i*mmernd"; „w*i*rr *ins*", „dr*i*nnen n*i*sten" usw.). Die Kontraste zwischen „hohen" und „tiefen" Vokalen verweisen auf Disharmonien und Spannungen, die man von ferne mit der „Atonalität" der expressionistischen Musik in Beziehung setzen könnte. Diese Klänge scheinen bei Trakl zunehmend an Selbständigkeit zu gewinnen und in gleichem Maße den Inhalt der Bilder zu entleeren, d. h. in solche Klangmusik aufzulösen. Obgleich sie aber mehr und mehr akustisch – als Empfindungen – sinnenfällig werden, veräußern sie sich doch nie zum bloßen „Geräusch", sondern symbolisieren gleichsam nur jene „inneren Klänge", um deren „Offenbarung" es nach Kandinsky den modernen „abstrakten" Künsten geht.

Auch hier blieb es – gestützt auf erfolgreiche Experimente der Futuristen – den Dadaisten vorbehalten, dieses in den dissonierenden Klängen akustisch sinnenfällig gemachte Symbolisieren des wahren Seins, der „Lust- und Unlust"-Gefühle des allen Erscheinungen zugrundeliegenden Willens, radikal und positivistisch in der bruitistischen Geräuschkulisse aufzulösen und sie damit tatsächlich auf das einzig als Empfindung sinnlich gegebene Material – nämlich das undefinierbare Geräusch – zu reduzieren. In welchem Ausmaß der Futurismus hier vorgearbeitet hat, hat u. a. Christa Baumgarth ausführlich dargestellt (62). Uns geht es hier nicht um solche Abhängigkeiten, sondern um die Folgen und die Bedeutung dieses Vorgangs. Huelsenbeck hat sich 1920 ausführlich zum Bruitismus geäußert. Ich zitiere eine längere Passage, in der mit wünschenswerter Deutlichkeit nicht nur die dadaistische Anlehnung an eine futuristische Welt-Anschauung, sondern auch der Stellenwert dieses „Geräuschfetischismus" innerhalb des dadaistischen Welt-Bildes zum Ausdruck kommt:

„Von Marinetti übernahmen wir auch den Bruitismus, le concert bruitiste, das seligen Angedenkens beim ersten Auftreten der Futuristen in Mailand als Réveil de la capitale so ungeheures Aufsehen erregt hatte. Ich habe über die Bedeutung des Bruitismus in öffentlichen Dada-Soireen oft gesprochen. ,Le bruit', das Geräusch, das Marinetti in der imitatorischen Form in die Kunst (von einzelnen Künsten, Musik oder Literatur kann man hier kaum noch sprechen) einführte, das er durch eine Sammlung von Schreibmaschinen, Kesselpauken, Kinderknarren und Topfdeckel ,das Erwachen der Großstadt' markieren ließ, sollte im Anfang wohl nichts weiter als ein etwas gewaltsamer Hinweis auf die Buntheit des Lebens sein. Die Futuristen fühlten sich, im Gegensatz zu den Kubisten oder gar den deutschen Expressionisten, als reine Tatmenschen. Während alle ,abstrakten Künstler' über der Auffassung, daß der Tisch nicht sein Holz und seine Nägel sondern die Idee aller Tische sei, im Begriff waren zu vergessen, daß man einen Tisch gebrauchen könne, um etwas darauf zu stellen, wollten die Futuristen sich in die ,Kantigkeit' der Dinge hineinstellen – für sie bedeutete der Tisch ein Utensil des Lebens wie jedes andere Ding auch. Neben den Tischen gab es Häuser, Bratpfannen, Pissoirs, Weiber usw. Marinetti und seine Anhänger liebten deshalb den Krieg als höchsten

Ausdruck des Widerstreites der Dinge, als eine spontane Eruption von Möglich-
keiten als Bewegung, als Simultangedicht, als eine Sinfonie von Schreien, Schüssen
und Kommandoworten, bei der eine Lösung des Problems des Lebens in der
Bewegung überhaupt versucht wurde. Die Bewegung bringt Erschütterung. Das
Problem der Seele ist vulkanischer Natur. Jede Bewegung bringt natürlicherweise
Geräusch. Während die Zahl und deshalb die Melodie Symbole sind, die eine
Abstraktionsfähigkeit voraussetzen, ist das Geräusch der direkte Hinweis auf die
Aktion. Musik ist so oder so eine harmonische Angelegenheit, eine Kunst, eine
Tätigkeit der Vernunft – Bruitismus ist das Leben selbst, das man nicht beurteilen
kann wie ein Buch, das vielmehr ein Teil unserer Persönlichkeit darstellt, uns an-
greift, verfolgt und zerfetzt. Bruitismus ist eine Lebensauffassung, die, so sonder-
bar das im Anfang scheinen mag, die Menschen zu einer definitiven Entscheidung
zwingt. Es gibt nur Bruitisten und andere. Um bei der Musik zu bleiben. Wagner
hatte die ganze Verlogenheit einer pathetischen Abstraktionsfähigkeit gezeigt –
das Geräusch einer Bremse konnte einem wenigstens Zahnschmerzen verursachen. . . . .

Der Bruitismus ist eine Art Rückkehr zur Natur. Er gibt sich als eine Sphären-
musik der Atome, so daß der Tod weniger ein Entweichen der Seele aus irdischem
Jammer als ein Erbrechen, Schreien und Würgen ist." (1, 164 f.)

Dem ist nach allem, was wir bisher ausgebreitet haben, nur noch wenig hin-
zuzufügen, und Beispiele erübrigen sich der Natur der Sache nach. Hier
wird die Lebens-Philosophie auf eine positivistische Welt-als-Geräusch-
Anschauung reduziert, oder genauer: man hat hier versucht, aus dem nach
dem Positivismus einzig real Gegebenen – den chaotischen Empfindungen
– eine Lebensanschauung zu zimmern. Es ist deutlich erkennbar, wie hier
lebensphilosophische und positivistische Argumentation zusammen-
kommt, und zwar im Bereich der Erkenntniskritik – alle „Abstraktionen"
oder „Ideen" sind Fiktionen – und in der daraus resultierenden Hinwen-
dung zum „Leben", auf seine sinnlichen Komponenten und auf die Aktion
– auch dies im Sinne Vaihingers. In diesen Kontext sind auch die „Aggressionspoeme" zu stellen, die auf eine „Tathandlung" abzielen, in der sich
die geräuschvolle „Buntheit des Lebens" erfahren läßt. Mit der völligen
Ausschaltung des Intellekts kehrt der Dadaist in solchen Aktionen zur
Natur zurück und handelt wie diese, ohne sich sein Handeln von moralischen „Fiktionen" vorschreiben zu lassen. „Der Baum", so erklärt Huelsenbeck in der Einleitung zu dem von ihm 1920 herausgegebenen ‚Dada
Almanach', „wächst, ohne wachsen zu wollen. Dada schiebt seinen Handlungen keine Motive unter, die ein ‚Ziel' verfolgen. . . . Dada ist die
schöpferische Aktion in sich selbst." (7, 8) Vaihinger hatte für sein Postulat
des praktischen Handelns keine ethisch-moralischen Grundsätze aufge-
stellt, an denen sich dieses Handeln orientieren sollte, weil er die schon bestehenden „kategorischen Imperative" zwar als Fiktionen entlarvt, zugleich aber auch in ihrer Nützlichkeit anerkannt hatte. Bei einer solchen,

von den Dadaisten vollzogenen „Rückkehr zur Natur", bei der man lebte „wie der Baum wächst", also vegetativ und präanimistisch, konnten solche Normen keine Rolle mehr spielen. Da war es sogar möglich, den Krieg in einem Atemzug neben „Häuser, Bratpfannen, Pissoirs und Weiber" zu stellen als ein „Utensil des Lebens wie jedes andere Ding auch", und dazu noch als besonders aufregende dissonante Geräuschkulisse. Die ungeheuerliche Provokation, die in dieser Äußerung steckt, hat, scheint mir – im Unterschied zu anderen Herausforderungen, über die man heutzutage nur noch zu lachen vermag –, auch nach einem halben Jahrhundert nichts von ihrer Wirksamkeit verloren. Sie entstammt indessen einer Zeit, in der eine zivilisierte Gesellschaft demonstriert hatte, wie gleichgültig ihr alle Werte im Bereich des ethischen Handelns waren, ohne sich dies aber eingestehen zu können oder zu wollen, und die deshalb höchst empfindlich und aggressiv reagierte, wenn sich ein analoges Verhalten im Bereich von Kunst und Kultur in Wort und Tat bemerkbar machte. – Wir kommen darauf zurück.

Vorläufig erinnert dieser Aspekt daran, daß der Bruitismus nicht in erster Linie dadurch entstand, daß Positivismus und Lebensphilosophie zusammengedacht und dann praktiziert wurden. Vielmehr – das zeigt auch die zitierte Passage von Huelsenbeck – ist es ursprünglich der Bereich der modernen Zivilisation – die Großstadt –, deren „Erwachen" Marinetti auf diese Weise sinnenfällig machen wollte. Der Bruitismus läßt sich auch als Ausdruck der Überbelastung des Wahrnehmungsapparates verstehen, der angesichts der Hektik und Geschwindigkeit des Großstadterlebens versagt, indem er die Fülle der auf ihn einstürmenden Empfindungen nicht mehr zu einer geordneten Wahrnehmung verarbeiten kann (vgl. dazu oben, S. 33 ff.). Aber zumindest bei den Dadaisten schlägt sich diese Erfahrung nicht unvermittelt in Bruitismus nieder im Sinne einer naiven „Widerspiegelung". Vielmehr zeigt die Darstellung von Huelsenbeck, daß diese Erfahrung innerhalb vorgefundener theoretischer Problemstellungen begriffen und verarbeitet wurde, und dies ist, wie wir sehen werden, bei Hugo Ball noch offenkundiger. Es ist ernst gemeint und auch ernst zu nehmen, wenn Daimonides (al. Döhmann) in einem Beitrag ‚Zur Theorie des Dadaismus' in Huelsenbecks ‚Dada Almanach' erklärt: „Es genügt nicht die Kesselpauke und Kindertrompete, zwar wichtige und tiefsinnige Symbole, für das Wesentliche zu halten; rechtes Verständnis des Dadaismus setzt durchaus ernstliche Beschäftigung mit nahezu allen Gebieten des Lebens, der Metaphysik, der Psychologie, Kunst usw. voraus." Mit dem nachfolgenden Satz verweist er auf einen entscheidenden erkenntnistheoretischen Ausgangspunkt: „Der Lehrbegriff des Dadaismus verlangt prinzipielle Einsicht in die durchgängige Irrelevanz der empirischen Welt, inklusive aller Ideologie" (7, 54). Die empirisch vorfindliche moderne Welt der Zivilisation konnte also auch deshalb zur Geräuschkulisse degradiert werden, weil sie als „geprägte Form" im Sinne Simmels, als – in den technologischen Erfindungen sich manifestierende – Ausgeburt des lebensfeindlichen Intellekts und damit in Denkkategorien der Lebensphilosophie betrachtet werden konnte, für die das eigentliche, wahre Leben erst jenseits aller starren und damit hemmenden Konventionen zu finden war. Und die damalige Erkenntnistheorie des Positivismus konnte die Begründung dafür liefern, warum man das „Leben" in den gegebenen Empfindungen als dem einzig Realen zu suchen habe, also in der Fülle der wahrnehmbaren sinnlichen Fluktuationen, auf die man – wiederum entsprechend der Lebensphilosophie – die „geprägte Form" der Großstadt zum „Lebensstrom" reduziert und aufgelöst hatte. Da die Dadaisten sich in ihren „schöpferischen Aktionen" selbst gleichsam als Elemente in diese Bewegung hineinversetzten und an ihr teilnahmen, konnten sie glauben, auf diese Weise das Leben selbst zu sein. In diesem Sinne beendet Tristan Tzara sein langes und wirres ‚Manifest Dada 1918': „Freiheit: *Dada, Dada, Dada*, aufheulen der verkrampften Farben, Verschlingung der Gegensätze und aller Widersprüche, der Grotesken und der Inkonsequenzen: *Das Leben.*" (23, 131) Denn das Leben war eben Chaos, Widerspruch und Anarchie, und so wie der Krieg der Vater aller Dinge, das Leben ein Kampf ums Dasein, um die Erhaltung und Höherentwicklung der Rassen, so wie der Mensch dem Menschen ein Wolf war, so war, wie Daimonides formuliert, „homo homini dada" (7, 55).

Damit verquickt sich ein weiterer, noch wichtigerer Gesichtspunkt: das Bewußtsein der Zeitenwende. Das naturwissenschaftlich nachgewiesene Phänomen der Evolution, die Beobachtung, daß sich alle einzelnen Objektivationen der Natur nur durch Kampf erhalten und höherentwickeln, hatte sich, wie wir sahen, auch in der Lebensphilosophie Nietzsches und Simmels niedergeschlagen. Nach beiden war der Krieg, der permanente „Formbruch", Voraussetzung zur Verwirklichung einer höheren Kultur und Zivilisation. Daß der Ausbruch des Ersten Weltkriegs von zahlreichen Intellektuellen und Künstlern so emphatisch begrüßt wurde, ist mit politisch-propagandistischer Verhetzung oder der Identifizierung mit einer nationalistischen Großmachtpolitik nicht zureichend zu erklären, sondern man muß dazu auch auf die naturwissenschaftlich – und damit scheinbar unwiderleglich – bewiesenen und lebensphilosophisch begründeten Theorien zurückgreifen. Denn anders ist nicht zu verstehen, warum Huelsenbeck noch im Februar 1918, als die verheerenden Kriegsfolgen ganz offensichtlich waren und die Niederlage sich offenkundig abzeichnete, in der ‚Ersten Dadarede in Deutschland' behaupten konnte: „Wir waren für den Krieg und der Dadaismus ist heute noch für den Krieg. Die Dinge müssen sich stoßen: es geht noch lange nicht grausam genug zu." (8, 106) Die Schrecken des Ersten Weltkrieges widerlegten die lebensphilosophische Kriegsideologie nicht, sondern bestärkten sie. Die Existenz des Krieges bewies die Richtigkeit der Theorien, die ihn vorausgesagt und als notwendig begründet hatten. Sein Ausbruch schien zugleich die prophezeite Zeitenwende heraufzuführen, in ihm schien sich die „Stunde des Mittags" zu ereignen, in der die längst als „decadence" begriffene und nachgewiesene Zivilisation vernichtet wurde und in der sich zugleich ein „neues Leben" eröffnen sollte. Der Krieg ließ sich so als historisch in Erscheinung getretene Simultaneität von Zerstörung und Neubeginn begreifen, in der sich das Dionysische, der irrationale Voluntarismus und Vitalismus als echte und eigentliche Lebenskraft anschickte, über das Apollinische zu triumphieren; in der Destruktion zeigte sich bereits das Leben. Die Dadaisten als Menschen, „die verstehen, daß sie an eine Wende der Zeit gestellt sind", wie Huelsenbeck formuliert (8, 108), trugen das Ihre zur Vernichtung bei und konnten gerade darin bereits „die Überleitung zu der neuen Freude an den realen Dingen" erfahren (8, 108).

Nach Nietzsche wie Vaihinger ist die Welt als kosmisches Geschehen ein Chaos, der Mensch ist die Spitze der Evolution, seine Vorstellungen sind nach Vaihinger „ein Teil des kosmischen Geschehens", dieses „setzt sich in diesen Vorstellungen selbst fort" (123, 64; vgl. oben, S. 113). Solche Gedanken macht sich auch Dada zu eigen. „Dada ist das Chaos", so beginnt ‚Eine Erklärung des Club Dada', „aus dem sich tausend Ordnungen erheben, die sich wieder zum Chaos Dada verschlingen. Dada ist der Verlauf und der Inhalt des gesamten Weltgeschehens gleichzeitig." (7, 132). So wie sich mit der Evolution die neuplatonische Emanationslehre auf neuzeitlich veränderte Weise wieder aufnehmen ließ (vgl. oben, S. 43), so unter der Kategorie des Chaos die bis ins 17. Jahrhundert hinein gültige Mikrokosmos-Makrokosmos-Lehre, die besagt, daß Gott den Menschen in genauer Analogie zum Kosmos geschaffen hat, daß die menschlichen Glieder und die Funktionen des Körpers in derselben Ordnung, nach denselben Gesetzen funktionieren und zum selben Zweck und Ziel bestimmt sind wie die Ordnung und der Verlauf des Weltganzen. Der Mensch als Höhepunkt der Evolution „enthält" und repräsentiert zugleich das als Chaos begriffene kosmische Geschehen: dies ist das – Emanation und Mikrokosmos-Makrokosmos-Vorstellung vereinigende – neue dadaistische Weltbild, wie es sich in der ‚Erklärung des Club Dada' ausspricht:

„Die Menschen sind Engel und leben im Himmel. Sie selbst und alle Körper, die sie umgeben, sind Weltallkumulationen gewaltigster Ordnung. Ihre chemischen und physikalischen Veränderungen sind zauberhafte Vorgänge, geheimnisvoller und größer als jeder Weltuntergang oder jede Weltschöpfung im Bereich der sogenannten Sterne. Jede geistige und seelische Äußerung oder Wahrnehmung ist eine wunderbarere Sache als das unglaublichste Begebnis, das die Geschichten von Tausendundeine Nacht schildern. Alles Tun und Lassen der Menschen und aller

Körper geschieht zur Unterhaltung der himmlischen Kurzweil als ein Spiel höchster Art, das so vielfach verschieden geschaut und erlebt wird als Bewußtseinsein-
heiten seinem Geschehen gegenüberstehen. Eine Bewußtseinseinheit ist nicht nur
der Mensch, sondern auch alle die Ordnungen von Weltgestalt, aus denen er besteht, und inmitten deren er lebt als Engel. Der Tod ist ein Märchen für Kinder
und der Glaube an Gott war eine Spielregel für das Menschenbewußtsein während
der Zeit, da man nicht wußte, daß die Erde ein Stück des Himmels ist, wie alles
andere. Das Weltbewußtsein hat keinen Gott nötig." (7, 133)

Dieses Weltbild eröffnet grundsätzlich zwei Möglichkeiten der veran-
schaulichenden Realisierung: die eine ist die im Aktionismus und Bruitismus kulminierende Herbeiführung des Chaos in der Wirklichkeit, um diese
zum Chaos zu machen und sie damit ihrem eigentlichen „Wesensgesetz"
wieder zuzuführen; die andere besteht im Rückzug auf sich selbst, auf seine
„Psyche" und die in ihr schlummernde irrationale Schöpferkraft, die Teil
des Weltchaos ist und in der dieses kulminiert. Hier haben die „automatischen" Gedichte, die Zufalls- und „Unsinns"-Poeme eine ihrer entscheidenden gedanklichen Voraussetzungen. So gegensätzlich der aggressive
Bruitismus eines Huelsenbeck und der mystisch-innerliche Spiel-Trieb
eines Hans Arp auch anmuten und so gegensätzlich ihre künstlerischen
Neigungen sind: sie verkörpern letztlich nur die beiden extremen Möglichkeiten, das als Chaos begriffene Leben in der „Stunde des Mittags" sichtbar
zu machen.

13. Das Gesetz des Zufalls und die romantische „Weigerung" (Arp)

Die gedanklichen Ursprünge von Arps Sprachexperimenten liegen in seinen frühen Gedichten offen zutage. Das folgende stammt aus dem Jahr
1904:

        Märchen

1
Ein großer blauer Falter ließ sich auf mich nieder
und deckte mich mit seinen Flügeln zu.
Und tiefer und tiefer versank ich in Träume.
So lag ich lange und vergessen
wie unter einem blauen Himmel.

2
Mein Schatten wird immer größer und größer
ich selbst werde immer kleiner und kleiner
klein wie eine Maus.

Mein Schatten wird immer größer und größer
ich selbst werde immer kleiner und kleiner
klein wie ein Punkt.
Wo führt dies hin?
Wo führt dies hin?
In die große und kleine Unendlichkeit.

3
Eine rote Beere wächst in der Stille des Waldes.
Sie ist groß wie ein Menschenkopf.
Sie hat zwei leuchtende Augen
und einen Mund daraus eine lange rote Zunge schießt
die nach winzigen denkenden Blitzen hascht.   (24, 11)

Der Anfang des Gedichts erinnert unverkennbar an die oben (S. 44) zitierte Eingangspassage des wenige Jahre zuvor erschienenen Werkes von Bölsche, an den „schönen Segelfalter", aus dem „du, Mensch, geworden" bist, „du als Mensch der modernen Erkenntnis." Indem das „lyrische Ich" des Gedichts von dem Falter zugedeckt wird, wird es von den Anfängen der Evolution gleichsam eingeholt, es wird wieder zu jener „kleinen Unendlichkeit", von der es einmal ausgegangen war, und weiß sich damit zugleich mit der „großen Unendlichkeit" identisch, als Teil der allumfassenden Natur, deren Gesetze des Lebens und Wachsens sich in allen Stufen ihrer Objektivation verwirklichen. Die dritte Stufe deutet die Evolution in Gestalt der roten Beere an, die sich aus einer Pflanze bis hin zu menschlichen Zügen entwickelt und schließlich sogar „nach winzigen denkenden Blitzen hascht", also im Begriff ist, Geist anzunehmen. Gewiß, das Gedicht enthält, als ‚Märchen' apostrophiert, auch andere Bedeutungsaspekte. Dazu gehört natürlich die Beobachtung, daß wir es hier im Grunde mit drei Märchen zu tun haben, dennoch sind sie als Zusammenhang komponiert und deshalb auch sinnvoll zusammenzusehen. Dazu gehört ferner die sehr viel wichtigere Beobachtung, daß die frühen Gedichte Arps auch in der Sprach- und Formgebung in der Romantik beheimatet sind.

Diesen Aspekt hat Reinhard Döhl besonders hervorgehoben. Er weist nach, daß Arp sich in jenen Jahren etwa mit den Werken von Brentano, Novalis und Mörike beschäftigt hat, und er verweist auf die Nähe dieser „romantisierenden Primanerlyrik" (25, 99) zur Neuromantik der Jahrhundertwende, insbesondere zu Däubler. Das ist richtig, indessen bedürfen, wie mir scheint, die Schlußfolgerungen, die Döhl daraus zieht, der Korrektur. Döhl neigt nämlich, wie er sagt, dazu, „die sogenannte Neuromantik – als Folge des Impressionismus im Zusammenhang mit dem ästhetisierenden Jugendstil und im Gegensatz zu einem als materialistisch empfundenen Naturalismus – als eine literarische Spätform zu interpretieren. Spätformen sind dadurch charakterisiert, daß sie literarische Errungenschaften nicht fortführen, sondern sie durch Konventionalisierung, durch Klischierung vereinfachen und einer literarisch nicht gebildeten Öffentlichkeit, die sich gefühlsmäßig in gewohnten Klischees bewegt, so leichter zugänglich zu machen, indem die Sprache als schon Geformtes, als gegebene Form, als Gefühlsklischee übernommen, auf „schön' stilisiert wird." (25, 100) Für Döhl sind daher diese neuromantischen Anfänge Arps gleichsam nur die Folie, von der sich dessen spätere Lyrik gerade abheben läßt, weil sie sich mehr und mehr als eine „Unsinnspoesie" entfaltet, welche alle romantischen Klischees einer scharfen Kritik unterzieht und negiert.

Allerdings macht Döhl selbst darauf aufmerksam, daß sich viele Motive aus der Frühzeit Arps in dessen späterem Werk wiederholen. So trifft man häufig „die im Zusammenhang der ‚Märchen' (für den großen blauen Falter, die rote Beere) festgestellte unnatürliche Veränderung der wirklichen Dimensionen an." (25, 105) Als Beispiel für diese „Verwandlung der Dinge" zitiert er folgenden Text aus ‚Unsern täglichen Traum':

> Aus einem wogenden Himmelsvlies steigt ein Blatt empor. Das Blatt verwandelt sich in einen Torso. Der Torso verwandelt sich in eine Vase. Ein gewaltiger Nabel erscheint. Er wächst, er wird größer und größer. Das wogende Himmelsvlies löst sich in ihm auf. Der Nabel ist zu einer Sonne geworden, zu einer maßlosen Quelle, zur Urquelle der Welt. Sie strahlt. Sie ist zu Licht geworden. Sie ist zum Wesentlichen geworden. (25, 106)

Als weiteren Beleg zitiert er aus dem ‚Wegweiser':

> Ich wanderte durch viele Dinge, Geschöpfe, Welten, und die Welt der Erscheinungen begann zu gleiten, zu ziehen und sich zu verwandeln wie in den Märchen. Die Zimmer, Wälder, Wolken, Sterne, Hüte waren abwechselnd aus Eis, Erz, Nebel, Fleisch, Blut gebildet. Die Dinge begannen zu mir zu sprechen mit der lautlosen Stimme der Tiefe und Höhe. (25, 106)

Döhl erinnert in diesem Zusammenhang an den zweiten Teil des ‚Heinrich von Ofterdingen' von Novalis und erklärt im Anschluß an ein weiteres, ähnliches Zitat von Arp – dessen Abschluß lautet: „Dieses Aufheben der Grenzen ist der Weg, der zum Wesentlichen führt" –: „Das ist eine späte Form romantischen Denkens, wie es etwa auch bei Hesse begegnen könnte, der Rückfall in die Spätform einer sogenannten Neuromantik, von der sich Arp in seinen wesentlichen literarischen Arbeiten zu lösen, in seinen essayistischen Arbeiten nie ganz zu befreien vermochte." (25, 106)

Es ist richtig, an die Romantik zu erinnern. Auch Hugo Ball hat – nicht ohne Grund, wie wir sehen werden – den Dadaismus in seinem Tagebuch unter der Überschrift ‚Romantizismen – Das Wort und das Bild' abgehandelt. Aber damit verweist er eben auf die grundsätzliche Gemeinsamkeit zwischen Romantik und *Dadaismus*. Das berühmte romantische Symbol der „blauen Blume", von der Heinrich von Ofterdingen träumt, bezeichnet diese Gemeinsamkeit der Richtung aufs Wesentliche: Sie ist nicht nur die Sehnsucht nach dem Unendlichen; „die Blume", so heißt es in einem der Träume Heinrichs, „neigte sich nach ihm zu, und die Blütenblätter zeigten einen blauen ausgebreiteten Kragen, in welchem ein zartes Gesicht schwebte." (132, 196 f.) Es ist das Gesicht seiner Geliebten Mathilde. Ähnlich wie im dritten Märchen von Arp, in dem eine rote Beere die Züge eines „Menschenkopfes" annimmt, symbolisiert die „blaue Blume" die Einheit von Mensch und Natur, und diese ursprüngliche Einheit wiederherzustellen, ist die Aufgabe des romantischen und – unter gewandelten Voraussetzungen – auch des dadaistischen Poeten. Diese veränderten Prämissen habe ich in den vorausgegangenen Kapiteln anzudeuten versucht. Was um 1800 noch als romantischer Traum erscheinen konnte, hatte sich durch naturwissenschaftliche Erkenntnisse und lebensphilosophische Erörterungen im Laufe des 19. Jahrhunderts als reale naturgeschichtliche Dimension erwiesen: die Einheit des Menschen mit der Natur im gemeinsamen Ursprung und im gemeinsamen Ziel des Lebens. Die erstarrten Formen der Zivilisation mußten durchbrochen werden, um diese Einheit im Zeichen des Dionysischen wiederherzustellen, das den Charakter des Chaotischen trägt. Mag die Neuromantik im Blick auf die Formensprache auch eine „literarische Spätform" sein, so gehört sie in diesem angedeuteten größeren Kontext doch zur Moderne als Versuch, die neue Erfahrung zunächst noch mit tradierten Mitteln zu gestalten – auch dies allerdings nicht ohne bedeutsame Änderungen, die ich aber hier nicht ausbreiten kann. Auch von dieser Perspektive her erweist sich Dada als radikaler Höhepunkt in der literarischen Bewältigung dieser Einheit, und insofern läßt sich auch die weitere Entwicklung Arps als konsequente Fortsetzung im Blick auf die Suche nach geeigneten Ausdrucksmöglichkeiten zur Darstellung dieser Einheit begreifen, nicht aber als Gegensatz dazu. Die zitierten Äußerungen Arps bezeugen diese Kontinuität, und nicht wenige seiner Sprachexperimente lassen sich als Suche nach der adäquaten Verwirklichung dieses Subjekt und Objekt, Mensch und Natur gleichermaßen umfassenden Chaos verstehen. Döhl hat sich, scheint mir, diese Sinnperspektive dadurch versperrt, daß er im wesentlichen literaturimmanent operiert und sein Interesse auf die Erarbeitung einer am Sprachmaterial und am poetischen Verfahren orientierten Poetik konzentriert, die im übrigen deutlich von der Blickrichtung her durch gewisse Sprachexperimente in der Gegenwartsliteratur bestimmt wird. Für sich allein betrachtet erwecken die späteren Texte Arps denn auch den Eindruck von Unsinnspoemen, und dies wird Döhl denn auch nicht

müde zu betonen. Indessen so wie sich manche Texte der Gegenwartsliteratur – hier insbesondere aus dem Bereich der ‚konkreten poesie'-kaum zureichend ohne Kenntnis der entsprechenden Theorie verstehen lassen – es
ist kein Zufall, daß man bei den Autoren dieser Gruppe geradezu von einer
„Prävalenz der Theorie" (57, 94) sprechen kann –, ebensowenig sind die
dadaistischen Texte ohne Einbeziehung des weiteren historischen Kontextes zu begreifen. Dieser liefert den Verständnis-Rahmen, dessen – zuweilen
etwas chaotischer – Ausdruck auch die theoretischen Äußerungen der
Dadaisten selbst sind und der in mancher Hinsicht aufschlußreicher und
interessanter ist als die „Unsinnspoesie" selbst; Analoges, scheint mir, gilt
vielfach auch für die ‚konkrete poesie'. –

Fast ein Jahrzehnt später finden sich – als nahezu einzige Texte von Arp
aus dieser Zeit – zwei Beiträge in Herwarth Waldens Zeitschrift ‚Der
Sturm', welche die angedeutete konsequente Weiterentwicklung erkennen
lassen. Ich zitiere zunächst den Beginn des Textes ‚Von den Zeichnungen
aus der Kokoschka-Mappe' von 1913:

> Aus den Sternen wachsen blühende Zweige voll leuchtender Ampeln. Aus den
> Traufen der Sterne fließt Wein in Strömen. Herr Archie A. Goodale wandelt mit
> dem Kopf in der Tiefe hängend an den Sternen. Manchmal schwankt er nachdenk-
> lich wie eine schwere Traube.
> Der Umfang des Blutes mit seinen dunkeln Flüssigkeiten des Mordes Wahnsinnes
> und Traumes. Die durchsichtige Haut des Menschen mit seinem Uhrwerk seinen
> Gerüsten und Kanälen. Die roten gelben und blauen Schnüre darum. Die Anato-
> mie aus Kompliziertheit primitiv wie die Gewandfalten der alten Heiligen.
> Irisierende Schädel. (24, 12)

Arp selbst bemerkt dazu u. a., er habe diesen Text während der Vorstellung des ‚Wintergartens' – des „unheimlichsten Varietés der Welt" –
niedergeschrieben und fügt hinzu: „Die Beziehung zu den Zeichnungen
Kokoschkas kann sehr lose genannt werden. In der Hauptsache war es Herr
Archie A. Goodale, der die Beziehungen herstellte, indem er im ‚Winter-
garten' auftrat und von Kokoschka in seiner Mappe abkonterfeit worden
war." (24, 14) Es geht also in diesem Text nicht um „Nachahmung" der
Vorgänge im Varieté oder um eine Beschreibung der Zeichnungen
Kokoschkas, wohl aber um strukturelle Parallelitäten im Blick auf das, was
innerhalb der Künste zur Evokation des „inneren Klangs" geleistet werden
kann. Dazu sei daran erinnert, daß Arp an dem 1912 erschienenen Almanach der ‚Blauen Reiter' – wenn auch nur am Rande – beteiligt war und daß
er die darin geäußerten kunsttheoretischen Intentionen gekannt hat. Im
Geist als ihrem höchsten schöpferischen Organ ist die Natur gleichsam zu
sich selbst gekommen, er ist dadurch aber auch frei geworden, um aus eige-

ner innerer Notwendigkeit die Welt zu schaffen, das Chaotische der „Urmelodie", des allen einzelnen Erscheinungen zugrundeliegenden Lebens-Willens im frei schweifenden Chaos der Empfindungen zu symbolisieren. Um diese dionysisch-atonalen Klänge darstellen zu können, müssen die Künste abstrakt werden und die bisherigen Formen, in denen sich der Geist zum Ausdruck zu bringen versuchte, zerstören. Man darf die Radikalisierung von Arps Gestaltungsweise mit diesen Anschauungen in Verbindung bringen, zumal sie sich mühelos mit den zuvor angedeuteten romantischen „Ursprüngen" seiner Entwicklung vereinbaren lassen. Auch der ‚Blaue Reiter' läßt sich ja in den Kontext des romantischen ‚Ideengutes' stellen.

Die beiden Eingangsabschnitte der zitierten Passage parallelisieren in der Dominanz der Motive und in der strukturellen Verknüpfung die Bereiche von Makro- und Mikrokosmos und verknüpfen sie wiederum mit der Vorstellung der Evolution. Dem Bereich des durch die Sterne und die Tiefe symbolisierten Kosmos wird der wie ein Uhrwerk funktionierende Mensch gegenübergestellt, dem Motiv des Fließens und Strömens entspricht – ganz im Sinne der traditionellen Vorstellung – das durch die Adern strömende Blut des Menschen. Am Ende beider Abschnitte erscheint das Motiv des „Kopfes" oder „Schädels", der in der Tiefe hängt bzw. irisiert. Darin aber deutet sich die Umkehrung und Un-Ordnung an, die hier zur Anschauung gelangt, indem sie das von Harmonie und Ordnung gekennzeichnete mittelalterliche Weltbild in einigen Versatzstücken gleichsam zitiert, um in ihm das neu herbeizuführende chaotische Weltbild zu veranschaulichen, das gleichwohl an der Einheit selbst festhält, die sich als Umkehrung, Disharmonie und Atonalität zu erkennen gibt. Auch die im Motiv des Wachsens evozierte Evolution ist gleichsam auf den Kopf gestellt, sie ist angehalten oder überwunden: der Kopf schwankt „wie eine schwere Traube" – dies erinnert an die wie ein Menschenkopf aussehende rote Beere im dritten Teil des ‚Märchens'. Der Mensch „wandelt mit dem Kopf in der Tiefe hängend an den Sternen", er ist in das kosmische Chaos hineingestellt, „rückversetzt", und sein Körper und sein irisierender Schädel sind ein getreues Spiegelbild dieses Zustands. Das diesem umgekehrten Kopf entspringende Welt-Bild wird in den nachfolgenden Passagen des Textes durch eine unaufhörliche Fluktuation von assoziativ aneinandergereihten Bildern gestaltet (24, 16ff.).

Der zweite Beitrag – ‚Von der letzten Malerei' – weist dieselbe Gestaltungsweise auf und erinnert in den Prädikationen des Reihungsstils an einen weiteren bedeutsamen Aspekt, der uns bereits bei der Betrachtung von Hugo Balls Gedicht ‚Der Verzückte' begegnete. Ich zitiere wiederum nur einen Ausschnitt:

Zwischen dem erhobenen Zeigefinger und den versteinerten Augen der Cumä-
ischen Sibylle von Andrea del Castagno bist Du durchgeflogen.
Bei Grünewald zeigst Du Dich als farbig glühender Dorn vor Landschaften die
wie erhitzte Metalle anlaufen. Und Kelche schweben um Dich ab und zu.
Du lächelst mild hinter Hecken von wächsernen Blumen durch die sich Sterne
glühen.
Du ruhst gelassen o Flamme in den Feldern goldener Architekturen. In diesen pla-
nimetrischen Zimmern zeigst Du Deine großen Füße und langen Zehen. Deine
Zungen. Und Deine Lämmer und Freunde o Flamme ordnen sich wie Blumen-
blätter um Dich.
Du atmest in dem zitternden Glanzlicht auf dem Bauche des Buddha und in den
Schleiern der Rosita Mauri von Manet. (24, 19f.)

Hier wird wiederum das alle Schranken und Formen durchbrechende freischweifende Subjekt geschildert, das sich ohne Rücksicht auf Raum und
Zeit mit allen Dingen und Erscheinungen verwandt weiß und sich in allen
einzelnen Objektivationen selbst wiederzufinden sucht, wie wir dies auch
bei Werfel (vgl. oben, S. 83f.) und Stadler (vgl. oben, S. 60ff.) beobachtet
haben. Es ist die „Flamme" des schöpferischen Geistes, die fähig ist, die
Welt neu zu schaffen.

Die Vorstellung des Zeit und Raum beherrschenden und sich mit allem
eins fühlenden dichterischen Ichs hat auch Emmy Hennings in ihrem 1913
erschienenen Gedichtband ‚Die letzte Freude' gestaltet, so zum Beispiel in
dem Eingangsgedicht der kleinen Sammlung, das – im Rahmen des der
Autorin Möglichen – zu ihren besseren Poemen zählt:

    Ätherstrophen

Jetzt muß ich aus der großen Kugel fallen.
Dabei ist in Paris ein schönes Fest.
Die Menschen sammeln sich am Gare de l'est
Und bunte Seidenfahnen wallen.
Ich aber bin nicht unter ihnen.
Ich fliege in dem großen Raum.
Ich mische mich in jeden Traum
Und lese in den tausend Mienen.
Es liegt ein kranker Mann in seinem Jammer.
Mich hypnotisiert sein letzter Blick.
Wir sehnen einen Sommertag zurück . . .
Ein schwarzes Kreuz erfüllt die Kammer . . ."   (20, 117)

Von dem Mitleidspathos, das dieses Gedicht in den Rahmen des „messianischen" Expressionismus stellt, ist in dem Text Arps ebensowenig zu spüren
wie von der „Verzückung", welche Hugo Ball im Moment kosmischer

Ergriffenheit erfaßte. Bei Arp ist der chaotische Kosmos, in dem alles sich mit allem verbinden kann, ein normaler Dauerzustand, und die Aneinanderreihung der Identifizierungen erscheint denn auch als beliebig fortsetzbar. Arp ist auch konsequenter und präziser in der Herstellung seiner disharmonischen Identifizierungen. Er bezieht schlechthin alle Bereiche mit ein, auch – in den hier nicht zitierten Passagen – Zivilisationsprodukte wie etwa die „Fruchtkataloge der Handelsgärtnereien" (24, 20). Und er flicht schon hier ridikülisierende Bildkontaminationen in den Text ein, in denen sich die „Umwertung aller Werte" als zum neuen Weltbild gehörig manifestiert und in denen sich zugleich die Überlegenheit des Subjekts dokumentiert, welches über diesem von ihm geschaffenen Chaos schwebt und daran seine Freude hat.

Döhl arbeitet an diesen Texten Arps den „grundlegenden" Unterschied zu seinen Jugendgedichten heraus: „Zwar treten diese Wortkonstellationen zu der traditionellen syntaktischen Fügung des Satzes zusammen, aber sie bilden keine interpretierbaren Sinneinheiten mehr. An die Stelle eines Sinnzusammenhangs, einer zusammenhängenden Aussage ist ein assoziativ bestimmtes Bedeutungsgeflecht getreten, das in sich unsinnig ist. Und vielleicht könnte man sogar sagen, daß ein Text wie der vorliegende keine interpretierbare Aussage mehr enthalten soll, daß er keine Wirklichkeit (wie auch immer) abbilden will, daß er stattdessen seine eigene Wirklichkeit, eine Textwirklichkeit vorstellt; und daß diese Textwirklichkeit abhängig ist von der assoziativen Konstellation von Wörtern, die ihrerseits zu einem Bedeutungsgeflecht zusammentreten können, bei allerdings unsinnigen Konnexen." (25, 110) In der „Bildung überraschender, unsinniger Wortkonnexe" (25, 111) erblickt Döhl – „als Ansatz, als Wurzel der Arpschen ,Unsinnpoesie' " – „den Versuch Arps", „sich von einer literarischen Tradition zu lösen, der er zugleich noch verpflichtet ist." (25, 112 f.) Döhls Beobachtungen am Text sind nicht falsch. Indem er aber aus dem reinen Textbefund auf den intendierten Sinn schließt, verkürzt er diesen und schließt den weiteren historischen Kontext aus, innerhalb dessen diese Texte erst ihre einsichtige Bedeutung erhalten.

Das gilt auch für Döhls Beobachtung „von einer akustischen Strukturierung" des Textes ,Von den Zeichnungen der Kokoschka-Mappe'. Er verweist auf die auffällige Häufung des „au"-Diphthongs, auf zahlreiche Alliterationen und bemerkt dazu: „Die Alliterationen, die Vokalketten dieses Textes haben die Funktion der reinen Klangwirkung, stehen um ihrer selbst willen. Damit hätte man ein Drittes, was die ,Unsinnspoesie' Arps in der Folgezeit mehr oder weniger deutlich auszeichnen wird: ihre akustische Dimension. Und es wird im Zusammenhang der ,wolkenpumpe' vor allem zu zeigen sein, eine wie große Rolle solche Klangsprünge und -folgen als Klangstrukturen spielen können." (25, 112) Auch dieser Aspekt ist in den

von uns explizierten Gesamtzusammenhang einzuordnen, insbesondere in
das, was wir über die Bedeutung der Musik als Darstellung des Willens als
des eigentlichen Lebensgrundes und über die Theorie des „inneren Klanges" ausgeführt haben (vgl. oben, S. 81 ff.). Im Medium des Klanges werden
die bislang getrennten „Dinge" im Sinne dissonierender Akkorde und
Empfindungen einander anverwandelt.

Arp selbst hat – darauf weist Döhl beiläufig hin (25, 35 f. u. 145) – „in
Kandinskys ‚Klängen' eine Parallele zu seinen eigenen literarischen Arbeiten" gesehen, wenn er schreibt:

> „Der Gedichtband Kandinskys, ‚Klänge', ist eines der außerordentlichen, großen
> Bücher. Er ist 1913 im Verlag Piper in München erschienen. Kandinsky hat in die-
> sen Gedichten die seltensten geistigen Versuche unternommen. Er hat aus dem
> ‚reinen Sein' nie gehörte Schönheiten in diese Welt beschworen. In diesen Gedich-
> ten tauchen Wortfolgen und Satzfolgen auf, wie dies bisher in der Dichtung nie
> geschehen war. Es weht durch diese Gedichte aus ewig Unergründlichem. Es stei-
> gen Schatten auf, gewaltig wie sprechende Berge. Sterne aus Schwefel und wildem
> Mohn blühen an den Lippen des Himmels. Menschenähnliche Gestalten entkör-
> pern sich zu schalkhaften Nebeln. Erdlasten ziehen sich Ätherschuhe an. Durch
> die Wortfolgen und Satzfolgen dieser Gedichte wird dem Leser das stete Fließen
> und Werden der Dinge in Erinnerung gebracht, öfters mit dunklem Humor, und,
> was das Besondere an dem konkreten Gedicht ist, nicht lehrhaft, nicht didaktisch.
> In einem Gedicht von Goethe wird der Leser poetisch belehrt, daß der Mensch
> sterben und werden müsse. Kandinsky hingegen stellt den Leser vor ein sterben-
> des und werdendes Wortbild, vor eine sterbende und werdende Wortfolge, vor
> einen sterbenden und werdenden Traum. Wir erleben in diesen Gedichten den
> Kreislauf, das Werden und Vergehen, die Verwandlung dieser Welt. Die Gedichte
> Kandinskys enthüllen die Nichtigkeit der Erscheinung und der Vernunft." (25,
> 145)

Arps weitere Sprachexperimente sind in diesem Kontext plausibel und
konsequent. Sowohl die Erscheinungen der Realität als das Unlebendige,
Formgewordene wie auch die für alle Fiktionen verantwortliche Vernunft,
die sich immer mehr vom Leben entfernt hat, müssen in ihrer „Nichtigkeit"
bloßgestellt werden. In der Triebschicht, im Irrationalen, Un- und Vorbe-
wußten reicht die Psyche unmittelbar an den Lebens-Willen heran und ist
dessen Ausdruck. Sigmund Freuds Entdeckung des Unbewußten konnte
als historisch gleichzeitiger wissenschaftlicher Beweis für die Abhängigkeit
des Ichs von den irrationalen Kräften und Trieben gelten. Die Bedeutung
der Psychoanalyse für die Literatur jener Zeit haben Vietta und ich an anderer Stelle aufzuzeigen versucht (vgl. 72). Ich muß mich hier auf diesen Hinweis beschränken. In diesen unbewußten Schichten der Seele konnten die
Künstler denn auch den eigentlichen Koinzidenzpunkt zwischen Ich und

Welt erblicken. So wie beispielsweise Huelsenbeck und Tzara in aggressiven Aktionen die irrationalen Kräfte bei sich und dem Publikum unmittelbar hervorrufen wollten, so versuchte Arp, sie mit Hilfe der „automatischen Gedichte" sichtbar zu machen, durch eine sofortige, die Vernunft ausschaltende Niederschrift dessen, was ihm dieser Teil der Psyche unmittelbar eingab. In seiner 1920 veröffentlichten Gedichtsammlung ‚Wolkenpumpe' findet sich eine Reihe solcher zumeist schon in Arps Zürcher Zeit verfaßten Niederschriften. Ein Beispiel:

> sein kinderhut tanzt um die Sonne in seiner koje gurren tauben auf dem Lichtstrahl aus seiner nase steigen spielbälle und entkettete falken und mit vernehmbaren donnern rollt mutter natur aus dem tannenbaum wagfass aus dem atlas gelöscht mit verhirschtem ast und hüpft auf die schwebebahn der vögel und gurrt in dem hohlen stern gegen das pendel wanderungen und glockenspeiseliedlein ankert mit luft und glocken am kühlen rand siner quellen hebts kelchlin hin und her und treuert und bekünnt sini wis und immer mehr zeit und hat doch keine zeiger auf viel zeit noch das ticken der tiere noch den wechsel der stunden und särge (25, 73)

Arp bemerkt dazu, diese Gedichte seien „wie die Natur unvernünftig" (1, 105) und pumpten „Traumwolken aus dem bodenlosen Himmel, aus der bodenlosen Höhe, aus der bodenlosen Tiefe" (1, 105), sie seien „wie die surrealistischen, automatischen Gedichte unmittelbar niedergeschrieben, ohne Überlegung und Überarbeitung. Dialektbildung, altertümelnde Klänge, Jahrmarktslatein, verwirrende Onomatopoesien und Wortspasmen sind in diesen Gedichten besonders auffallend." (25, 154) Angenommen, diese Texte seien wirklich durch die Simultaneität von Einfall und Niederschrift gekennzeichnet, so muß man gleichwohl bezweifeln, ob sie wirklich – zumindest von Anfang an – Ausdruck des unvernünftigen Unbewußten sind. Denn dazu ist die erste Hälfte des „Gedichts" trotz allen Anscheins der Unsinnigkeit nach zu einsichtigen Gesetzmäßigkeiten strukturiert, welche auf Assoziationsgesetze zurückführbar sind. Man assoziiert, so weiß die Psychologie seit langem und so werden wir im folgenden Teil noch genauer sehen, Analoges oder Kontrastives sowie auf Grund von Erfahrungen Zusammengehöriges. „Kinderhut", „Sonne" und „Spielbälle", „Tanzen", „Rollen" und „Wagfass" sind als Assoziationen verständlich, deren Zusammengehörigkeit in der analogen Vorstellung des „Runden", des Kreises oder Kreisens besteht, der sich auch noch das „Steigen" und „Hüpfen" parallelisieren läßt. Gegensätze zeigen sich beispielsweise in der kosmischen Entgrenzung des um die Sonne tanzenden Hutes und der unmittelbar anschließenden Konfrontation mit dem gleichsam mikrokosmischen Bereich der „koje", deren Kleinheit angesichts der kosmischen Dimension des Tanzes um die Sonne dem „kinderhut" zu entsprechen scheint, so wie auch der Lichtstrahl die Parallele zur Sonne herstellt: *diese* Assoziation beruht wiederum auf Erfahrung, ebenso wie die Assoziation von den „tauben" zu den „falken" und den „vögeln". In solchen Wiederholungen werden zugleich kompositorische Verknüpfungen sichtbar, in denen sich Kontaminationen ursprünglich getrennt erscheinender Motive ereignen: das „Gurren" der „tauben" kehrt in der Formulierung „und gurrt in dem hohlen stern" wieder, wobei der „stern" an die „sonne" erinnert, und dies könnte bedeuten, daß die anfangs einander konfrontierten Bereiche von „Mikro-" und „Makrokosmos", von anorganischer und organischer Natur im Zeichen der „Mutter Natur" vereinigt werden sollen.

Das muß natürlich unsicher bleiben. Aber was wir hier beobachten, läßt sich als eine Radikalisierung dessen begreifen, was wir bereits an der Komposition des Gedichts ‚Widmung für Chopin' erkannt haben (vgl. oben, S. 75 f.): Die kompositorische Unordnung wurde dort erst im Verlauf des Gedichts bewußt gemacht, indem zunächst eine – durch Motivrepetitionen hervorgerufene – Ordnung gleichsam prätendiert wurde, die sich dann im weiteren Verlauf des Gedichts nicht bestätigte. Ähnlich ist es auch bei diesem „automatischen Gedicht". In der ersten Hälfte des Textes werden strukturelle Beziehungen hergestellt, die aber in der zweiten Hälfte nahezu keine Rolle mehr spielen und damit nur hergestellt erscheinen, um zerstört werden zu können, um zu einer Sinnsuche aufzufordern, die sich aber nicht bestätigt. Vergleichbar ist ferner der Reihungsstil. Auch dieser aber hat sich bei Arp radikalisiert in Richtung auf einen „stream of unconsciousness" im Sinne einer permanenten Fluktuation, die keine – durch die Zeilenkomposition repräsentierte – zeitgleichen Intervalle mehr einzuhalten vermag. Arps „Gedicht" erweckt den Eindruck eines gleichmäßig fließenden Ablaufs und damit einer Zeitvorstellung, wie sie von Bergson als „Dauer" definiert wurde. Andererseits thematisiert der Text am Schluß das Problem der Zeit und macht es somit bewußt: der Dauer – „immer mehr Zeit" – wird die Zeitlosigkeit gegenübergestellt – „und hat doch keine zeiger auf viel zeit noch das ticken der tiere noch den wechsel der stunden und särge". Hier scheint die Dauer in eine „ewige Wiederkehr des Gleichen" überführt zu werden, die den „wechsel der stunden und särge" als Wiederholung begreift und damit alles Geschehen in die Simultaneität des immer sich erneuernden und daher immer Gleichen transponiert, und daher scheint der Text hier auch sinnvoll zu enden. Insofern kulminiert das „Gedicht" gleichsam in einem atonalen Akkord, einem „Stillstand auf einer Formel, die bis zur Eruption mit Idee geladen" ist (96, 261).

Eine dissonante musikalische Struktur – ähnlich wie wir sie bei Trakl im vorhergehenden Abschnitt beobachtet haben – kennzeichnet diesen Text ohnehin von Anfang an. Die „Bilder" sind durch einen permanenten

Wechsel von „hohen" und „tiefen" Vokalen gekennzeichnet: „sein kinderhut tanzt um die sonne in seiner koje gurren tauben auf dem lichtstrahl aus seiner nase steigen spielbälle" usw. Gleichzeitig sind die semantisch unsinnig oder zumindest widerspruchsvoll erscheinenden Bildabfolgen durch vielfältige Assonanzen und Alliterationen miteinander verknüpft; „koje" beispielsweise alliteriert mit „kinderhut" und assoniert mit „sonne" und wirkt daher wie ein dissonanter musikalischer Akkord, der in gleichsam enharmonischer Verwechslung disparate Töne aus der vorangegangenen Melodie wiederholend komprimiert. Weitere Beispiele brauche ich nicht anzuführen; sie sind leicht erkennbar.

So wie Kandinsky die Dimension des Raumes in der Malerei auf die Fläche reduziert und damit auch alles Gegenständliche zugunsten der reinen Linie und der Farben auflöst, in denen sich der „innere Klang" ohne Behinderung durch die Erscheinungen aus dem Bereich der Realität entfalten soll (86, 110), ebenso löst auch Arp den Imaginations-Raum der Bilder im Vorgang des Textes mehr und mehr auf. In der „Fläche" des Ablaufs, in der Wiederkehr und Nichtwiederkehr der Motive, in ihrer durch harmonisch-disharmonische musikalische „Werte" bestimmten Kontamination sollen die Textteile eine klangliche Atonalität entfalten, und die Bildwelt, so scheint es, wird nur soweit entwickelt, daß sie diese Disharmonie der Klänge auch im semantischen Bereich sinnenfällig macht und damit in ihrer Wirkung unterstützt.

Nach Nietzsche ist die „astrale Ordnung, in der wir leben", „eine Ausnahme" (vgl. oben, S. 49). Sie ist als Ordnung Zufall eines vom Chaos bestimmten Alls. Es gehört zu dessen Zufallscharakter, daß es auch einmal eine Ordnung verwirklicht, denn es würde dem Charakter des Chaos widersprechen, wenn in ihm *ein* Zufall – nämlich die Ordnung – ausgeschlossen wäre. Nach Simmel muß sich das Leben immer eine Ordnung im Sinne einer Form setzen, um durch ihre Zerstörung eine Höherentwicklung zu erreichen. Auf die Texte der ‚Wolkenpumpe' übertragen bedeutet dies: Das Chaos vermag sich als solches immer nur gegen eine sichtbar in Erscheinung tretende Ordnung zu verwirklichen und damit als Chaos auszuweisen. Die Ordnung, die im ersten Teil des Gedichts erkennbar wird, ist indessen in sich selbst bereits von Disharmonien durchsetzt und bedroht, sie ist nicht mehr die Ordnung der Erscheinungen, der „geprägten Form" oder des „Apollinischen", aber gerade indem sie die Konfrontation von Form und Formbruch darstellt, symbolisiert sie die Grund-Ordnung, welcher das chaotische Leben unterworfen ist: den Zwang zur Herstellung und Zerstörung von Ordnung, während der zweite Teil, der das vollendete Chaos erreicht zu haben scheint, dieses zugleich in die „Form" der „ewigen Wiederkehr des Gleichen" ein-ordnet.

Daß dies nur noch in einer – im Blick auf die traditionelle Lyrik – bereits

destruierten Inhalts- und Formensprache aussagbar ist, um nicht bereits im
Ansatz hinter den prätendierten Anspruch zurückzufallen: dies setzt zugleich das traditionelle hermeneutische Verfahren, an dem sich auch die intersubjektive Überprüfbarkeit auf Seiten des Lesers orientiert, zumindest
teilweise außer Kraft. Denn für sich allein – literaturimmanent – betrachtet,
erweisen sich die Texte der ‚Wolkenpumpe' bestenfalls als – wie Döhl sich
zu zeigen bemüht – Sprachexperimente, die, „von der Romantik herkom-
mend, die symbolische Redeweise der Romantik nicht mehr erfüllen, eine
symbolische Redeweise nur noch parodieren, in Unsinn verkehren oder . . .
ein vor allem romantisches Vokabular, herausgerissen aus seinen ursprünglichen, sprachlichen und damit auch Sinn-Zusammenhängen, nur noch zufällig und automatisch zu vor allem akustisch strukturierten Textereignis-
sen zusammenbringen" können (25, 171 f.). Doch auch diese, auf
detaillierten Beobachtungen beruhende Deutung läßt sich in die von uns
entwickelte Sinnperspektive eingliedern. Nicht nur die Romantik, sondern
auch das von dieser wiederentdeckte Mittelalter, das auch in dem hier besprochenen Text durch ein merkwürdiges Mittelhochdeutsch sprachlich
vergegenwärtigt wird und das wie die Romantik frühere, inzwischen überwundene Erscheinungs-Formen des „Lebens-Willens" repräsentiert, wird
gleichsam in Zitatform in den Text aufgenommen, um damit die historische
Dimension der destruierenden Kraft des Lebens zu vergegenwärtigen und
zugleich auch die „ewige Wiederkehr des Gleichen" historisch zu dokumentieren. Im Mittelalter wie in der Romantik hatte sich das Leben in einer
– Subjekt wie Objekt, Mikrokosmos wie Makrokosmos gleichermaßen
umfassenden – Einheit zusammengeschlossen, die zunächst theologisch
und sodann „poetologisch" begründet wurde und die sich jeweils durch
destruierende und adaptierende Symbiose der vorhergehenden Lebens-
Stufen entwickelte. Nun – im Dadaismus – verwirklicht das Leben seine
– wiederum Subjekt wie Objekt umfassende – Einheit nicht mehr im
Medium einer theologischen oder poetischen und weitgehend noch in die
Zukunft projizierten Fiktion, sondern es tritt jetzt – auf dem Höhepunkt
der Evolution – selbst in bisher nicht dagewesener Unmittelbarkeit als
Chaos in Erscheinung. Die „automatischen Texte" haben denn auch den
Bereich der Poesie ebenso überschritten wie die bruitistischen Aktionen.
Beide beanspruchen, ein unmittelbarer Ausdruck und Ausbruch des
Lebens zu sein. Indem Arp seine organisierende Vernunft ausschaltet, leiht
er dem unbewußten „Leben" im „stream of unconsciousness" gleichsam
nur die Feder zur Selbstaussprache.

  Diese Deutung verschärft das angedeutete methodische Problem. Denn
auch sie ist ja so nicht dem Wortlaut des Textes zu entnehmen, sondern ergibt sich ebenfalls aus der – hier weitgehend aus dem historischen Kontext
erschlossenen – „Prävalenz der Theorie". Nachdem wir diese durch her-

meneutische Explikation verschiedener Positionen erschlossen haben, fungiert sie nun als theoretischer Rahmen, innerhalb dessen wir die einzelnen Texte zu analysieren versuchen, ohne daß diese angesichts ihrer weitgehend defizienten Sinnstruktur noch imstande wären, grundlegende Korrekturen unseres theorie-orientierten Vorverständnisses herbeizuführen. Das Kriterium für die Richtigkeit unserer Aussagen verlagert sich daher bei zunehmender Entfernung der Texte von dem, was man im Blick auf die traditionelle Poesie und die Alltagssemantik als „normal" bezeichnen könnte, hin zu der Plausibilität der Theorie selbst. Diese bewährt sich darin, daß die zu besprechenden Werke in ihr eine sinnvolle Deutung erfahren, deren Vorteil – formal betrachtet – allein schon darin besteht, daß sie uns ermöglicht, jenen kategoralen Rahmen zu durchbrechen, der sich in der modernen Literaturwissenschaft von Hugo Friedrichs Beschreibung der ‚Struktur der modernen Lyrik' bis hin zu Döhls an den Texten immanent gewonnenen Behauptungen einer angeblichen ‚Unsinnspoesie' in der Negativität der Kategorien zu erkennen gibt. Letztere bemißt sich zumeist an der Folie der vorhergehenden Literatur. Wenn sie aber wie bei Friedrich und Döhl positiv bewertet wird, dann muß sie sich auch positiv formulieren lassen.

Wenn sich die Richtigkeit unserer Analyse vor allem – wenn auch nicht ausschließlich – daran bemißt, in welchem Maße sich der jeweilige Text in ihrem Rahmen als sinnvoll ausweisen läßt, dann bedeutet dies, daß wir die Theorie in ihrer Komplexität an jedem Text neu aktualisieren müssen. Je vollständiger sie sich anwenden läßt, desto beweiskräftiger ist sie. Und dies bedeutet, daß der Text eine – wenn auch verminderte – Korrigierbarkeit besitzt. Denn die Evidenz der Theorie ergibt sich immer wieder aus Einzelbeobachtungen, die sich überprüfen lassen, wenn sich auch der übergreifende Sinnzusammenhang, in den sie schließlich eingeordnet werden, dem Werk selbst nicht mehr entnehmen läßt.

Im vorliegenden Fall bedeutet die Übereinstimmung des Textes mit der Theorie indessen, daß der Charakter des Automatischen dieser „Gedichte" fragwürdig wird. Diese besitzen angesichts der verwirklichten Intentionen in hohem Maße Kunstcharakter und verweisen auf einen organisierenden Verstand, der als „automatisch" ausgibt, was in Wahrheit selbst bewußte Verwirklichung theoretischer Einsichten und Absichten ist. Daß Arp mit den „Gedichten" der ‚Wolkenpumpe' bestimmte Intentionen verwirklichen wollte, die er im Rahmen der Theorie des ‚Blauen Reiter' auch als Maler und Bildhauer verfolgte, dürfte kaum zu bestreiten sein, und allein schon diese Absicht, mit der er an die Niederschrift der ‚automatischen Gedichte' – die „Gedichte" werden sollten – heranging, legen Zweifel an der Richtigkeit seiner Behauptung nahe, daß es sich dabei um simultane Transskriptionen des Unbewußten handele.

Es sei noch darauf hingewiesen, daß die Dadaisten solche automatischen

Gedichte gemeinsam erfanden. Arp berichtet darüber im Vorwort zu einer
Sammlung solcher ‚Simultangedichte' (die man nicht mit jenem anderen
Typ verwechseln sollte, der durch den gleichzeitigen Vortrag mehrerer
Personen gekennzeichnet ist):

> „Das Café Odeon in Zürich wurde zu einem Mekka und Medina Dada's. Die
> Schar der Dadaisten schwoll dermaßen an, daß, wer sich einem zarten Gedanken-
> austausch hingeben wollte, eine ruhigere Stätte aufsuchen mußte. Da Tzara, Serner
> und ich gemeinsame dadaistische automatische Dichtung verfassen wollten, trafen
> wir uns im Café de la Terrasse. In meinem Buch ‚Unsern täglichen Traum. . .' steht
> über diese Dichtung folgendes zu lesen: ‚Tzara, Serner und ich haben im Café de
> la Terrasse in Zürich einen Gedichtzyklus geschrieben: ‚Die Hyperbel vom Kro-
> kodilcoiffeur und dem Spazierstock'. Diese Art Dichtung wurde später von den
> Surrealisten ‚Automatische Dichtung' getauft. Die automatische Dichtung ent-
> springt unmittelbar den Gedärmen oder anderen Organen des Dichters, welche
> dienliche Reserven aufgespeichert haben. Weder der Postillon von Lonjumeau
> noch der Hexameter, weder Grammatik noch Ästhetik, weder Buddha noch das
> sechste Gebot sollten ihn hindern. Der Dichter kräht, flucht, seufzt, stottert, jo-
> delt, wie es ihm paßt. Seine Gedichte gleichen der Natur. Nichtigkeiten, was die
> Menschen so nichtig nennen, sind ihm so kostbar wie eine erhabene Rhetorik;
> denn in der Natur ist ein Teilchen so schön und wichtig wie ein Stern, und die
> Menschen erst maßen sich an, zu bestimmen, was schön und was häßlich sei!" (1,
> 92)

Diese Gedichte selbst tragen zu unseren bisherigen Beobachtungen, wie
mir scheint, nichts grundsätzlich Neues bei – sie nähren allenfalls, da einige
sogar in gleichen Strophen, in festem Versmaß und mit Endreim verfaßt
sind, den Zweifel am Charakter des „Automatischen". Arps theoretische
Aussage indessen ist aufschlußreich, denn sie enthält wiederum Grundgedanken des Positivismus, die sich hier erneut mit lebensphilosophischen
Anschauungen vermischen. Da alle vom Menschen gesetzten Wertmaß-
stäbe Fiktionen sind und das „Leben" verfälschen, muß man sie durchbrechen, um zur wahren Wirklichkeit zu gelangen, die sich als gleich-wertiges
und gleich-gültiges sinnlich Gegebenes präsentiert. Daher ist auch jedes
dieser „Dinge" gleich wert und würdig, als Sujet der Kunst zu dienen. Dies
ist zugleich eine wichtige gedankliche Voraussetzung für die Collagen von
Schwitters, der sich als Material sogar noch Abfälle aus dem Mülleimer
holte. Ohne introduzierte menschliche Sinnordnungen ist die Welt der
Dinge ein Chaos, in dem der Zufall regiert.

   Es ist daher folgerichtig, daß Arp diesen Zufällen nicht nur im Innern
der Psyche, sondern auch in der „Natur" nachzuspüren versuchte. Dazu
bediente er sich vorgegebenen Materials, das er „zufällig" aussuchte. Er berichtet darüber:

„Wörter, Schlagworte, Sätze, die ich aus Tageszeitungen und besonders aus ihren Inseraten wählte, bildeten 1917 die Fundamente meiner Gedichte. Öfters bestimmte ich auch mit geschlossenen Augen Wörter und Sätze in den Zeitungen, indem ich sie mit Bleistift anstrich. Das Gedicht ‚Weltwunder‘ ist so entstanden. Ich nannte diese Gedichte ‚Arpaden‘. Es war die schöne ‚Dadazeit‘, in der wir das Ziselieren der Arbeit, den verwirrten Blick der geistigen Ringkämpfer, die Titanen aus tiefstem Herzensgrund haßten und belachten. Hugo Ball schrieb damals eine Folge onomatopoetischer Gedichte, von denen wir besonders den ‚Gesang der Flugfische und Seepferdchen‘ und die ‚Elefantenkarawane‘ liebten. Ich schlang und flocht leicht und improvisierend Wörter und Sätze um die aus der Zeitung gewählten Wörter und Sätze. Das Leben ist ein rätselhafter Hauch, und die Folge daraus kann nicht mehr als ein rätselhafter Hauch sein. Ich schrieb mehrere ‚Arpaden‘, die aber, wie es sich für sie gehört, schnell verhauchten, verschwanden. Wir meinten durch die Dinge hindurch in das Wesen des Lebens zu sehen, und darum ergriff uns ein Satz aus einer Tageszeitung wenigstens so sehr wie der eines Dichterfürsten.“ (24, 46)

Man erkennt hier – und das ist ein nicht unwichtiger Unterschied etwa zum Bruitismus, der sich mit der positivistischen Präsentation der Geräusche als den Erscheinungen des „Lebens“ begnügte – eine Hierarchisierung von positivistischen und lebensphilosophischen Gedanken: Die erkenntnistheoretischen Einsichten des Positivismus führen bis zum Chaos der Dinge. In diesem fluktuierenden Durcheinander aber gilt es nun die Gesetze des Zufalls zu erkennen und sichtbar zu machen, in denen sich das geheimnisvolle, noch hinter den Phänomenen liegende Leben erahnen oder sogar anschauen läßt. Wichtig sind deshalb in diesen Texten nicht die zufällig selektierten Dinge oder Motive selbst, sondern ihre Zuordnung, Abfolge und Verknüpfung, in denen sich das Gesetz des geheimnisvoll-chaotischen Zufalls als allem – auch der Psyche – zugrundeliegendes Lebens-Gesetz zu erkennen gibt.

Das „Gedicht“ ‚Weltwunder‘ lautet:

WELTWUNDER sendet sofort karte hier ist ein teil vom schwein alle 12 teile zusammengesetzt flach aufgeklebt sollen die deutliche seitliche form eines ausschneidebogens ergeben staunend billig alles kauft
nr 2 der räuber effektvoller sicherheitsapparat nützlich und lustig aus hartholz mit knallvorrichtung
nr 2 die zwerge werden von ihren pflöcken gebunden sie öffnen die taubenschläge und donnerschläge
die töchter aus elysium und radium binden die rheinstrudel zu sträußen
die bäuerinnen tragen ausgebrannte ausgestopfte sonnen in ihrem haar den bäuerinnen nur in ihren kröpfen nur in ihren nickhäuten nur in ihrer lieben kleinen stadt jerusalem wachspuppen auszusetzen erlaubt ist
nr 6 obiger ausschneidebogen gratis

nr 2 einige frauen aus meinem lager um aufzuräumen
nr 4 staunend alles staunt aus dem herbarium steigt das von uns zusammengestellte
crocrodarium farbig color
nr 4 system gebogen alles zusammen 5 franken
nr 2 die säge sägt jedes holz für schreiner praktisch es können rädchen und 4 ecken
damit ausgesägt werden dauerhaft praktisch und vorteilhaft
ARP ist da keiner versäume es erstens ist es staunend billig und zweitens kostet
es viel obwohl der okulierte bleivogel des regattentages mit tausend knoten
schnelligkeit in die esse fuhr dies beunruhige die werften nicht" (24, 47)

Dieser Text ist sowohl von Döhl (25, 148ff.) als auch von Meyer (75, 97ff.)
untersucht worden, auf deren Einzelbeobachtungen ich deshalb hier verweisen kann. Dies allerdings nur, um auf deren Problematik aufmerksam
zu machen. Beide gehen an den Intentionen des Autors vorbei – Meyer
nimmt sie gar nicht erst zur Kenntnis, sondern entwickelt eine eigene Fragestellung, die er an den Text heranträgt (75, 97f.) –, indem sie – methodisch analog verfahrend – jene Bild- und Motivbereiche zusammenstellen,
die sich auf unterschiedliche Herkunftsbereiche – etwa Reklame und persönliche Improvisationen – zurückführen lassen. Damit lösen sie den vom
Text hergestellten und als Kombination von Zufall aus dem Unbewußten
und aus dem „Leben" verstandenen Zusammenhang gerade auf, um auf
diese Weise wenigstens noch einige semantisch sinnvolle Zusammenhänge
zu erkennen, um die es Arp hier nicht geht. Die Folge ist gleichwohl die
Einsicht, es – so Döhl – mit einer „verrückten Sprachwelt", mit einem „in
sich unsinnigen poetischen Sprachbereich" (25, 150) bzw. – so Meyer – mit
syntaktischer und semantischer „Destruktion" zu tun zu haben (75, 99).
Was der Text nicht hergibt, ist für Meyer Aufgabe des Lesers und insbesondere des Interpreten: „Ihm erwächst die Aufgabe, sich seinerseits um die
Aufdeckung des Bezuges zu bemühen." (75, 100) Da dies textimmanent zu
höchst subjektiven Deutungen führen würde, greift Meyer nach einem
kurzen Überblick über weitere Gedichte Arps auf Herbert Marcuses ‚Ein-
dimensionalen Menschen' zurück, um einige der dort entwickelten Kategorien „als eine Verständnis- und Bewertungsmöglichkeit der Arpschen
Sprache" heranzuziehen (75, 102), insbesondere zur Beantwortung der
Frage, „inwieweit – und ob überhaupt – Arps Gedichte als Ausdruck einer
‚großen Weigerung'. . . anzusehen sind." (75, 102) Die diesem Satz unmittelbar folgende Passage zitiere ich, um zu illustrieren, wie vereinfachend
Meyer bei seiner Analyse verfährt:

„Arp arbeitet bis auf geringe Ausnahmen . . . auf dem Boden der Sprache, die als
Herrschaftsinstrument dient. Seine Destruktion geht auf semantischem Gebiet
vor sich und läßt die Syntax unangetastet: infolgedessen ist Arps ‚Weigerung' nur
partiell. Nun ist es aber auch im allgemeinen Sprachgebrauch besonders der semantische Bereich, mit dessen Hilfe Sprache zum Herrschaftsinstrument wird.

Als eines der Mittel dazu gibt Marcuse die ‚Vereinigung von Gegensätzen‘. . . an, d. h. die Koppelung von Begriffen, die ‚unversöhnliche Widersprüche‘ darstellen. Diese Möglichkeit benutzt Arp, etwa wenn er . . . von Säcken aus ‚leder und stein‘ spricht, oder . . . von ‚automobilen vögeln‘. Insofern könnte man in Arps Sprache eine übersteigerte Abbildung der zur Herrschaft mißbrauchten Sprache sehen – weil sie nicht nur deren Syntax beibehält, sondern auch deren Methode übernimmt. Andererseits weist aber gerade seine verzerrte Wiedergabe dieser Methode in einer der Satire ähnlichen Weise auf eine abweichende Einstellung hin, die dann in der Tat als eine Form der ‚Weigerung‘ anerkannt werden muß." (75, 102 f.)

Marcuses Ausführungen über ‚Die Sprache der totalen Verwaltung‘ (108, 104 ff.) analysieren die Sprache in einem komplexen Zusammenhang, der dialektisch nach den Vermittlungen zwischen der „unglücklichen Basis der Gesellschaft" und dem „produktiven Überbau" fragt und die Sprache dabei insbesondere in ihrer Beziehung zu den „Denkgewohnheiten" und Denkstrukturen betrachtet. Demgegenüber fällt Meyer an dieser Stelle in ein naives Widerspiegelungsdenken zurück, das davon ausgeht, daß sich in syntaktischen oder semantischen Verhältnissen unvermittelt und daher unmittelbar gesellschaftliche Verhältnisse und Einstellungen ausdrücken: Weil die Syntax – angeblich – noch intakt ist, ist Arps „Weigerung" nur partiell, weil im Text – auch auf Assoziationsgesetze zurückführbare – Kontraste erscheinen, spiegeln diese die „unversöhnlichen Gegensätze" als Kennzeichen einer „zur Herrschaft mißbrauchten Sprache". Das sind keine dialektischen, sondern kurzschlüssige monokausale Zuordnungen. Bei Marcuse sind solche Aussagen über die Sprache nur veranschaulichende Beispiele für grundsätzliche Sachverhalte, keineswegs aber als spezielle Hinweise auf bestimmte grammatikalische Phänomene wörtlich zu nehmen; sie sind für ihn Ausdruck einer bestimmten Denkweise und eines „kommerziellen und politischen Stils" (108, 109). Man kann gewiß – zumindest bei einigen Dadaisten – von der Haltung der „Großen Weigerung" im Sinne Marcuses (108, 83) sprechen. Hugo Ball hat sie programmatisch im Vorwort seines Tagebuchs formuliert: „Was nottut, ist eine Liga all derer, die sich dem Mechanismus entziehen wollen; eine Lebensform, die der Verwendbarkeit widersteht. Orgiastische Hingabe an den Gegensatz alles dessen, was brauchbar und nutzbar ist." (4, 3) Diese Haltung, die nicht in erster Linie eine Sprach-, sondern eine Lebensform ist, muß man auch Arp zubilligen. Sie entsprang indessen einem Denken, das alles Leben und auch die gesellschaftliche Entwicklung in naturgesetzlichen Kategorien begriff, als Notwendigkeit des Zerstörens und Neubeginns, wobei die Zeit des Ersten Weltkriegs als schicksalhafte Zeitenwende in diesem immer wiederkehrenden Prozeß verstanden wurde. Dieses die Ratio selbst diffamierende Denken öffnete manchen Dadaisten erst sehr spät und manchen überhaupt nicht die Augen dafür, daß Geschichte von den Menschen und nicht von der Natur gestaltet wird. Bei Arp entspringt die Weigerung gegenüber der Gesellschaft einer Einsicht in die Naturnotwendigkeit ihrer Zerstörung, die zugleich eine Rückkehr zur eigentlichen Natur bedeutete. Was in seinen dichterischen Werken als Destruktion und Weigerung gegenüber einer zur Herrschaft mißbrauchten Sprache erscheinen kann, stellt in Wirklichkeit bereits die Suche nach dem „Leben", nach der eigentlichen Natur dar. Da aber dies Leben Chaos ist und auf Zufall beruht, müssen die Werke, die dies darstellen wollen, selbst diesen Charakter tragen. Aber sie ahmen die Natur nicht nur nach, sondern nehmen, als Realisierungen des Zufalls und des Chaos, selbst Teil an ihr. Insofern entspricht Arps Weigerung weniger der Haltung eines Protestes gegenüber der Gesellschaft, der sich auf künstlerischem Gebiet an ihrer Zerstörung beteiligt, sondern eher der Haltung tiefgreifender Ignoranz, einer Nichtbeachtung der gesellschaftlichen Realität zugunsten einer intensiven Beschäftigung mit dem Wesentlichen, das es in und hinter den „Dingen" zu erkennen und an dem es in der Kunst wie in der persönlichen Lebensgestaltung teilzuhaben gilt. Auch dies erinnert wiederum an die Romantik. „„Romantisch'", erklärt Marcuse, „ist ein Begriff herablassender Diffamierung, schnell zur Hand, um avantgardistische Positionen zu verunglimpfen, wie auch der Begriff ‚dekadent' weit häufiger die wahrhaft fortschrittlichen Züge einer sterbenden Kultur denunziert als die wirklichen Faktoren des Verfalls. Die traditionellen Bilder künstlerischer Entfremdung sind in der Tat insofern romantisch, als sie mit der sich entwickelnden Gesellschaft ästhetisch unvereinbar sind. Diese Unvereinbarkeit ist das Zeichen ihrer Wahrheit. Woran sie erinnern und was sie im Gedächtnis aufbewahren, erstreckt sich auf die Zukunft: Bilder einer Erfüllung, welche die Gesellschaft auflösen würde, die sie unterdrückt." (108, 80) Dies aber gilt für Arp nur noch mit Einschränkung. Zwar steht auch er wie der romantische Künstler im Gegensatz zur Gesellschaft und bildet „eine andere Dimension der Wirklichkeit" (108, 76). Aber diese trägt nicht mehr das Zeichen der Hoffnung, wie sie auch noch die Lebensphilosophie und die Künstler des ‚Blauen Reiter' beseelte, ein Glaube an die Höherentwicklung des Lebens, an die schöpferische Kraft des zu sich selbst gekommenen und nun die Wirklichkeit neu formenden schöpferischen Geistes, sondern hier ist die Hoffnung gleichsam in Positivismus umgeschlagen, in eine zweifache Negation: in die Verneinung der Gesellschaft und der in Fiktionen erstarrten Realität und in die Verneinung einer Hoffnung, die sich auf eine zunehmende Humanisierung richtet. Das Ich erstrebt und lebt die Rückkehr in die Subjekt wie Objekt gleichermaßen zugrundeliegende Unmittelbarkeit des als wunderbar empfundenen Chaos. Insofern kann sich das Ich, obgleich oder weil es sich der bestehenden Gesellschaft in einem bewußt vollzogenen Akt subjektiver Entfremdung verweigert, mit der von ihr vollzogenen Selbstzerstörung identifizieren.

Und insofern ist die von Arp geschaffene Bilderwelt mit der gesellschaftlichen Entwicklung ästhetisch vereinbar und gleichwohl – entgegen der These von Marcuse – wahr. Damit sind diese Bilder beides zugleich: „Große Weigerung" als „Protest gegen das, was ist" (108, 83) durch Zerstörung und Herbeiführung des Chaos sowie Bejahung und Darstellung der Vernichtung, die sich auch in der Gesellschaft vollzieht. Aber die Texte Arps sind darin konsequent, daß sie sich weigern, die gesellschaftliche Zerstörung unmittelbar widerzuspiegeln. Sie bilden – gleichsam abstrakt – das Prinzip des den Vorgang der Destruktion in sich einschließenden und sich als Naturgesetz vollziehenden Chaos selbst ab. Indem Arp so auf Wesentliches zielt, vermeidet er mit Bedacht, was Meyer ihm vorhalten zu müssen glaubt: „daß Arp zwar aus allen möglichen Bereichen Wörter zusammenstellt, nur mit Konsequenz nicht aus dem politischen und ökonomischen." (108, 103) Wenn indessen gerade darin die Radikalität der romantischen Weigerung Arps erkennbar wird, so zugleich auch ihre Problematik. Denn wie die Dichtung der Romantik, so konnte man auch seine Texte als weltfremde Spielerei mißverstehen, als vergnüglich zu konsumierende „Unsinnspoesie", die damit jenes Schicksal erleidet, das nach Marcuse alle „Anstrengungen, die Große Weigerung in der Sprache der Literatur wiederzugewinnen" erfahren müssen: „das Schicksal, von dem absorbiert zu werden, was sie widerlegen." (108, 90) Sie werden als Sprachspiele konsumierbar, aus ihnen wird sogar eine moderne Poetik destilliert, und damit werden sie „von der herrschenden Eindimensionalität aufgesogen" (108, 86), der sie sich ursprünglich radikal entzogen hatten.

Einem weiteren Mißverständnis unterliegt Meyer, wenn er im späteren Verlauf seiner Analyse von ‚Arps Sprache in den Gedichten 1917–20' die von Arp in seine Texte einmontierten Werbetexte in den Mittelpunkt seiner Analyse stellt und dabei u. a., um nicht unhistorisch zu verfahren, untersucht, was Arp über die kapitalistische Werbung hätte wissen können. Dazu gibt er einen an sich verdienstvollen und informativen Überblick über die damalige Fachliteratur und über das Ausmaß und die Bedeutung der Reklame um und nach 1900. Da Arp sich nicht derselben Mühe unterzogen hat, setzt er sich für Meyer „dem Vorwurf der Ignoranz aus: der Vernachlässigung wissenschaftlicher Arbeiten, anhand deren er sich über die Relevanz seines Materials hätte orientieren können." (75, 120) Es ist, scheint mir, sinnlos, einem Künstler noch ins Grab hinein vorzuhalten, was er hätte tun oder lassen sollen. Jedenfalls dürfte dies kaum eine Beschäftigung mit der Geschichte lohnen. Sinnvoller und lehrreicher wäre die Antwort auf die Frage gewesen, warum sich Arp nicht wissenschaftlich mit der Werbung auseinandergesetzt hat, warum er dies nicht konnte oder nicht wollte. Eine solche Frage trägt dazu bei, die historischen Bedingung sichtbar zu machen, innerhalb deren diese Texte zu verstehen und zu beurteilen sind. Sie stellt

ein Werk in seinen historischen Kontext und zeigt die konkreten geschichtlichen Voraussetzungen auf, welche die Intentionen des Autors und die
Struktur des Werkes bestimmten. Sie verweist damit auf die „Historizität"
des Textes und verhindert vorschnelle und fragwürdige Aktualisierungen
jener, die sich heute zur Rechtfertigung ihrer Kunst bereits auf die Dadaisten als klassisch gewordene Autoritäten berufen und deren Werke unter
den veränderten Bedingungen gegenwärtiger Kunst zu ihren Zwecken ver-
werten. Meyer ist allerdings zuzugestehen, daß er den kritischen Punkt der
Arpschen Position getroffen hat, wenn er beispielsweise die Rolle des
Zufalls „bei Arp und den späteren Surrealisten" als „das sicherste Mittel
zur Tilgung etwelcher kritischer Ansätze, zur Vermeidung sozialer Einsichten welcher Art auch immer" kritisiert (108, 119). Denn hier liegen jene
– von Arp später selbst einseitig akzentuierten – Aspekte, die den Umschlag
von der ‚Verweigerung' in die ‚Affirmation' durch gesellschaftliche Adaption erleichterten. –

Das von mehreren Personen zum Teil in verschiedenen Sprachen aufge-
führte dadaistische Simultangedicht – der Teilabdruck der Partitur eines
solchen Poems findet sich z. B. in der ‚Geburt des Dada' (1, 32 ff.) – brauche
ich nach allem, was ich bisher ausgebreitet habe, nicht mehr eigens zu analysieren. Es faßt alle im einzelnen untersuchten Phänomene zusammen: den
im Sinne einer zeitlichen Dauer ablaufenden Reihungsstil, die Simultaneität
verschiedener Stimmen, Textpartien und Geräusche, die in jedem Moment
des Vortrags zu disharmonischen Akkorden zusammengeschlossen sind,
vom Zufall diktierte und simultan niedergeschriebene Wortfolgen, reine
Klänge und – im Sinne der eingangs zitierten Definition (vgl. oben, S. 26)
– Imitationen empirisch identifizierbarer Geräusche, aggressionsfördernde
„Wertdestruktionen" und ridiküle Lautsequenzen. In der Aufführung vereinigten sich alle diese Elemente zu einer imponierenden Geräuschkulisse,
und damit schrumpften alle durch die genannten einzelnen Elemente repräsentierten Intentionen, die wir jeweils untersucht haben, auf eine akustische
Dimension zusammen, in der sich die Simultaneität lebensphilosophischer
und positivistischer Vorstellungen realisierte. Das „Leben" wurde im irra-
tional-chaotischen Wirrwarr akustisch und zum Teil auch optisch sinnenfällig, und es vollendete sich, wenn sich die Geräusche der aggressiven
Publikumseruptionen hinzugesellten. Insofern brachte es – als Höhepunkt
der aufgezeigten Entwicklung – den Nihilismus zu vollkommenem Ausdruck, einen Nihilismus, der jeder metaphysischen Rückbindung entsagt
hatte, der alle Wert- und Wahrheitsnormen, aber auch alle Zukunftshoff-
nungen in der aufdringlichen Präsenz seines Bruitismus nivellierte.
Hugo Ball hat das ‚Poème simultan' in seinem Tagebuch folgendermaßen
gedeutet:

„Alle Stilarten der letzten zwanzig Jahre gaben sich gestern ein Stelldichein. Hülsenbeck, Tzara und Janco traten mit einem ‚Poème simultan' auf. Das ist ein kontrapunktliches Rezitativ, in dem drei oder mehrere Stimmen gleichzeitig sprechen, singen, pfeifen oder dergleichen, so zwar, daß ihre Begegnungen den elegischen, lustigen oder bizarren Gehalt der Sache ausmachen. Der Eigensinn eines Organons kommt in solchem Simultangedicht drastisch zum Ausdruck, und ebenso seine Bedingtheit durch die Begleitung. Die Geräusche (ein minutenlang gezogenes rrrrr, oder Polterstöße oder Sirenengeheul und dergleichen), haben eine der Menschenstimme an Energie überlegene Existenz.

Das ‚Poème simultan' handelt vom Wert der Stimme. Das menschliche Organ vertritt die Seele, die Individualität in ihrer Irrfahrt zwischen dämonischen Begleitern. Die Geräusche stellen den Hintergrund dar; das Unartikulierte, Fatale, Bestimmende. Das Gedicht will die Verschlungenheit des Menschen in den mechanistischen Prozeß verdeutlichen. In typischer Verkürzung zeigt es den Widerstreit der vox humana mit einer sie bedrohenden, verstrickenden und zerstörenden Welt, deren Takt und Geräuschablauf unentrinnbar sind." (4, 79 f.)

Diese Deutung Hugo Balls ist in ihrem Stellenwert hinsichtlich der von ihm in seinem Tagebuch gezeichneten Entwicklung des ‚Cabaret Voltaire' zu sehen. Die Betonung der ‚vox humana', die unentrinnbar in den mechanistischen Prozeß verwickelt ist – und die man deshalb im Vortrag auch kaum „herausgehört" haben dürfte, jedenfalls nicht in dieser Bedeutung –, ist bereits als Vorausdeutung auf seine eigenen Lautgedichte zu verstehen, in denen sie sich – als Organ eines „magischen Priesters" – aus der unentrinnbaren positivistisch-mechanistischen Verstrickung zu neuer Selbstbestimmung und Autonomie befreit. Indem Ball die erste Phase des ‚Cabaret Voltaire' im Vortrag seiner Lautgedichte kulminieren läßt, deutet er damit die Überwindung des im „Poème simultan" repräsentierten Nihilismus an. Dieser erweist sich dadurch als notwendig herbeizuführender, aber auch als zu überwindender Zustand. Der Nihilismus als radikalste Form des Historismus konnte, so interpretiert Lothar Köhn im Blick auf die Literatur der Zwanziger Jahre (in denen Balls Tagebuch erschien), „nur dann ertragen werden, wenn seine Überwindung zumindest möglich schien." (73) Dieser Umschlag geschieht, wie wir sahen, antizipatorisch bereits bei Nietzsche in der „Stunde des Mittags". Nachdem er historisch eingetreten zu sein schien, betrachtete es der „Nietzscheaner" Hugo Ball als seine Aufgabe, ihn zugunsten neuer Werte und Verbindlichkeiten zu überwinden.

Diesem – noch innerhalb des Dadaismus sich ereignenden – Prozeß wenden wir uns im folgenden zu. Wenn sich bisher gezeigt hat, daß sich die signifikanten Tendenzen der Epoche im Nihilismus des dadaistischen Simultangedichts wie in einem Brennspiegel vollenden und auflösen, so werden die nachfolgenden Kapitel plausibel zu machen versuchen, daß der Dadaismus auch zur Überwindung des Nihilismus wegweisende Schritte

unternommen hat und damit auch entscheidende Tendenzen der nachfolgenden Epoche repräsentiert. Auch unter dieser literarhistorischen Perspektive stellt er die „Stunde des Mittags" dar, in der sich die Simultaneität
des Umschlags vom im Nihilismus kulminierenden Stillstand zu einem
Neubeginn vollzieht.

II. Das Lautgedicht

Das Lautgedicht hat es – wie Erfahrungen zeigen – von allen hier behandelten Textsorten am schwersten, ernst genommen zu werden. Da es zumeist vollständig den syntaktischen und semantischen Zusammenhang einer „normalen" Sprache verlassen hat und daher dem Anschein nach nicht einmal mehr Unsinn, sondern schlicht ohne jeden Sinn ist, hält man es auch für sinnlos, sich mit ihm genauer zu befassen. Und selbst wenn man – trotz des geheimen Verdachts, es hier mit einem versponnenen oder gar hirnverbrannten Abrakadabra zu tun zu haben – den Entschluß faßt, ein solches Gebilde eingehender zu betrachten – und sei's auch nur, um sein Vorurteil zu erhärten –, dann sieht man sich schwierigen interpretatorischen Problemen konfrontiert. Denn ein Verstehen im traditionellen hermeneutischen Sinne ermöglichen diese Texte nicht, und auch andere, an Syntax, Semantik oder Poetik orientierte Analysekategorien sind hier nur in beschränktem Maße oder gar nicht anwendbar. Solange man aber nichts oder nur wenig mit diesen Poemen anzufangen weiß, können auch die entsprechenden dadaistischen Theorien nur mit einem Achselzucken quittiert werden, und es fehlt die Möglichkeit, die Bedeutsamkeit dieser Theorien an den Texten kritisch zu überprüfen.

Es scheint mir deshalb sinnvoll zu sein, zunächst eine allgemeine Verstehensbasis für diese Gedichte zu eröffnen, bevor wir sie im engeren historischen Kontext des Dadaismus betrachten. Diese Verstehensvoraussetzungen sollen zugleich das Verständnis der dadaistischen Intentionen erleichtern. Ich deute im folgenden zunächst die lange Tradition der Beschäftigung mit den Lauten an, in deren Kontext diese Textsorte gehört und gehe dabei von einem Lautgedicht aus, das diese Tradition parodiert. In den nachfolgenden Abschnitten versuche ich die Lautgedichte im Rahmen theoretischer – insbesondere sprachpsychologischer – Überlegungen zu analysieren. Die psycholinguistischen Theorien und Untersuchungen, die ich für meine Analysen heranziehe, sind bereits im Blick auf ihren heuristischen Wert für das Verständnis der dadaistischen Intentionen selektiert. Es geht mir also keineswegs darum, sprachtheoretische oder psycholinguistische Kontroversen zu einzelnen, von mir herangezogenen Auffassungen zu diskutieren. Dies würde den Zweck und den Rahmen dieser Einführung bei weitem überschreiten.

1. „Das große Lalulā'. Auf der Suche nach der ,lingua adamica' (Morgenstern)

Die Lautgedichte sind keine dadaistische Erfindung. Sie gelten aber als besonders dadaistisch und verbinden sich insbesondere mit dem Namen Hugo Balls, der sie an einem der Zürcher Dada-Abende aus der Taufe hob – im Gewand eines „magischen Bischofs", wie er selbst berichtet – und der das Urheberrecht für diese „neue Gattung von Versen" für sich beanspruchte (4, 98). Ein Blick auf Christian Morgensterns bereits 1905 in seinen „Galgenliedern" publiziertes „Gedicht" „Das große Lalulā" ist geeignet, den Patentanspruch Hugo Balls auf diese „Gattung" zu widerlegen – und zugleich auch zu bestätigen:

> Das große Lalulā
>
> Kroklokwafzi? Semememi!
> Seiokrontro – prafriplo:
> Bifzi, bafzi; hulalemi:
> quasti basti bo . . .
> Lalu lalu lalu lalu la!
>
> Hontraruru miromente
> zasku zes rü rü?
> Ente pente, leiolente
> klekwapufzi lü?
> Lalu lalu lalu lalu la!
>
> Simarar kos malzipempu
> silzuzankunkrei (;)!
> Marjomar dos: Quempu Lempu
> Siri Suri Sei ()!
> Lalu lalu lalu lalu la!   (38, 23)

Dies ist ein Lautgedicht, weil es im Blick auf seinen Inhalt den syntaktischen und semantischen Zusammenhang einer natürlichen Sprache eindeutig verlassen hat und sich auf die Wiedergabe von Lautsequenzen beschränkt und weil es formal alle Anforderungen an ein Gedicht erfüllt: nicht nur Metrum, Rhythmus, Endreim und Strophen als dessen äußerliche Kennzeichen, sondern auch stilistische Leckerbissen aus der hohen Schule der Lyrik wie z. B. Binnenreime, Assonanzen, Alliterationen, Wechsel zwischen männlichem und weiblichem Versausgang und in den „Tempi", geschickte Enjambements und abrundende Versrepetitionen. Es scheint so, als habe sich Morgenstern bemüht, Lautfolgen zu erfinden, die möglichst wenig Affinitäten zur „Muttersprache" enthalten. Die erste Lautsequenz „Kroklokwafzi?" beispielsweise übersteigt in der Silbenanzahl den normalen Umfang eines Wortes, und auch die Vokal- und Konsonantenkontamination ist im Deutschen völlig unüblich. Der Titel verweist auf die Absicht, Bedeutungsloses zu präsentieren, das gleichwohl nicht ohne Sinn ist. Die Diskrepanz zwischen der Bedeutungsleere des ‚Lalulā' und seiner Etikettierung als „groß" könnte die Absicht einer Parodie andeuten, die denn auch formal erfüllt wird, insofern die Parodie – wie bereits zitiert – „die verspottende, verzerrende oder übertreibende Nachahmung eines schon vorhandenen ernstgemeinten Werkes oder einzelner Teile daraus unter Beibehaltung der äußeren Form, doch mit anderem, nicht dazu passendem Inhalt" ist (135, 431). Den Charakter einer karikaturistischen Verspottung eines ernsthaften Gedichts und den Effekt der Erheiterung erzielt das Gedicht aber nicht nur dadurch, daß es die im Titel evozierte Ernsthaftigkeit und Größe eines ehrwürdigen Poems durch sinnlose Lautfolgen verspottet und als hohltönendes „Lalula" entlarvt, sondern auch durch den Charakter der Lautsequenzen selbst.

Obgleich sämtliche Lautfolgen in diesem Gedicht im Deutschen sinnlos sind, wirken einige komischer als andere. Lautgruppen wie „bifzi, bafzi", „quasti basti", „Kroklokwafzi?" oder „klekwapufzi" erregen Schmunzeln, während Buchstabenkonstellationen wie „zasku zes" oder „Marjomar dos" als weitaus weniger ridikül erscheinen. Dafür sind vermutlich mehrere Gründe ausschlaggebend. So zunächst die Assoziationshaltigkeit einer solchen Kombination, ihre Nähe zu einem Wort der Muttersprache, das etwas Komisches bezeichnet – oder etwas Ernsthaftes, das nun durch die Klangähnlichkeit als Unsinnswort Lachen hervorruft. Sodann – in gewissem Gegensatz dazu – die in der jeweiligen Muttersprache mehr oder weniger ungewohnte Lautfolge (die möglicherweise umso komischer wirkt, je ungewöhnlicher sie – zumal noch im „Erwartungsraum" eines Gedichts – ist), vielleicht auch die unmittelbar aufeinanderfolgende, variierende Repetition. Eine besonders bedeutsame Rolle aber, so scheint mir, spielt hierbei ein Phänomen, das in der Linguistik kaum, in der Sprachpsychologie indessen sehr beachtet wird und das sich in Lautexperimenten zu erkennen gibt. „Bufzo, bofzo" und „quasto basto" reizen weniger zum Lachen als „bifzi, bafzi" oder „quasti basti". Offenbar hängt die komische Wirkung von der Art der Lautkontamination vor allem im Bereich der Vokale ab und hier insbesondere von einer Endsilbe auf -i. Solche Endsilben sind im Deutschen zahlreich und werden spontan allen möglichen Worten und Begriffen angehängt, um damit ein emotional positives Verhältnis zu den bezeichneten Personen oder Dingen zum Ausdruck zu bringen. Sie drücken etwas Vertrautes, Liebes, Nahes, häufig auch etwas Schnurriges, Skurriles und Kleines aus und haben damit eine lautsymbolische Funktion (z. B. Verwandtschaftsnamen wie Vati, Mutti, Opi, Omi, oder Tiernamen wie Waldi, Tapsi, Tobbi, Muschi usw., oder man denke

an diverse Kosenamen. Hierher gehört auch die angehängte Endsilbe auf
-lein.)

Lautsymbolik also, so scheint es, behauptet eine gewisse Unabhängigkeit
vom intakten Wort und vermag deshalb in scheinbar unsinnigen Lautgedichten noch zu wirken. Im ‚großen Lalulā' allerdings reicht diese Wirkung
nur zur Evokation eines Lächelns, die durch andere Elemente – wie etwa
die sich ernsthaft gebende Zeichensetzung oder die variantenreiche „Wort-
bildung" innerhalb der Strophen sowie die Abfolge von komischen und
scheinbar ernsthaften Zeilen und Versteilen, die auf einen bewegten
„Inhalt" schließen läßt – unterstützt wird. Die Genauigkeit, mit der Morgenstern die formalen Merkmale eines Poems erfüllt, und die Raffinesse,
mit der er die Lautsymbolik für komische Effekte benutzt, machen ‚Das
große Lalulā' zu einem Kabinettstückchen heiterkomischer Parodie auf
eine gewisse Spezies von Lyrik, die – um ein bekanntes Novalis-Wort ab-
wandelnd zu zitieren – „bloß wohlklingend und voll schöner Laute" – sich
im Rahmen der ‚Galgenlieder' solchen Spott verdient zu haben scheint. Er
trifft übrigens einen nicht geringen Teil der ernsthaften Gedichte Morgensterns selbst und auch den Publikumsgeschmack um 1900. Insofern könnte
man diese Parodie als Vorläuferin dadaistischer Destruktionstendenzen
bezeichnen. Es blieb indessen Hugo Ball – und nach ihm u. a. Blümner,
Hausmann und Schwitters – vorbehalten, dem Lautgedicht einen ganz anderen ernsthaften Charakter zu geben und ihm andere Aufgaben und
Funktionen zuzusprechen, die Balls Erfinderanspruch rechtfertigen könnten. Dennoch sind sie auch im Blick auf seine Intentionen keine „creatio
ex nihilo", sondern vor dem Hintergrund einer langen Tradition zu sehen,
die es daher zunächst kurz ins Gedächtnis zu rufen gilt.

Die Auffassung Platons, daß die Sprache die Dinge „physei" – und nicht,
wie Aristoteles später behauptete, „thesei" – bezeichne, ist von der Linguistik seit langem eindeutig zugunsten des Aristoteles entschieden worden:
Im Prinzip ist die Relation zwischen Zeichen und Bezeichnetem willkürlich. Analoges gilt für die Laute, denen keinerlei feststehende Bedeutung
zukommt und die von der Linguistik auch nicht primär hinsichtlich ihrer
materiellen Eigenschaften, sondern hauptsächlich im Blick auf ihre syntagmatischen und paradigmatischen Beziehungen untereinander (Kontraste
und Oppositionen) beschrieben und definiert werden. Trotzdem gibt es,
wie psycholinguistische Forschungen bestätigen, vor allem in der Muttersprache ein ausgeprägtes „Evidenzgefühl" einer Adäquatheit von Laut
(und Lautstruktur) sowie Bedeutung (126, 229f.).

Dieses Gefühl scheint besonders die Dichter, vor allem die Lyriker, und
als Folge davon auch deren Interpreten zu beherrschen. An der Literaturgeschichte läßt sich ablesen, wie dichterische Sprache – gleichsam als „gute

Stube" der ‚Muttersprache' – gerade diese Auffassung gepflegt hat und daß sie ihre Dignität nicht zuletzt auch aus einer entsprechenden Poetisierung der Sprache bezog. Im Bereich von Onomatopoie und Lautsymbolik manifestieren sich besonders auffällig jene ästhetischen Qualitäten, welche Dichtung von der Profanität expositorischer Texte unterscheiden. Von Johann Fischarts ‚Lob der Laute' bis zu Ernst Jüngers ‚Lob der Vokale' zieht sich die Vorstellung von einer Bedeutungshaltigkeit der Laute durch die Geschichte der Literatur. Sie ist im deutschsprachigen Bereich im Zusammenhang mit sprachtheoretischen Diskussionen und Spekulationen zu sehen, die vor allem im 17. Jahrhundert an Einfluß gewannen, als es galt, die Würde der deutschen Sprache gegen die übermächtige ausländische Konkurrenz und gegen das Lateinische und Griechische zu erweisen und zu behaupten – man denke etwa an den ‚Aristarchus' von Opitz, an die einflußreiche Tätigkeit der Sprachgesellschaften und vor allem an Schottels 10 Lobreden auf die deutsche Sprache in seiner ‚Ausführlichen Arbeit von der deutschen Hauptsprache'. Bis hin zum gelehrten und weit ins 18. Jahrhundert hinein wirksamen Frühaufklärer Morhof suchte man durch z. T. abenteuerliches Etymologisieren die deutsche Sprache als älter denn die meisten anderen Sprachen – die hebräische und skythische ausgenommen – zu erweisen. Damit rückte sie nahe an die „lingua adamica" heran, mit der sich auch Leibniz beschäftigte und die unmittelbar göttlichen Ursprungs gewesen sein sollte. Gleichzeitig – und zunehmend in der Aufklärung – suchte man den Rang der deutschen Sprache nicht nur durch ihr Alter, sondern durch ihre besondere Nähe zur Natur – durch ihre Natürlichkeit und ihre Fähigkeit, Natur nachzuahmen – zu beweisen. Die Vorstellung von der bedeutungtragenden Funktion der Laute, die seit Opitz in den Poetiken verankert war, wurde zumindest in der Dichtungspraxis der Aufklärung nicht in Zweifel gezogen. Im Gefolge der Sprachauffassung Hamanns und Herders setzte sich im ‚Sturm und Drang' eine neue, intensive intuitiv-schöpferische Sprachauffassung durch, welche den Bereich des Emotionalen und Genialisch-Individuellen in der Unmittelbarkeit persönlichen Erlebens sprachlich vergegenwärtigt sehen wollte und für die daher die dichterische Sprache bis in alle Einzelheiten und stilistischen Eigentümlichkeiten hinein zur unantastbaren Offenbarung des dichterischen Genius wurde, der sich in seinen Werken „verlautbarte".

Nicht zufällig erwachte aber zugleich auch das Bewußtsein von der Unfähigkeit der Sprache, diesen hohen Anspruch erfüllen zu können. So klagte z. B. Lavater im 8. Brief seiner „Aussichten in die Ewigkeit" darüber, daß wir abstrakte Wörter gebrauchen müssen, die zu speziellen und individuellen Unterscheidungen nicht fähig sind. Und im 9. Brief, in dem er ‚Über unsere Sprache im Himmel' spekulierte, betrachtete er wie die Sprachtheoretiker des 17. Jahrhunderts die vorhandenen – willkürlichen –

Sprachen als Verstümmelungen und Abarten einer ersten Natursprache. Die Sprache des Himmels muß dieser ähnlich sein und sie übertreffen: Sie muß auf Worte ganz verzichten können, damit wir unsere Gedanken unmittelbar mitteilen können. Doch lassen sich nach Lavater auch Mitteilungsarten denken, die unmittelbare „Sprache" sind. Dazu gehört u. a. die Physiognomik – so wie die Dinge in der Natur durch ihre Physiognomie zu uns sprechen, so muß man auch vom Äußeren auf das Innere des Menschen schließen können –, und dazu gehört ferner die pantomimische oder Gebärdensprache. Jede Bewegung ist für Lavater Ausdruck, jeder Ausdruck Absicht und Bedeutung. Das Verhalten ist für Lavater das nichtsprachliche und Sprache ersetzende Zeichen, dessen Bedeutung in ihm unmittelbar anschaulich wird und präsent ist. Seine Sehnsucht zielt also auf eine Bedeutungsfunktion, bei der das Zeichen selbst das Bezeichnete ist. Dies ist nichts anderes, als was auch den Vorstellungen von der semantischen Funktion der Laute zugrundeliegt: daß im Zeichen, ob dies nun ein Laut, ein Wort oder eine Physiognomie ist, das damit Bedeutete und Gemeinte unmittelbar und anschaulich – gleichsam „physei" – präsent ist.

Daß Lavater gerade mit seinen ‚Aussichten in die Ewigkeit' auf die Romantik, insbesondere auf Novalis, eingewirkt hat, weiß man und ebenso, welche Bedeutung die Romantiker der sinnlichen Seite der Sprache beimaßen und welche nahezu magischen lautsymbolischen Wirkungen sie – von den ‚Hymnen an die Nacht' bis hin zu den Gedichten Eichendorffs – anstrebten und verwirklichten. Wie sehr auch die Gedichte der Droste, ferner diejenigen Rückerts, Platens und C. F. Meyers – um nur diese zu nennen – sowie diejenigen des Symbolismus, des Jugendstils und der Neuromantik, welch hohen Anteil lautsymbolische Überlegungen am Entstehen des ‚Phantasus' von Arno Holz haben, brauche ich hier nicht zu explizieren. Der grobe „tour d' horizon" sollte mit der Aufzählung einiger Positionen lediglich an die große Bedeutung erinnern, die bis hin zum Dadaismus im Bereich der deutschen Literaturgeschichte die Beziehung von Laut und Bedeutung auf dem Hintergrund der Platonischen Sprachauffassung besitzt. Dies ist auch für die Rezeption vor allem der Lyrik von Belang. Die oft genug geradezu verschwenderische Ausstattung der Gedichte mit Alliterationen, Assonanzen, mit onomatopoetischen und lautsymbolischen Wörtern intendiert und bewirkt jene Vorstellung vom Dichter als dem der Worte – und damit auch der Dinge – in besonderer Weise Mächtiger, der uns im Medium seiner Poesie die Fülle der Wirklichkeit(en) in besonderer Weise offenbart. Damit kann dieses „Evidenzerlebnis" zu einer ahistorischen und zugleich werkimmanenten Rezeption von Lyrik verführen. Es erleichtert die Einfühlung in die Gedichte (auch vergangener Epochen), und die besonderen historischen Bedingungen ihres

Entstehens und ihrer Intention könnten als unwichtig erscheinen gegenüber der Dominanz ihrer zwar individuell nuancierten, im Prinzip aber scheinbar immer gleichen, weil als zeitlos gültig verstandenen Funktion als Abbildung und Ausdruck wiederkehrender Lebenssituationen und -erfahrungen. Von daher scheint es kein Zufall zu sein, daß z. B. ‚New Criticism' und ‚Werkimmanente Interpretation' der sogenannten „Sprachmusik" bei ihren Deutungen besonderes Gewicht beimaßen.

Nun ist natürlich nicht zu übersehen, daß die genannten, besonders sinnenfälligen ästhetischen Phänomene nicht nur als intensiver Ausdruck eines Wirklichkeitsbezugs gedeutet werden können, sondern auch als dessen Gegenteil: als Zeichen der Abstraktion. Bei zu großem Gleichklang entwickelt sich ein Eigenleben der Vokale und Konsonanten, das dazu führt, daß verschiedene Wörter mit ähnlicher Lautstruktur angesichts dieser Dominanz des Klanglichen für den Rezipienten eine Ähnlichkeit der Bedeutung annehmen. Bei den Romantikern ist darüber hinaus zu bedenken, daß die in den Gedichten beschworene Wirklichkeit nicht mit der Empirie identisch ist. Vielmehr ist es jene höhere Realität, zu der der Dichter als Priester und Mittler erst hinführen will. Die schönen Wörter und der Wohllaut ihrer Klänge sollen mit ihren magischen Qualitäten diese abstrakte, gleichwohl im Sinne des Idealismus wahre Wirklichkeit sinnlich antizipieren und vergegenwärtigen. Wenn die darzustellende Wirklichkeit abstrakt ist, dann muß der Sprachkörper ebenfalls abstrakt sein, um seine mimetische Funktion erfüllen zu können.

Doch auch der Versuch von Arno Holz, empirische Wirklichkeit total zu „verworten", führt, wie u. a. Richard Brinkmann gezeigt hat, in die Abstraktion: „das Übermaß an Konkretem schlägt um ins Abstrakte. Die Wörter und Sätze verlieren ihren logisch-begrifflichen Sinn. Sie verlieren ihre sachliche Aussagesubstanz. Und was eigentlich bleibt, ist ein von Assoziationen begleiteter Rhythmus und Klang, dem man sich hingeben kann oder auch nicht. Die inhaltlichen Aussagen werden unmerklich zu Elementen einer reinen Form, die subjektiv bestimmt ist." (64, 95) Der Grund für die Abstraktion läßt sich, scheint mir, relativ genau fixieren. Holz übersieht die Differenz, die zwischen Wirklichkeitsabläufen und ihrer sprachlichen Vergegenwärtigung besteht. Sprache als Kommunikations- und Verständigungsmittel abstrahiert immer schon von den in der Empirie sich ereignenden Vorgängen. Sie kondensiert und konzentriert einen Sachverhalt, wenn sie ihn beschreibt, und ist gerade in dieser aufs Charakteristische beschränkten Zusammenfassung „realistisch". Holz indessen nötigt die Sprache zu einer gleichsam pantomimischen Nachahmung, die ihrer normalen Funktion widerspricht, weil sie sie zwingt, nicht mehr auf ein außersprachliches Geschehen zu verweisen, sondern durch totale Imitation an dessen Stelle zu treten und es damit im Grunde überflüs-

sig zu machen und vollständig zu ersetzen. Indem die gesamte Wirklichkeit
– zumindest der Intention nach – versprachlicht wird, setzt sich die Sprache
zugleich an Stelle der Realität. Die Differenz zwischen Zeichen und
Bezeichnetem, zwischen Sprache und Realität, Dichtung und Wirklichkeit
ist aufgehoben, Wirklichkeit ist Sprache und Dichtung geworden, und
damit wird die Dichtung abstrakt. Indem sie Realität aufsaugt, kann sie auf
diese auch nicht mehr verweisen, sondern scheint selig in sich
selbst.

Damit gehört der ‚Phantasus' trotz entgegengesetzter Intention in den
Umkreis jener modernen Poesie, die nach verbreiteter Überzeugung ihrer
Autoren und Interpreten abstrakt ist in dem Sinne, daß diese dichterischen
Zeugnisse eine eigene, neue, von der empirischen Realität unabhängige
Wirklichkeit nicht nur abbilden oder darstellen, sondern allererst schaffen,
die keinerlei Verweisungszusammenhang auf eine außersprachliche Realität mehr besitzt. Trotz aller Unterschiede zwischen ‚realitätsbezogenen'
und ‚abstrakten' Gedichten: die semantische Funktion der Laute spielt in
jedem Fall eine bedeutende Rolle bei der Verwirklichung der jeweiligen
Absichten. Auf der einen Seite sorgen Onomatopöie und Lautsymbolik für
eine gleichsam „physische" Beziehung zur Realität, auf der anderen Seite
führt der verschwenderische Einsatz von Klängen zu einer Bedeutungsannäherung und -entleerung der Motive und Bilder und zur Herstellung eines
bloßen Klang- und Rhythmusraums, der bis zu musikalischen Verhältnissen führen kann.

Vor diesem Hintergrund gewinnt das Experiment mit reinen Lautgedichten besonderes Interesse. Angesichts der Tatsache, daß die in der Linguistik im Blick auf die Alltagssprache geltende Theorie von der Willkürlichkeit der Relation zwischen Zeichen und Bezeichnetem (auch im Bereich
der Phone) in der Poesie weitgehend außer Kraft gesetzt ist, stellt sich bei
den Lautgedichten die Frage, welchen Sinn und welche Bedeutungsfunktion Laute besitzen können, die nicht mehr jene Gegenstände nachahmen,
welche die aus ihnen gebildeten Wörter bezeichnen oder symbolisieren und
die in der jeweiligen Muttersprache üblich sind, sondern die Sequenzen bilden, die es im Gefüge einer normalen Sprache nicht oder nur kaum gibt.
Um dies prüfen und damit auch den Stellenwert der dadaistischen Lautgedichte besser bestimmen zu können, müssen wir uns vergewissern, welche
Analysemöglichkeiten wir überhaupt in diesem Bereich besitzen. Wo ein
Text das Gefüge einer Sprache völlig zu verlassen sucht, läßt sich vermutlich
manches über ihn aussagen, was dieser nicht korrigieren kann, weil er sich
sprachlich – und möglicherweise auch intentional – auf einer kategorial anderen Ebene befindet, die sich mit traditionellen – hermeneutischen – Mitteln nicht bestimmen läßt. Es empfiehlt sich daher nach der globalen
Bestimmung der Funktion von Lauten in „normalen" Gedichten eine

schrittweise Annäherung an das reine Lautgedicht. Die Betrachtung einer „Mischform" soll zugleich dazu dienen, methodische Möglichkeiten der Analyse zu erproben.

2. Zur Psychologie von Lautnachahmung und Lautsymbolik

Als Beispiel mag das Gedicht ‚Portrait Rudolf Blümner' von Kurt Schwitters gelten:

> Portrait Rudolf Blümner
> *Gedicht 30*

Der Stimme schwendet Kopf verquer die Beine.
Greizt Arme qualte schlingern Knall um Knall.
Unstrahlend ezen Kriesche quäke Dreiz.
Und Knall um Knall.
Verquer den Knall zerrasen Fetzen Strammscher quill.
Und Knall um Knall.
Und Knall um Knall.
Kreuzt Arme beinen quillt den Stuhl.
Der Stuhl ist eine Schraube, klammerwinden Stramm.
Und Knall um Knall der Stimme köpft.
Die Beine schrauben Arme würgend liß.   (40, 35)

Dies Gedicht ist nur dann zureichend zu verstehen, wenn man weiß, daß Rudolf Blümner, der zum Sturm-Kreis um Herwarth Walden gehörte, ein glänzender Vortragskünstler war, der sein Publikum auch da faszinierte, wo er seine eigene abstrakte Lautdichtung – von der wir noch ein Beispiel kennenlernen werden – mit vollem Ernst und großer Emphase vortrug. Dies „Portrait" ahmt also Form und Inhalt des Blümnerschen Vortrags gleichsam hautnah und ironisch-humoristisch nach. Da das zu Imitierende selbst nur den Sinn einer Verlautung von Sprachgebärden und eine Verkörperlichung von Sprachlauten hat (wenn man nicht annehmen will, Blümner werde hier als Interpret Strammscher Lyrik persifliert), besitzen auch die un-sinnigen Worte bei Schwitters kongenialen Sinn. Denn sie versinnlichen im Kontext lautmalerisch und anschaulich sowohl den Inhalt des Inhaltslosen als auch zugleich dessen „Vergebärdung" durch den Interpreten. Die gänzlich anomalen Laute, Worte und Wendungen erhalten vom weiteren Kontext des jeweiligen Verses, vom Gedichtganzen und Sujet her Sinn, sind in ihn integriert und verstärken ihrerseits den komischen Charakter des Gedichts. Der mimetische Bezugspunkt und der Kontext, der zum größeren Teil aus umgangssprachlich bekannten Wörtern besteht, üben hier einen semantischen „Zwang" auch auf jene Lautsequenzen aus, die in der deutschen Sprache unbekannt sind, und machen sie damit sinnvoll. Viel mehr als dies behaupten und darauf hoffen, es möge dem Leser einleuchten, kann der Philologe nicht. Der Sprach- und Lernpsychologe indessen vermag diese Beobachtungen von gewissen Experimenten her zu bestätigen. Versuchspersonen beispielsweise, die sinnlose Silben lernen sollten, behielten solche am schnellsten im Gedächtnis, die – wie z. B. die an sich sinnlose Silbe ,-vol' – einen hohen Assoziationswert im Blick auf normale, bekannte Wörter besaßen (126, 154). Ebenso sind Wörter wie „Greizt", „Kriesche", „quäke" usw., obschon an sich sinnlos, von hohem Assoziationswert: reizen und spreizen, Kreischen, Quäken und Quaken fallen einem sofort als Assoziationen dazu ein. Übernimmt man die sprachpsychologische Definition von Bedeutung, die sich aus der Diskussion von Assoziationstheorien entwickelt hat – „Bedeutung ist das durch ein Zeichen hervorgerufene Wissen eines Zusammenhangs" (126, 228) –, dann sind diese Assoziationen zugleich die Bedeutung, welche diese an sich unsinnigen Wörter im Zusammenhang des Gedichts erhalten. Sie verlieren ihren Unsinnscharakter schon allein wegen ihrer hohen Assoziationswertigkeit, und der weitere Kontext enthält jene Bedeutungssituation, welche diese Assoziationen zusätzlich evoziert und in welche sie sich daher auch sinnvoll einfügen. Damit ist der Kontext soweit semantisch verständlich, daß er auch unsinnige Lautsequenzen mit determiniert, welche an sich keinerlei bestimmte oder eindeutige Assoziationen auszulösen vermögen, wie „ezen", „Dreiz" und „liß". Experimente zeigten ebenfalls, daß Versuchspersonen, denen sinnlose Silben im Zusammenhang mit Wörtern dargeboten wurden, „welche eine hohe Ladung mit dem positiven Bedeutungsfaktor aufweisen", diese Silben selbst als „positiv" einstuften. Sie haben also „tatsächlich den Bedeutungston jener Wörter angenommen", „die im Conditionierungsversuch gleichzeitig dargeboten worden sind" (126, 208). Bei diesen Versuchen ging es freilich nur um eine emotionale Bewertung (positiv/negativ), nicht um Denotation, gleichwohl ist erkennbar, daß sinnlose Lautsequenzen in einem sinnvollen Kontext bestimmte, durch diesen beeinflußte Bedeutungsvaleurs annehmen können, zumal dann, wenn sie in ihrer Lautgestaltung nicht aus dem Rahmen ihrer Umgebung fallen (durch überdurchschnittliche Länge oder zungenbrecherische Lautkombinationen wie z. B. bei Morgensterns ,Großem Lalulā').

Man kann den Standpunkt vertreten, sie seien trotzdem objektiv – und das muß dann heißen: im Blick auf das Wörterbuch der Sprache, das sie nicht enthält – sinnlos. Entscheidend ist dabei das Problem der „Seinsweise" eines literarischen Textes. Ist ein Gedicht schon dadurch Gedicht, daß es als Text existiert oder lebt es erst dadurch, daß es – und wie es – von einem Leser oder Hörer rezipiert wird (und in diesem besonderen Fall kommt hinzu: daß und wie es von einem Interpreten intoniert und vorgetragen wird)? Wer die Rezeption für einen die Existenz eines literarischen Zeugnisses mitkonstituierenden Faktor hält, der wird jene allgemeinen psychologischen „Mechanismen" der Semantisierung von sinnlosen Partikeln in einem sinnvollen Kontext als entscheidenden Faktor der Sinngebung des Textes akzeptieren müssen. Dabei scheint mir bedeutsam zu sein, daß dieses Gedicht die Art und Weise der semantischen Aktualisierung durch den Adressaten keineswegs in dessen Beliebigkeit stellt, sondern durch die vorgegebene Situation und die weitgehende Eindeutigkeit des Kontextes in relativ engen Grenzen vorzuschreiben trachtet. Gleichwohl dürften Texte dieser Art, deren Poetizität ein eigenes Problem darstellt, je nach dem unterschiedlichen Bildungs- und Sprachbewußtsein, je nach Erwartungshorizont und Vorwissen der Leser recht divergierend rezipiert werden. Eben deshalb aber könnte weder eine empirisch-statistische Auskunft über die verschiedensten Leseweisen noch die Rezeption eines Adressaten allein als verbindliche akzeptiert werden. Die in der Sprachpsychologie erarbeiteten Gesetze liefern demgegenüber eine weniger zufällige, intersubjektiv nachprüfbare Ausgangsbasis, wenngleich auch sie methodisch nicht unanfechtbar sind: sie illustrieren unübersehbar, wie sehr man durch die Aufgabenstellung bereits das Resultat manipulieren kann. Im übrigen ist ihr Transfer auf den Bereich der Literatur nicht unproblematisch.

Versuchen wir nun, die Bedingungen der Möglichkeit, die Bedeutung der Lautsequenzen zu bestimmen, genauer zu erörtern. Die Neologismen im ‚Portrait Rudolf Blümner' enthalten offenbar ein unmittelbar onomatopoetisches Element, indem sie Geräusche und Gebärden lautlich imitieren, die sich mit dem von der Muttersprache bereitgestellten Vokabular offenbar nicht adäquat bezeichnen lassen. Dabei stellt die Artikulation von Schall- und Klangelementen ohnehin schon das größte Kontingent von lautmalenden Wörtern im Bereich der deutschen Sprache. Es ist daher kein Wunder, daß auch diese Gruppe im Gedicht zahlreich vertreten ist. Wilhelm von Humboldt nennt diese Sprachgestaltung die „unmittelbar nachahmende, wo der Ton, welchen ein tönender Gegenstand hervorbringt, in dem Worte so weit nachgebildet wird, als artikulierte Laute unartikulierte wiederzugeben imstande sind. Diese Bezeichnung ist gleichsam eine malende" (126, 231 f.). „Da die Nachahmung hier immer unartikulierte Töne trifft, so ist die Artikulation mit dieser Bezeichnung gleichsam im Widerstreite. . ." (126, 231 f.) Der Widerstreit vergrößert sich natürlich noch, wenn die nachahmenden Laute – wie hier – in schriftlichen Zeichen fixiert sind, die notwendig von der nuancenreichen Aussprache der Phone abstrahieren müssen. Das ist für ein – historisch zureichendes – Verständnis dieser Gedichte ein echtes Dilemma. Die Diskrepanz zwischen dem mündlichen Vortrag dadaistischer Texte durch die Autoren vor einem nicht immer nur erheiterten, sondern oft genug auch erregten Publikum und der Reduzierung ihrer zunächst vor allem für den mündlichen Vortrag bestimmten Qualität auf eine fixierte schriftliche Fassung ist groß.

Für Humboldt gehört diese Art von Lautnachahmung in die historischen Anfänge der sprachlichen Entwicklung, wenn er sagt, sie komme „bei einem reinen und kräftigen Sprachsinn wenig hervor" und verliere sich „nach und nach in der fortschreitenden Ausbildung der Sprache" (126, 231 f.). Beim vorliegenden Gedicht ist schwer zu entscheiden, ob die „sinnlosen" Wörter ebenso wie die sinnvollen Wendungen – z. B. das häufig repetierte „Knall um Knall" – Laute nachahmen oder nicht vielmehr nur symbolisieren, weil wir die bezeichneten Gegenstände und Vorgänge nicht mehr kennen und daher den Grad der lautlichen Kopie in den Phonemen nicht beurteilen können. Der Übergang von der Onomatopöie zur Lautsymbolik ist ohnehin fließend. Letztere definiert Humboldt als

> „die nicht unmittelbar, sondern in einer dritten, dem Laute und dem Gegenstande gemeinschaftlichen Beschaffenheit nachahmende Bezeichnung. Man kann diese . . . die symbolische nennen. Sie wählt für die zu bezeichnenden Gegenstände Laute aus, welche teils an sich, teils in Vergleichung mit andren für das Ohr einen dem des Gegenstandes auf die Seele ähnlichen Eindruck hervorbringen, wie stehen, stetig, starr den Eindruck des Festen; . . . nicht, nagen, Neid des fein und scharf Abschneidenden. Auf diese Weise erhalten ähnliche Eindrücke hervorbringende Gegenstände Wörter mit vorherrschend gleichen Lauten, wie wehen, Wind, Wolke . . . in welchen allen die schwankende, unruhige, von den Sinnen undeutlich durcheinandergehende Bewegung durch das aus dem, an sich schon dumpfen und hohlen u verhärtete w ausgedrückt wird. Diese Art der Bezeichnung, die auf einer gewissen Bedeutsamkeit jedes einzelnen Buchstaben und ganzer Gattungen derselben beruht, hat unstreitig auf die primitive Wortbezeichnung eine große, vielleicht ausschließliche Herrschaft ausgeübt. Ihre notwendige Folge mußte eine gewisse Gleichheit der Bezeichnung durch alle Sprachen des Menschengeschlechts hindurch sein. . ." (126, 231 f.)

Lautsymbolisch in diesem Sinne wären für das normale Sprachverständnis eine Reihe von Wörtern im ‚Portrait‘, z. B. „schlingern", „zerrasen", „Fetzen". Humboldts Ausführungen lassen indessen bereits den hohen Grad subjektiv-emotionaler Interpretation erkennen, der bei der Einschätzung solcher Phänomene mitwirkt. Es ist von daher verständlich, daß manchem solche Aussagen als reine Spekulation erscheinen. So erklärt beispielsweise Brinkmann anläßlich einer Untersuchung von Blümners Lautgedicht ‚Ango laina‘: „Wir glauben nicht an so etwas wie eine ursprüngliche Lautsymbolik. Die Betrachtung einer einzigen Sprache und erst recht die vergleichende Betrachtung mehrerer, vielleicht ganz verschiedener Sprachen entlarvt die häufig geübte Interpretation der Vokale auf ihren angeblich all-

gemeinen Stimmungswert als Täuschung, die auf voreiliger Verallgemeine-
rung bestimmter, wenn auch wiederkehrender struktureller und semantischer Zusammenhänge in einzelnen Sprachen oder Sprachgruppen beruht."
(64, 108) Doch die Tatsache, daß die Vokale einen bestimmten Stimmungswert nicht in allen Zusammenhängen aufweisen, ist kein Beweis gegen ihr
Vorhandensein in einzelnen Fällen, zumal dann nicht, wenn sie in der
Dichtung auftreten und diese als ästhetisches und als von den Leistungen
und Wirkungen der Alltagssprache kategorial sich unterscheidendes
Gebilde wesentlich mitkonstituieren und umgekehrt vom Kontext des
Gedichts besonders günstige Voraussetzungen zur Entfaltung ihres Stim-
mungswertes erfahren. Doch inzwischen haben zahlreiche Experimente
der Sprachpsychologie den eindrucksvollen Beweis dafür geliefert, daß die
Bewertung einzelner Laute – nicht nur der Vokale – auch in der Alltagssprache gilt und über ihre intersubjektive Relevanz innerhalb einer Sprach-
gemeinschaft hinaus teilweise auch internationale Geltung besitzt. So
leuchtet es unmittelbar ein, daß Versuchspersonen, die verschiedene
Geräusche onomatopoetisch wiedergeben sollten, dazu die Differenzierungen in Artikulationsart und -ort ausnutzten, die sich wohl in jeder
gesprochenen Sprache ausgebildet haben, indem sie z. B. den plötzlichen
Beginn eines Geräusches mit einem stimmlosen Verschlußlaut, ein langsames Ansteigen dagegen meist mit einem stimmlosen oder stimmhaften Spiranten „nachahmten" (126, 233). Gerade weil die einzelnen Sprachen ein
unterschiedliches Phoneminventar und damit auch Laute mit verschiedener
Qualität bereitstellen, sind etwaige Divergenzen in der Imitation der Laute
noch kein Beweis gegen die Möglichkeit eines prinzipiell analogen onomatopoetischen Verfahrens. Natürlich sind die Phoneme nur soweit differen-
ziert, wie dies für eine funktionierende sprachliche Kommunikation nötig
ist. Sie sind also offenbar von Anfang an nicht dazu geschaffen worden, alle
akustischen Phänomene der empirischen Wirklichkeit wiederzugeben, und
darin steckt a priori jener Grad von Abstraktion der Sprache, den man voraussetzen und konzedieren muß, bevor man die Frage nach einer mimetischen oder abstrakten Intention in sprachlicher Artikulation oder in
schriftlicher Fixierung untersuchen kann. Weil das Phoneminventar um der
Verständigung willen zu einer eindeutigen artikulatorischen Differenzierung gezwungen ist, kann es auch unterschiedliche Geräusche produzieren
und nachahmen. Dabei wird das Geräusch aber häufig nicht nur inhaltlich,
sondern formal imitiert im Blick auf seine „Reizgradienten" (126, 233), auf
die Plötzlichkeit, Intensität und Länge eines Geräusches hin.

Man verfährt also bei der Lautsymbolik offenbar analogisch. Dies gilt
auch und vor allem für den Wert, den man Vokalen beimißt. Es ist ein kategorialer Unterschied, ob man beispielsweise das „i" unter dem Aspekt eines
bedeutungsdifferenzierenden Phonems im Kommunikationsprozeß be-

trachtet, wo es in den verschiedensten Lautkombinationen lediglich dazu dient, zusammen mit anderen Lauten eine Phonemsequenz eindeutig von anderen Wörtern einer Sprache zu unterscheiden, oder ob man es isoliert und in seinem Stellenwert innerhalb einer Lautdichtung auf mögliche semantische Valeurs hin befragt. Dies sei näher erläutert. Absolut wie auch in Relation zu anderen Vokalen hat „i" natürlich keine festumrissene Bedeutung, fixiert ist offenbar lediglich die Art der Assoziationen, die man mit ihm verbinden kann, und diese verlaufen nach dem Prinzip der Analogie. Mit „i" assoziiert man eine formale Kategorie der Anschauung, nämlich ‚klein', wie es im Deutschen etwa mit ‚klitzeklein' oder im Amerikanischen mit ‚teeny-weeny' zum Ausdruck kommt (126, 234, dort weitere Belege aus anderen Sprachen). Die assoziative Analogienkette enthält weiter die Vorstellungen ‚hell', ‚hoch', ‚spitz', ‚geschwind' usw. Es hängt vom weiteren Kontext ab, welche dieser Assoziationen sich im jeweiligen Fall einstellt. Tiefere oder ‚dunklere' Vokale wie etwa ‚o' oder ‚u' evozieren das Gegenteil, nämlich eben ‚tief', ‚dunkel', ‚langsam', ‚groß' usw. Dies hat mit Geräuschkopien, also mit Onomatopöie im engeren Sinne, nichts mehr zu tun, weil es Anschauungsformen sind, denen sich, bedingt durch den Kontext, noch gewisse Konnotationen hinzugesellen können.

Daß es Analogien zwischen optischer und akustischer Wahrnehmung gibt, zeigt ein berühmt gewordenes Experiment. Versuchspersonen aus mehreren Ländern, u. a. in Deutschland, USA und Tanganjika, wurden mit zwei sinnlosen Strichfiguren und zwei sinnlosen Wörtern konfrontiert, die sie einander zuordnen sollten. Eine Figur bestand aus zwei asymmetrischen, ovalen Kreisen, die andere aus einer Zickzacklinie (wobei ‚oval' und ‚Zickzack' diese Formen hier „nachahmen"). Die beiden Worte lauteten ‚maluma' und ‚takete'. Die überwiegende Mehrheit der Versuchspersonen ordnete ‚maluma' der ovalen, ‚takete' der Zickzacklinie zu (126, 235). Weitere Beispiele: „a-Laute werden im Verhältnis 4:1 größer als i-Laute empfunden; i ist dreimal so eckig und zweimal so hart wie a." (126, 236) Der Zusatz Hörmanns ist bezeichnend für ein Mißverständnis, das wir schon andeuteten: „Demnach wäre zu erwarten, daß Bezeichnungen für große Dinge eher a-Laute enthalten als i-Laute. Eine entsprechende Durchmusterung eines Lexikons . . . ergibt aber keine Bestätigung dieser Erwartung." (126, 236) Schon die Frage ist, so scheint mir, falsch gestellt. Wenn man – auch in Experimenten – nach der Bedeutung einzelner Vokale fragt, dann nehmen diese für die Versuchspersonen zwangsläufig eine übergeordnete Qualität an. Sie sind quasi nicht mehr nur Vokale, sondern sie werden schon durch die Frage nach ihrer Bedeutung aus der Ebene eines Phonems auf die eines Lexems gehoben und erhalten Wortcharakter. Dies ist eine durch das Experiment bedingte Ausnahmesituation, die sich natürlich im Lexikon einer Sprache nicht wiederfinden läßt, wohl aber in der Poesie und erst recht im Lautgedicht, in dem die Phone daher einen anderen Charakter annehmen als in der Alltagssprache. Dort sind die Vokale stets mit anderen Lauten kombiniert, von denen jeder einzelne – im Experiment isoliert – eine eigene Bedeutung haben kann, die nun zusammen aber eine neue Bedeutung konstituieren, welche die Theorie von der Willkürlichkeit der Relation zwischen Zeichen und Bezeichnetem rechtfertigt. Lautsequenzen im Lautgedicht sind dagegen anders zu beurteilen. Dies wird am Beispiel zu zeigen sein. Einzelne Worte aus der Alltagssprache können aber bereits eine Tendenz in den Lautgedichten verdeutlichen: Lautsequenzen vermögen die Bedeutung eines Vokals zu unterstützen – wie z. B. die des ‚o‘ in ‚groß‘ oder die des ‚i‘ in ‚winzig‘. Sie können sie jedoch auch verändern wie die von ‚i‘ (= klein) in ‚riesig‘. Der Phonemfolge ‚riesig‘ wird man trotzdem eine gewisse Lautsymbolik nicht absprechen können. Sie entsteht durch die Dehnung des Vokals, so daß die zeitliche Dauer der Intonation des Vokals analogisch die Größe symbolisiert, ferner durch seine Reduplikation in der zweiten Silbe, welche den Charakter eines Reinforcements gewinnt, sowie durch den Sonanten ‚r‘ und die beiden Spiranten – in phonetischer Schreibung: – z und x, welche sämtlich gedehnt gesprochen werden können und damit ebenfalls durch Verlängerung der Intonation die räumliche Größe symbolisieren. Es kann also sein, daß die Kombination der Laute, die ein Wort bilden, durch Artikulationsart und -ort, durch Länge oder Kürze, Höhe oder Tiefe der Intonation, kurz durch die akustische Vergegenwärtigung denotative Bedeutungskomponenten des Wortes versinnlicht und dadurch symbolisiert. Es wäre eine ebenso schwierige wie interessante Aufgabe zu untersuchen, inwieweit gerade die Lyrik durch Häufung solcher Wörter und durch entsprechende Intentionen das allgemeine Bewußtsein für einzelne lautsymbolische Beziehungen beeinflußt hat.

Die Sprachpsychologen indessen versuchen ein international gleiches lautsymbolisches Verhalten zu erweisen, weil sie es durch gewisse Gestaltprinzipien bedingt sehen, die „zu den Kennzeichen des menschlichen Habitus schlechthin" gehören sollen (126, 236). Doch dies muß fragwürdig bleiben, solange die Experimente, die dies erweisen sollen, nur gelingen, wenn das Material stark – z. B. auf Wortpaare als Gegensatzpaare – eingegrenzt ist, wenn das muttersprachliche Wortpaar vorgegeben ist und damit auf Grund seiner phonologischen Struktur per analogiam auf die richtige Zuordnung der Gegensatzgruppen in einer fremden Sprache führt (126, 238). Neben literarischen Einflüssen mögen auch Erfahrungen aus dem Alltag, also ein Lernprozeß, die Ausbildung von Lautsymbolik beeinflussen, die physikalische Tatsache z. B., daß große Objekte bei Bewegungen aller Art tiefere Geräusche verursachen als kleine (126, 240).

Solche Überlegungen führen indessen wieder auf die Idee einer anthropologischen Disposition für dieses Verfahren. Im Bereich der strukturellen

Anthropologie hat Claude Lévi-Strauss die Totemismus-Forschung dadurch entzaubert, daß er die zuvor unerklärliche Tabuisierung von für unser Verständnis scheinbar heterogenen Phänomenen dadurch plausibel machte, daß diese „gut zu denken" seien auf Grund gewisser Ähnlichkeiten oder Gegensätze zwischen ihnen. (131, 16) Die Assoziation funktioniert ebenfalls u. a. nach den Prinzipien von Analogie und Kontrast, und auch die Lautsymbolik kann man als analoge phonologische Umsetzung akustischer, optischer und anderer Sinneswahrnehmungen betrachten. Offenbar ist es also diese geistige Fähigkeit des Menschen, sich der ungeordnet-chaotisch eindringenden Fülle der Wirklichkeit dadurch geistig zu „bemächtigen", daß er sie strukturell-abstrahierend auch mit Hilfe von analogischen oder kontrastiven „Rastern" ordnet und damit verfügbar macht. Schon die Tatsache, daß er empirisch wahrnehmbare Geräusche als gegensätzlich klassifizieren und artikulieren kann, setzt eine entsprechende geistige Prädisposition voraus. Bereits ein Kind, das Privatwörter erfindet und einen Stuhl „lakeil", einen kleinen Puppenstuhl „likil" und den gewaltigen Großvaterstuhl „lukul" nennt (126, 233), besitzt die Fähigkeit, Gegensätze oder Unterschiede eines Objekts in der Sprache analog durch Vokalkontraste zu symbolisieren. Wie weit ein solches Kind dies wiederum gelernt hat durch auffällige Wortbildungsstrukturen, die gerade im Bereich der Verwandtschaftsnamen auffällig dominieren und die erfahrungsgemäß zuerst gelernt werden (Mama, Papa, Oma, Opa usw.), kann hier nicht untersucht werden. Auffällig immerhin, daß offenbar gerade im Anfangsstadium der Spracherlernung lautsymbolische Wörter – hier in dem Sinne, daß Vokale gewisse Familienmitglieder differenzieren, während zusammengehörige Familienmitglieder durch ähnliche phonologische Strukturen gekennzeichnet sind – beigebracht werden. Kinder lernen damit von Anfang an, ihre Umwelt nach bestimmten Prinzipien sprachlich-strukturell zu ordnen. Ob sie die Möglichkeit dazu selbst wiederum erst erlernen oder von Natur aus mitbringen, ist empirisch vorerst wohl kaum zu entscheiden.

Damit wären – soweit für unseren Zusammenhang erforderlich – einige allgemeine historische und psychologische Voraussetzungen erörtert, die das Verständnis der Lautgedichte erleichtern können.

3. Mimetisches Abrakadabra – abstrakte Magie (Ball, Blümner, Schwitters)

Betrachten wir zunächst das wahrscheinlich bekannteste Lautgedicht Hugo Balls:

Karawane

jolifanto bambla ô falli bambla
grossiga m'pfa habla horem
égiga goramen
higo bloiko russula huju
hollaka hollala
anlogo bung
blago bung
blago bung
bosso fataka
ü üü ü
schampa wulla wussa ólobo
hej tatta gôrem
eschige zunbada
wulubu ssubudu uluw ssubudu
tumba ba-umf
kusagauma
ba-umf
(26, 28)

Für das Verständnis dieses Gedichts ist entscheidend, daß der Autor mit dem Titel den Vorstellungsraum angegeben hat, auf den sich die nachfolgenden Laute beziehen und den sie vergegenwärtigen sollen. Die Lautsequenzen sind onomatopoetisch, weil sie Karawanengeräusche zu kopieren scheinen. Doch können sie, dadurch bedingt, im Adressaten auch weitergehende Assoziationen auslösen, die auf andere Sinnesbereiche übergreifen, und damit vermögen sie auch lautsymbolisch zu wirken. Eine „Mimesis" besonderer Art mag noch darin liegen, daß die Lautfolgen den Eindruck erwecken, als würden sie die Lautstruktur einer fremden Sprache – des Indischen vielleicht oder des Arabischen – imitieren und damit vielleicht auch die Rufe der Treiber. Natürlich ist nicht deutlich, welche einzelne Lautsequenz welche genauere Vorstellung imaginieren möchte, aber alle zusammen evozieren Bilder des Wogens und Stampfens, von Staub und Wüste, von Tieren (Elefanten) und Treibern. Im Sinne moderner semantischer Theorien vollzieht sich hier ein Bedeutungsgeschehen, das seinen Sinn nicht aus der fixen Bedeutung einzelner Morpheme oder Wörter bezieht, sondern das sich aus der Abfolge mehrerer Lautsequenzen und ihrem Zusammenwirken innerhalb der Verse und des Gedichtes ergibt. Im einzelnen kann dabei jede „Verszeile" etwas anderes „bedeuten". Beda Allemann greift daher, scheint mir, zu kurz, wenn er im ‚Karawanen'-Gedicht Balls eine Verabsolutierung des akustischen Materials der Sprache erblickt: „Was man das akustische Material der Sprache nennen kann, tritt hier in sein Eigenrecht, unabhängig von den Bedeutungen, die verleugnet und vertuscht werden. Ihre scheinbare Legitimation beziehen solche Versuche aus dem Faktum, daß die Dichtung seit ihren Anfängen immer wieder Gebrauch gemacht hat von rein akustisch-musikalischen Phänomenen; daß sie die Klangmalerei seit jeher, wenn auch nie in dieser Ausschließlichkeit, mit Erfolg betrieben hat." (61, 170) Der Ausdruck Klanggedichte verkürzt die Intentionen dieser Verse. Man könnte sie besser Imaginationsgedichte nennen, wenn dies nicht ihre Eigenart gegenüber den traditionellen Poemen eher verbergen würde. Daher scheint mir der Ausdruck „Lautgedichte", der sich auf die Kennzeichnung des besonderen sprachlichen Substrats beschränkt, am geeignetsten zu sein.

Dies auch noch aus einem weiteren Grund. Allemann stellt der Verabsolutierung der akustischen Seite des Sprachmaterials die „Kalligramm-Technik", die Hervorhebung „durch das optisch-graphische Substrat" gegenüber (61, 170), die er für „glücklicher" hält „als die Reduktion des Gedichtes auf ein reines Klangphänomen, wie Ball sie versucht hat" (61, 171). Indessen hat sich Ball, wie die faksimilierende Wiedergabe des Gedichtes – auf der folgenden Seite – zeigt, auch dieser Technik zu bedienen versucht. Jede Verszeile ist, in sich einheitlich, in einer anderen Schrifttype und einem anderen Schriftgrad gesetzt, Ball verwendet z. B. die gotische Schrift, die Fraktur, verschiedene Arten der Antiqua, die Grotesk und Egyptienne. Diese graphische Abgrenzung hat offenbar eine bedeutungsdifferenzierende Funktion, und zwar auch an jener einen Stelle, wo dieselbe Lautsequenz ,blago bung' in verschiedenem Schriftsatz untereinander erscheint. Damit wirkt Ball, so scheint es, zugleich jenem abstrakten Element entgegen, das sich einstellt, wenn gleiche Klänge aufeinandertreffen: sie werden bedeutungsähnlich bzw. bedeutungsleer. Der optische Eindruck tritt in Spannung zum akustischen. Schriftart und -grad erhalten semantische Funktion, und vielleicht besitzen auch sie mimetischen Charakter: je nach Größe und Stärke bezeichnen sie entsprechend größere oder kleinere Geräusche und Dinge.

Diese Spannung innerhalb der sinnlichen Seite des sprachlichen Materials – akustische Repetition und optische Differenzierung – führt zu einer nicht unerheblichen Abstraktion. Die Variationen des Schriftbilds, die auf klangliche Parallelen keinerlei Bezug nehmen, lenken das Interesse des Lesers weg von dem, was die Verse möglicherweise bedeuten, hin zu ihrer materiellen Existenz als Schrift-Bild. Es ist aufschlußreich, daß dort, wo – wie z. B. im Aufsatz Brinkmanns (64) – die ,Karawane' in einheitlichem Schriftbild abgedruckt ist, die inhaltlichen Assoziationen im Vordergrund stehen, während dies – wie ein Versuch mit Studenten ergab – bei der Vorlage der faksimilierenden Reproduktion des Gedichts in unterschiedlichen Schrifttypen und -graden nicht der Fall war. In gewisser Weise ist dies das Gegenteil dessen, was mit der Tradition der schon im 17. Jahrhundert be-

KARAWANE

jolifanto bambla ô falli bambla

grossiga m'pfa habla horem

égiga goramen

higo bloiko russula huju

hollaka hollala

anlogo bung

blago bung

blago bung

bosso fataka

ü üü ü

schampa wulla wussa ólobo

hej tatta gôrem

eschige zunbada

wulubu ssubudu uluw ssubudu

tumba ba- umf

kusagauma

ba - umf

liebten Bildgedichte beabsichtigt war: daß das Schriftbild den Inhalt optisch umsetzte, versinnlichte und damit unterstützte. Am Beispiel dieses Gedichts wird zugleich deutlich, in welchem Ausmaß bedeutungskonstituierende Faktoren psychologisch von sprachlicher Regelmäßigkeit abhängen, und zwar schon im Bereich des optisch wahrnehmbaren Schriftbildes. Alles Unregelmäßig-Ungewohnte wirkt hier „verdinglichend", die besondere graphische Gestaltung scheinbar sinnloser Lautsequenzen wird als Graphik um ihrer selbst willen interessant, als Grenzfall schon im Übergangsbereich zur „bildenden" Kunst. Daß die graphische Gestaltung den Inhalt auf z. T. raffinierte Weise unterstützen kann, zeigen die modernen „Bildgedichte" der Werbung, die ihrerseits – darauf weist auch Meyer mit Recht hin (75, 121) – von den graphischen Versuchen der Dadaisten manches gelernt haben. Gerade im Fall der ‚Karawane' aber tritt, so scheint es, die graphische Gestaltung in Opposition zu den ursprünglichen Tendenzen, die Ball mit seiner Lautdichtung verfolgte. Wir werden diese später noch genauer herauszuarbeiten versuchen. Hier mag der Hinweis genügen, daß Ball seine Lautgedichte anfangs auf den Dada-Abenden mündlich vorgetragen – oder besser vorgesungen – hat. Die kunstvolle schriftliche Fixierung ist eine spätere Zutat, die mit für das literarische Nachleben sorgen sollte, und insoweit sind wir berechtigt, uns im folgenden nochmals auf die Lautstruktur selbst zu konzentrieren und die Differenzierungen des Schriftbilds nur in dem Sinne zu interpretieren, daß sie Differenzierungen der Klänge und Laute andeuten sollen.

Man hat darauf hingewiesen, daß die Laute in diesem Gedicht, soweit sie „etwas aussagen, eine Empfindung oder eine Vorstellung erregen", dies nur tun, „insofern sie als Elemente der artikulierten Sprache des Dichters und vielleicht, da sie ziemlich allgemein sind, noch einigen anderen Sprachen, jedenfalls im Bereich von Wörtern und Sätzen determiniert sind, wenn auch noch so vage." (64, 106) Das ist wohl richtig, bedarf aber der Differenzierung. Die Lautfolgen sind auf eine Weise zusammengesetzt, die im Deutschen aussprechbar, wenn auch nicht gerade vertraut ist und die im übrigen bestimmte Baugesetze erkennen läßt. Diese werden vom Gedicht selbst erst konstituiert, sind aber dann offenbar verbindlich und vom Leser – eher als vom Hörer – als solche erkennbar. Die einzelnen Buchstabengruppen haben Silben- und Wortcharakter, und wie in einer normalen Sprache werden sie durch bedeutungsdifferenzierende Phonemsequenzen voneinander unterschieden. Ordnung entsteht z. B. dadurch, daß alle Lauteinheiten auf Vokal (vor allem a, o und u) oder Sonant (m, n und ng) bzw. Liquid (zweimal f) enden und daß sich ein gewisser Sprechrhythmus einstellt, der darauf hinweist, daß hier Haupt- und Nebensilben unterscheidbar sind, daß es möglicherweise so etwas wie Wortbildungssuffixe oder sogar verschiedene Wortarten gibt. Und wie in normalen Texten und Sätzen scheinen auch hier einige Lautfolgen ein größeres semantisches Gewicht zu besitzen als andere. Dies sind offenbar vor allem jene, die in ihrer Lautkombination einem Wort der „Muttersprache" besonders nahe zu kommen scheinen, beispielsweise gleich das erste „Wort" „jolifanto", das offenbar nicht nur die Interpreten – wie Heselhaus (71, 315 f.) oder Brinkmann (64, 106) –, sondern auch den Autor „Elefanten" assoziieren läßt (4, 99 f.). Die auffälligste Abweichung – das ‚o' – ist von der Lautsymbolik her als sinnvoll zu begreifen, weil dieser Vokal – wie bereits erwähnt – etwas Großes und Langsames symbolisiert und damit zum Elefanten besser „paßt" als das deutsche Wort. Solch partielle Änderungen des Lautbestandes finden sich auch bei anderen Autoren von Lautgedichten, so etwa bei Schwitters. Wenn dieser beispielsweise in seiner ‚Ursonate' nebeneinander „Rakete" und „rinnzekete" gebraucht, so symbolisieren das „i" und die Affrikate „z" die „Plötzlichkeit" und Rasanz der Rakete besser als die uns geläufige Wortfolge. In Lautgedichten hat der Poet also die „sprachpflegerische" Möglichkeit, die „physische" Beziehung nicht nur zwischen dem einzelnen Zeichen und Bezeichneten zu verbessern, sondern zwischen dem ganzen Geschehen und seiner lautlichen Vergegenwärtigung. Dies geschieht hier durch den dominierenden Gebrauch von „schweren Vokalreihen", wie Ball sie selbst nennt (4, 99 f.), die also das Große, Langsame und Schwere symbolisieren, wie auch durch die zahlreiche Verwendung der artikulatorisch dehnbaren Media, Sonanten und Liquide. Gelegentlich deutliche Anklänge an bekannte Wörter im Fortlauf der Rezeption – z. B. „Großgiga" als Allusion auf „groß" und „Gigant" oder „russula" auf „Rüssel" – reichen aus, um zusammen mit den symbolisierenden Lauten eine Art von Kontext zu installieren, der die Bedeutungsrichtung des Gedichts und die Imaginationsbewegung des Hörers oder Lesers in die gewünschte Richtung lenkt, ohne aber seine Phantasie so zu determinieren, wie dies bei der „regelrechten Verwortung" eines Ereignisses im Gedicht der Fall zu sein pflegt. Der Assoziationsraum wird vorgegeben, die inhaltliche Füllung aber weitgehend offengelassen, und dies gilt sowohl für den Vortrag als auch für die Rezeption des Gedichts.

So weit wie nötig also hält sich dies Lautgedicht an die Erscheinungsformen einer „normalen" Sprache, und so weit wie möglich sucht es sich von ihren Gesetzmäßigkeiten zu „emanzipieren". Dazu gehört die Freiheit von den grammatikalischen Zwängen und die Befreiung von einigen Abstraktionen, welche jede Sprache – wie bereits angedeutet – bei einer „realistischen" Verständigung über die Realität aufweist. Zum Beispiel besitzt die Lautverdoppelung oder -reduplikation in der Umgangssprache eine abstrakte Funktion: Sie bezeichnet nicht – oder selten – die konkrete Wiederholung eines Geräusches, sondern – laut Cassirer – die Wiederholung (und damit die Mehrheit) schlechthin (126, 234). Im Unterschied dazu scheinen

Lautwiederholungen in der ‚Karawane' wie z. B. „hollaka hollala" oder „ü üü ü" – auffällig auch hier die lautliche Differenzierung – relativ genau einzelne Geräusche nachahmen zu wollen. Hier werden außerhalb des bekannten Sprachsystems konkretere artikulatorische Möglichkeiten sichtbar. Ähnliches gilt für die Laute selbst, die hier Mittel der Imitation sind, nicht nur bedeutungsdifferenzierende Phoneme, sondern bedeutungshaltige Morpheme. Die Lauteinheiten sind, so scheint es, so lang wie die Geräusche dauern – zumindest können sie bei der Artikulation entsprechend in die Länge gezogen werden. Immerhin fällt auf, daß die normale Wortstruktur soweit nachwirkt, daß wortartige Einheiten von höchstens vier Silben Länge entstehen.

Andere Lautgedichte Balls entfernen sich in ihrem schriftlich fixierten Erscheinungsbild stärker von einer „normalen" Sprache, z. B. sein Gedicht ‚Wolken', das ursprünglich offenbar einmal ‚Labadas Gesang an die Wolken' hieß (4, 99) – die Titeländerung modifiziert den Charakter des Gedichts nicht unerheblich:

    Wolken

  elomen elomen lefitalominal
  wolminuscaio
  baumbala bunga
  acycam glastula feirofim flinsi

  elominuscala pluplubasch
  rallalalaio

  endremin saxassa flumen flobollala
  feilobasch falljada follidi
  flumbasch

  cerobadadrada
  gragluda gligloda glodasch
  gluglamen gloglada gleroda glandridi

  elomen elomen lefitalominai
  wolminuscaio
  baumbala bunga
  acycam glastala feirofim blisti
  eliminuscula pluplusch
  rallabataio

  (26, 24)

Der Titel stimmt die Imagination des Hörers ein. ‚Labadas Gesang an die Wolken' – das scheint in die Welt des Orients versetzen zu wollen. Darauf deutet aber nicht nur das Sujet, das Preisen oder Beschwören der Wolken (vielleicht: das Beten um Regen), sondern auch die „Sprache", die zumindest für den Bibelkundigen geographisch „passende" Anklänge an das Aramäische verrät: Man vergleiche etwa mit dem ersten Vers den berühmten Kreuzesspruch Christi: „Eli, eli, lama asaphtani!" (Matth. 27, 46) Auch hier hält der Text den Imaginationsraum ständig gegenwärtig durch lautnachahmende und lautsymbolische Phonemfolgen – die Spirans „w", der Vokal „o" und der Liquid „l" gehören zum Lautbestand von „Wolke" und sprechen gewisse Konnotationen an, die sich auch – siehe „pluplubasch", „falljada" – auf das Platschen und Niederfallen des Regens erstrecken. Der ursprüngliche Titel, der präziser ist, weil er mehr Informationen enthält und den Charakter des Lautgedichts exakter faßt, scheint dem Rezipienten eine intensivere und komplexere Imagination des Gedichts zu gewähren als der Titel ‚Wolken', der die Vorstellung auf ein Phänomen einschränkt und dazu nötigt, alle Verse mehr oder weniger darauf zu beziehen. Dies aber gelingt nicht, und eine ganze Anzahl von „Leerstellen" scheint übrig zu bleiben. Das Gedicht wird dadurch abstrakter. Die Wiederholung der Lautgruppen – die letzte Strophe repetiert mit nur unwesentlichen Variationen den „Wortlaut" der beiden ersten Strophen – und ihre starke rhythmische Akzentuierung beim Vortrag, den Ball beschreibt (4, 99), verleihen dem Gedicht den Charakter einer psalmodierenden Litanei, einer magischen Beschwörung. ‚Labadas Gesang' – mit diesem Vorverständnis läßt sich das Gedicht wie das Abrakadabra eines orientalischen Zauberers lesen, und entsprechend geheimnisvoll und vielschichtig wird der Inhalt. Eine solche Rezeption mag wohl im Sinne des Autors gelegen haben. So heißt es in einer Tagebucheintragung:

„Wenn man genau sein wollte: zwei Drittel der wunderbar klagenden Worte, denen kein Menschengemüt widerstehen mag, stammen aus uralten Zaubertexten. Die Verwendung von ‚Sigeln', von magisch erfüllten fliegenden Worten und Klangfiguren kennzeichnet unsere gemeinsame Art zu dichten. Solcherlei Wortbilder, wenn sie gelungen sind, graben sich unwiderstehlich und mit hypnotischer Macht dem Gedächtnis ein, und ebenso unwiderstehlich und reibungslos tauchen sie aus dem Gedächtnisse wieder auf." (4, 93 f.)

Die Selbstdeutung Balls wird uns noch beschäftigen. Hier interessiert uns zunächst nur die Brinkmannsche These, daß Balls Lautgedichte ihre „mimetische" Funktion nur erfüllen können, indem sie die Grenzen der natürlichen Sprache nicht vollständig verlassen. Der analytische Befund scheint Brinkmann im grundsätzlichen recht zu geben, dennoch trifft diese Aussage, scheint mir, nicht den Kern des Problems. Wenn man sich vergegenwärtigt, daß diese Lautgedichte ursprünglich vorgesungen wurden – und

zwar mitunter mehrere gleichzeitig und durcheinander im „Singsang"
priesterlicher Litanei und des gregorianischen Chorals –, daß die einzelnen
Laute und Lautgruppen nahezu beliebig gedehnt werden konnten, daß sich
dabei auch die Unterschiede zwischen betonten und unbetonten Silben, das
Gefühl für Wörter und Wortarten, für eine Grammatikalität der Laute verlieren konnten, dann haben diese Lautgedichte im Moment des Vortrags
die Grenzen der normalen Sprache weitgehend überschritten, und dennoch
sind sie noch nicht im Bereich der Musik anzusiedeln. Es ist daher auch
schwer zu sagen, ob sie abstrakt sind. Die beiden hier besprochenen
Gedichte Balls behalten sicher – wie Brinkmann im Blick auf ‚Karawane'
meint – „mimetische Absicht", sie wollen „entfernte Nachahmung, In-
den-Laut-Bannen einer konkret und sinnlich erfahrenen Wirklichkeit
sein." Gleichwohl hält Brinkmann sie für „abstrakte Dichtung, aber nicht
nur abstrakte, sondern auch ungegenständliche, d. h. Dichtung ganz jenseits des geordneten Weltbildes der Sprache." (64, 106) Dennoch kann sie,
wie er gleich darauf erklärt, ihre Absicht nur verwirklichen, indem die
Laute „als Elemente der artikulierten Sprache" „determiniert" sind.

Brinkmann gerät hier in definitorische Schwierigkeiten, weil er sein Kriterium für das, was im Bereich der Dichtung abstrakt heißen kann, auf das
sprachliche Substrat und die durch Sprache vermittelten Inhalte und Erfahrungen beschränkt: „Eine Dichtung ist abstrakt", so definiert er, „die nicht
den allgemeinen grammatisch-syntaktisch-begrifflichen Zusammenhang
der Sprache, der Muttersprache in der sie spricht, beibehalten will, als
Medium der Erfahrung nicht das Auswahlsystem dieser Sprache. Abstrakt
nenne ich also eine Dichtung, die in ihrer Sprache ein eigenes Gefüge der
Verknüpfung und Trennung, der Auswahl und Gliederung schafft." (64,
90) Danach wären die Lautgedichte Balls abstrakt, und dennoch erweisen
sie das Ungenügen dieser Definition, weil sie abstrakt werden, um den
Abstraktionen der Muttersprache zu entgehen, welche die Fülle der Wirklichkeit nicht adäquat genug wiederzugeben vermag. Sie sind aber auch
nicht in dem Sinne abstrakt, daß sie – wie der ‚Phantasus' von Arno Holz
– die Wirklichkeit gleichsam total bis ins Pantomimische hinein „verworten" und damit ersetzen, so daß sie den Verweisungszusammenhang auf
eine außersprachliche Realität aufgeben. Und sie wollen offenbar auch
nicht wie manche Exponenten der modernen Lyrik autonome, von aller
Realitätserfahrung und Wirklichkeit im weitesten Sinne unabhängige
Gebilde sein. Und dies – der intentionale und tatsächliche Wirklichkeitsbezug – scheint mir ein entscheidendes Indiz dafür zu sein, daß die hier besprochenen Lautgedichte nicht abstrakt sind; wenn immer die
Unterscheidung von wirklichkeitsabbildender und abstrakter Dichtung
einen Sinn haben soll, darf sie auch dort nicht aufgegeben werden, wo die
Poesie versucht, den Zwängen der traditionellen Sprache zu entfliehen, weil

diese die Wirklichkeit nur ungenügend wiederzugeben vermag. Statt wie Hofmannsthals ‚Lord Chandos' angesichts der Diskrepanz zwischen reicher Wirklichkeit und armer, abstrakter Sprache zu verstummen, stellen die Lautgedichte einen Versuch dar, die Fülle der z. T. auch neu und anders erfahrenen Wirklichkeit neu und anders abzubilden.

Anderes kommt hinzu, erschwert den Problemzusammenhang und stellt das soeben Gesagte teilweise wieder in Frage. Hat Dichtung – und zumal lyrische oder Lyrik-nahe – nicht zumindest noch andere Funktionen, um deren Verwirklichung willen sie ihre Sprache gestaltet? Und könnte es nicht sein, daß sich von dieser Funktionsbestimmung her eine Unterscheidung von mimetischer und abstrakter Poesie als relativ wenig erkenntnisfördernd erweist, zumal in ihren Grenzbereichen, die hier zur Debatte stehen und denen nahezu sämtlich die Prädikation „abstrakt" zukäme, wenn diese lediglich den Grad der Entfernung von der normalen Sprache und ihrem Erfahrungshintergrund anzeigen soll? Nicht nur, daß Dichtung immer schon mehr und anderes *mitteilen* will als dies in der profanen Sprache alltäglicher Kommunikation möglich ist, steht hier zur Debatte, sondern auch, daß sie mehr und anderes *bewirken* will, wobei sogleich zuzugeben ist, daß die Art der Mitteilung die Wirkung bedingt, aber damit ist sie eben nur Mittel zum Zweck. So wären denn auch die beiden Lautgedichte nicht geschrieben und vorgetragen worden, um eine Karawane oder Wolken besser oder genauer darzustellen, als dies mit den traditionellen sprachlichen Mitteln möglich gewesen wäre. Vielmehr ging es Ball – in konsequenter Weiterführung futuristischer Ansätze – darum,

„der isolierten Vokabel die Fülle einer Beschwörung, die Glut eines Gestirns zu verleihen. Und seltsam: die magisch erfüllte Vokabel beschwor und gebar einen *neuen* Satz, der von keinerlei konventionellem Sinn bedingt und gebunden war. An hundert Gedanken zugleich anstreifend, ohne sie namhaft zu machen, ließ dieser Satz das urtümlich spielende, aber versunkene, irrationale Wesen des Hörers erklingen; weckte und bestärkte er die untersten Schichten der Erinnerung. Unsere Versuche streiften Gebiete der Philosophie und des Lebens, von denen sich unsere ach so vernünftige, altkluge Umgebung kaum etwas träumen ließ." (4, 95 f.)

Dies ist noch nicht im Blick auf die Lautgedichte gesagt, erscheint aber als konsequente Fortsetzung des explizierten Programms. Der Wortlaut – die „Vokabel" – hat möglichst jede konkrete Mitteilung zu vermeiden, um gerade dadurch im Hörer oder Leser ein Höchstmaß an Imagination, an Bildern, Vorstellungen und Assoziationen hervorzurufen, die zum Umkreis des im Titel vorgegebenen Imaginationsraums gehören, deren Realitätsferne oder -nähe aber nicht festgelegt ist, weil sie keine entscheidende Rolle spielt. Wichtig ist die Intensität, Komplexität und Dichte dessen, was die Laute im Adressaten zu erregen vermögen. Jede konkrete Festlegung auf einzelne Dinge würde nur stören, weil sie anderes gleichsam verdrängen würde. Deshalb ist die Symbolik der Laute ein nahezu ideales Medium zur Verwirklichung dieses Konzepts, weil sie die Bedeutungsrichtung angeben und den Bedeutungsraum markieren, aber nicht inhaltlich füllen will. Selbst die onomatopoetische Nachahmung von Geräuschen ist in ihrer Konkretheit abstrakt, weil sie sich nicht näher definieren oder zuordnen läßt. Über die Konkretheit oder Abstraktheit der Vorstellungen, welche die Gedichte im Leser oder Hörer erregen, läßt sich kaum etwas Verbindliches aussagen, wohl aber darüber, ob die Poeme überhaupt noch die Möglichkeit bildlicher Vorstellungen erwecken und in welcher Intensität und Komplexität sie dies tun. Der Titel ‚Wolken', so sahen wir bereits, schien die bildliche Realisierung der unter ihm subsumierten Lautsequenzen nicht im selben Maße zu fördern wie die Überschrift ‚Labadas Gesang an die Wolken'.

Wenn wir unter diesem Aspekt ein weiteres Lautgedicht Balls heranziehen, so zeigt sich, daß es nahezu gar keine bildlichen Vorstellungen oder Assoziationen mehr eröffnet. Auch der Titel deutet keinerlei Imaginationsraum mehr an (ich zitiere nur die erste Strophe):

> Gadji beri bimba
>
> gadji beri bimba glandridi laula lonni cadori
> gadjama gramma berida bimbala glandri galassassa laulitalomini
> gadji beri bin blassa glassala laula lonni cadorsu sassala bim
> gadjama tuffm i zimzalla binban gligla wowolimai bin beri ban
> o katalominai rhinozerossola hopsamen laulitalomini hoooo
> gadjama rhinozerossola hopsamen
> bluku terullala blaulala loooo   (26, 27)

Manches erinnert unverkennbar an das Hokuspokus und „Simsalabim" der Zauberer und Magier und soll wohl im Sinne der zitierten Intentionen Versunkenes und Irrationales beschwören, Okkultes und vielleicht auch Verdrängtes aktivieren. Möglicherweise ist es Ball – bei entsprechendem Vortrag – gelungen, sein Zürcher Publikum in eine solche Stimmung zu versetzen und die gewünschten Wirkungen zu erzielen. Eine Voraussetzung dafür hat das damalige Publikum vielleicht noch eher gehabt als das heutige: eine gewisse Kenntnis des anvisierten Imaginationsraums. Auf die historische Bedingtheit von Lautgedichten, auf das Veralten und Vergessen von Assoziationsräumen, auf welche diese Gedichte vielleicht einmal angespielt und auf deren Vorhandensein sie beim damaligen Publikum rechnen konnten, hat Meyer bei der Analyse von Balls Lautgedicht ‚Totenklage' hingewiesen (75, 74ff.). Doch auch wenn man dies in Rechnung stellt, bleibt unverkennbar, daß die inhaltliche Richtung der gewünschten und evozierten Assoziationen und Bilder weniger festgelegt ist als bei den vorherigen Lautgedichten. Die Laute selbst sind Beschwörung oder ahmen diese nach, sie symbolisieren darüberhinaus aber nichts dem sehr viel konkreteren Vorstellungsbereich der ‚Karawane‘ oder den ‚Wolken‘ Analoges. Es gibt also nicht geringe Unterschiede zwischen den Lautgedichten. Abgesehen von der Lautgestaltung selbst könnte man sie vielleicht dahingehend beschreiben, daß sich von der ‚Karawane‘ über ‚Wolken‘ bis zu ‚Gadji beri bimba‘ eine zunehmende Abstraktion zu erkennen gibt, und zwar im Blick auf die Ermöglichung der Imaginationen des Rezipienten sowie im Blick auf einen möglichen Wirklichkeitsbezug, aber nicht im Blick auf die Entfernung von dem syntaktisch-semantischen Zusammenhang der Muttersprache.

Der hier entwickelte Begriff der Abstraktion bezieht sich also auf den von einem Poem eröffneten Imaginationsspielraum, unabhängig davon, wie abstrakt – im Brinkmannschen Sinne – die Sprachstruktur ist. Es kann sein, daß die Sprachgestaltung sich – wie in den Lautgedichten – sehr weit von der „Muttersprache" entfernt, um ein Optimum an Imaginations- und Bilderfülle im Rezipienten zu erreichen, um dessen Vorstellungsvermögen möglichst umfassend zu aktivieren. Das Ziel ist dann gerade nicht Abstraktion, sondern komplexe sinnliche und geistige Vergegenwärtigung eines Weltbereichs, der vom Gedicht vorgegeben ist. Beispiel dafür wäre die ‚Karawane‘, die Konkretes, Gegenständliches, sinnlich Wahrnehmbares lautlich evoziert und lautsymbolisch per analogiam auch auf andere Bereiche zu übertragen erlaubt, auf Erinnerungen an eigene Erlebnisse, auf Phantasievorstellungen, Träume und möglicherweise auch auf Gedanken und Überlegungen, die den Bereich des Sinnlichen und der inneren Anschauung hin zur – abstrahierenden – Rationalität überschreiten. Damit ist bereits angedeutet, daß es im Bereich des Rezipierens keine reinliche Scheidung von sinnlichen und geistigen Akten der Textaufnahme gibt – man denke etwa an Erinnerungen oder Phantasien –, und ebensowenig von realitätsbezogenen und realitätsunabhängigen – man denke an Träume und Tagträume oder an Erinnerungen, die sich auch auf Abstraktes und Fiktives beziehen können. Es läßt sich also keine eindeutige Definition dafür geben, was denn innerhalb der Rezeption abstrakt ist und was nicht. Deshalb muß das Kriterium für die Abstraktheit – auch um subjektives Psychologisieren möglichst zu reduzieren – aus der „Appellstruktur der Texte" abgeleitet werden. (Die methodischen Schwierigkeiten, die dabei zu bewältigen sind, habe ich an anderer Stelle erörtert und an Beispielen veranschaulicht. Vgl. 72). Ausschlaggebend sind die intendierte Imaginationsrichtung und das im Text angelegte Spektrum der Imaginationen. Beide Bestimmungen konzentrieren sich auf die Erkennbarkeit jener Fähigkeit der Laute, die bereits erwähnt wurde: einerseits können sie eine besondere – mitunter geradezu „physische" – Beziehung zur Realität herstellen, auf jeden Fall aber eine in „normaler" Sprache kaum erreichbare Imaginationsfülle evozieren, auf der anderen Seite vermögen sie auch einen bloßen Klang- und Rhythmusraum herzustellen, können also Funktionsträger von „inneren Klängen" werden. – Als heuristisches Erkenntnismittel läßt sich dieser Begriff sinnvoll eigentlich nur in jenem literarischen Grenzbereich verwenden, in dem die literarischen Texte die traditionellen Wege sprachlicher und formaler Gestaltung bereits hinter sich gelassen haben (also im Brinkmannschen Sinne bereits abstrakt sind).

Auf der anderen Seite hat er, scheint mir, die beiden Vorteile, daß er wirkungs- bzw. rezeptionsästhetisch orientiert ist und daß er uns – im Zusammenhang damit – einen direkten Vergleich mit analogen Phänomenen im Bereich der bildenden Kunst eröffnet. Am Beispiel der Collage und ihres Materials werden wir sehen, daß sich auch dort nicht am Material entscheidet, ob ein „Papier collé" abstrakt ist, sondern an der Wirkung, und von ihr hängt schließlich auch ab, ob und in welchem Maße man bereit ist, solche künstlerischen Zeugnisse als – in welcher Hinsicht auch immer – belangvoll zu bewerten. Doch auch die abstrakte Malerei wendet sich an die Phantasie des Betrachters und an sein produktives Vermögen. Wie die Dichtungen auf die Gegenständliches bedeutenden Wörter verzichten, so lehnt sie das empirisch vorfindliche und identifizierbare Sujet weitgehend ab, und wie Ball den Lauten, so gibt Kandinsky den einzelnen Farben selbst symbolische Bedeutung, die in der Komposition des Bildes dem Betrachter einen den Lautgedichten Balls vergleichbaren Imaginationsraum eröffnen.

Das Gewicht, das wir hier der Rezeption und damit der Aktivität des Adressaten zusprechen, verlangt eine entsprechende Bedeutungstheorie. Denn wäre die Bedeutung eines Wortes, Satzes oder Textes das, was in ihnen jeweils steht, dann wäre dem Leser oder Hörer keine aktive, sondern eine passive Rolle vorgegeben, die sich weitgehend im Akt des Verstehens erschöpft. Die Psycholinguistik hat eine für ihre und unsere Zwecke brauchbare Bedeutungstheorie entwickelt. Danach ist Bedeutung „nicht etwas an sich Existentes (das man mittels Schallwellen vom Sender auf den Empfänger übertragen könnte), sondern ein Vorgang im Sender bzw. im Empfänger" (126, 213). Letzterer muß die Bedeutung der einzelnen Worte immer schon kennen, um einen Satz zu verstehen. „Der kommunikative Akt besteht also darin, daß vom Sprecher bestimmte *Bedeutungen im Hörer* angesprochen und *umorganisiert* werden, so daß sie in einer neuen (und deshalb informationshaltigen) Weise kombiniert sind." (126, 213) Nimmt man als weitere Bestimmung die aus der Assoziationstheorie gewonnene Definition hinzu, wonach Bedeutung „das durch ein Zeichen hervorgerufene Wissen eines Zusammenhangs" ist (126, 228), dann wird verständlich, daß und warum relativ einfache Wörter und Sätze oder eben auch nur einige Lautsequenzen eine ganze Fülle von Zusammenhängen, Assoziationen und Imaginationen zu erregen vermögen, die in solchem Ausmaß niemals in der „Botschaft" selbst stecken. Texte, die es auf „Gemütserregungskunst" anlegen, müssen nicht selbst Bedeutung enthalten, sondern „Bedeutung" hervorrufen. Die Dadaisten sind nicht nur bei den „Aggressionspoemen" Meister in dieser Technik.

Zwei Folgerungen lassen sich aus solcher Bedeutungstheorie jetzt schon ziehen. Zum einen: die häufig begegnenden defizienten Modi im Blick auf die Syntax und Semantik der hier interessierenden Poeme, ja sogar gewisse unsinnig anmutenden Passagen können trotzdem im Hörer einen sinnvollen Bedeutungszusammenhang evozieren. Und zum andern: Lautgedichte können keinerlei Bedeutungsveränderungen im Adressaten hervorrufen, sondern immer nur bestehende semantische Zusammenhänge aktivieren. Sie „funktionieren" nur, indem sie an Bekanntes (wie z. B. die Symbolik der Laute) anknüpfen und dadurch im Adressaten allenfalls Vergessenes, nur latent Vorhandenes oder Tagträumerisches neben Geläufigem aktivieren, eine wirkliche „Umkonditionierung" etwa des Bewußtseins oder rationaler Einsichten können sie nicht bewirken. Auch hier bietet sich eine Parallele zur abstrakten Malerei an, sofern diese sich reiner Formen und Farben bedient und auf jegliche Darstellung von Gegenständlichem verzichtet. – Im übrigen erlaubt uns der hier explizierte Bedeutungsbegriff, auch Bilder, Visionen, Phantasien usw., sofern sie vom Text evoziert werden, zur Bedeutung hinzuzuzählen – auch auf die Gefahr hin, damit psychische Phänomene miteinzubeziehen, die sich einer Verbalisierung entziehen. Wir müssen dies aber zumindest intentional tun, denn nicht zuletzt wegen des Appells gerade an solche Schichten im Adressaten sind die Lautgedichte Balls verfaßt worden und dazu selbst aus dem normalen Gefüge der Sprache retiriert. –

Mit dem zuletzt zitierten Lautgedicht Hugo Balls ist noch kein Endpunkt in der Entwicklung der Lautpoesie erreicht. Es gibt noch abstraktere Arten – abstrakter sowohl im Sinne Brinkmanns als auch im Sinne dessen, was hier in Auseinandersetzung mit ihm entwickelt wurde. Zwei Beispiele dafür sollen zum Abschluß dieses Kapitels vorgestellt werden. Sie überschreiten allmählich die Grenze zur Musik.

Rudolf Blümners ‚Ango Laina' sei hier nur mit einigen Versen zitiert:

Ango Laina

Oiaí laéla oía ssísialu
ensúdio trésa súdio mischnumi
ja lon stuáz
brorr schjatt
oiázo tsuígulu
ua sésa masuó tülü
ua sésa maschiató toró
oi séngu gádse ándola
oi ándo séngu
séngu ándola
oi séngu
gádse
ina
leíola
kbaó
sagór
kadó

Hier sind sorgfältig alle Anklänge an die deutsche Sprache getilgt – vielleicht sind deshalb unbeabsichtigt einige Anklänge ans Spanische entstanden –, es finden sich kaum lautsymbolische oder assoziative Anspielungen. Das Substrat der Laute verweigert, so scheint es, geradezu jenen Imaginationsraum, um dessentwillen Ball seine Lautgedichte – wie wir ihm vorläufig unterstellen wollen – erfand. Der Eindruck, daß es sich um eine Fremdsprache handeln könne, wird vor allem dadurch hervorgerufen, daß Blümner – fast noch konsequenter als Ball – die im Blick auf die deutsche Sprache sinnlosen Lautsequenzen gleichwohl nach Prinzipien gliedert, die den Aufbau einer Sprache bestimmen: nach Silben und Wörtern, die zumeist aus zwei, höchstens aus vier Silben gebildet sind, ja sogar Wortarten glaubt man – z. B. in einer Zeile wie „ja lon stuaz" – imitiert zu sehen. Von den 40 „Wörtern", aus denen der zitierte Text – ohne Überschrift – besteht, enden nur fünf nicht auf einen Vokal. Dies deutet auf gewisse Regelmäßigkeiten in der Lautbildung hin, die ihre Entsprechung in den Wortbildungssuffixen einer normalen Sprache haben. Auch die Lautfolge enthält mit wenigen Ausnahmen nichts, was man in der deutschen Sprache als unübliche Phonemfolge – und zwar nicht nur artikulatorisch, sondern auch in der schriftlichen Fixierung – einordnen müßte. Lediglich der Akzent kann – für deutsche Betonungsverhältnisse ungewöhnlich – im Prinzip auf allen Silben liegen. Der Eindruck sprachlicher Regelhaftigkeit wird verstärkt durch die häufige Wiederholung teilweise identischer Lautfolgen, deren Art sogar erlaubt, den Aufbau einer Art von Morphemstruktur zu erschließen: so gibt es etwa das „Grundwort" oder „Morphem" „oi", daneben „oi" und angehängtes „a", „oia" und angehängtes „zo", es existiert einmal der Wortstamm „sudio", daneben mit einer Art Vorsilbe – oder mit einem bedeutungshaltigen Morphem-„ensudio", man findet „ando" und daneben mit einer – bedeutungshaltigen? – Endsilbe „andola". Sogar die in der Sprache üblichen und zur funktionierenden Kommunikation nötigen Kontrastbeziehungen in der syntagmatischen Ebene der Phonemfolgen sind beibehalten: Es wäre durchaus möglich, Lautfolgen herzustellen, die – wie in der ‚Ursonate' von Schwitters – im Bereich der Vokale und Konsonanten aus beliebig langen Repetitionen desselben Phonems bestehen. Hinzu treten geläufige ästhetische Phänomene: freie Rhythmen mit dazugehöriger ungleicher Versfüllung und Endreimlosigkeit, sowie Assonanzen, Alliterationen, Binnenreim und eine im Klangcharakter aufeinander abgestimmte Phonemstruktur, die wir als Wohlklang empfinden (z. B. Überwiegen der Sonanten, Liquide und stimmhaften Spiranten).

Dies alles verleiht ‚Ango laina' für unser Empfinden Sprach- und Gedichtcharakter. Wenn Brinkmann über diese Dichtung sagt: „Im Vergleich mit der Musik fehlt ihr auch das Verbindliche fester, wenn auch variabler Struktur- und Baugesetze" (64, 109), so wird man ihm von diesen Beobachtungen her widersprechen müssen. Blümner hat wesentliche Bauelemente der natürlichen Sprache auf die Herstellung seiner Kunstsprache übertragen, er hat das „signifiant", das Bezeichnende oder die Zeichenstruktur imitiert und zugleich das Kunststück fertiggebracht, keinerlei Bedeutung mitzuvermitteln, keinen einigermaßen verbindlichen Imaginations- oder Assoziationsraum zu eröffnen und mögliche Assoziationen auch noch dadurch auszuschalten, daß er die Laute und Lautgruppen variierend repetiert: Lautähnlichkeit erzeugt, wie bereits gesagt, Bedeutungsannäherung und -leere schon in normaler Sprache, erst recht im Lautgedicht. Brinkmann nennt ‚Ango laina' ein „Träumen in rhythmisch geordneten Lauten" (64, 108) – wenn es so etwas wie ein abstraktes Träumen gibt, könnte man ihm zustimmen. Doch es ist fraglich, ob eine Rezeption im Sinne Blümners wäre, die in Träume, Bilder, Assoziationen und Vorstellungen versinnlichte und z. T. „versprachlichte", was aus der Lautstruktur mit offenbar großem Bedacht verbannt worden ist. Abstrakt in jedem Sinne ist dieses Lautgedicht, und abstrakt soll deshalb offenbar auch die Wahrnehmung durch den Hörer und Leser sein. Wenn es dem Gedicht gelingen würde, den Rezeptionsvorgang gleichsam zu „entmaterialisieren", eine nahezu mystische oder magische Leere im Bewußtsein zu erzeugen, das zumeist, wie man weiß, voller Bilder, Vorstellungen und Gedanken steckt, dann wäre dies keine geringe Leistung, jedenfalls keine, die nur ein abschätziges Lächeln verdient hätte. Ja man könnte diese Art zu dichten im Blick auf die Zeit während des 1. Weltkriegs mit all ihrer Hektik und blutigen Unruhe, mit dem Kampf der Ideologien als eine Form der Verwei-

gerung und des Protestes interpretieren, bei der Dichtung nichts mehr mitteilen und evozieren will als eine Art von meditativer Stille, von vorüberge-
hendem Vergessen der bedrängenden Realität. Es ist indessen wenig
wahrscheinlich, daß Blümner derartiges beabsichtigt hat, und auch das
Publikum hat seine Lautvorträge nicht in diesem Sinne rezipiert. Es zeigte
sich vielmehr zumeist von der Art des Vortrags fasziniert und von der
Stimmtechnik des Autors begeistert, es konsumierte ein phonetisches
Spektakel und genoß – wenn überhaupt – den Reiz des Neuen – meditative
Stille dürfte da wohl selten aufgekommen sein (zur Theorie der Wortkunst
des ‚Sturm' vgl. oben, S. 88ff.).

    In der Technik der Sprachimitation könnte Blümner übrigens einiges von
Samenhof, dem Erfinder des Esperanto, gelernt haben. Diese künstliche
Sprache, so charakterisiert Fritz Mauthner sie um die Jahrhundertwende,
„klingt an die bekanntesten Sprachen an. Wortstämme und Bildungssilben
sind verbreiteten Kultursprachen entlehnt, und die Worte, die den Europä-
ern ohnehin gemeinsam sind, werden einfach herübergenommen, weil sie
ja doch den Beginn einer Universalsprache darstellen. Aus diesem Grunde
ist es keine Flunkerei, wenn die Prediger des Esperanto behaupten, man
lerne es in der kürzesten Zeit verstehen. Wer einfache Esperantosätze ganz
unvorbereitet zur Hand nimmt, der glaubt eine verrückt gewordene roma-
nische Sprache vor sich zu haben und errät auf den ersten Blick, um was
es sich ungefähr handle." (109, 38) Bisher ist nicht untersucht worden, ob
und inwieweit die im 19. Jahrhundert verbreiteten Bemühungen um die
Herstellung einer künstlichen Weltsprache – z. B. Volapük von Schleyer
oder langue bleue von Bolack – auch auf die dadaistischen Sprachexperimente Einfluß ausgeübt haben.

    Mit ‚Ango Laina' ist die Grenze zur Musik erreicht, wenn nicht schon
überschritten – dies hängt nicht zuletzt vom Vortragenden, von seiner
Modulation und Rhythmisierung der Laute ab. Laute, die nur noch tönen
wollen, negieren ihre Funktion in der Sprache, sie sind in ihrer Bedeutung
den Noten einer Partitur vergleichbar. Dieser Hinweis impliziert zugleich
die Einsicht, daß es wenig Sinn hat, ‚Ango laina' lediglich zu lesen. Wie
Noten sind diese Lautfolgen für ihre akustische Vergegenwärtigung bestimmt, ohne dabei aber bereits zur melodischen Artikulation zu drängen.

    Diesen Schritt vollzieht Kurt Schwitters in seiner ‚ursonate'. Es würde
den Rahmen sprengen, das Lautsubstrat hier abzudrucken (vgl. 39,
214–242). Ich beschränke mich daher auf die Wiedergabe des ‚scherzo' aus
der ‚ursonate', das deren Komposition und Lautstruktur wenigstens tendenziell verdeutlichen kann.

scherzo
(die themen sind karakteristisch verschieden vorzutragen)

Lanke trr gll *(munter)*
  pe pe pe pe pe
    Ooka ooka ooka ooka

Lanke trr gll
  pii pii pii pii pii
    Züüka züüka züüka züüka

Lanke trr gll
  Rrmmp
  Rrnnf

Lanke trr gll
  Ziiuu lenn trll?
  Lümpff tümpff trll

Lanke trr gll
  Rrumpff tilff too

Lanke trr gll
  Ziiuu lenn trll?
  Lümpff tümpff trll

Lanke trr gll
  Pii pii pii pii pii
    Züüka züüka züüka züüka

Lanke trr gll
  Rrmmp
  Rrnnf

Lanke trr gll   (39, 228)

Von diesem ‚scherzo' existiert eine von Schwitters selbst gesungene Aufnahme. Wer sie gehört hat, wird die bewundernde Beschreibung, die Hans Arp von Schwitters' ‚ursonaten'-Vortrag gegeben hat, für kaum übertrieben halten:

„Mit welch hinreißendem Schwung sang, trillerte, flüsterte, schnarrte, jubelte er seine Urlautsonate, bis die Zuhörer aus ihrer grauen Haut fuhren. Er zischte, sauste, zirpte, flötete, gurrte, buchstabierte. Es gelangen ihm übermenschliche, verführerische, sirenenhafte Klänge, aus denen eine Theorie entwickelt werden könnte ähnlich derjenigen der Dodekaphoniker." (48, 117)

Eine gewisse Sprachnähe ist an einigen Stellen der ‚ursonate' noch intendiert, z. B. bei den beiden als Leitmotive fungierenden Worten „rakete" und „rinnzekete". Die diesen Worten folgenden Lautgruppen könnten als bruitistische Versinnlichung der Geräuschkulisse einer Rakete begriffen werden. Schwitters selbst spricht in seinen ‚erklärungen zu meiner ursonate' von dem „streng militärischen rhythmus des dritten themas" (39, 312). Insgesamt ist beim Vortrag der Sprachcharakter grundsätzlich verlassen. Bei der akustischen Vergegenwärtigung des „scherzo" bemüht sich Schwitters, die einzelnen – wiederkehrenden – Laute und Lautgruppen durch verschiedene Intervalle innerhalb etwa der kleinen Oktave gegeneinander abzusetzen und einzelne Lauteinheiten durch jeweils charakteristische Tonhöhen und -folgen sowie ihre Abfolge durch wechselnde Tempi und durch stärkere oder schwächere Intonation (Echoeffekt) zu kennzeichnen. Ich habe diese Aufnahme nur einmal gehört, kann mich aber heute – drei Jahre danach – noch recht genau an die Töne und Melodien erinnern. Dies liegt, scheint mir, in nicht geringem Maße daran, daß Schwitters nicht „Ur-", aber Naturlaute oder -klänge für sein „scherzo" verwendet hat. Beispielsweise intonierte er „ooka" und korrespondierend „züüka" so, wie Kinder „Kuckuck, Kuckuck" rufen, auch andere Vogel- und Tierstimmlaute scheint er kopiert zu haben (nicht zufällig spricht ja auch Arp u. a. von „zirpen" und „gurren"). Damit könnte man das „scherzo" als klangsymbolisches Pendant zur Lautsymbolik in Balls ‚Karawane' bezeichnen, und auch die Wirkung, die Evokation nicht in jedem Fall näher bestimmbarer Naturphänomene und daran anknüpfender Assoziationen, Bilder, Phantasien und Träume ließe sich möglicherweise vergleichen. –

Diese Entwicklung führt mit Experimenten von Eimert, Stockhausen, Jandl und anderen bis in die Gegenwart (vgl. 83; 84). Im folgenden gilt es, die dadaistische Lautpoesie in den näheren historischen Kontext einzuordnen, nachdem wir uns eine allgemeinere historische und theoretische Verstehensbasis erarbeitet haben.

4. Ohnmacht und Macht der Sprache (Mauthner und Landauer)

Die lebensphilosophische sowohl wie die positivistische Erkenntniskritik, die Einsicht über die Unerkennbarkeit des Lebens und über die „Fiktionen" des Denkens (vgl. oben, S. 112ff.) mußten auch die Sprache selbst in Mißkredit bringen. So äußerte Nietzsche in seinem Aufsatz ‚Über Wahrheit und Lüge im außermoralischen Sinne': „Das ‚Ding-an-sich' (das würde eben die reine folgenlose Wahrheit sein) ist auch dem Sprachbildner ganz unfaßlich . . . Wir glauben etwas von den Dingen selbst zu wissen, wenn wir von Bäumen, Farben, Schnee und Blumen reden, und besitzen doch nichts als Metaphern der Dinge, die den ursprünglichen Wesenheiten ganz und gar nicht entsprechen." (113, 312f.) Die Erkenntniskritik radikalisiert sich also zur Sprachkritik. Mit der Sprache als Grundlage, Medium und Form menschlicher Erkenntnis ist eine Aussage über ein ,Ding an sich' gar nicht möglich, weil die Sprache dieses nicht erfassen kann oder nur als Surrogat, als Metapher. „. . . und das ganze Material, worin und womit später der Mensch der Wahrheit, der Forscher, der Philosoph, arbeitet und baut, stammt, wenn nicht aus Wolkenkuckucksheim, so doch jedenfalls nicht aus dem Wesen der Dinge." (Vgl. dazu auch oben, S. 49) Ähnliche Äußerungen haben wir auch von Mach und Vaihinger zitiert (vgl. oben, S. 110ff.). Letzterer zeigte die „Mithilfe der Sprache" bei der Umsetzung der Empfindungen in „Dinge" und „Eigenschaften" auf: „An das Wort heftet sich nun jener Wahn, es gäbe ein Ding, welches Eigenschaften habe: das Wort gestattet die Fixierung des Irrtums." (123, 170) Auch für Bergson ist die Sprache mit dem das Leben in starre Partialitäten gliedernden Verstand eng verknüpft und zur eigentlichen Erkenntnis des Lebens untauglich.

Die um die Jahrhundertwende sich vollziehende Trennung der Wissenschaften in Natur- und Geisteswissenschaften erfolgte nicht nur, um sie entsprechend ihren Objektbereichen zu gliedern – nach Dilthey der „geschichtlich-gesellschaftlichen Wirklichkeit", soweit sie „Schöpfung des menschlichen Geistes" ist, einerseits und der Natur andererseits (128, 30) –, sondern um dadurch die unterschiedlichen Bereiche methodisch und begrifflich adäquater erfassen zu können. Stärker als dies bei Dilthey zum Ausdruck kommt, ist diese Trennung Ausdruck der zuvor explizierten Erkenntnis- und Sprachkritik. Gerade die Radikalität, mit der Positivisten wie Mach ihre monistische Position zu begründen suchten, die Rigorisität, mit der sie Begriffe zertrümmerten, um angeblich die unverstellte Wirklichkeit in den Blick zu bekommen, verdeutlichte die Fragwürdigkeit des methodischen Verfahrens und weckte Zweifel an der – bislang kaum bestrittenen – Leistungsfähigkeit naturwissenschaftlicher Erkenntnis, die von ihrer Begriffsbildung nicht zu trennen war. Symptomatisch dafür ist das, was Heinrich Rickert im Vorwort zur zweiten – 1913 erschienenen – Auflage seines Buches ,Die Grenzen der naturwissenschaftlichen Begriffsbildung. Eine logische Einleitung in die historischen Wissenschaften' ausführt:

„Die Kluft, die zwischen der Wirklichkeit und der Naturwissenschaft besteht, ist von Bergson in unübertrefflicher Weise zum Bewußtsein gebracht, und ich kann jeden, der durch meine Darlegungen nicht überzeugt wird, nur auf diese glänzenden Ausführungen hinweisen. Es scheint mir im philosophischen Interesse unbedingt notwendig, daß wir uns auf das Unmittelbare in seiner Unmittelbarkeit soweit besinnen, wie das nur irgend möglich ist, und dann uns zugleich den Abstand vergegenwärtigen, den jeder wissenschaftliche Begriff, insbesondere aber die

Begriffe der Naturwissenschaft, von der empirischen Realität zeigen. Der Glaube, die Naturwissenschaft sei in der Lage, mit ihren Begriffen die Wirklichkeit selbst, in der wir leben und handeln, zu erfassen, muß mit der Zeit immer mehr verschwinden." (118, IX)

Im Sinne Bergsons fordert Rickert daher „das begriffliche Denken" auf, „sich dem Leben mehr zu nähern", „als die Naturwissenschaften es tun. Wie nahe wir als wissenschaftliche Menschen überhaupt dem Lebendigen kommen können, ist nicht das Thema dieser Schrift. Aber die größere Wirklichkeits- und Lebensnähe der historischen Disziplinen gegenüber den Darstellungen der Natur möchte ich zum Bewußtsein bringen und damit zugleich die Wissenschaften in das richtige Licht stellen, ohne deren Berücksichtigung es nie gelingen wird, eine Philosophie zu schaffen, die mit Recht eine ‚Philosophie des Lebens' genannt werden kann." (118, IX f.)

Am konsequentesten, umfassendsten und radikalsten hat Fritz Mauthner die Erkenntniskritik in eine Sprachkritik verwandelt. Gustav Landauer faßt in seinem erstmals 1903 erschienenen Buch ‚Skepsis und Mystik. Versuche im Anschluß an Mauthners Sprachkritik' dessen in Auseinandersetzung mit Kant gewonnene Einsichten u. a. wie folgt zusammen:

„Es gibt, lehrt Mauthner, keine reine Vernunft, es gibt keine Möglichkeit, die Erkenntnis anders zu fördern als mit Hilfe der Erfahrung, also der Sinne, die Allgemeinbegriffe sind nicht eingeborene Formen, die des Inhalts harren, sie sind nur Worte, gewordene Worte, und auch unsere Worte vom Werden und von der Entwicklung sind wiederum Worte. Die Sinne aber, auf die all unser Erkennen – unser bißchen Erkennen – einzuschränken ist, sind nur Zufallssinne, sind gar nicht zur objektiven Welterkenntnis eingerichtet, haben sich nur so entwickelt, wie es das Interesse unseres Lebens erforderte. Und all das – immer und immer wieder schärft Mauthner uns es ein – ist nur in Worten gesagt, weil es anders nicht getan werden konnte; all das soll nur als Negation verstanden werden. Es steckt nichts hinter unseren Worten. Das wird uns in Worten gesagt, in denen die tiefste Erregung über diese furchtbare Erkenntnis zittert, die ja eben keine Erkenntnis, sondern der Verzicht auf alle Erkenntnis, die eine Tat und eine Untat ist. . . . Mauthner ruft uns mit großem Hohn zu: Diese Dinge da draußen sind Dinge, weil eure Sprache sie in die Form der Substantiva pressen muß, und ihre Eigenschaften sind Adjektiva und ihre Beziehungen regeln sich nach der Art, wie ihr eure Eindrücke auf euch bezieht, nämlich in der Form des Verbums. Eure Welt ist die Grammatik eurer Sprache. Wer aber, wenn das nur einmal ausgesprochen ist, wird glauben wollen, daß es jenseits der Menschensprache noch etwas Substantivisches gibt, wo es ja sogar Sprachen mit anderen Kategorien, Köpfe mit anderen Weltanschauungen gibt!" (106, 5)

Dieses Resümee Landauers ist aufschlußreich für die Wirkungsgeschichte Mauthners. Man sah in diesen Erkenntnissen seine Hauptleistung, und deshalb blieb seine Resonanz im wesentlichen auf die beiden ersten Jahrzehnte dieses Jahrhunderts beschränkt. Mauthners Einsichten schienen in eine Sackgasse zu führen, die keinerlei positiven Ausweg eröffnete. Dies zeigt gerade die Arbeit Landauers, welche sich aus der Skepsis in die Mystik unmittelbaren Erlebens zu retten versucht. Auch dies ist bedeutsam für einige Autoren des Expressionismus und für Hugo Ball.

Für das Verständnis der Intentionen Balls ist indessen nicht weniger bedeutsam, daß Mauthner als erster die soziale Funktion der Sprache in ihrem ganzen Umfang bewußt gemacht hat. Konzentrierter als in seiner umfangreichen, dreibändigen ‚Kritik der Sprache‘ geschieht dies in der später entstandenen und das Hauptwerk in mancher Hinsicht korrigierenden und ergänzenden Schrift ‚Die Sprache‘. Sie erschien nicht zufällig in der Reihe ‚Die Gesellschaft. Sammlung sozialpsychologischer Monographien‘ und enthält ‚Studien zur sprachlichen Sozialisation‘ – um den Titel einer Aufsatzsammlung von Basil Bernstein zu zitieren, den man für den Nestor der Sprachbarrierenforschung hält (124). Dessen Erkenntnisse hat Mauthner um die Jahrhundertwende mit folgenden prägnanten Sätzen vorweggenommen:

„Was gelernt wird, ist wohl zu mehr als dreiviertel, ist beinahe ausschließlich auf der einen Seite Schulkram, Kram für die Schule, wobei man nicht allein an Religionsunterricht und römische Geschichte denken mag. Scholae, non vitae discimus. Auf der andern Seite lernen wir in 16 bis 18 harten Schuljahren, von der ersten Stunde, wo dem armen Kinde mit dem Rohrstock seine Mundart ausgetrieben wird, bis zum Staatsexamen, wo nicht zuletzt auf gebildete Sprache und einen gebildeten Anzug Wert gelegt wird, eigentlich nur die Sprache der ‚höheren‘ Stände. Die Kenntnisse für leitende Stellungen könnte sich das begabte Proletarierkind leicht erwerben. Aber die Sprache der leitenden Stände scheint durch Gewohnheit und Nachahmung erblich geworden zu sein wie das Geld erblich ist. Die Sprache der leitenden Stände wird zu den guten Manieren gerechnet, wenn nicht gar die guten Manieren zur Sprache gerechnet werden.

Die Geldmacht, die in gebildeter Sprache ruht, ist ja offenbar . . . Nicht in Ordnung. . . . ist es, daß unter allen möglichen Bewerbern einer höheren Lebensstellung im eigenen Lande der bevorzugt wird, der erstens einzig und allein die Schriftsprache dieses Landes spricht und beileibe nicht die Sprechsprache schreibt und der zweitens die Standessprache seines ‚höheren‘ Berufes beherrscht. Wird man es mir glauben, oder wird man mich nicht verstehen, wenn ich sage: Nicht nur zum Botschafter macht man am schnellsten den Mann, der am geläufigsten in der Botschaftersprache zu reden weiß; auch Richter oder Anwalt, auch Offizier, Professor, Arzt wird am sichersten der, der die Phraseologie des Standes geläufig im Maul hat, die Phraseologie, zu der ganz von selbst auch die Ideen oder die Weltanschauungen des Standes gehören. Und ein gut Teil dessen, was beim Examen unter den Begriff der Kenntnisse gehört.

Das wäre die größte soziale Revolution, die unblutigste und die glücklichste dazu, wenn eine Regierung die Einsicht und die Kraft besäße, alle höheren

Lebensstellungen den begabtesten jungen Leuten, also nach der Wahrscheinlich-keitsrechnung die Mehrzahl der höheren Stellungen den Proletarierkindern zu er-öffnen. Das ist keine Utopie. Die deutsche Reformation, die große französische Revolution haben Proletarierkinder zu führenden Stellungen emporgehoben; und Mohammed begann seine Laufbahn als Kameltreiber; wir sind Sklaven unsrer Kultur, unsrer Bildungssprache, wenn wir in emporgekommenen Führern ‚Bau-ern‘ sehen, weil sie in einseitiger Bewährung ihrer Kraft nicht Zeit hatten, auch Nägel, Gang und Worte pflegen zu lernen." (109, 105f.)

Auch die in der Werbung üblichen Sprachmanipulationen hat Mauthner bereits durchschaut:

„Ich meine oft, daß die Torheit der Menschenart sich nie und nirgends komischer geäußert hat, zum Weinen oder zum Lachen komisch, als darin, daß die Fabrikan-ten von Surrogaten bei der breiten Masse die besten Geschäfte machen. Die neuen Worte, die neuen Lehnübersetzungen sind oft nur erfunden, um Fälschungen zu decken. Ich denke nicht an die Betrüger, die aus Pappe Ledersohlen und aus Erd-nüssen Olivenöl herstellen. Ich denke an die geschickten Männer, die den Namen und die Sache Malzkaffee erfinden und unzählige wortabergläubische Menschen durch den Namen dazu verführen, den künstlichen Ersatz für die Sache zu neh-men, die ihnen früher gut geschmeckt hat. Ich denke an die zahllosen Hausfrauen, welche zum Kuchen Safran nehmen, um Eier zu sparen, und dann wirklich glau-ben, die gelbe Farbe des Safrans ersetze das Eigelb." (109, 107)

Für Mauthner besteht ein unlösbarer Zusammenhang zwischen Sprache und Gesellschaft. Die Sprache ist durch die Gesellschaft – insbesondere durch die „Volkssitte"-determiniert und bedingt diese ihrerseits:

„Haben wir erst die Sprache als ein Erzeugnis von Gewohnheit oder Nachah-mung, als ein Gebiet, als das bedeutendste Gebiet der Volkssitte erkannt, so wer-den wir uns auf diesen Standpunkt nicht versteifen, sondern willig zugeben, daß die Volkssprache innerhalb der Volkssitte immer die Neigung hat, selbstherrlich zu werden und andere Gebiete der Volkssitte unter ihren Willen zu zwingen, d. h. unter ihre Vorstellungen. Daß Sprache und Sitte einander gegenseitig bedingen." (109, 24f.)

Die Volkssprache ist das „sensorium commune, das sensorium zwischen den Menschen." (109, 27) Diese Einsicht führt Mauthner auch zu einer Absage an die Ideologie von der „Muttersprache" und von der „wurzelrei-nen Abstammung" der deutschen Sprache „von einer Ahnensprache" (109, 79), wie wir sie bereits skizziert haben:

„Etwas Kostbares ist verloren gegangen: Der Glaube an die Eigenheit, an die Per-sönlichkeit, an das Ich der Muttersprache. Die Frage stellt sich von selbst: wie

kann der einzelne noch Gut und Blut hingeben aus Vaterlandsliebe, die nur Liebe
zur Muttersprache ist, wenn nur der Körper dieser Sprache Eigenbesitz des Volkes
ist, nur der Laut, wenn die ungeheure Summe der Vorstellungen von Kunst und
Wissenschaft, von Sitte und Recht zusammengeholt ist aus dem herrenlos gewordenen Eigenbesitz fremder, barbarischer, tyrannischer, gehaßter oder verachteter
Völker?" (109, 80)

Die Sprache regelt alle sozialen Beziehungen gleichsam wie ein Tyrann:

„Aber die Volkssitte im weitesten Sinne, Glaube und Kultus, Kunst und Wissenschaft, Verkehr und Recht, wird allerdings von der Sprache tyrannisch beherrscht.
Denn es gibt keine stärkere und unbeugsamere Autorität als die Sprache. Ich will
gar nicht erst soweit gehen, zu beweisen, daß auch alle andern Autoritäten sich
auf Sprache gründen: die Autoritäten des Priesters, des Königs, des Gesetzes, insbesondere die Autorität des Vaterlandes. Nein, die Sprache an sich mit ihrem
Wortschatz und in ihrer Grammatik stellt eben die Vernunft, die Logik, die Welt-
anschauung des Volkes dar, die absolute Vernunft, die absolute Logik, weil das
Volk eine andere Vernunft, eine andere Logik als die seiner Sprache nicht kennt
und nicht kennen kann. Was das Volk irgend kennt, das fügt sich ja der Sprache
ein. Das Volk urteilt wie der Richter, der nichts weiß als seine Akten: was nicht
in der Sprache ist, das ist nicht auf der Welt." (109, 86)

In der Sprache ist für Mauthner „die äußerste Utopie des Kommunismus
Wirklichkeit geworden." (109, 87) Damit meint er die Volkssprache und
deshalb fordert er so energisch den Abbau der „Sprachbarrieren". –
  Die zahlreichen, ausführlichen Zitate sollen den Verdacht widerlegen,
daß hier um einer gewissen Aktualisierung willen moderne sprachwissen-
schaftliche Erkenntnisse einem früheren Autor gleichsam „untergeschoben"
werden. Die Sozio- und auch die Pragmalinguistik könnte sich auf Mauthner als einen ihrer Ahnen berufen, wenn er in diesen relativ jung erscheinenden Disziplinen nur hinreichend bekannt wäre. Die Modernität von
Mauthners Sprachkritik besteht weniger in seinen Nachweisen von der
Untauglichkeit der Sprache als Erkenntnisinstrument, die letztlich nur eine
überholte Ansicht von Leistung und Funktion der Sprache attackiert, sondern auf seiner Einsicht in die sozialisierende Funktion der Sprache, ihre
beherrschende Funktion für die Sozietät. Und gerade diese Leistung erkennt der Sprachskeptiker Mauthner – wohl oder übel, wie es scheint – an:

„. . . weil ich mich mit der Schwäche eines Skeptikers begnüge, darum empöre ich
mich nicht gegen die „sittliche" Macht der Sprache. Ich lehre die Befreiung des
Menschen von der Sprache als einem untauglichen Erkenntniswerkzeuge; aber ich
wüßte nicht, wie man sich befreien könnte von der Macht der Sprache über die
Sitte, die Gewohnheit, das Handeln, das Leben. Denn auch Sittenlosigkeit ist nur
neue Sitte, neues Handeln, Tyrannei einer neuen Sprache." (109, 84)

Auf der Basis von Mauthners – damals verbreiteten – Einsichten konnte
Sprachkritik Gesellschaftskritik implizieren. Die Konzentration auf die
Sprache als das Gesellschaft erst ermöglichende und zugleich bestimmende
Medium schien von daher eine geradezu notwendige Forderung zu sein.
Das Experimentieren mit der Sprache, wie es in Expressionismus und
Dadaismus bei zahlreichen Autoren zu beobachten ist, kann von hier aus
nicht ohne weiteres als „l'art pour l'art" bezeichnet werden, auch nicht als
Zeichen der Abstraktion oder der Verdinglichung. „*Ein* Gemeinsames we-
nigstens" stellt für Brinkmann angesichts der Vieldeutigkeit des Begriffs
Expressionismus und der unter ihm subsumierten Autoren „die Intensität"
dar, „mit der sich all diese Leute, theoretisch oder praktisch um die Sprache
bemühen. Kaum eine Epoche in der deutschen Literaturgeschichte hat sich
mit solcher Leidenschaft, mit solchem Pathos bis zum Krampf mit der
Sprache, ihren Möglichkeiten und Grenzen, ihrer Knechtschaft und Freiheit, ihrer Sprödigkeit und Hingabe, ihrer Verschleierung und Enthüllung
herumgeschlagen." (64, 88) Der entscheidende Grund dafür war die Einsicht in die erkenntnistheoretische Ohnmacht und die soziale Macht der
Sprache. Mauthner hat, wie wir sahen, beide Aspekte thematisiert, und
beide zusammengenommen mußten zur tiefsten Skepsis berechtigen. Sie
konnten aber auch zu dem Glauben führen, daß der, der die Gesellschaft
ändern wolle, vor allem ihre Sprache ändern müsse. Vielleicht gab es eine
Sprache, welche die Wirklichkeit adäquater wiederzugeben vermochte,
welche eine bessere Erkenntnis der Realität leistete und welche die Gesellschaft, ihre Normen und Handlungen positiv zu beeinflussen vermochte.
Für die Dichter mußten solche Überlegungen besonders verführerisch sein.
Sie konnten glauben, gerade in ihrem Metier einen bedeutsamen, vielleicht
sogar entscheidenden Beitrag zur Humanisierung der Gesellschaft zu leisten: durch Deformation der bestehenden Sprache und des durch sie vermittelten und als inhuman empfundenen Weltbildes und durch Suche und
experimentelles Erproben neuer Möglichkeiten der Sprache.

Indessen ist nicht jede „Sprachkritik" auch als Gesellschaftskritik gemeint, jedenfalls nicht im Sinne positiver Einflußnahme, sondern allenfalls
im Sinne einer „Großen Weigerung", die sich als ‚Flucht aus der Zeit' vollzieht, als Rückzug aus der Realität angesichts der unzulänglichen und nicht
zuletzt auch deshalb unerträglich domestizierenden Sprache. Nur außerhalb der „normalen" Sprache, so konnte es da scheinen, war das Einssein
mit dem „Leben" noch möglich. Eine solche Position deutet sich in der erwähnten Schrift Gustav Landauers an, den Ball in seinem Tagebuch mehrfach erwähnt und sogar beschreibt (4, 20) und der 1919 als Anarchist grausam ermordet wird (vgl. 75, 178 f.). Im Dezember 1914, berichtet Ball, habe
Landauer dazu geraten, „nicht wegzureisen, sondern zu bleiben. Er glaubt
an die ‚biologische' Entwicklung des Deutschen." (4, 20) „Biologisches"

Denken liegt zum nicht geringen Teil auch seiner Publikation ‚Skepsis und Mystik' zugrunde, die zum Umkreis der Wirkungsgeschichte Mauthners gehört und der wir uns im folgenden ausführlicher zuwenden, weil sie die gedankliche Brücke zwischen den von uns entwickelten theoretischen Voraussetzungen des Simultangedichts und dem Lautgedicht schlägt, das sich von seiner Position aus als eine besondere Form des Simultangedichts zu erkennen gibt.

Die im folgenden zitierten Passagen erinnern so auffällig an die Vorstellung der Evolution, an Gedanken der Lebensphilosophie – insbesondere auch an die von Bergson explizierte Zeit-Theorie –, daß ich es mir sparen kann, darauf im einzelnen aufmerksam zu machen. Auch Landauer sehnt sich nach dem mystischen Akt der „Verzückung", bei dem Subjekt und Objekt ineinanderfließen, in dem alles Hemmende – und dazu gehört auch die Sprache – zwischen Ich und Welt aufgehoben ist:

> „Um nicht welteneinsam und gottverlassen ein Einziger zu sein, erkenne ich die Welt an und gebe damit mein Ich preis; aber nur, um mich selbst als Welt zu fühlen, in der ich aufgegangen bin. Wie ein Selbstmörder sich ins Wasser stürzt, so stürze ich mich senkrecht in die Welt hinab, aber ich finde in ihr nicht den Tod, sondern das Leben. Das Ich tötet sich, damit Weltich leben kann. . . . An die Stelle der Abstraktion, der tötenden, entleerenden und verödenden Abziehung, setzen wir die Kontraktion, die Zusammenziehung all unserer inneren Kräfte, und die Attraktion, die Hineinziehung des Weltalls in unsern Machtbereich. Denken ist an der Endstation angelangt; Mauthner ist der Keulenschläger, der es zusammengetrümmert hat. Seit Kant kann das Begriffsdenken zu nichts mehr führen, als zum Totschlagversuch gegen die lebendige Welt; jetzt aber bäumt sich endlich das Leben auf und tötet den Begriff." (106, 8)

Wenn es nur die Begriffe sind, die einen Unterschied zwischen Ich und Welt, zwischen Subjekt und Objekt konstruieren, dann braucht man nur auf sie zu verzichten, um die Einheit und das Ineinssein von Individuum und Welt zu erfassen. Damit ergibt sich aber auch die anarchistische Gegenposition zu Max Stirner, der in seiner Schrift ‚Der Einzige und sein Eigentum' als „letzter Nominalist" „das konkrete Einzelwesen, das Individuum, als Realität auf den entleerten Stuhl Gottes" gesetzt hatte:

> „Uns liegt nun die entgegengesetzte und darum ergänzende Arbeit ob: die Nichtigkeit des Konkretums, des isolierten Individuums nachzuweisen und zu zeigen, welch tiefe Wahrheit in der Lehre des Realisten steckt. Die Umwege, die in Jahrhunderten gemacht wurden, waren nicht überflüssig, aber jetzt ist es Zeit zu der Einsicht, daß es keinerlei Individuum, sondern nur Zusammengehörigkeiten und Gemeinschaften gibt. Es ist nicht wahr, daß die Sammelnamen nur Summen von

Individuen bedeuten; vielmehr sind umgekehrt die Individuen nur Erscheinungsformen und Durchgangspunkte, elektrische Funken eines Großen und Ganzen."
(106, 13)

Dieses Gemeinschaftserlebnis gilt auch für die Vergangenheit, denn für
Landauer ist „klar, daß es für uns gar nichts Unumstößlicheres geben kann,
als diese Betrachtung, wonach der einzelne Mensch, das Individuum, in
einem unlösbaren, körperlichen Zusammenhang mit der verflossenen
Menschheit steht." (106, 14) Grund dafür ist die Vererbung, die Macht auf
jedes Individuum ausübt und damit lebendig und gegenwärtig ist. Vererbt
werden nicht nur körperliche Eigenschaften, sondern – und darin liegt die
Brisanz des Gedankens in unserem Zusammenhang – auch die Erkenntnis-
fähigkeit, das Gedächtnis und jenes Medium, das unerläßliche Voraussetzung für die Bewahrung von Erinnerungen ist: die Sprache. Gerade sie aber
erweist sich als unzulänglich für diese Aufgabe. Die Begründung Landauers
und die Vorschläge, die er zur Verbesserung der Kommunikation mit der
Realität macht, zu der auch die Vergangenheit gehört, führen unmittelbar
auf die Lautgedichte. Sie lesen sich wie eine theoretische Begründung für
diese, und deshalb seien sie hier ausführlicher referiert.
  Landauer versucht nachzuweisen, daß „der Raum mit allem, was darin
ist, eine Eigenschaft der Zeit" sei. Genauer: „es gibt keinen Raum; was uns
räumlich beharrend erscheint, ist eine zeitliche Veränderung; was uns im
Raum bewegt erscheint, sind die wechselnden Qualitäten zeitlicher Vorgänge." (106, 52) Die an den Idealismus anknüpfenden erkenntnistheoretischen Beweise sind in unserem Zusammenhang nicht wichtig, wohl aber
die Begründungen und Folgerungen, welche Landauer daraus im Blick auf
die Sprache zieht. Diese nämlich „ist quantitativ Raumsprache, qualitativ
Gesichtssprache – der Baum, der Mensch, das Säugetier, all diese Begriffe
und erst recht die Konkreta sind auf Gesichtswahrnehmungen aufgebaut
– es wäre gut, mit Hilfe des Gehörs alle Welt einmal zeitlich zu vernehmen
und zu sagen." (106, 15) Der Raum und mit ihm auch die Sprache gliedern
und spalten die Realität, trennen Zusammengehöriges und unterbrechen
den Fluß der Zeit. Ohne Raumvorstellung wäre ein mystisches Einssein
von Ich und Welt, Gegenwärtigem, Vergangenem und Zukünftigem möglich, wäre die Gegenwart ewig und damit die Ewigkeit gegenwärtig:

„Nicht nur das Rückwärts, auch das Vorwärts der Zeit ist eine Raumverfälschung;
lebte die Zeit in uns als das, wa sie ist: ohne die trügerischen Bilder des raumgebo-
renen Bewußtseins, das uns zum Punkt und zum Ding und zum Nichts macht,
dann kennten wir keine Ewigkeit hinter uns und keine Ewigkeit vor uns: nur die
Ewigkeit in uns. Oder vielmehr: da auch ‚in uns' noch zu sehr ein Symbol aus der
Raumfälschung ist: nur uns als die Ewigkeit kennten wir, nur wir, die Ewigen,
wären wir, nur Welt, nur Zeit wäre ich, wäre etwas. Es wäre kein Wegfließen und

Fortgehen, kein Verlassen und Verenden mehr: all das sind nur Worte des Gegensatzes zum angeblich Beharrlichen, zu den Raumdingen: Zeit und Welt wäre ewige Ruhe des ewig Neuen. Ruhe ohne Raum, Stetigkeit ohne Stoff, Bleiben ohne Bleiben, ich und doch Welt." (106, 20)

Um zu erkennen, wie eine Sprache beschaffen sein muß, um diesen mystischen Zustand darzustellen, ist es nötig, sich am Beispiel der Entstehung der Sprache ihre mögliche Leistungsfunktion zu vergegenwärtigen. Landauer referiert dazu Mauthners Thesen. Dieser läßt die Klangnachahmung als einen Motivationsfaktor für die Entstehung der Sprache gelten.

„Nur fügt er etwas Entscheidendes hinzu: niemals hätte aus der getreuen Nachahmung der unartikulierten Reflexlaute und der unartikulierten Naturlaute etwas wie Sprache werden können. Alle Sprache ist artikuliert, auch die der Tiere, auch die der Kinder. Alle Sprache ist nicht Sachnachahmung, sondern ein Zeichen für die Sache, das mit der Sache selbst auch in den Fällen der sogenannten Klangnachahmung nur entfernte Ähnlichkeit hat, eigentlich nur konventionelle Ähnlichkeit. Dieser Gedanke – oder vielmehr diese Beobachtung – ist neu und von entscheidender Wichtigkeit: die sogenannten Onomatopöien, wie sie alle lebendigen Sprachen aufweisen, sind keineswegs echte Nachahmungen, sondern konventionelle Zeichen, Worte. Es ist etwas ganz anderes, ob ich das Krähen nachahmen will oder Kikeriki sage. Etwas ganz anderes, ob ich den Kuckuck virtuos nachahme oder ob ich ihn nenne. Keine Klangnachahmung in der Sprache ist echt, sie sind alle nicht die Sache noch einmal, sondern ein übertragenes Bild der Sache im Material unserer artikulierten Sprache. . . .
Es handelt sich demnach bei den Onomatopöien nicht um Klangnachahmungen, sondern um Symbole für Klänge, um Zeichen, um Bilder, um Übertragungen; gebrauchen wir endlich Mauthners Wort für seine wichtige Entdeckung: um Metaphern. Er hat in der lebendigen Sprache bemerkt, daß jede Neubildung, jeder Bedeutungswandel metaphorisch ist, daß immer eine Übertragung des Vorhandenen stattfinden muß, um das Neue auszudrücken. . . . Alle Sprache ist eine Übertragung des Eigentlichen in Uneigentliches, ist nichts als ,die Assoziation': eine entfernte und vage Ähnlichkeit muß genügen, das Unaussprechbare irgendwie dem Gedächtnis einzuverleiben." (106, 41)

Wenn sich die Sprache aber heute nach dem Prinzip der Metapher weiterentwickelt, dann muß sie auch so entstanden sein: „als metaphorische Schallnachahmung":

„Nicht Schälle sind möglichst täuschend nachgeahmt worden, sondern durch Schälle hat man an Bekanntes erinnert, ein Bild des Bekannten gegeben. Es gibt, sagt Mauthner, eine geheimnisvolle Übereinstimmung, Übertragungsmöglichkeit zwischen den Dingen der Wirklichkeitswelt: nicht nur kann man durch Bewegungen an andere Bewegungen erinnern, so daß der Laut o, nicht zunächst durch seinen Klang, sondern durch das weite Aufreißen des Mundes, einen großen Raum versinnlicht, der Laut i entsprechend einen kleinen, sondern wir können auch an Farben durch Töne erinnern, wir können von einer Sinnesenergie durch die andere ein Bild machen. Die Metapher also, das Bild, kommt der Welt irgendwie nah, diesen Zwang findet Mauthner in der unentschleierten Welt; und so konnte an Blitz, Donner, Tod, Mord, Hunger, Frost, Liebe, Kind durch seltsam geheimnisvolle Klänge erinnert werden. . . . Ist also die Sprache durch denselben Trieb und dieselbe Möglichkeit entstanden, wie sie heute noch wächst, so kann sie zwar als Kunstmittel durch wachsende Bilderfülle und Bilderfeinheit immer vollkommener werden, kann aber auch heute uns nicht über die Wirklichkeit aufklären: sie erinnert uns nur an unsere Sinneseindrücke." (106, 41 f.)

Hier wird ein Bedeutungsbegriff entwickelt, den wir bei der Analyse der Lautgedichte bereits herangezogen und der modernen Psycholinguistik entnommen haben: Bedeutung ist „nicht etwas an sich Existentes. . ., sondern ein Vorgang im Sender bzw. im Empfänger" (126, 213), Bedeutung ist das im Hörer hervorgerufene „Wissen eines Zusammenhangs" (126, 228). Selbst abstrakte Begriffe wie Atom, Äther und andere, erklärt Landauer sind nichts weiter „als unvorstellbare Produkte räumlicher Vorstellungen", die „uns aber niemals von den Sinneseindrücken befreien können." (106, 52) Gerade hierin aber sieht er nun die positive Leistung der Sprache:

> „Solange man die Worte wörtlich und die Mitteilungen der Sinne sinnisch und solange man aus dem Sinnischen und seinem Wortschatten positive Wahrheit schöpfen will, ist der Einwand richtig und wichtig, daß die Sprache uns nicht vom Fleck bringen kann. Hier aber auf dieser Stufe des Kunstwissens und der bewußten Metapher, ist uns alle Sprache nur ein Symbol des nicht weiter Auszusprechenden, des Unmateriellen. Diesen Dienst hat die Sprache als Wortkunst schon immer geleistet. . . . Ich meine nun: eben so wie wir unser Inneres auszudrücken verstehen mit Hilfe bildlicher Ausdrucksweise, eben so gut können wir auch, um die Einheitwelt zu formen, die wir brauchen, die Welt als etwas Psychisches darstellen, unter Benutzung von Wörtern, die freilich nur Äußeres bedeuten; aber das sinnisch Ausgedrückte und das sinnisch Wahrgenommene soll uns nur an Psychisches erinnern. Die Aufgabe für den, der ein einheitliches Weltbild formen will, ist also: das Materielle durch etwas Psychisches darzustellen." (106, 52 f.)

Es kommt darauf an, daß die Sprache die Fülle der Wirklichkeit, des Materiellen durch „Erinnerung" in Psychisches und zugleich vom Räumlichen ins Zeitliche überträgt. Unter dieser Voraussetzung ist die Musik eigentlich die beste Sprache: „sie ist einer der Versuche des Kunstwissens, der Weltverinnerlichung, mit Hilfe qualitativ getönter Zahlenverhältnisse ein Bild der Welt als Psyche zu geben, eine Sprache zu schaffen für das Reich der Intensitäten. . . . vielleicht kann uns das Gehör, der Zeitsinn, die Traum-

und Klangbilder geben, deren wir bedürfen, um die Symbole, die wir als Außenwelt schauen, in zeitlichen Verlauf zu verwandeln." (106, 58) Doch in gewisser Hinsicht ist die Sprache der Musik sogar überlegen:

> „Zur Theologie, zur Wissenschaft, zur Weltanschauung wird die Sprache erst durch den Satz oder das Urteil, durch die Gliederung, die Beziehungen, den Aufbau. Wie Mauthner die Hohlheit, Unsicherheit, Nichtigkeit und Sinnlosigkeit der Kasusformen, der Modi, der Zeiten, des Satzbaus, der Urteile, der Schlußfolgerungen bis ins Einzelne verfolgt: das muß ihm fast und müßte auch guten Lesern beinahe eine Erholung gewesen sein. . . . es ist nach Mauthners Darlegungen einfach konstatiert: wie die Worte und Begriffe Erinnerungen, also Versuche der Annäherung an die Wirklichkeitswelt sind, so sind die Sprachformen wie die Formen der Logik ohne jede Beziehung zu irgendwelcher Wirklichkeit, ohne jeden Werkzeugcharakter, nur wertvoll für die Wortkunst, damit zwischen den Klängen, die etwas bedeuten, auch Klänge sind, die nichts bedeuten, durch die hindurch wir gefühlsmäßig und rhythmisch Unsagbares ahnen können. Insofern freilich wieder ein wundervolles Werkzeug: keine andere Kunst kann so ohne Mischung der Darstellungsarten, nur rein durch ihr einziges Ausdrucksmittel, die Sprache, Sinnenbild und Musik zugleich zum Sinnbild gestalten." (106, 70)

Am Schluß seines Buches schlägt Landauer deshalb folgerichtig die Verbindung zwischen der Sprachkritik und der Dichtung. Er zitiert aus Hofmannsthals ‚Ein Brief' – er nennt ihn ein „Manifest, das wohl nicht ohne Kenntnis der Sprachkritik Mauthners verfaßt sein wird" (106, 71) – und bezeichnet ihn zusammen mit den Werken von Stefan George, Richard Dehmel und Alfred Mombert, aber auch mit Goethe, Novalis und Brentano als Dokument einer Poesie, die sich von der bis zu Schiller vorherrschenden Rhetorik abgewandt habe. In ihren Dichtungen werden „Worte und Begriffe das Instrument, das uns zur Musik führt, – zum Rhythmus, zum Unsagbaren, das in uns einschwingt und uns mitschwingen läßt."

> „Dieses Ineinanderschwingen der Unsagbarkeiten, die von den entgegengesetzten Enden herströmen – der Rhythmus aus der Zeit, das Sinnenbild aus dem Raum, – dieses Auflösen alles Realen im Elemente des Traumes: das finde ich in den Dichtungen derer, die ich genannt habe, und das eben scheint mir die Stimmung zu sein, in der man einzig und allein von der Sprachkritik zur Wortkunst zurückkehren kann. Mauthner hat uns gezeigt, daß die begriffliche Wissenschaft unserer Sehnsucht die Welt und unser Eigenes anders als nurmenschlich zu erfassen, nimmer Genüge tun kann; die Kunst aber kann es in den Momenten, wo wir in ihr leben. Wir gewinnen und schaffen Welten und verlieren uns selbst.
>
> Das also ist, meine ich, der praktische Wert der Sprachkritik: daß sie uns zwar keine religiöse Weltanschauung gibt, dafür aber die große Stimmung, in der wir ihrer entraten wollen." (106, 73)

Da ist also das Moment der Flucht aus der Zeit und das poetische Programm zu seiner Verwirklichung. Die Lautgedichte lassen sich als konsequenter Realisierungsversuch verstehen, und damit stehen sie zugleich in der literarischen Tradition, die Landauer selbst benennt. Die Lautgedichte versuchen, das Räumliche zu verzeitlichen, eine Fülle von Erinnerungen hervorzurufen, „Welt" unabhängig von Weltanschauung zu vergegenwärtigen. Sie verzichten auf alle Formen der Sprachlogik, auf Kasusformen und Modi, auf Zeiten und Satzbau, kurz auf den Zwang der Grammatik, deren „Hohlheit" Mauthner erwiesen hat, sofern es um ihre Funktion geht, die „Wirklichkeitswelt" zu erfassen, und sie benutzen sie lediglich, „damit zwischen den Klängen, die etwas bedeuten, auch Klänge sind, die nichts bedeuten, durch die hindurch wir gefühlsmäßig und rhythmisch Unsagbares ahnen können." Gemessen am theoretischen Postulat scheinen sie sich dafür besser zu eignen als jene Gedichte, die Landauer bereits „Wortkunst" nennt.

Balls Lautgedichte gestalten zumindest zum Teil „Sinnenbild und Musik zugleich zum Sinnbild", sie ermöglichen die Imagination von Wirklichem und evozieren zugleich abstrakte „innere Klänge", sie rufen Erinnerungen wach und überführen sie zugleich ins „Weiselose"; sie verwirklichen damit eine Simultaneität, welche die Vergangenheit in der Gestimmtheit und im Vorgang des Träumens vergegenwärtigt. Die Nähe zur Theorie des ‚Blauen Reiters' ist deutlich. Auch Kandinsky bewahrt in der auf die Fläche reduzierten Ungegenständlichkeit seiner Bilder zumindest andeutungsweise Formen und Gestalten, welche dem Betrachter eine Erinnerung an den Bereich des Gegenständlichen ermöglichen, ohne diese aber auf ein konkretes Objekt zu fixieren. Gleichwohl ist – von den hier entwickelten theoretischen Prämissen her – das Lautgedicht auch den abstrakten Bildern überlegen. Denn es gelingt ihm nicht nur, den „Realismus" einer bruitistischen Geräuschkulisse zu vermeiden und gleichwohl das noch unanschauliche Chaos der Empfindungen hervorzurufen, das nach der positivistischen Erkenntnistheorie das einzig wahrhaft Gegebene ist, sondern es reicht zugleich an jene „Lust- und Unlustgefühle" heran, die nach Schopenhauer und Nietzsche unmittelbarer Ausdruck des allen einzelnen Erscheinungen zugrundeliegenden Lebens-Willens sind. Die Kritik indessen, die diese Gedichte dadurch verdienen, daß sie den Bereich der Sprache verlassen haben, hat ihr Erfinder bereits selbst formuliert.

5. ‚Die Flucht aus der Zeit': Romantik und Sprachtheologie (Ball)

Hugo Balls Tagebuch ‚Die Flucht aus der Zeit' erschien 1927, im Todesjahr des Autors. Es hat in der Forschung hinsichtlich seiner Authentizität, seiner

Form und der historischen Richtigkeit der Darstellung Mißtrauen erweckt. Steinke beispielsweise nennt das Buch „unreliable", „disjointed", „fragmentary" und „disorganized" (30, 11 u. 238). Meyer argwöhnt, der spätere Katholik Ball oder seine Frau hätten die „wie ein Bruch" wirkende Darstellung seiner Dada-Zeit „bearbeitet oder doch zumindest gekürzt" (75, 31), und er versucht, eine ursprüngliche Schicht von einer Bearbeitungsschicht zu unterscheiden, wobei ihm als wichtigste Kriterien die „chronologischen Aufzeichnungen Balls" – als „Relikte des originalen Tagebuchs" (75, 32) – und die „Religiosität" der Aussagen – als spätere Interpolationen – gelten. Solche Kriterien sind – nach dem, was wir in der Einleitung über die Problematik seiner chronologischen Angaben, über seine Annäherung ans Christentum 1916/17 sowie sein Interesse für die Mystik, der Emmy Hennings schon damals stark zugeneigt zu haben scheint, gesagt haben – nicht sehr plausibel. Das Tagebuch ist sehr sorgfältig komponiert, aber man kann – zumindest im Rahmen dieser Einführung – davon ausgehen, daß der religiöse Aspekt, der sich über das „Mitleid mit den Armen" mit dem anarchistischen für Ball vereinbaren ließ, nicht prinzipiell als Verfälschung seiner dadaistischen Intentionen, sondern allenfalls als verdeutlichende Interpretation zu begreifen ist. Dies gilt auch für den Generalnenner, unter dem er seine Dadaphase im Untertitel zusammenfaßt: ‚Romantizismen – Das Wort und das Bild'. Die historisch-biographisch nachweisbare Tatsache, daß er mit dem ‚Cabaret Voltaire' eine *Synthese der Kunst* seiner Zeit anstrebte und daß er sich zugleich in *Opposition zu seiner Zeit* befand: diese beiden Tendenzen stellen auch die kompositorischen Leitlinien seines Tagebuchs dar. Sie kulminieren in den Reflexionen über das *Wort*, seine Verderbtheit und notwendige Erneuerung. Dies sei im folgenden näher erläutert.

Nach einer kurzen Darstellung des „Wirtschaftsfatalismus" zu Beginn des Ersten Weltkriegs wirft Ball einleitend die Frage auf: „gibt es irgendwo eine Macht, stark und vor allem lebendig genug, diesen Zustand aufzuheben? Und wenn nicht: wie entzieht man sich ihm?" (4, 3) Dieser Zustand war durch die ökonomischen Interessen bedingt, welche jedem einzelnen „eine bestimmte Funktion und damit ein Interesse und seinen Charakter" „anweisen" (4, 3). Wirtschaftliche und politische Vorschläge reichen nach Balls Ansicht zur Beseitigung dieser Entfremdung nicht mehr aus. „Was nottut, ist eine Liga all derer, die sich dem Mechanismus entziehen wollen; eine Lebensform, die der Verwendbarkeit widersteht. Orgiastische Hingabe an den Gegensatz alles dessen, was brauchbar und nutzbar ist." (4, 3)

Hermann Hesse bezeichnet Balls dadaistische Phase als „ersten Versuch einer Flucht aus der Zeit" und fügt hinzu: „Daß er in seiner Stille und tiefen Bescheidenheit ‚Flucht' sagte und nicht ‚Bekämpfung' oder ‚Überwindung der Zeit', hat es nachher vielen Mißverstehern erleichtert, Ball als einen ro-

mantischen Flüchtling aus der Wirklichkeit anzuzweifeln." (28, 8) Balls
‚Große Weigerung' hat in der Tat andere Motive als etwa diejenige Arps,
mit dem Ball wenig anzufangen wußte. Balls Nihilismus war frei von der
Vorstellung, Leben und Welt seien ein Chaos und dieses müsse auch mithilfe der Kunst herbeigeführt werden. Ball unterlag auch keinem naturgesetzlichen Denken. Der seinem Anarchismus zugrundeliegende Glaube an
die Möglichkeit zum Guten im Menschen und an die Realisierbarkeit der
Freiheit basierte auf der Überzeugung, daß der Mensch imstande sei, seine
Geschichte selbst zu gestalten. Und daraus resultierte auch sein Glaube an
die Macht des Wortes, die dazu beitragen konnte, die – im Sinne Nietzsches
– als dekadent erfahrene Gegenwart zu überwinden – und sei es letztlich
auch nur durch eine mit allen persönlichen Konsequenzen getragene Weigerung, durch welche sich ein – im Blick auf die Gesellschaft insgesamt allerdings utopischer – Gegenentwurf verwirklichen ließ. In diesem Sinne
verstand Ball die Romantik als einen Protest gegen die zunehmende Rationalität und Rationalisierung in den verschiedenen psychischen Vermögen
und Lebensbereichen, gegen die Tendenz zur Isolierung und Verabsolutierung ökonomisch denkender Vernunft und als groß angelegten Versuch,
durch Rückbesinnung auf die ursprünglichen, schöpferischen Vermögen
des Menschen und auf die in „christlicher Spiritualität" wurzelnde europä-
ische Tradition das Vereinigende gegen das Trennende und Isolierende zu
stellen. In diesem Sinne auch konnte sich Ball als Romantiker seiner Zeit
verstehen.

   Eine Reihe von charakteristischen Eigentümlichkeiten in seinem Leben
und Werk läßt sich als Erfüllung eines solchen romantischen Ideals interpretieren. So gab es beispielsweise für ihn keine Trennung zwischen Person
und Werk im traditionellen Sinne und daher auch keine Beschränkung des
Protestes auf den literarischen Bereich. Es ist kein Zufall, daß er über sein
Leben in Form eines Tagebuchs berichtet, das nicht nur seine literarischen
und biographischen Stationen verzeichnet – alles Private spielt hierin ohnehin nur eine Rolle, wenn es im Sinne allgemeinerer Entwicklungen und
Gedanken eine Bedeutung besitzt –, sondern seine künstlerischen Aktivitäten von Anfang an in einen umfassenden Zusammenhang mit Reflexionen
bringt, die sich mit seiner Zeit und ihrer Analyse beschäftigen, um so den
Hintergrund ständig gegenwärtig zu halten, gegen den sich sein Künstler-
tum richtet und innerhalb dessen es daher auch nur angemessen zu verstehen ist. Und es ist ebenfalls kein Zufall, daß Ball für seine Darstellung in
hohem Maße die literarische Form des Aphorismus wählt, die in der
Romantik zentrales Medium dichterischer Mitteilung war und die auch
Nietzsche zunehmend bevorzugt hatte: der Aphorismus gewährt dem
Autor ein hohes Maß an Unabhängigkeit von „Systemzwängen", die von
größeren literarischen Formen ausgehen können, und er gestattet zugleich

jene unmittelbare Konfrontierung der verschiedensten Wissenschafts- und Lebensbereiche, er nötigt durch die Abfolge scheinbar heterogener Perspektiven zur Suche nach einem sie umschließenden Sinnzusammenhang, auf den es dem Autor ankommt – und nach dem er selbst zu suchen scheint: nach Formen und Möglichkeiten der Verweigerung, die erwogen und verworfen werden, um unter veränderten Voraussetzungen und gewandelter Perspektive wiederaufgenommen, erprobt und dann erneut als untauglich bewertet zu werden. Eine Art von transzendentaler Denkbewegung scheint sich in der ‚Flucht aus der Zeit‘ zu vollziehen, welche den durch äußere Kriegsnotwendigkeiten bedingten Abbruch des Experiments mit dem von Kandinsky inspirierten expressionistischen Künstlertheater (4, 11 ff.) als notwendig begreift, um einer radikaleren Form des Protestes, dem Dadaismus, Platz zu machen. Aber auch darin ist Ball romantisch, daß das – in der „romantischen Ironie“ sich verwirklichende – transzendentale Prinzip bei ihm wie bei einigen wichtigen Romantikern selbst in der Transzendenz endet und aufgehoben wird: im Kultus und in der „geistigen Spiritualität“ der römisch-katholischen Kirche.

Die Vereinigung der Künste zum „Gesamtkunstwerk“ –, ebenfalls eine romantische Forderung – konnte – wie wir einleitend sahen (oben, S. 17 ff.) – zumindest tendenziell im ‚Cabaret Voltaire‘ und in den Dada-Soiréen verwirklicht werden.

„Warum Ball den Namen ‚Cabaret Voltaire‘ gewählt hat, konnte ich nicht ermitteln“, berichtet Reinhard Döhl. „Es ist jedoch zu vermuten, daß Ball dabei an das ‚Café Voltaire‘ in Paris dachte, in dem sich in den 90er Jahren die Symbolisten um Mallarmé trafen.“ (25, 36) Doch geht nicht nur aus der ‚Flucht‘ selbst, sondern auch aus seiner 1919 erschienenen ‚Kritik der deutschen Intelligenz‘ hervor, in welchem Sinne dieser Name gemeint sein kann. Dort interpretiert Ball die Französische Revolution als „praktische Philosophie“, die „zwei mächtige Schriftsteller“ vorbereitet hatten: „Voltaire und Rousseau. Voltaire, das höchste Beispiel des ècrivain: Die Einleitung durch den Eklat war das Geheimnis seines Erfolges. Das Publikum und die Parteien nahmen Stellung in wilden Debatten, eh’ noch das Werk da war. Der Entwurf schon war Auseinandersetzung mit allen Einwänden, Drohungen, Hoffnungen; Angst und Entzücken des Publikums. Nur in Frankreich ist so etwas möglich.“ (27, 106) „Die Voltairesche Geißel“, so sagt er später, „schwang in Deutschland erst Nietzsche.“ (27, 162) Daß ein Schriftsteller die Revolutionierung einer Gesellschaft vorbereiten konnte, ist offensichtlich eine Zeitlang Balls Glaube gewesen, in dem er sich durch die Lektüre von Nietzsches Schriften bestärkt fühlen konnte. Die Namensgebung würde dann auf eine von Anfang an geplante Protesthaltung des Unternehmens schließen lassen, das sich allmählich zum Dada entwickelte. „Die Bildungs- und Kunstideale als Varieté-Programm –: das ist unsere Art von ‚Candide' gegen die Zeit", erklärt Ball in seinem Tagebuch (4, 94).

Was ihn an Voltaire und an Nietzsche faszinierte, war die geschichtsbildende Macht des Wortes, die von beiden ausgegangen war. Die umfassende Bedeutung des Wortes und der Sprache allgemein für Kultur und Gesellschaft, wie sie Mauthner überzeugend dargestellt hatte, ist denn auch für Ball das einigende Band, das seine Reflexionen zu den verschiedensten und heterogensten Lebensbereichen, zu geistes- und naturwissenschaftlichen Gebieten durchzieht und zusammenhält. Ich greife als Beispiel hier nur den Anarchismus heraus. „Ich habe mich genau geprüft", erklärt er. „Niemals würde ich das Chaos willkommen heißen, Bomben werfen, Brücken sprengen und die Begriffe abschaffen mögen. Ich bin kein Anarchist. Je länger und weiter ich von Deutschland entfernt sein werde, desto weniger werde ich es sein." (4, 26) Die Zerstörung der Zivilisation impliziert immer auch die Zerstörung der Sprache, denn diese ist die „erste Regierung":

„Proudhon, der Vater des Anarchismus, scheint auch der erste gewesen zu sein, der um die stilistischen Konsequenzen wußte. Ich bin neugierig, etwas von ihm zu lesen. Hat man nämlich einmal erkannt, daß das Wort die erste Regierung war, so führt dies zu einem fluktuierenden Stil, der die Dingworte vermeidet und der Konzentration ausweicht. Die einzelnen Satzteile, ja die einzelnen Vokabeln und Laute erhalten ihre Autonomie zurück. Vielleicht ist es der Sprache einmal beschieden, die Absurdität dieser Doktrin ad oculos zu demonstrieren." (4, 31)

Es scheint so, als rücke Ball hier bereits vorausdeutend seine Lautgedicht-Experimente in eine kritische Perspektive. Sinn haben sie nur, insofern sie die Absurdität einer wortlosen Sprache veranschaulichen. Diese Aussage gilt aber zunächst nur für den öffentlichen, sozialen Bereich, in dem die Sprache als Verständigungsmittel fungiert. Und sie besagt nicht, daß die Sprache nicht – zugleich mit der Gesellschaft – erneuert werden müßte. Doch auch diese Erneuerung muß sich im Zeichen des Wortes vollziehen, und die neue Sprache muß Wortcharakter besitzen. Nur wenn die Sprache an diesem festhält, vermag sie jene verkündigende Kraft zu entfalten, die sie im Christentum und in der Romantik, bei Voltaire und bei Nietzsche besessen hat. Von Anfang an betont Ball den theologischen Aspekt des Wortes, indem er u. a. auf den Prolog des Johannesevangeliums und ein berühmtes Wort Luthers zurückgreift:

„Das Wort ist preisgegeben; es hat unter uns gewohnt.
Das Wort ist zur Ware geworden.
Das Wort sie sollen lassen stahn.
Das Wort hat jede Würde verloren."   (4, 36)

Notwendigkeit der Erneuerung und Notwendigkeit der Bewahrung des Wortes sind damit als Programm formuliert.

„Der Dadaist", erklärt Ball, „kämpft gegen die Agonie und den Todestaumel der Zeit" (4, 92). Er kämpft im Sinne Nietzsches für die Hinrichtung der hohlen und unechten Werte, aber gegen den totalen Untergang, gegen das Chaos als Dauerzustand, dem er den Glauben an eine bessere und wahrere Wirklichkeit gegenüberstellt. Hier liegt ein wesentlicher Unterschied gegenüber Arp und anderen Dadaisten, die noch bis in die Zwanziger Jahre hinein ein chaotisches Dadaistentum – gleichsam als Selbstzweck – zu perpetuieren versuchten.

Unter dieser Perspektive ist das Lautgedicht für Ball der notwendige Höhepunkt der Zerstörung – selbst das Wort wird hier aufgelöst – und zugleich der Verweigerung, des Rückzugs in die ureigensten Bezirke der Poesie. Indem es damit zu den Wurzeln des schöpferischen Vermögens zurückkehrt, gewinnt es zugleich das „zuverlässige Wesen", welches einen „gründlichen Neuaufbau auf veränderter Glaubensbasis" (4, 83) gestattet. – Dem Bericht über den Vortrag seiner Lautgedichte widmet Ball den umfangreichsten Tagebucheintrag (4, 98–100). Zunächst beschreibt er sein aus Pappe gefertigtes Kostüm, von dem ein Foto existiert (26, 30), das ihn wie einen Magier, Zauberer und Bischof in einem aussehen läßt, und berichtet dann über den Vortrag selbst: Er hat aus drei verschiedenen, auf jeweils einem Notenständer postierten Lautgedichten abwechselnd vorgetragen:

„Im Publikum sah ich Brupbacher, Jelmoli, Laban, Frau Wiegman. Ich fürchtete eine Blamage und nahm mich zusammen. Ich hatte jetzt rechts am Notenständer ‚Labadas Gesang an die Wolken' und links die ‚Elefantenkarawane' absolviert und wandte mich wieder zur mittleren Staffelei, fleißig mit den Flügeln schlagend. Die schweren Vokalreihen und der schleppende Rhythmus hatten mir eben noch eine letzte Steigerung erlaubt. Wie sollte ich's aber zu Ende führen? Da bemerkte ich, daß meine Stimme, der kein anderer Weg mehr blieb, die uralte Kadenz der priesterlichen Lamentation annahm, jenen Stil des Meßgesangs, wie er durch die katholischen Kirchen des Morgen- und Abendlandes wehklagt.
Ich weiß nicht, was mir diese Musik eingab. Aber ich begann meine Vokalreihen rezitativartig im Kirchenstile zu singen und versuchte es, nicht nur ernst zu bleiben, sondern mir auch den Ernst zu erzwingen. . . . Da erlosch, wie ich es bestellt hatte, das elektrische Licht, und ich wurde vom Podium herab schweißbedeckt als ein magischer Bischof in die Versenkung getragen." (4, 99 f.)

Die nötige theoretische Erklärung hatte Ball seinen Zuhörern zuvor gegeben:

„Vor den Versen hatte ich einige programmatische Worte verlesen. Man verzichte mit dieser Art Klanggedichte in Bausch und Bogen auf die durch den Journalismus verdorbene und unmöglich gewordene Sprache. Man ziehe sich in die innerste

Alchimie des Wortes zurück, man gebe auch das Wort noch preis, und bewahre so der Dichtung ihren letzten heiligsten Bezirk. Man verzichte darauf, aus zweiter Hand zu dichten: nämlich Worte zu übernehmen (von Sätzen ganz zu schweigen), die man nicht funkelnagelneu für den eigenen Gebrauch erfunden habe. Man wolle den poetischen Effekt nicht länger durch Maßnahmen erzielen, die schließlich nichts weiter seien als reflektierte Eingebungen oder Arrangements verstohlen angebotener Geist –, nein Bildreichigkeiten." (4, 100)

So revolutionär im Blick auf die Radikalität der Sprachgestaltung diese Lautgedichte anmuten, so traditionell-romantisch ist das Poesieverständnis, dessen Intentionen sie entsprungen sind. Jene Phase, in der die Literatur der dekadenten Zeit den Spiegel vorhalten sollte und zu der auch Balls Gedichte aus jener Zeit gehören – z. B. ,Totentanz 1916', ,Cabaret' oder ,Sieben schizophrene Sonette' –, haben die Lautgedichte grundsätzlich hinter sich gelassen. Nur im Blick auf die Lautgestalt selbst sind sie im Rahmen eines Programms begreifbar, das auf groteske und aggressiv-satirische Wirkungen, auf Protest, Schock und Destruktion abzielt. Doch das gesellschaftliche Relevante ist hier als konkreter Inhalt eliminiert. Schon die Titel der Lautgedichte – z. B. ,Wolken', ,Katzen und Pfauen', ,Karawane', ,Seepferdchen und Flugfische' – greifen – mit Ausnahme von ,Totenklage' – offenbar bewußt ein unzeitgemäßes Sujet auf und vermögen keinerlei zeitkritische Assoziationen zu erwecken. Lautgedichte sind Poesie, sind Dichtung als Magie, Zauber und Beschwörung, als Appellation an verschüttete Schichten der Seele, als Freisetzen des Irrationalen. Der Dichter selbst versteht sich als „magischer Bischof" und tut auch durch seinen Vortrag alles, um als ein solcher zu erscheinen. Er versucht sich den der Sache gebührenden Ernst zu erzwingen und jeden Anschein von Provokation zu vermeiden. Die Lautpoeme sind eine Rückbesinnung, eine „Bewahrung" der „heiligsten Bezirke" der Poesie, und sie erinnern damit an die romantische Kunstauffassung. Der Autor ist wie schon seit Shaftesbury der originale Schöpfer, „a just Prometheus under Jove": Gott „ist der Artifex", heißt es in Balls Tagebuch, „die Künstler machen's ihm nur nach." (4, 186) Für ihn sind die modernen Künstler „Gnostiker", welche „Dinge praktizieren, die die Priester längst vergessen wähnen" (4, 144):

„Die Maler als Sachverwalter der vita contemplativa. Als Verkünder der übernatürlichen Zeichensprache. Rückwirkung auf die Bildgebung auch der Dichter. Die symbolische Ansicht der Dinge ist eine Folge der langen Versenkung in Bilder. Ist die Zeichensprache die eigentliche Paradiesessprache? Die persönlichen Paradiese –: mag sein, daß sie Irrtümer sind; aber sie werden die Idee des Paradieses, das Urbild neu färben." (4, 148)

Die Kunst versucht, das „Wunder", das Ursprüngliche, das „Urbild", das „Geheimnis" zu bewahren und neu sichtbar zu machen in einer Gegenwart, die als Abfall und Verfall, als Zersplitterung der ursprünglichen Einheit begriffen wird. Die Lautgedichte sind Remedium, sie signalisieren Balls spätere Rückkehr zur Mystik und zum Glauben.

Allerdings ist Ball auch darin ein später Romantiker, daß er nicht mehr daran glaubt, die „wahre" und bessere Wirklichkeit nur oder vor allem mit Hilfe der Kunst anstreben und veranschaulichen zu können. Im Zentrum steht die Suche nach der verlorenen Einheit, die früher, als der Katholizismus noch die Einheitlichkeit der Lebens- und Weltanschauung garantierte, alle politischen, sozialen und geistig-seelischen Bereiche umfaßte. In weitgehender Übereinstimmung mit dem von Novalis in der ‚Christenheit oder Europa' entwickelten Geschichtsbild ist für ihn im Tagebuch wie auch in der ‚Kritik der deutschen Intelligenz' der Protestantismus, mit dem er auch die preußische Monarchie seiner Zeit identifiziert, der kulturfeindliche Zerstörer dieses Zusammenhangs und der alten christlichen Ideale:

> „Gewänne der Katholizismus in Europa seine maßgebende Bedeutung zurück, so würde die Isolation der romantischen Geister fallen; sie würden auf kirchlichem Boden allen den inneren Boden wiederfinden, den sie im modernen Leben vermissen und der sie zu den grotesken Luftsprüngen führt, die jedermann kennt und belächelt. Einstweilen, so scheint mir, sollte man die Romantik eher schützen als bekämpfen; niemals im Lauf der Jahrhunderte hat sie den Zusammenhang mit den älteren christlichen Idealen preisgegeben. Baader und Görres sind die direkte Fortsetzung des alten katholischen Deutschtums. In ihnen sind Überreste der einstigen Größe bewahrt geblieben. Baader war noch so mächtig, den ersten Napoleon umzustürzen.
> Weshalb ist die Romantik gerade in Deutschland so groß geworden? Weil es einmal ein heiliges Reich gab und weil darum der Druck des protestantisch-preußisch-napoleonischen Mechanismus doppelt hart empfunden wurde. Die feineren, zarteren Geister verzichteten auf den Versuch, soziale Geltung zu erlangen. Sie wußten um Räume und Schwingungen, Hymnen und Höhen, die in der Gesellschaft und im öffentlichen Leben seit Friedrich und Napoleon keine Stätte mehr hatten. Der Aufsatz des Novalis ‚Die Christenheit oder Europa' und der ‚Hyperion' des Hölderlin sind lehrreich in diesem Sinne. Die verdrängten Empfindungen wenden sich fremden Völkern zu, zur Antike, zur Magie, zum Satan; in alle Extreme und Schrullen, in alle unbewußten Irrwege und Ersatzbereiche. Mit dem Sturz der protestantischen Monarchie würde auch die Romantik sich beruhigen; die Geister würden mit mehr Aussicht versuchen, an Stelle der verbrauchten reformatorischen Ideale den alten Zusammenhang zu setzen." (4, 176 f.)

Was hier gegen Ende des großen ersten Teils gesagt wird, dokumentiert erneut die Modernität des Ballschen Romantik-Verständnisses. Modern ist dieses in doppeltem Sinne. Zum einen betrachtet Ball die Romantik nicht immanent, sondern im Zusammenhang mit der politischen Entwicklung und als Resonanz auf diese. Und eben dies ermöglicht ihm zugleich, die zeitgenössische Aktualität der Romantik zu erkennen, sich selbst und die Anstrengungen der Gruppe im ‚Cabaret Voltaire' im Kontext jener genannten romantischen Bestrebungen zu betrachten. In diesem Lichte erscheinen aber auch die Aktivitäten der „Künstlerkneipe" sowie der späteren Galerie Dada in ihrer ganzen – zeitgemäß modifizierten – Surrogatfunktion, als weitgehend ohnmächtige Reaktion auf die politische und soziale Situation der Zeit. Auch seine Lautgedichte mußten ihm zu jenen „Extremitäten und Schrullen" „Irrwegen" und „Ersatzbereichen" zählen, die er in der eben zitierten Passage als Kennzeichen der romantischen Suche nach Einheit beschreibt. Als magischer Priester oder priesterlicher Magier sieht er sich in der Rolle eines eklektizistischen Epigonen:

„Sind unsere Bilder nicht willkürlich, und leben sie von mehr als von der Erinnerung an andere Bilder? Und in der Sprache: woher nehmen wir die autoritären, die stilbildenden Reihen und Vorstellungen? Was konstituiert unseren Geist? Woher schöpfen wir den Glauben, die Form? Stehlen wir nicht aus allen magischen Religionen die Elemente zusammen? Sind wir nicht magische Eklektizisten?" (4, 156)

So relativiert Ball denn auch sein Experiment mit den Lautgedichten in für ihn bezeichnender Weise. Er kehrt von den Lauten zum Wort zurück: „Wie kann man dem Wort seine Macht wiedergeben? Indem man sich immer tiefer mit dem Worte identifiziert." (4, 132) Auch hier erweist sich theologisches Gedankengut als eigentliches Movens:

‚Alles, was im Himmel und auf Erden
in der mystischen Milch verborgen kreist –
Der Substanz wird von dem *Worte* werden
Leib und Seel und ein allmächtiger Geist.'

Vom Worte also, nicht vom Bilde. Nur was genannt wird, ist da und hat Wesen. Das Wort ist die Abstraktion des Bildes, und also wäre doch das Abstrakte absolut. Aber es gibt Worte, die zugleich Bilder sind. Gott ist vorgestellt als der Gekreuzigte. Das Wort ist Fleisch, ist Bild geworden: und doch ist es Gott geblieben." (4, 157)

Deutlicher lassen sich die „physische" Beziehung zwischen Zeichen und Bezeichnetem und zugleich die theologische Herkunft dieser Sprachauffassung wohl kaum formulieren. Sprachskepsis und Sprachkritik um die Jahrhundertwende wurden durch eine poetische Laut-Theologie überwunden, diese selbst aber wieder als Surrogat von eben jener Theologie her erkannt, bei der die Poesie Anleihen für ihre Würde gemacht hatte. Deshalb hielt es Ball – so stellt er es dar – für konsequent, das Surrogat zu verlassen und – über den Umweg der Politik – zur Theologie und zur katholischen Kirche – historisch – zurückzukehren und damit die ‚Flucht aus der Zeit' zu beschließen: dort, wo das Wort Fleisch und Bild geworden und doch Gott geblieben war, hat sich für Hugo Ball die Erkenntnis- und Sprachproblematik aufgelöst, und dort hat die verzweifelte Suche nach dem wahren Gesicht der Welt und nach der Überwindung des Historismus ihr Ziel gefunden.

Zwei Aspekte seien abschließend noch hervorgehoben. Der erste soll nochmals die erstaunliche Folgerichtigkeit des Ballschen Denkens und seines sich darin verwirklichenden Lebensweges illustrieren. Die Vorarbeiten seines Buches ‚Zur Kritik der deutschen Intelligenz' reichen bis in die Dada-Zeit zurück. Es erschien 1919, also ein Jahr vor seiner Konversion zur Katholischen Kirche, und es enthält sein politisches Glaubensbekenntnis, wie es sich ihm auch aus den nachdadaistischen Jahren des politischen Journalismus ergeben hatte. Im ersten Kapitel stellt er „Thomas Münzer gegen Martin Luther", einen „magister artium" gegen einen „Mönch" (27, 70). Münzer repräsentiert für ihn die Einheit zwischen „mystischen und rationalistischen Antrieben" (27, 70), er war „Prophet und Heiliger, Philosoph und Revolutionär in einem" (27, 71), ein religiöser Anarchist, der sich für das „Omnia sunt communia" der Bauern mit Wort und Tat eingesetzt und dies auf der Folter damit begründet hat, daß „die Christenheit solle alle gleich werden" (27, 79). Am Anfang jenes unheilvollen Weges, der nach Ball die Isolierung Deutschlands, dessen Hypertrophien und seine Schuld am Ersten Weltkrieg hervorgebracht hat, steht für ihn also – als mahnendes Vermächtnis – ein Mann, der Religion und politisch-sozialen Anarchismus, der Gelehrsamkeit sowie Bildung und aktives Handeln zu vereinigen und zu verwirklichen suchte. Ein weiteres bedeutsames historisches Vermächtnis erblickt er in der Romantik, die er ebenfalls in enge Nachbarschaft zum – europäischen – Christentum rückt. So nennt er sie „die Blüte des Enthusiasmus und der Ekstase, die einzige christliche Literatur, die Deutschland besitzt", und er fährt fort: „Denn was verbindet uns mit den Völkern, wenn nicht die christliche Spiritualität der Romantik?" (27, 132) Ball wendet sich gegen die „deutsche Staatsidee" (27, 33), gegen die deutsche Isolierung innerhalb Europas, die er historisch von Luther herzuleiten sucht, gegen die „innerste Antichristlichkeit der Kantischen Philosophie", weil diese zum „Verlust des Einklangs zwischen Intellekt und sozialem Empfinden, zwischen menschlicher und theoretischer Kritik" entscheidend beigetragen habe (27, 88). „Satan trennt, Christus vereinigt", so zitiert er Franz von Baader (27, 88), dem er ein umfangreiches Kapitel widmet, und ganz im

Sinne dieses Romantikers formuliert er sein Glaubensbekenntnis: „Wir glauben nicht an die sichtbare Kirche, aber an eine unsichtbare und wer in ihr kämpfen will, ist ihr Glied. Wir glauben an eine heilige christliche Revolution und an die unio mystica der befreiten Welt. Wir glauben an die küssende Verbrüderung von Mensch, Tier und Pflanze; an den Boden, auf dem wir stehen und an die Sonne, die über ihm scheint. Wir glauben an einen unendlichen Jubel der Menschheit." Und nach einem Ruysbrock-Zitat wiederholt er: „Die Romantik durchbrach in Deutschland die Tradition von 1517. Das ist ihre Tat. Sie stellte die Verbindung wieder her mit der alten Spiritualität Europas." (27, 133 f.) – Von dem die „küssende Verbrüderung" poetisch antizipierenden Gedicht ‚Der Verzückte' über die Gründung des ‚Cabaret Voltaire' und seinen politischen Journalismus bis hin zu seiner Konversion hat Ball – unter zum großen Teil bitteren und entwürdigenden äußeren Umständen – zu verwirklichen versucht, was sich für ihn angesichts seiner Zeit als historisches Vermächtnis aufdrängte: die Zerstörung und Überwindung aller Kräfte und Gewalten, welche in „geprägte Form" faßten und isolierten, was seinem Wesen nach zusammengehört, sowie die Vereinigung des bislang Getrennten.

In diesen Zusammenhang gehört auch der zweite Aspekt, der auf das Wort zurückführt und auf die Collage vorausweist: Hugo Ball hat in seinen Aphorismen jenen Nihilismus überwunden, der aus der Erkenntniskritik resultierte und sich auf die Unfähigkeit der Sprache zur Wirklichkeitserkenntnis bezog. „Wo das ‚Ding an sich' mit der Sprache zusammentrifft", formuliert er, „hat der Kantianismus aufgehört." (4, 67) Das kann zunächst – im Sinne der Sprachkritik – bedeuten: Sobald man sich der Sprache bedienen muß, verfehlt man bereits Wesen und Wahrheit jener Dinge, die außerhalb des Bewußtseins und der Erkenntnis liegen, und insofern ist es unmöglich, über ihre Wahrheit etwas auszusagen. Diese Einsicht führte in der Literatur nicht nur zu den zahlreichen Darstellungen von Erkenntniszweifel und Sprachverzweiflung, sondern auch zu der entgegengesetzten Tendenz, die unerkennbare Realität auf sich beruhen zu lassen und sich statt dessen auf das Material der Sprache als Sujet zu konzentrieren. Diese Tendenz zum „Sprachspiel", die natürlich auch andere Ursachen hat und die sich bis in die Gegenwartsliteratur hinein beobachten läßt, ist als Ausdruck und Folge der Erkenntniskritik begreifbar: Das dichterische Subjekt schafft sich in der freien Verfügung über die Sprache das Gefühl einer neuen Autonomie, Freiheit und Herrschaft über die Dinge, die indessen nur Surrogatcharakter besitzt, weil diese Dinge eben nur die Vokabeln sind, denen keine Realität zugesprochen werden kann.

Der Ballsche Aphorismus enthält aber noch eine weitere, höchst bedeutsame Sinnkomponente. Denn er könnte besagen, der von Ball bekämpfte Kantianismus sei durch die im Aphorismus ausgesprochene Erkenntnis aus der Welt zu schaffen, und zwar durch den Vollzug dieser Einsicht. Wenn die Sprache die Wirklichkeit, wie sie unabhängig von ihr und von unserer Wahrnehmung existiert, nicht adäquat erfassen kann, dann ist es unsinnig, dies von ihr zu verlangen. Dann ist die Sprache zwar – im Sinne Vaihingers – ein „Irrtum", aber zugleich eine „fruchtbare Fiktion". Denn die Sprache ist, wie Ball sagt, „die erste Regierung", die allem Selbst- und Welterfassen zugrundeliegt und ohne die eine Verständigung über die Realität gar nicht möglich ist. In dieser Verständigung über die Realität liegt ihre Leistung, darin besteht ihre unentbehrliche Funktion für die Mitglieder der Gesellschaft. Selbst wenn die Sprache die Wirklichkeit nicht adäquat wiederzugeben vermag, so ist Realität nicht anders erfahrbar als durch sprachliche Vermittlung. Das bedeutet, daß die auch von Nietzsche behauptete Diskrepanz zwischen Ding an sich oder Realität und Sprache für die von Mauthner nachgewiesene soziale Bedeutung der Sprache im Grunde irrelevant ist. Die Sprache vermittelt im wahrnehmenden Subjekt nur „Bilder" von der Wirklichkeit, nicht diese selbst. Darin liegt ihre eigentliche Leistung und Bedeutung für die Sozietät. Von daher hat es seinen besonderen Sinn, wenn Ball die dadaistische Phase unter der bereits mehrfach erwähnten Überschrift ‚Romantizismen – Das Wort und das Bild' abhandelt. Mit dem ‚Bild' ist zunächst das malerische Bild gemeint. Aber in dem, was es evoziert, ist es mit dem Wort vergleichbar, und in der Fülle der Evokation sind die Laute den Worten in gewisser Hinsicht sogar überlegen und dem ungegenständlichen Bild vergleichbar. Die von Ball geforderte Rückkehr zum Wort indessen impliziert, daß dieses nicht nur Erinnerungen und subjektive Assoziationen, sondern Bilder über die Realität vermitteln und Bedeutungen im Hörer oder Leser umorganisieren und damit Einsicht und Erkenntnis vermitteln kann. Ideal wäre daher von den hier entwickelten Intentionen her ein Kunstwerk, das, auf der Basis des Wortes, den aufklärerischen Bezug zur sozialen Wirklichkeit herstellt, ohne diese selbst abbilden zu wollen, und das sich gleichwohl darin nicht erschöpft, sondern jenen durch die „inneren Klänge" repräsentierten Bereich der Psyche mitanspricht und mit dem sozialen Bezug zu vereinen weiß und das – schließlich – jener poetischen Unverfügbarkeit entspringt, die Ball der Kunst als Ausdruck der Verweigerung zugewiesen hatte. Als ein solches Kunstwerk läßt sich die Collage verstehen, die zudem die Möglichkeiten des dichterischen und des künstlerisch-malerischen Bildes zu verbinden vermag.

III. Die Collage

Die Collage ist die Bezeichnung für ein technisches Verfahren aus dem Bereich der bildenden Kunst: für das An- und Ineinanderkleben von Realitätselementen zu einem Kunstwerk. Im allgemeinen gelten die Kubisten als Erfinder, weil sie als erste gegenständliche Partikel in ihre Bilder einfügten. So vor allem Braques und Picasso mit ihren ,Papiers collés' (insbesondere aus den Jahren 1913/14). Dieses Verfahren wurde dann von den Futuristen und auch von den Dadaisten (z. B. von Arp, Janco, Hausmann, Höch, Max Ernst und Schwitters) aufgegriffen und auf seine verschiedensten künstlerischen Möglichkeiten hin erprobt und sehr unterschiedlichen Intentionen dienstbar gemacht.

Als Sprach- oder Textcollage fand dies Verfahren – ebenfalls hauptsächlich durch die Dadaisten – Eingang in die Literatur. Es bezeichnet hier die Aneinanderreihung sprachlich bereits vorgefertigten Materials, wie wir dies bereits bei den „Aggressionspoemen" von Huelsenbeck und den „Arpaden" an einzelnen Beispielen kennengelernt haben. Sprichwörter, Zitate aus der „hohen" Literatur, aber vor allem auch aus Zeitungs- oder Werbetexten werden zu Text- oder Sprachgebilden kontaminiert. Auch das dadaistische ,Poème simultan' verwendet in hohem Maße solch „vorfabriziertes" Sprachmaterial.

Doch diese Gemeinsamkeit des Einmontierens von Elementen der Realität in das Werk, welche den Begriff Collage in beiden Kunstarten zu rechtfertigen scheint, täuscht allzu leicht über die gravierenden Unterschiede hinweg, die sich aus der Anwendung desselben Verfahrens in den beiden Künsten ergibt. Und die Technik allein, dies betont Ewald Rathke mit Recht, „bietet keinerlei Aufschluß" über „das Wesen der Collage" (92, 14). Wir werden daher zunächst die historischen Voraussetzungen und die theoretischen Zusammenhänge erörtern, innerhalb deren Prinzip und Intentionen der dadaistischen Collage verständlich werden, um daran anschließend einige Möglichkeiten und Formen der Collage an Texten von Kurt Schwitters zu erörtern. Schwitters hat am konsequentesten sowohl sein bildnerisches als auch sein dichterisches Werk als Collage gestaltet. Bei ihm finden sich daher auch die vielfältigsten Collageformen bis hin zur Großform der ,Anna Blume'-Sammlung. Um ihren Collagecharakter erkennen zu können, müssen wir uns im wesentlichen auf ihre Analyse beschränken.

1. Gestaltungsmöglichkeiten von Bild- und Textcollagen

Man hat auf einige Vorläufer der Collage hingewiesen: auf die Trompe l'oeill-Stilleben und die Quodlibets des 18. und 19. Jahrhunderts, in denen als Motive „Briefe, Kupferstiche, Buchseiten und ähnliches" fungieren, „die wie zufällig aufeinanderliegend dargestellt sind." (92, 9) Sie sollten – ebenso wie die Darstellung der Spieltische des 19. Jahrhunderts – den Eindruck erwecken, als seien sie keine malerische Nachahmung der Wirklichkeit, sondern diese selbst. Und darum geht es auch in der Collage: um den „Realitätscharakter des Kunstwerks" (92, 10), um das Problem der „Integration von Realität im Kunstwerk" (98). Rathke weist an einigen Beispielen – u. a. aus der Barockkunst – einleuchtend nach, daß die Kunst früherer Jahrhunderte immer wieder die Tendenz hatte, sich selbst als Teil der Realität zu betrachten und in diese zu integrieren. Und er schließt daraus, „daß die Verbindung von Fragmenten der Wirklichkeit mit dem Kunstwerk immer dann aktuell war, wenn das Kunstwerk nicht als ideelles Gegenüber zur Wirklichkeit, sondern als Teil der Wirklichkeit verstanden wurde." (92, 11) Deshalb konnten und können solche Werke auch nur verstanden werden, wenn sie als Wirklichkeit anerkannt werden: „Erst die Verbindung der vom Künstler geschaffenen Darstellung mit der Wirklichkeit der vom Künstler eingefügten Realie macht das Kunstwerk ‚lesbar'. Das heißt nichts anderes, als daß das Kunstwerk in der gleichen Weise wie die Realität erlebt werden soll, nicht aber als eine zweite Welt jenseits der Wirklichkeit, nicht als ideelles Gegenüber." (92, 12)

Indessen blieb die von uns ausführlich dargestellte prinzipielle erkenntnistheoretische Infragestellung der adäquaten Erkennbarkeit der Realität auch auf die bildende Kunst nicht ohne Folgen. „Wenn in der Malerei" – so faßt Jürgen Wissmann die theoretischen Überlegungen der Kubisten zusammen – „die Nachahmung der Wirklichkeit nur zu einem Illusionismus führt, der die Wahrheit der Dinge verzerrt, so liegt auch hier die Konsequenz nahe, von dem standpunktbedingten Augenschein abzurücken und die Wirklichkeit im Bilde neu zu konstruieren", und zwar entsprechend den allgemeinen „Sehkategorien" (98, 331). Diese allem Sehen zugrundeliegenden Kategorien oder „Urformen" des Sehens waren „Kubus, Sphäre, Zylinder", die wir allen optischen Wahrnehmungen beilegen, auch wenn das Material der Empfindungen sie nicht enthält. Schon die Perspektive, in welche die traditionelle Malerei die Gegenstände rückte, verzerrte deren Proportionen und gab immer nur *eine* Ansicht der Dinge zu erkennen, nämlich die, die dem Betrachter zugewandt war. Indem die Kubisten nun die Dreidimensionalität des Raumes auflösten und auf die Fläche reduzierten – dies machte sich auch Kandinsky als Postulat zu eigen (vgl. 86, 108) –, gewannen sie die Möglichkeit, den Gegenstand mit allen Seiten aus der Bildfläche heraus im Nebeneinander und durch Zergliederung des Dinges in seine Einzelteile darzustellen: „An die Stelle der in der Realität nur nacheinander möglichen Ansichten trat im Bild das gleichzeitige Nebeneinander dieser verschiedenen Ansichten." (92, 12) Mit diesem Verzicht auf ein realistisches Abbild gewannen die Kubisten also die Möglichkeit, die „Idee" des Gegenstandes allseitig und gleichzeitig darzustellen.

Die Parallele zu den am Beispiel des Gedichts ‚Die Dämmerung' explizierten Ideen Lichtensteins liegt nahe: Auch dieser wollte ein „ideeliches Bild" geben. Um das Phänomen der ‚Dämmerung' möglichst vielseitig – wenn auch nicht allseitig – wiedergeben zu können, löste er die Einheit der Perspektive und damit des Raumes auf, um so die Wirkung der Dämmerung an verschiedenen Objekten simultan aufzeigen zu können. Indessen betonte er den besonderen Realitätsgehalt der einzelnen Bilder durch die empirische Richtigkeit der Sinneswahrnehmungen, die ohne überflüssige Einschaltung der Reflexion zustandegekommen seien. Insofern konnte er die „Idee" eines Phänomens mit der wahrnehmungspsychologisch richtigen Sehweise verbinden, welche den Realitätscharakter des Kunstwerks garantierte, so daß dieses zugleich mehr und Richtigeres aussagte, als die von nur einem Standort aus erfolgende Betrachtung, die Kennzeichen alltäglicher Wahrnehmung ist.

Die Kubisten wiederum steigerten sich in eine immer größere „Formkompliziertheit" (98, 333), welche den darzustellenden Gegenstand schließlich gar nicht mehr als solchen erkennen ließ. Dies nötigte sie schließlich zur „Einführung realer Fragmente in das Bildganze", die „als realitätssignalisierende Teile die Aufgabe" übernahmen, „die ungegenständlich gewordenen Bildzeichen einem Betrachter lesbar und als dreidimensionale Gegenstände erschließbar zu machen." (98, 333) Doch so wie sich bei Lichtenstein die Schnelligkeit der Wahrnehmung als Deformation der Wirklichkeit zu erkennen gab, so waren auch die von den Kubisten in ihre Bilder aufgenommenen Realitätspartikel – „farbige Papierstreifen, Lackfarben, Zeitungspapier" sowie „Wachsleinwand, Glas, Sägemehl" usw. (98, 333) – nur herausgerissene Teile aus einem zerstörten Ganzen. Sie sind deshalb im Blick auf ihren Realitätsgehalt ebenso verfremdet wie etwa der schreiende Kinderwagen bei Lichtenstein, und sie sind – wie dessen Wahrnehmungen auch – nur integraler Bestandteil in einer „ideelichen" Konstruktion, die gerade mehr und anderes will als pure „Naturnachahmung". Doch obgleich ihr Realitätscharakter damit im Rahmen eines „höheren Ganzen" – nämlich der kompositorischen Verwirklichung einer Idee – funktionalisiert erscheint, wird dieser Realitätscharakter andererseits dadurch wieder erhöht, daß die „Idee" selbst auf eine reichere Erfassung der Wirklichkeit abzielt, als dies normalerweise, also außerhalb des Kunstwerks, möglich ist. Von daher wird ihnen aber auch wieder eine erhöhte

Repräsentanz im Blick auf die Realität zugesprochen, der sie unmittelbarer zu entstammen scheinen als die anderen Teile des Kunstwerks. Dadurch entsteht in der Fläche des Bildes und des Gedichts ein spannungsvolles In- und Gegeneinander von – deformierter – Realität und Realitätsidee, von „Nachahmung" bzw. Selbstrepräsentation der Wirklichkeit und Abstraktion, die hier auf die Erhellung von Wesensmerkmalen der Wirklichkeit abzielt.

Die Realitätspartikel haben bei den Kubisten aber noch eine weitere Funktion: „Indem nämlich" – so erklärt Daniel-Henry Kahnweiler – „‚reale' Einzelheiten dieser Art im Gemälde angebracht werden, entsteht dadurch ein Reiz, an den sich Erinnerungsbilder anknüpfen, die im Bewußtsein nun aus dem ‚realen' Reize und dem Formenschema den fertigen Gegenstand konstruieren. So entsteht im Bewußtsein des Betrachters die volle gewünschte körperliche Darstellung." (98, 333) Wenn sich im Blick auf diesen Aspekt auch keine unmittelbare Beziehung zu Lichtenstein ergibt – es sei denn, man betrachte die „Verfremdung" der Wahrnehmung als „Reiz", durch den der Betrachter zur eigenen korrigierenden Erinnerung an die in den Bildern bezeichnete Wirklichkeit angeregt wird –, so ist hier die Nähe der Absichten des ‚papier collé' zu den im vorherigen Kapitel entwickelten Intentionen des Lautgedichts offenkundig, welches den Zuhörer ebenfalls an Sinnlich-Reales und zugleich an das Abstrakte „innerer Klänge" erinnern möchte, um dadurch ebenfalls eine reichere Wirklichkeitserfahrung zu ermöglichen, als sie mittels „normaler" Sprache und traditioneller Poesie erreicht werden kann. – Diese Vergleiche sollen vorerst nur darauf aufmerksam machen, daß auch die künstlerische Collage im Rahmen jener Voraussetzungen und Intentionen zu begreifen ist, welche wir im Blick auf Simultan- und Lautgedicht entwickelt haben.

Dies gilt in verstärktem Maße für das Moment der neuen, durch die „Überfülle des Erlebens" bedingten Wirklichkeitserfahrung, die sich u. a. durch die als Überbelastung erlebte Geschwindigkeit der Lebensabläufe im wahrnehmenden Bewußtsein unmittelbar zu erkennen gibt. Ich habe die Verherrlichung der Geschwindigkeit durch die Futuristen bereits erwähnt, die sie auch in ihren künstlerischen Bildern darzustellen versuchten (vgl. oben, S. 35 f. u. S. 79). In ihren Collagen erweiterten sie gegenüber den Kubisten das der Realität unmittelbar entstammende Material: „der Bildhauer kann zwanzig oder mehr verschiedene Stoffe benutzen, er kann in einem einzigen Werk Glas, Holz, Beton, Roßhaar, Leder, Stoff, Spiegel, elektrisches Licht usw. benutzen", erklärt Boccioni 1912 im ‚Manifest der futuristischen Bildhauer' (98, 338). Wissmann bemerkt dazu: „Derartige Materialien vertraten eine Umwelt, die Industrie, Technik, Erfindung, Schnelligkeit und Bewegung hieß; ihr hatten sich die Futuristen begeistert zugewandt, weil sie ihnen als Symbol einer neuen Zukunft, als ‚dignes de l'epoque' erschienen. Produkte moderner Technik im Zusammenhang modernen Großstadtlebens wurden bevorzugte Motive der Gestaltung." (98, 338 f.) Die „neue Sensibilität", das „neue Weltgefühl", das sich der Mensch der modernen Zivilisation erworben hatte, wurde nach Marinetti wesentlich auch durch die Zeitung ermöglicht, die in ihren Nachrichten mühelos den Raum überwand und das Geschehen auf der Welt täglich zur Simultaneität komprimierte: „Der Bewohner eines Alpendorfes kann durch eine Zeitung jeden Tag angsterfüllt um die Aufständischen in China, die Suffragetten in London und in New York . . . bangen." (Vgl. oben, S. 35). Diesen Aspekt hat Silvio Vietta als entscheidend für die Entstehung der literarischen Collage hervorgehoben. Die Wirklichkeit in der Großstadt wird zu „einer Wirklichkeit ,aus zweiter Hand', indem sich die Medien – zunächst die Zeitung – zwischen Primärwirklichkeit und Rezipienten schalten." (82, 367) Damit droht die Wirklichkeit klischeehaft vergewaltigt zu werden, und für das Subjekt „wird jene zweite Welt der Sprache der Medien so sehr zur ersten, daß es, der ersten entfremdet, diese hinter der dargestellten Wirklichkeit gar nicht mehr vermißt und das sprachliche Surrogat für unmittelbare Wirklichkeit hält." (82, 367) Dies ist als Beschreibung einer Erfahrung der damaligen Generation sicher richtig, wenngleich man hinzufügen muß, daß es auch eine Primär*erfahrung* ohne sprachliche Vermittlung nicht geben kann. Deshalb ist der zweite von Vietta hervorgehobene Aspekt von besonderer Bedeutung: daß die durch die Medien – insbesondere die Zeitung – vermittelte Wirklichkeit „selbst einen collageähnlichen Charakter annimmt." Darin besteht der Zusammenhang zwischen der durch die Zeitung vermittelten Alltagserfahrung und der literarischen Collage: Diese bringt „durch ihre Form bereits das Prinzip der Heterogenität, das für die Medienwirklichkeit kennzeichnend ist, radikal zur Darstellung", und sie verweist zugleich kritisch „auf den Zitat-, ja vielfach Klischeecharakter von Sprache, indem sie die deformierte, stereotype Sprache selbst zitiert." (82, 367) Das Subjekt ist umgeben von einer Art „zweiten Natur", „die im wesentlichen eine Zeichen- und Sprachwelt ist", ein „System anonymer Zeichen und Signale, eine verselbständigte Sprachwelt, die etwas vermitteln, verkaufen, befehlen, suggerieren will" (82, 370). Insofern die Sprach- oder Textcollage durch heterogene Aneinanderreihung solcher Sprachformeln diesen dissoziierten Zustand darzustellen und bewußt zu machen sucht, trifft sie ein wesentliches Problem moderner Wirklichkeitserfahrung.

Indessen indem sie wie die futuristische Collage so mehr und mehr Realität präsentiert und selbst als Teil der Realität erscheint, droht sie diese lediglich zu reproduzieren, ohne sie noch kritisieren zu können. Sie will dann als integrierter Teil der Wirklichkeit verstanden werden – in dem Sinne, wie ihn Rathke für die frühere Kunst beschrieb, die Realitätselemente aufnahm, um sich der Realität zu integrieren; und die Futuristen haben ja, wie erwähnt, diese neue Wirklichkeit freudig begrüßt. Auch Huelsenbecks Zitatcollagen – ‚Die Kesselpauke' oder ‚Der redende Mensch' (vgl. oben, S. 106 ff.) – leisten nicht mehr – und wollen nach den von uns dargestellten Intentionen auch gar nicht realisieren –, was Franz Mon der Textcollage als Qualität zuspricht:

> „Ihr Ort ist immanent und transzendent zugleich, und darin unterscheidet sie sich von der Tageszeitung: sie steigt ein und distanziert, sie vermittelt die Realitätsfragmente mit dem Zweck, nicht nur zu vermitteln, sondern die Spannung des Zwischenraums bewußt zu machen, während die Zeitung den Blick punktuell ansaugt und weiterspringen läßt, ohne den Leser zur Reflexion auf das Ganze zu bringen." (76, 129)

Die Geschwindigkeit der Zitatabfolge, welche die Hektik der Wahrnehmung sprachlicher Versatzstücke in der Großstadtwirklichkeit nachahmt, beraubt diese ohne Punkt und Komma niedergeschriebenen Sprachsequenzen auch als Lesetexte weitgehend jeder kritischen Distanz; sie nehmen das Wahrnehmungsvermögen des Lesers soweit gefangen und „überbelasten" es, daß sie die Fähigkeit zur Transzendierung auf die Wirklichkeit gleichsam absorbieren und damit kritische Distanz eher verhindern. Damit geht aber auch die „Simultaneität der Seelenzustände" verloren, deren Evokation das Ziel der futuristischen Kunst war (98, 340) und das diese durch schnelle Kontamination von Widersprüchen und Disharmonien hervorrufen wollte.

Es scheint demnach so, daß die Collage ihre besondere Wirkungsmöglichkeit nur dann voll entfalten kann, wenn sie weder – wie in einigen dadaistischen Sprachcollagen – zu einer bloßen Reproduktion von Versatzstücken der Realität wird, noch wenn sie – wie in den vom „Zufall" diktierten Bildcollagen von Hans Arp oder Marcel Janco – die Realitätspartikel lediglich als willkommenes neues Material für eine künstlerische Gestaltung verwendet. Für die bildnerische Collage der Dadaisten – mit Ausnahme des Berliner Dada, der durch Raoul Hausmann und Hanna Höch die Photomontage erfand und diese wie auch andere Collagen als Medium politischer und gesellschaftskritischer Aufklärung konzipierte – ist kennzeichnend, daß sie die Spannung zwischen realen und gemalten Partikeln aufhob. Dies ganz im Sinne des Positivismus, daß alle Wertordnungen Fiktionen sind und in Wahrheit jedes Ding der Natur – und damit auch jedes Material – wert und würdig sei, als Sujet des Kunstwerks zu dienen. Der Rückgriff auf „vorgefertigte" Requisiten aus dem Bereich des Alltags ermöglichte ihnen zugleich die Inthronisation des „Prinzips Zufall" und damit die Reduktion der künstlerischen Subjektivität, weil die künstlerische Schaffensweise angesichts des chaotischen Charakters des Lebens

ebenfalls durch den Zufall bestimmt ist, so daß das Subjekt ohne Substanz-
verlust durch den „objektiven" Zufall ersetzt werden kann. Damit konnten
sie den Anspruch erheben, ihre Collagen seien gleichsam „das Leben"
selbst, weil von ihm „diktiert". Daß dies aber nicht im Sinne einer naiven
Widerspiegelung der gesellschaftlichen Realität zu verstehen ist, brauche ich
hier nicht nochmals zu begründen (vgl. oben, S. 142ff.). Diese Collagen sind
aber auch nicht Ausdruck künstlerischer Subjektivität, sondern „Ausdruck
einer universalen Skepsis gegenüber der Welt und gegenüber den Möglichkeiten, sie noch sinnvoll auszulegen." (98, 346) Insofern repräsentiert die
dadaistische Bild- und Textcollage jene Standorte und Tendenzen der dadaistischen Entwicklung, die wir ausführlich beschrieben haben.

    Sie enthält aber darüberhinaus auch die gestalterischen Möglichkeiten
zur Überwindung des Nihilismus. Dies soll am Beispiel des Werks von
Kurt Schwitters verdeutlicht werden. Schwitters hat mit seinen seit 1919
entstandenen ‚Merz'-Bildern, -Collagen und -Assemblagen Weltruhm er-
langt. Die Kritiker sind sich einig über den künstlerischen Rang seines bildnerischen Werkes. „Der ästhetische Anspruch seiner Collagen ist hoch",
erklärt z. B. Rathke. „Seine bildnerische Ordnung zeugt von äußerster
Sensibilität für die Form. Die Präzision der Komposition ist ebenso be-
wundernswert wie die Entfaltung des farbigen Reichtums. Beides wurde
unmittelbar aus den Realien gewonnen. Diese ästhetische Seite überwand
das ursprüngliche Wesen der Gegenstände." (92, 15f.) „Die Merzbilder
von 1919/21 sind Schwitters' eindrucksvollster Beitrag zur Kunst des
zwanzigsten Jahrhunderts", urteilt Schmalenbach, der über Schwitters eine
umfangreiche, reich dokumentierende Monographie geschrieben hat (51,
114). Schwitters verwendete für diese Collagen ausschließlich Altstoffe als
Material, die er zu einem Gesamtbild arrangierte – zu ihnen gehörte z. B.
auch bedrucktes Papier; „derartig plakativ herausgehobene Wortfetzen
werden unmittelbar optisch aufgenommen, dringen ins Unterbewußtsein
schneller als ins Bewußtsein. Sie erzeugen das Gefühl einer bedrängenden
Realität – der Realität jenes hektischen, politisch überhitzten, von Revolte
beunruhigten, auf Inflation und Arbeitslosigkeit zusteuernden Klimas im
Deutschland der ersten Nachkriegsjahre, dem sie entstammen und das in
Werken wie dem ‚Arbeiterbild' oder dem ‚Sternenbild' seinen künstlerisch
gültigsten Ausdruck gefunden hat. Bilder unmittelbar aus der Zeit, doch
dank ihrer Kraft die Zeit überdauernd." (98, 120) „Vom ‚Tod der Kunst',
von ‚A-Kunst' oder ‚Anti-Kunst'", berichtet Hans Richter, „war bei ihm
nichts zu hören. Im Gegenteil, – jedes Trambahnbillett, jeder Briefum-
schlag, Käsepapier, Zigarrenband, zerrissene Schuhsohlen und Bänder,
Drähte, Federn, Scheuerlappen, alles, was weggeworfen war . . ., all das
war in seine Liebe eingeschlossen und fand wieder einen geehrten Platz im
Leben, eben in seiner Kunst" (17, 142). Der Merz-Künstler verließ sich

nicht mehr allein auf den Zufall, sondern komponierte bewußt mit dem Ziel, aus den Resten und Abfällen der Zivilisation und Kultur eine neue Schönheit zu entfalten. Dies bezog er auf die damalige Zeitsituation: „Den Hintergrund zur Merzkunst bildete die Nachkriegszeit mit der allenthalben ausgesprochenen Hoffnung auf einen Neubeginn und einen Aufbau. Schwitters erfaßte das Gebot der Stunde, wenn er forderte, die Trümmer der im ersten Weltkrieg zerstörten Welt auf ihren Wert neu zu prüfen und in ein künstlerisches Arrangement zu bringen." (49, 20) Die „Überwindung des Nihilismus" erfolgte also gleichsam mithilfe der Relikte, die dieser hergestellt und als Chaos zurückgelassen hatte und um dessen Sichtbarmachung es Arp gegangen war.

Die Besonderheit der künstlerischen Collagen von Schwitters besteht darin, daß sie im Material diesen chaotischen Untergrund sichtbar gegenwärtig halten. Aus der Nähe betrachtet behauptet jedes der disparaten Einzelteile sein „Eigenrecht" – dies gilt nicht für die zahlreichen kleinformatigen Collagen, in denen die Einzelteile nur noch funktionale Glieder in einem kompositorischen Zusammenhang sind –, sie zeigen die völlige Heterogenität und Disparatheit der Realität, der sie unmittelbar entnommen sind. Es sind die Gegenstände selbst, keine nachahmenden Darstellungen von ihnen, und damit stellen die Collagen und Assemblagen, welche die montierten Teile aus der Fläche heraus in den Raum – also in den Bereich der Dreidimensionalität – hinein und auf den Betrachter zu ragen lassen, einen sonst in der bildenden Kunst nicht erreichbaren Grad von Mimesis dar. Urbild und Abbild fallen in der Identität des Materials zusammen. Indem die Teile aus ihrem telischen Sinn, den sie im Alltag besaßen, herausgelöst und in deformiertem Zustand zusammengeleimt und -gehämmert werden, präsentieren sie sich in ihrer ganzen Häßlichkeit und wirken einer ästhetischen Rezeption entgegen. Alle „Fiktionen" im Sinne des Positivismus sind in dieser vom Material her ungeordneten Kompilation beseitigt. Tritt der Betrachter soweit zurück, daß er die Unterschiedlichkeit und „Materialität" der Einzelteile nicht mehr zu erkennen vermag, dann nimmt er nur noch jene Fluktuation von optischen „Empfindungen" wahr, die nach Vaihinger als positiv Gegebenes vor ihrer – bereits verfälschenden – Unterscheidung in „Dinge und Eigenschaften" als Erscheinungen allem Welterfassen zugrundeliegen (vgl. oben, S. 114ff.). Man kann also an den Collagen den erkenntnistheoretisch kritisierbaren Prozeß der Fiktionsbildung im Bereich der Sinneswahrnehmung studieren. Dies gilt auch für den Moment, wenn der Betrachter in einem Bindfaden eine Linie und in den Zeitungsfetzen, Lumpen, Stuhlbeinen, Wäscheklammern und Tapetenresten eine Farbkomposition entdeckt. Dann ist aus dem „Chaos der Dinge" ein abstraktes Bild geworden, das im Sinne Kandinskys alle Qualitäten besitzt, um im Adressaten „innere Klänge" zu wecken.

Künstlerische Collagen können also je nach „Gebrauch" durch den Betrachter in den Bereich der Mimesis oder der Abstraktion – im Sinne Brinkmanns und in dem von mir entwickelten Sinne – fallen, sie vermögen zu schockieren und zu provozieren – dies galt besonders für die ersten Ausstellungen der Collagen von Schwitters (vgl. 44; 47) – und ästhetisches Wohlbehagen hervorzurufen – letzteres dürfte ihren Weltruhm nicht unbeträchtlich gefördert haben –, sie können im Sinne Worringers (vgl. 99) den Eindruck des Notwendigen und der inneren Gesetzmäßigkeit als Kennzeichen eines Kunstwerks und zugleich den der äußeren und inneren Disparatheit und damit eines zufälligen Konglomerats erwecken. Sie tragen nicht unwesentlich dazu bei, das Kunstwerk aus der Sphäre des Erhabenen und der Autonomie des Ästhetischen herauszulösen und einem Gebrauchsgegenstand anzunähern (sie enthalten fast unbekümmert und mit Absicht die Spuren ihrer Genese), und zugleich ästhetisieren sie auch wieder einen Bereich der Wirklichkeit, den der hierdurch überraschte und provozierte Kunstliebhaber sonst achtlos und vielleicht sogar naserümpfend übersieht. Sogar das Häßliche, das nach Lessing wegen des dauernden Eindrucks auf die Seele des Betrachters niemals Gegenstand der Malerei sein darf, kann in der Collage „schön" werden.

Die künstlerische Collage emanzipiert sich in hohem Maße vom Kunstwollen des Herstellers und lebt vorwiegend von den Sinnbezügen, die ihr der Rezipient gibt. Sie vermag seine Phantasie, seinen Intellekt, sein Gemüt anzuregen, sie wirkt aus der Ferne anders als aus der Nähe, sie ist Teil der Wirklichkeit und überhöht sie doch zugleich, wodurch sie in Opposition zu ihr zu treten und damit an der Unverfügbarkeit ihrer Autonomie gegenüber der Realität festzuhalten vermag. Was immer der Betrachter aber aus ihr herausliest und woran er sich angesichts der deformierten Relikte der Zivilisation erinnert – er sieht sich genötigt, in der Collage immer beides zugleich zu sehen: Abbild und ästhetisches Gegenbild der Zeit. Und auch die Dimension des Bildes im Sinne eines Abbildes vermag kritische Distanz zu vermitteln. Dies nicht nur durch die Häßlichkeit der Materialien, sondern durch das, was sie aussagen, indem sie auf ihren ursprünglichen Verwendungszweck verweisen (etwa indem man den Ausschnitt eines Zeitungsartikels liest, der in der Collage „vermerzt" wurde). Damit erfüllt die Collage wesentliche Intentionen, die Hugo Ball vorschwebten, als er eine Rückkehr zum Wort forderte, weil die Laute und Lautgedichte den Bereich der gesellschaftlichen Wirklichkeit nicht intentional einzubeziehen vermochten, sondern entsprechende Assoziationen der Beliebigkeit des Zuhörers überlassen mußten. Und zugleich verwirklichen die Collagen sowohl im Bereich des Materials wie in dem der distanzierenden Abstraktion eine „orgiastische Hingabe an den Gegensatz alles dessen, was brauchbar und nutzbar ist." (4, 3)

Eine einzelne Text- oder Sprachcollage vermag eine solche Leistung und Wirkung nicht entfernt zu erreichen. Sie ist schon vom Material her eingeschränkt, weil ihr Substrat aus vorgefertigten und kompilierten Sprachsequenzen besteht, die in der bildnerischen Collage nur ein Material unter zahlreichen anderen darstellen und die dort alle gleich-gültig nebeneinander verwertet werden. Auch wenn Schwitters – wie Bernd Scheffer mit Recht betont – „die Abfolge der Sprechteile als eine Verknüpfung von Materialien" versteht (50, 42) und selbst wenn ‚ „Logik der Handlung' und ‚Sinn' für Schwitters nur Materialien" sind, „die er bei Bedarf heranzieht, auf die er aber, wie auf jedes Materialstück, auch verzichten kann" (50, 43 f.), so geben sich diese Materialien, sofern sie überhaupt als solche und in ihrem Materialcharakter erkannt werden, doch immer nur in und durch Sprache zu erkennen. Und diese ist, auch wenn sie häßliche oder obszöne Fermente alltäglichen Wortgebrauchs enthält, auf weißes Papier und in neutrale Drucktypen transformiert und erhält damit den Charakter einer – wenngleich unästhetischen – „Fiktion". Der Leser hat keinerlei Möglichkeit, die Banalitäten und Plattitüden aus einer gewissen Distanz heraus zu ästhetisieren.

Dies gilt, wie gesagt, für eine einzelne Sprach- oder Textcollage. Im Rahmen einer größeren Sammlung indessen erweitern sich ihre Möglichkeiten hinsichtlich Gestaltung und Wirkung beträchtlich. Einige Beobachtungen und Deutungsaspekte am Beispiel der von Schwitters erstmals 1919 vorgelegten ‚Anna Blume'-‚Dichtungen' sollen diese These illustrieren und rechtfertigen.

2. Überwundenes Chaos oder vermerzte Wirklichkeit (Schwitters)

Im ‚Nachwort' zu seiner ‚Anna Blume'-Sammlung hat Schwitters seinen Dank an Herwarth Walden und August Stramm öffentlich abgestattet: „Der Sturm hat meine besten Gedichte zuerst veröffentlicht und meine Merzbilder zuerst in Kollektion gezeigt." (40, 45) Stramm, so erklärt Schwitters, „war der große Dichter" (40, 44), dessen Gedichte ihn aus epigonalen Anfängen befreiten, die ihn aber zunächst in neue Abhängigkeit versetzten. Mehrere Gedichte aus der ‚Anna Blume'-Sammlung zeigen deutliche Anlehnungen an den unverwechselbaren Stramm-Stil, etwa folgendes:

Ich werde gegangen
Gedicht 19

Ich taumeltürme
Welkes windes Blatt
Häuser augen Menschen Klippen
Schmiege Taumel Wind
Menschen steinen Häuser Klippen
Taumeltürme blutes Blatt. (40, 14)

Syntax und Semantik der Sprache sind weitgehend verlassen – die grammatischen Verhältnisse sind unklar, und im Unterschied zu den Substantiven sind fast alle verwendeten Verben im Deutschen unbekannt. Die dadurch hervorgerufenen Verständnisschwierigkeiten lassen kaum noch eine Antwort auf die Frage zu, ob diese Irregularitäten – wie bei der ‚Patrouille' Stramms (vgl. oben, S. 88) – aus dem Bestreben nach exakter Wiedergabe von Realität resultieren. Allenfalls mag ein individuelles Erlebnis die Entstehung des Gedichts initiiert haben, aber es fehlen die konkreten Augenblicks- und Ortsmerkmale, auf Grund deren es noch als solches erkennbar wäre, und es mangelt an zureichendem inhaltlichen Verständnis. Damit ist zugleich fraglich, ob eine mimetische Intention auch die Abfolge der Bilder lenkt.

Gleichwohl ist nicht zu übersehen, daß die Worte – auch die neuen Prägungen – semantisch zusammenstimmen und sich zu zwei konträren Bildfeldern zusammenschließen, deren Gegensatz zugleich die Spannung des Gedichts konstituiert. Im ersten Verb sind beide vereinigt: die Vorstellung des Taumelns, zu der die mehrfach repetierten Worte „Wind", „Blatt" und „schmiegen" gehören, sowie des „Türmens", das nicht nur ein vulgärsprachliches Synonym für Fliehen ist, sondern zugleich den Vorstellungsbereich des Steinernen mitenthält, der im folgenden durch „Häuser", „Klippen" und „steinen" mehrfach evoziert wird. Diese konträren Motivbereiche strukturieren das Gedicht: Die Zeilen zwei und vier gehören dem ersten Bildfeld an, die Verse drei und fünf dem zweiten, während die erste und letzte Zeile beide im Verb vereinigt. Und schließlich ist in der Abfolge des Gedichts sogar eine Gradation und damit so etwas wie ein Geschehen erkennbar. Das „augen" in Vers drei, bei dem der Leser das argwöhnische und feindliche „Beäugen" sowohl der Menschen als auch der Hausfenster assoziieren mag – „Fenster grinst Verrat" –, wandelt sich zum „steinen" in Vers fünf – wieder wird man an Stramms ‚Patrouille' erinnert: „Die Steine feinden" –, welches die Vorstellung des Steinigens mitenthält. Und im Sinne einer Steigerung wird im anderen Bildfeld aus „Windes Blatt" am Schluß „Blutes Blatt". Insofern hält sich das Gedicht in einer eigentümlichen Schwebe zwischen Mimesis und Abstraktion (hier im Sinne Brinkmanns), aber auch zwischen Ernst und Lächerlichkeit; denn so ernst immer der Inhalt sein mag, so komisch und damit von vornherein distanzierend wirkt der Titel ‚Ich werde gegangen‘. „Die abstrakte Dichtung", erklärt Schwitters, „wertet Werte gegen Werte. Man kann auch ‚Worte gegen Worte‘ sagen." (40, 44) Zu diesem Gegeneinanderwerten gegensätzlicher Werte gehören offenkundig auch Ernst und Komik, und ferner Sinn und Unsinn.

Dies ist eine entscheidende und folgenreiche Erweiterung des Kandinskyschen Kunstprogramms, welches das Prinzip der „Antilogik" zur Grundlage dichterischer Gestaltung erhob:

> . . . Gegensätze und Widersprüche – das ist unsere Harmonie. Auf dieser Harmonie fußende Komposition ist eine Zusammenstellung farbiger und zeichnerischer Formen, die als solche zeichnerisch existieren, von der inneren Notwendigkeit herausgeholt werden und im dadurch entstandenen gemeinsamen ein Ganzes bilden, welches Bild heißt.
> Nur diese einzelnen Teile sind wesentlich. Alles übrige (also auch das Behalten des gegenständlichen Elements) ist nebensächlich. Dieses übrige ist nur Beiklang. Logisch fließt daraus auch die Zusammenstellung zweier farbiger Töne miteinander. Auf demselben Prinzip der Antilogik werden jetzt Farben nebeneinander gestellt, die lange Zeit für disharmonisch galten. So ist es z. B. mit der Benachbarung von Rot und Blau, dieser in keinem physikalischen Zusammenhang stehenden Farben, die aber gerade durch den großen geistigen Gegensatz unter ihnen als eine der stärkst wirkenden, eine der best passenden Harmonien heute gewählt werden. Unsere Harmonie ruht hauptsächlich auf dem Prinzip des Gegensatzes, dieses zu allen Zeiten größten Prinzips der Kunst. Unser Gegensatz ist aber der des inneren Gegensatzes, welcher allein dasteht und jede Hilfe (heute Störung und Überflüssigkeit) anderer harmonisierender Prinzipien ausschließt! (86, 109)

Wenn in der Malerei das antilogische Verfahren als Prinzip der inneren Notwendigkeit dissonierende Farbkompositionen zu einem Bild vereinigt, so müßte im Bereich der Literatur Analoges möglich sein, ohne daß man dies gleich als Unsinn bezeichnet. Die Kandinskysche Theorie setzt dabei voraus, daß die einzelnen Farben genügend Fläche zur Wirkung haben, um einen unverwechselbaren Eindruck auf den Betrachter ausüben zu können. Für die Dichtung bedeutet dies, daß der Autor nicht ohne weiteres eine Zeile aus lauter heterogenen Wörtern bilden darf, sondern er muß einzelne Bildvorstellungen finden, die entsprechende emotionale Werte und Stimmungen im Leser oder Hörer auszulösen vermögen. Das kann gelegentlich ein Wort sein, doch dieses muß dann eine hinreichende Wirkungskraft besitzen. Aber die Abfolge dieser Vorstellungen sollte dann im Sinne einer Stimmungsdiskontinuität „antilogisch" sein.

Um – als Kontrast zu Schwitters – zu verdeutlichen, wie dies im Bereich der Poesie gestaltet werden kann, sei ein kurzes Gedicht von Trakl zitiert, welches die von Kandinsky als Beispiel erwähnte „Benachbarung von Rot und Blau" aufweist:

Nachts

Die Bläue meiner Augen ist erloschen in dieser Nacht,
Das rote Gold meines Herzens. O! wie stille brannte das Licht.
Dein blauer Mantel umfing den Sinkenden;
Dein roter Mund besiegelte des Freundes Umnachtung.   (54, 96)

Rot und Blau sind hier allerdings Attribute realer Gegenstände. Gleichwohl verdeutlichen und erhöhen die ihnen zugeordneten Substantive die den Farben innewohnenden Stimmungswerte. Blau als Farbe des Himmels läßt in diesem Zusammenhang vielleicht zusätzlich an den traditionell blauen Mantel der „Himmelskönigin" denken – denn blau ist nach Kandinsky „die typisch himmlische Farbe. Sehr tiefgehend entwickelt das Blau das Element der Ruhe. Zum Schwarzen sinkend, bekommt es den Beiklang einer nicht menschlichen Trauer" (86, 93). Demgegenüber klingt „das kalte Rot" „wie jugendliche, reine Freude, wie eine frische, junge, ganz reine Mädchengestalt." (86, 101 f.) Der „Mund" verstärkt diese Assoziation hier in Richtung auf das Erotische und intensiviert damit zugleich den „großen geistigen Gegensatz" zwischen den Bildern, der durch den Farbkontrast und andere Gegensätze – z. B. zwischen dem „Ich" und dem „Freund", dem „Erlöschen" und „Brennen" – deutlich wird. Diese Dissonanzen konstituieren die Harmonie des Gedichts mit, die sich im übrigen natürlich auch aus einer Reihe anderer Faktoren, darunter durch die Analogien im Bereich der Farben sowie durch das Erlöschen und Sinken, ergibt, die wir aber hier nicht genauer verfolgen wollen. Worauf es uns ankommt, ist zu erkennen, in welchem Ausmaß Schwitters das von Kandinsky und den Sturm-Theoretikern entwickelte Konzept des Gegeneinanderwertens radikalisiert, bis er zu jenem Punkt gelangt, an dem er die Worte lediglich noch als Material benutzt, um es nach einsichtigen Gesetzen der Antilogik zusammenzumontieren und damit die Grenze zur Collage hin zu überschreiten. Dieser Punkt ist in folgendem Gedicht erreicht:

Am Rande meines Welkens bin ich sanfte Nacht
Gedicht 14

Sägen knien Regen welken Tage
Sanften fromme Tiefe sanfte Hände
Tropfen wunde Nächte nächtelang
Wunden sanfte Riesen wölben Dom."   (40, 12)

Dieses Gedicht ist durch gewisse „patterns" strukturiert: durch zumeist regelmäßigen Wechsel von Substantiven und Verbalformen, durch Zweisilbigkeit der Wörter, durch einige Assonanzen und Alliterationen, durch Motivrepetitionen und -entsprechungen und nicht zuletzt dadurch, daß dieses Gedicht sich auch vertikal lesen läßt und dabei nicht weniger „sinnvoll" ist als bei der „Horizontallektüre". Gemessen an der Alltagssemantik enthält es keinen Sinn mehr. Aber es will an solchen Kategorien auch nicht gemessen werden. Schwitters wertet hier Worte gegen Worte, die sich bewußt heterogen zueinander verhalten, entsprechend den bewußt heterogen komponierten Realitätsfetzen in der Bild-Collage. In einem Aufsatz über ,Konsequente Dichtung' von 1923 beschreibt er dies Verfahren:

> „Die abstrakte Dichtung löste, und das ist ein großes Verdienst, das Wort von seinen Assoziationen und wertete Wort gegen Wort; speziell Begriff gegen Begriff, unter Berücksichtigung des Klanges. Das ist konsequenter als Wertung poetischer Gefühle, aber noch nicht konsequent genug. Was die abstrakte Dichtung erstrebte, erstreben in gleicher Weise, nur konsequenter, dadaistische Maler, die wirkliche Gegenstände auf einem Bilde gegeneinander werteten durch Nebeneinander-Kleben-und-Nageln. Hier sind die Begriffe viel klarer zu werten, als in ihrer übertragenen Bedeutung in Worte." (17, 151)

Schwitters war sich also des auch von uns betonten qualitativen Unterschieds zwischen Wort- und Bildcollagen bewußt. Das vorliegende Gedicht ist ein gutes Beispiel dafür. Der Autor montiert Worte nebeneinander, die von der Alltagssemantik her nichts oder kaum etwas miteinander zu tun haben: „Sägen" – „knien" – „Regen" – „welken" – „Tage" usw. Er wertet Substantive gegen Verben, alltagssprachliche Requisiten, die normalerweise nie in einem Gedicht vorkommen würden – wie „Sägen" –, gegen „poesiefähige" Worte – wie „Regen" –, er wertet dunklere Vokalreihen gegen hellere, stimmlose Verschlußlaute gegen stimmhafte Spiranten, und dies auch im Rahmen einer variierenden und repetierenden Gesamtkomposition. Dabei nutzt er sogar noch geschickt die Möglichkeit, im Bereich der Sprache solche Worte gegeneinander zu setzen, die er als reale Gegenstände nie in eine bildnerische Collage aufnehmen könnte: „Regen", „Tage", „Hände", „Tropfen", „Nächte", „Wunden", „Riesen", „Dom". Und man muß, wenn man dies Verfahren als Experiment überhaupt zu akzeptieren bereit ist, zugeben, daß dieses Gedicht trotz der heterogenen Kontaminationen des Wort- und Lautmaterials eine poetische Qualität besitzt, daß sich die unpoetischen „Sägen" klanglich den „Händen" und „Nächten", aber auch dem „Regen", „welken" oder „wölben" bis zu einem gewissen Grade assimilieren. Aber dies geschieht um den Preis des Verlustes ihrer Gegenständlichkeit und semantischen Selbständigkeit. In einer Bild-collage würde eine eingemerzte Säge – oder ein Teil von ihr: auch diese Deformierung der Teile ist im Gedicht so nicht herstellbar – in ihrer kruden Faktizität und Materialität unveränderlich präsent bleiben, auch wenn sie bei entsprechender Entfernung des Betrachters ein als schön empfundenes Element in einer abstrakten Form- und Farbkomposition darstellen sollte. – Die Wortkunst-Collage hatte Schwitters in den Gedichten dieses Typs bereits konsequent zuendegedacht und in ihren Möglichkeiten in seinem Sinne erschöpft.

Jedoch hatte der Wortkünstler Stramm, wie wir sahen, sich auch um eine besonders adäquate Wirklichkeitswiedergabe seiner Gedichte bemüht. Diesen – der Evokation von „inneren Klängen" in der beschriebenen Weise entgegengesetzten – Aspekt greift Schwitters ebenfalls auf, um ihn in seinem Sinne „zuendezuführen". Es sind jene Gedichte, die etwas abzubilden vorgeben. Das ‚Portrait Rudolf Blümner' haben wir bereits kennengelernt (vgl. oben, S. 157). Das folgende Gedicht gehört zu derselben Spezies:

An eine Zeichnung Marc Chagalls
Gedicht 28

Spielkarte leiert Fisch, der Kopf im Fenster.
Der Tierkopf giert die Flasche.
Am Hüpfemund.
Mann ohne Kopf.
Hand wedelt saure Messer.
Spielkarte Fisch verschwenden Knödel Flasche.
Und eine Tischschublade.
Blöde.
Und innig rundet Knopf am Tisch.
Fisch drückt den Tisch, der Magen übelt Schwerterstrich.
Ein Säuferstiel augt dumm das klage Tier,
Die Augen lechzen sehr den Duft der Flasche.   (40, 34)

Man kennt die traumartigen Bilder Chagalls, den man einen Wegbereiter des Surrealismus genannt hat: die Grenzen von Raum und Zeit sind aufgehoben, unproportionierte Gegenstände fliegen durch die Luft, eine Geige liegt etwa auf dem Dachfirst (‚Liebestraum') und so fort. Die Objekte selbst sind aber stets erkennbar, „realistisch", nur ihre Komposition ist abstrakt. Analog ist das Gedicht von Schwitters gestaltet. Unsinnige Lautkombinationen wie im ‚Portrait Rudolf Blümner' fehlen (auch dies ist exakte Nachahmung: denn hier sind keine Geräusche wiederzugeben). Obgleich alltagssprachlich unbekannte Worte und Wortkombinationen – wie bei Stramm – auftauchen, sind die in den einzelnen Versen „beschriebenen" Gegenstände relativ deutlich imaginierbar. Irreal sind lediglich die durch die Verben zwischen den einzelnen Gegenständen hergestellte Beziehung und ihre Reihenfolge, also die Komposition des Gedichts. Aber damit gibt sie genau die denkbare Komposition des Bildes wieder.

Allerdings fügt Schwitters dem ein Element hinzu, das beim ‚Blümner‘-Portrait als direkte Aussage fehlte, das aber auch bei Stramm die innere Beteiligung des wahrnehmenden Subjekts ausdrückte: die Wertungen „Blöde“, „innig“ oder „dumm“ implizieren Urteile und übernehmen eine den „Unsinnslauten“ im ‚Portrait Rudolf Blümner‘ vergleichbare Funktion: sie intensivieren das Ridiküle und enthüllen die Absicht der Persiflage. Dem Trick Eulenspiegels vergleichbar nimmt Schwitters das Wahrgenommene „wörtlich“, er betrachtet als eigentlich, was uneigentlich gemeint ist, und ver-zeichnet getreulich, was er auf der Zeichnung wahrnimmt und als Zusammenhang zu erkennen glaubt. Die abstrakte Komposition des Gedichts enthüllt sich so zwar als genaue Mimesis, aber diese ist – wie auch im zuvor besprochenen Gedicht – nicht Selbstzweck, sondern sie wird zum Mittel, den eigentlichen Sinn des beschriebenen Objekts in sein Gegenteil zu verkehren. Die Mimesis ist also hier – im Unterschied zu ‚Ich werde gegangen‘ – nicht mehr Ausdruck von Sinn, sondern von Unsinn. Sinnvoll ist dieser Unsinn gleichwohl. Es ist jener Sinn, den alle törichten Handlungen Eulenspiegels besitzen. Und es steckt jener Ernst darin, mit dem Eulenspiegel nicht weniger als Schwitters sein Handwerk betrieb. Der Merzkünstler nahm seine aus den heterogensten Versatzstücken der Wirklichkeit kontaminierten Collagen ernst und konnte gleichwohl herzhaft über sie lachen. „Der Sinn“, erklärt Schwitters, „ist nur wesentlich, wenn er auch als Faktor bewertet wird. Ich werte Sinn gegen Unsinn. Den Unsinn bevorzuge ich, aber das ist eine rein persönliche Angelegenheit. Mir tut der Unsinn leid, daß er bislang so selten künstlerisch geformt wurde, deshalb liebe ich den Unsinn.“ (49, 20) Als „Bildbeschreibung“ ist dieses Gedicht keine Collage, wohl aber wirkt es – für sich allein betrachtet – wie eine Montage unzusammenhängender Bilder und Bildteile. Und grundsätzlich gilt für diesen wie für andere Gedichttypen der Sammlung, daß sie als Einzelbestandteile einer großangelegten Collage zu gelten haben und dabei von ihren poetischen Intentionen her bedeutsame Tendenzen der Literatur jener Jahre in entsprechend „vermerzter“ Form repräsentieren und nun zu einem komisch-ernsten „Gesamtkunstwerk“ kontaminiert werden.

So greift Schwitters beispielsweise auch den von Huelsenbeck, Arp und anderen erprobten Typ der Textcollage auf:

Achtung, bitte Privatherrschaften!
Gedicht 29

Hier darf nicht gestohlen werden, Einwohner ist Mitglied der Bürgerwehr. Die Machtbildung einer Lage ist Zugreifen, das beweist Noske. Ann empfing heute in Weimar folgendes aus: Von der Nationalversammlung der Stückwerk. Als erste Bildung einer ernsten Lage Waffen vergiftete alles. Denn der, der die, die da goldet Glotea. (Auflösung der Familienväter.)
Ach, es geht mir etwas besser, ich bin nur neunmal heute ohnmächtig geworden!
(40, 22)

Der Zufall ist in der Zusammenstellung der Redeteile – im Unterschied vor allem zu Arp – weitgehend eliminiert. Und es geht hier auch nicht um die Offenbarung eines von den Zeitverhältnissen unabhängigen Lebens-Chaos. Mit der Waffe karikierenden Witzes soll vielmehr eine selbstgerechte Mentalität bloßgestellt werden, die am liebsten nach der Maxime von Morgensterns Palmström zu verfahren scheint: daß „nicht sein kann, was nicht sein darf". Der Bürger, der auf kommunaler Ebene in Bürgerwehren sein Privateigentum schützt, wird im nächsten Satz mit einem Repräsentanten des Staates, dem damaligen Kriegsminister Noske, konfrontiert, der machtpolitisch „zugreift" und damit offenbar im großen Stil und mit Zustimmung des Bürgers das tut, wovor dieser sich im privaten Bereich zu schützen sucht. Auch die „ernste Lage" als Folge der in diesen beiden Sätzen aufgezeigten widersinnigen Ideologie werden angedeutet: „Waffen vergiftete alles" und „Auflösung der Familienväter": die „Privatherrschaften" fallen dem eigenen Staat, den sie unterstützen, zum Opfer. Der – bei Schwitters weit vom vorherigen Text abgesetzte – Schlußsatz wirft ein bezeichnendes Licht auf die Ernsthaftigkeit der „Lage", bei der sich die Maßstäbe für das, was man persönliches Wohlbefinden nennen könnte, geradezu grotesk verschoben haben.

Auf der anderen Seite gibt es einen Collagetyp von scheinbar unpolitischem Charakter wie ‚Das Verwesungswesen', dessen erster Satz lautet: „Auch das Herumsteigen unter dem Namen ‚die' ist nicht unbequem." (40, 32) Bernd Scheffer, der die Gestaltungstechnik und die Wirkungsweise von Sätzen dieser Art genauer untersucht hat, hebt dabei die Bedeutung des Leser-Vorverständnisses hervor, die Schwitters einzukalkulieren scheint: „Die Wirkungsweise solcher Montagen ergibt sich, abgesehen von der spezifischen Gestaltung, aus dem Vorverständnis, das der Leser in den Text einbringt: aus dem Vorverständnis konkretisiert sich in dem ungeläufigen Zusammenhang ein Verständnis für die politische Sprechart in diesen Satzbruchstücken." (50, 45) Man könnte die Beschreibung der Wirkung präzisieren, wenn man die in der Linguistik und Sprachpsychologie geläufigen Kategorien „Erwartungsdetermination" und „Übergangswahrscheinlichkeit" heranziehen würde, die sich auf jene Regeln beziehen, nach denen Sätze geformt und rezipiert werden.

Schwitters fordert in seinem Manifest ‚An alle Bühnen der Welt' „die prinzipielle Gleichberechtigung aller Materialien" bis hin zur „vollständigen Durchführung der verschmelzenden Verschmelzungen" (40, 40). Folgerichtig „verschmilzt" er daher auch Elemente des bisher vorgestellten Gedicht-„Materials" zu einem weiteren Collagetyp:

> Molkenschwere Silberblätterblüte
> Gedicht 27
>
> Glant zersieden Zeterzacken
> Rieselbäume schiffen grinsen Blumen
> Lenzen duftet Fackeln loh
> Sprühen Blasen Rindertalg (infolge Papiermangels)
> Flinken Beine Schwefel Arme Marc Chagall
> Mir
> Mir Fontänen
> Fließen in sich und ersticken stak
> Paare du mir
> Blättre klettre sprießen fließen
> Paare du mir
> Deine Ströme glänzen gieren
> Elend schwängert Segelboote (Puppenkücheneinrichtungskasten)
> Ich umnachte mir   (40, 10)

Wie ‚Ich werde gegangen' setzt sich dieses Gedicht aus Motiven zusammen, die sich zu einzelnen Bildfeldern gruppieren lassen. Es ist der Bereich von Wasser („Rieselbäume", „schiffen", „sprühen", „Fontänen", „fließen", „Ströme", „Segelboote"), von Feuer und Hitze („zersieden", „Fackeln", „loh", „Schwefel") sowie – im Titel bereits angedeutet – von einigen Naturerscheinungen („Rieselbäume", „Blumen", „Lenzen duftet", „Blättre", „sprießen"). Worte aus diesen Vorstellungsbereichen bilden den größten Teil des Gedichtinhalts. Sie scheinen sich im Gedichtverlauf zunehmend mit der menschlichen Sphäre zu verknüpfen. In dieser deutet sich eine Art Liebesbeziehung an. Das Gedicht erinnert in Aufbau und Wortwahl an die Lyrik Stramms und darüber hinaus an den klassischen Aufbau naturlyrischer Poeme, die nach einem Natureingang eine zunehmende Verknüpfung von Ich und Natur oder von zwei Liebenden im Medium der Natur darstellen. Parodie oder Travestie wird man dieses Gedicht deshalb aber nicht nennen können. Form und Inhalt sind bereits zu sehr aufgelöst, als daß eine eindeutige Absicht erkennbar wäre. Vielmehr erinnert das Gedicht an des Lesers traditionelle Vorstellung von Lyrik, um diese als ein weiteres Material in die „Verschmelzung" miteinzubeziehen.

Die weiteren inhaltlichen Bestandteile verweisen auf die Technik der Wortcollage, wie sie am Beispiel des Gedichts ‚Am Rande meines Welkens bin ich sanfte Nacht' erläutert wurde. Sie werden besonders deutlich in den Zeilen vier und fünf sowie im vorletzten Vers, denen auch die beiden einzigen Klammereinschübe zugeordnet sind und die zugleich ein gegenüber den anderen Motivketten heterogenes Wortmaterial aufweisen, so daß sie das Gedicht deutlich gliedern und im Sinne von Schwitters eine Art „Gegenwert" darstellen. Man könnte dieses Prinzip des „Verschmelzens" und des Gegeneinanderwertens der „Werte" in zahlreichen weiteren Einzelheiten aufzeigen. Aber es genügt, wenn das Prinzip als solches deutlich geworden ist.

Natürlich gehört zum Verfahren des Merzkünstlers auch, daß er Lyrik gegen Prosa wertet. Bevor wir die Sammlung als ganze betrachten und ein Fazit zu ziehen versuchen, müssen wir noch einen Blick auf das ‚Merzgedicht 8' genannte, im Mittelpunkt der Sammlung stehende und umfangreichste Prosastück ‚Die Zwiebel' werfen. Von dieser Erzählung her werden die kompositorischen Beziehungen zu den um sie herum gruppierten, durchweg bei weitem kürzeren Texte deutlicher.

Dem symmetrischen Aufbau einer Zwiebel entsprechend berichtet ein gelegentlich „Alves Bäsenstiel" genannter Erzähler über die von ihm selbst initiierten Vorbereitungen für seine Hinrichtung, über deren Vollzug und dann – vice versa – über seine anschließende physische Wiederherstellung, über das allmähliche Zusammensetzen seines Körpers und seine Wiedererweckung zum Leben. „Es war ein sehr begebenwürdiger Tag", so beginnt die Erzählung, „an dem ich geschlachtet werden sollte. (Fürchte dich nicht, glaube nur!) Der König war bereit, die beiden Sekundanten warteten." Die Technik des Klammereinschubs durchzieht den ganzen Bericht. Diese Einschübe, die auch ohne Klammern erfolgen, während sich später auch die Erzählung in die Klammern verlagern kann, unterbrechen immer wieder und in zunehmendem Umfang den Erzählablauf. Sie entstammen den unterschiedlichsten Sprach- und Lebensbereichen, sind aber keineswegs willkürlich, sondern verdeutlichen den Sinn des Geschehens. Stellt man etwa jene Einschübe zusammen, denen auch der soeben zitierte angehört, so lesen sie sich wie die Abbreviatur einer Trostpredigt an den Todeskandidaten:

„Fürchte dich nicht, glaube nur! Andenken an die Konfirmation. Glaube, Liebe, Hoffnung. Friede sei mit Dir. Von nun an bis in Ewigkeit! Schau auf zum Stern! Die Welt mit ihren Sünden. Das ist die Liebe! Unschuldsvoll zu heil'gem Bund hast Du heut Dein Herz geweiht! Gott schütze dich. Gott schütze dich. Fürchte dich nicht, Glaube, Liebe, Hoffnung sind die Sterne."

Der letzte Einschub, der seinerseits drei vorangegangene repetierend kontaminiert, findet sich an jener Stelle, wo man beginnt, den Getöteten wieder zusammenzusetzen. Die Trostsprüche haben also geholfen, ihren Sinn erfüllt und fehlen daher auch im folgenden. Sie sind indessen in einem sehr viel engeren Sinne Teil der Erzählung, denn die religiöse Sphäre greift auf die Handlung selbst über. Die an der Hinrichtung ebenfalls teilnehmende Prinzessin spricht den Todeskandidaten mit Redeformeln an, die an den englischen Gruß erinnern:

> „Wie schön bist du, Alves Bäsenstiel, ein schöner Mann! . . . Ich bringe Dir den letzten Gruß der Welt. Nonne sollst Du werden!" (40, 24)

Nach der Hinrichtung wird die Prinzessin durch die Worte des Königs mit der Tochter der Herodias verknüpft, deren Tanz Johannes den Täufer den Kopf kostete (vgl. Markus 6, 17–29):

> „Hol, Königstochter, mir die Augen des Jochanaan! . . . Auf einem Teller, Messer, Gabel, servierte man die Augen." (40, 27)

Doch auch die Gestalt des Todeskandidaten erhält biblische Valeur. Er sagt in Anlehnung an den berühmten Kreuzesspruch Christi (Lukas 23, 46) zum König: „Majestät, ich befehle Euch meine schöne Gestalt!" (40, 25) Nach seiner Hinrichtung widerfährt ihm dasselbe wie Christus: „Man stach mich in die Seite. Blut rinste Eimer blau Strahl rot dick Peitsche." (40, 26) Und mit einer Anspielung an die Geschichte vom ungläubigen Thomas erzählt er später: „Der Schlächter berührte die Wunde in meiner Seite mit dem Messer, stach tief hinein und zog das Messer heraus, und – die Wunde war zu." (40, 29) Nach der „Auferstehung" erfolgt die „Anbetung" durch die Königstochter (40, 31). Diese deutet die Wandlung des „Auferstandenen" vom trostbedürftigen Menschen vor der Hinrichtung zum übernatürlichen Richter über Tod und Leben an, der sogar die Macht besitzt, Tote zum Leben zu erwecken:

> „Sie bat mich inständig, nun ihren Vater zu erretten. (Das Glück im Haidehaus.) Ich wußte, daß ich hier nicht gutmütig sein durfte, an der Gutmütigkeit erkennt man den Dummen. (Anna Blume bleibt hart.) (Gefährliches Alter.) ‚Dein Vater‘, sagte ich, ‚der König, der König bleibt tot.‘" (40, 31)

Durch solch strukturelle Amalgamierung von zentralen christlichen Glaubensinhalten eröffnet sich eine Sinnperspektive, die man unter der Kategorie der Säkularisation fassen könnte. Die Erzählung erinnert an die Geschichte des Menschen, der sich – anfangs den kirchlichen Trostsprüchen ausgeliefert – zum autonomen Herrn und Messias seiner selbst aufschwingt. Aber die Erzählung beschreibt dies nicht wirklich, sondern sie sorgt nur durch Zitate und Anspielungen dafür, daß der Leser diesen Sinnaspekt gleichsam assoziiert. Sie legt zugleich weitere Deutungsmöglichkeiten nahe, die sich auch in den zunächst unsinnig anmutenden Klammereinschüben zu erkennen geben und damit deren innere Affinität zum Erzählten deutlich machen. Zahlreiche Einschübe sind beispielsweise der ‚Zeitschrift für Haus- und Grundbesitz‘ mitsamt ihren Annoncen entnommen: „Mein Haus sei deine Welt. Die höchste Zier, die schönste Freud ist eine traute Häuslichkeit! Halte, was du hast! Heut ziehst du aus dem Vaterhaus!" usw. Hinzu treten zahlreiche „besitzbürgerliche" Sinnsprüche, die wiederum eine Mentalität bloßstellen, mit welcher die Diktion des Erzählers und das Sujet selbst zu korrespondieren scheinen: die genüßliche Beschreibung der Höflichkeitsfloskeln, der „blitzsauberen Mägde" und Akteure, die pikant-aufregende Hinrichtung ganz nach dem Geschmack des Publikums, an der gar noch König und Prinzessin teilnehmen, sowie die geflissentliche Deskription aller Einzelheiten, welche die beschriebene Gesellschaft für die ordnungsgemäße und „saubere" Durchführung des Hinrichtungsrituals vorzusehen pflegt. Die Abonnenten der ‚Zeitschrift für Haus- und Grundbesitz‘, so scheint die Erzählung suggerieren zu wollen, stellen das an dem Spektakel der Hinrichtung teilnehmende Publikum dar, und auch Alves Bäsenstiel scheint ihm anzugehören. Die ständigen Klammerverweise, von denen einige auch das Staatsbeamtentum aufs Korn nehmen, dienen gleichsam als Kontrafaktur und illustrieren eine Ideologie, aus der heraus und für die sich das Blutbad vollzieht, dem sich der Erzähler so bereitwillig unterwirft. Indem er aber in diesen Konventionen denkt und handelt, gewinnen sein Tod und seine Auferstehung einen weiteren bedeutsamen „Stellvertretungscharakter". Denn nach seiner „Wiedergeburt" zum „neuen Menschen" läßt er den König sterben, der von seinem – vergifteten – Blut getrunken hatte. Die Analogie zu den Ereignissen nach dem Ende des Ersten Weltkriegs ist deutlich. Die Erzählung ist politisch, aber nicht in parteipolitischem Sinne, denn in dieser Hinsicht ist ihr Sinn ambivalent. Das Blut, an dem der König stirbt, ist vergiftet – also verderbt –, es ist das alte Blut, das das Leben des „neuen Menschen" ermöglicht. Indem er sich zum Richter über den bisherigen Herrscher und damit zum neuen Herrn aufschwingt, ändert sich im Grunde nichts. Auch die symmetrische Gestaltung der Erzählung und das Symbol der ‚Zwiebel‘ machen dies deutlich. Ebenso die Klammereinschübe. Waren es vor der Hinrichtung Einsprengsel, welche die Bevölkerung für die Zwecke des noch herschenden Königs zu Opfern aufriefen, so sind es nach der „resurrectio" Appellationen für den Einsatz im Dienste des Sozialismus: „Für die Ideale des Sozialismus" heißt es da, und die Erzählung endet mit dem Satz: „Sozialismus heißt arbeiten." Auch hier scheint Schwitters nur Werte gegen Werte werten zu wollen.

Ich habe an anderer Stelle am Beispiel der 1922 erschienenen umfangreicheren Erzählung ‚Auguste Bolte' nachzuweisen versucht, daß Schwitters auch dort nach dem hier aufgezeigten Prinzip verfährt: er ersinnt eine denkbar einfache Handlungsstruktur, die in sich völlig verständlich ist. In dieser „merzt" er aber gänzlich heterogene „Materialien" zusammen, die er bestimmenden Tendenzen der Kunst und Gesellschaft seiner Zeit entnimmt. Während in den bildnerischen Collagen die Materialien des Inhalts divergieren, besteht die „Antilogik" und Diskrepanz in der ‚Auguste Bolte' in der Sinnsphäre (vgl. 47). In der ‚Zwiebel' deutet sich diese Tendenz bereits an, und hier treten auch im Bereich des Inhalts gegensätzliche Wertungen zutage. Diese bestehen auch in Unsinnseinschüben oder in Partien, welche in die Hektik Strammscher Worteskaden verfallen.

Damit eröffnet sich eine Analogie zu den bildnerischen Collagen: So wie der Betrachter dort die Perspektive zu wechseln vermag und das Kunstobjekt sich ihm jeweils anders präsentiert, so vermögen sich ‚Die Zwiebel' oder ‚Auguste Bolte' je nach dem Standpunkt und den Vorkenntnissen des Lesers mit unterschiedlichem Sinngehalt zu füllen. Die Verabsolutierung eines „Partialsinnes" ist bei den Erzählungen indessen ebensowenig möglich wie eine nur ästhetische Betrachtungsweise der Bildcollagen, weil dort die deformierten Lumpen des Alltags in ihrer Materialität bestehen bleiben – ebenso wie die heterogenen Klammereinschübe in der ‚Zwiebel', die man nicht einfach zugunsten einer bestimmten Perspektive „abwerten" kann.

‚Die Zwiebel' gewinnt indessen weitere Bedeutungsaspekte aus ihrer zentralen Stellung im Rahmen der ‚Anna Blume'-Sammlung. Alves Bäsenstiel scheint beispielsweise die Integrationsfigur für jene apokalyptischen Katastrophen zu sein, die in anderen Texten der Sammlung beschworen werden, die dem Erscheinen des Richters über Leben und Tod vorausgehen und die zugleich auch Zeichen der damaligen Zeit selbst sind. Als politischem Befreier haftet ihm noch jene Blutvergiftung an, welche die „Herrschenden" selbst durch ihre Schreckenstaten verursacht haben, wie dies das im ‚Grünen Kind' beschworene „Blutbad" zeigt, welches sich als Motiv in mehreren anderen Gedichten fortsetzt – so in ‚Ich werde gegangen' („Taumeltürme blutes Blatt") oder in dem vom Typ her verwandten und vom Titel her „gegenwertigen" Gedicht ‚Ich werde erbaut' („Wiesen bluten Weideschnee. / Wiesen bluten Blut.") (40, 36)

Hinsichtlich der Gestaltung der Textsammlung läßt sich in Umrissen eine – angesichts des Prinzips der Heterogenität nicht verwunderlichen – asymmetrisch versetzten Spiegelkomposition erkennen. ‚Die Zwiebel' als umfangreichstes Prosa-Kernstück der Sammlung wird umrahmt von dem Prosastück ‚Achtung, bitte Privatherrschaften' und dem in der Collage-

technik verwandten Prosa-Gedicht ‚Das Verwesungswesen‘. An diese
schließen sich nach vor- und rückwärts zwei längere Texte an, die beide
thematisch eng mit der ‚Zwiebel‘ verwandt sind: In dem Gedicht ‚Grünes
Kind‘ spielt sich eine grausig-dämonische Verfolgung ab, bei der die Ret-
tung offen bleibt; in der der ‚Zwiebel‘ folgenden ‚Hinrichtung‘ soll Anna
Blume sterben, doch offenbar bleibt sie am Leben und „grünt das Welken“.
Um diese Texte gruppieren sich jene Gedichte, die im Titel konkrete
Adressaten ansprechen: ‚An Johannes Molzahn‘ (40, 17) sowie ‚An eine
Zeichnung Marc Chagalls‘ (40, 34) und ‚Portrait Rudolf Blümner‘ (40, 35).
Dem an das letztere anschließenden Gedicht ‚Ich werde erbaut‘ (40, 36)
entspricht auf der anderen Seite der kompositorischen „Zwiebel“ ‚Ich
werde gegangen‘ (40, 14). Die zu Beginn der Sammlung gruppierten
Gedichte ‚Die Welt‘, ‚Am Rande meines Welkens bin ich sanfte Nacht‘,
‚Erhabenheit‘ und ‚Ich werde gegangen‘ entsprechen in Stil und Thematik
den letzten drei Poemen ‚Ich werde erbaut‘, ‚Abend‘ und ‚Goldene Stäbe‘.
   Manche dieser Zuordnungen sind sehr vage, andere scheinen sich wiederum aufzudrängen. Es sieht auch hier so aus, als wolle der Merzdichter
zu einer kompositorischen Sinnsuche auffordern, wie sie bei den Autoren
des Symbolismus, des Jugendstils, aber auch des Expressionismus – z. B.
bei Trakl, Stadler und Stramm – angesichts der dortigen zyklischen Kompositionsweise üblich und vertraut war, um diese aber dann doch immer
wieder zu irritieren und den Zweifel an der Berechtigung einer Suche nach
solchen Konstellationen zu nähren.
   Indessen kann kein Zweifel daran bestehen, daß die Texte untereinander
in hohem Maße kompositorisch verknüpft sind. Dies zeigt sich besonders
deutlich im Bereich der Motive und deren Repetition. Dies sei abschließend
noch an einem Beispiel illustriert. Ich hatte bereits auf das in der ‚Zwiebel‘
zentrale Motiv des ‚Blutbads‘ und seine Wiederkehr in anderen Gedichten
verwiesen. In ‚Grünes Kind‘ heißt es beispielsweise:

Blut grinst hellschwefelgelbgrün.
Wenn ich das grüne Blut waschen könnte!
Blut waschen –
Baden Blut –
Blut baden.
O du wonnig weißes Blut meiner Braut!   (40, 19)

Zwei Texte zuvor heißt es in dem Gedicht ‚Nächte‘, das zu Beginn sehr
ernsthaft in der Manier Stramms beginnt, plötzlich: „O wenn ich das
Fischlein baden könnte!“ (40, 15) In dem Kontext dieses Gedichts ridikülisiert der Vers zweifellos die vorhergehende Ernsthaftigkeit und wertet innerhalb dieses Gedichts damit Ernst gegen Komik. Im nachfolgenden

Gedicht ‚Grünes Kind' wird indessen durch die zitierte Wendung „Wenn ich das grüne Blut waschen könnte!" ein ernsthafter Satz- und Assoziationsrahmen hergestellt, der gleichsam eine „Gegenwertung" zum Vers in ‚Nächte' bildet.

Aber nicht nur solche semantischen Anverwandlungen gegensätzlicher Motivbereiche sind zu beobachten, sondern auch die gegensätzliche Wertung ein- und desselben Motivs in verschiedenen Gedichten. So heißt es im Eröffnungsgedicht der Sammlung, das von Christof Spengemann stammt und durchaus ernst gemeint ist, u. a.:

> Die Sonne ist schwarz.
> Aus rauchenden Trümmern steigen zerriebene Körper.
>
> Man hat sie mit ihren eigenen Eingeweiden zerschlagen.
>
> Man hat sie durch Hungerdelirien gepeitscht.
> Auf den verlangenden Händen tragen sie einen toten Fisch,
> bangend, er könne das Kreuz brechen.
> Taumel im Dunstkreis ekelster Triebe.
> In tanzenden Leibern starren tausendmal gemordete Herzen.   (40, 7)

Damit ist das Fischmotiv in unzweideutigem Kontext eingeführt. Es erscheint im übernächsten Gedicht ‚Die Welt', das eine apokalyptische Vision des Weltuntergangs – nunmehr von Schwitters – enthält, in kaum weniger ernstzunehmendem Zusammenhang:

> Häuser fallen, Himmel stürzen ein.
> Bäume ragen über Bäume.
> Himmel grünt rot.
> Silberne Fische schwimmen in der Luft.
> Sie verbrennen sich nicht.
> Sie sind ja so innig.
> Im ewigen Silber glänzt ihre Frühe.
> Und der Wahn schwillt heran und brüstet sich über die Himmel.
> Millionen silberne Fische zittern über die Weite.
> Doch sengen sie nicht ihre silbernen Flügel.
> Sanft weht die Luft vom silbernen Flügelschlag.
> Brüsten sich Menschen –
> Knien Seelen –
> Riesengroß wächst der Wahn über die Weite.   (40, 11)

Die Numerierung der Gedichte im Untertitel bezeichnet nach Döhl offenbar die tatsächliche Reihenfolge ihrer Entstehung (45, 766). ‚Die Welt' numeriert Schwitters als ‚Gedicht 2', es dürfte demnach also eher am Anfang als am Ende des vom Herausgeber der neuen Gesamtausgabe angegebenen

Zeitraums „1914–1918" anzusiedeln sein (39, 37). Thematisiert wird die schon bei Heym beobachtete „Rache des Mythos", die also hier gleichsam stellvertretend für eine frühexpressionistische Grunderfahrung und als für sich durchaus ernstzunehmendes „Material" „eingemerzt" wird. In dieser Absicht und im Rahmen der Textsammlung erhalten diese epigonal anmutenden Gedichte einen neuen Stellenwert – das gilt auch für die Stramm-Reminiszenzen –, denn es wäre doch wohl zu naiv anzunehmen, Schwitters habe 1919 solche frühen Gedichte nur deshalb mit in seine ‚Anna Blume'-‚Dichtungen' aufgenommen, weil er noch nicht genügend neue Merzgedichte „erfunden" hatte, um damit eine ganze Sammlung zu bestreiten. 1919 lagen, wie die Gesamtausgabe zeigt, eine ganze Reihe von Poemen vor, die in Stil und Technik den Merzgedichten entsprachen oder nahekamen.

Eine kosmische Katastrophe also wird mit Bildern aus dem Bereich der Apokalypse veranschaulicht: der (Welt-) Brand („verbrennen" und „sengen") und die Sintflut, die mit ihren gewaltigen Dimensionen den „Wahn" des Krieges veranschaulicht und sich zugleich als dessen Resultat präsentiert. Das Ende der Welt bedeutet Aufhebung und Umkehr der physikalischen Gesetze, Millionen von Fischen schwimmen in der Luft, als Sinnbild der Vernichtung und zugleich von ihr verschont, zumindest unberührt. Dies erinnert wieder an die Evolution: der Fisch ist das erste historisch nachweisbare Tier, aus dem sich durch Mutation alle weiteren Lebewesen entwickelt haben. Die Welt kehrt also durch den „Wahn" der Vernichtung an ihren Ausgangspunkt zurück. Während sich die Menschen noch „brüsten", bevölkern bereits die Fische in „ewigem Silber" die „Himmel" und die Welt. Auch dies ist keine Interpretation, die sich vollständig durch den Text absichern ließe, sondern eher eine Assoziation, eine Erinnerung an ein überaus bedeutsames Gedankengut der damaligen Zeit, die der Wortlaut des Gedichts immerhin nahelegt. Und insofern reichert sich das Motiv des Fisches mit dieser Valeur an.

Das nächste Gedicht, in dem das Fisch-Motiv erscheint, ist ‚Nächte':

Innige Nächte
Gluten Qual
Zittert Glut Wonne
Schmerzhaft umeint
Siedend nächtigt Brunst
Peitscht Feuer Blitz
Zuckend Schwüle.
O wenn ich das Fischlein baden könnte!   (40, 15)

Hier entfaltet sich in Strammscher Manier ein bewegtes Liebesgeschehen, in dem es einige Verse weiter heißt: „Schlank stachelt Fisch in der Peitsch-

luft" sowie „O diese Qual, daß ich nicht fliegen kann!" Dies erinnert
wieder an die Bedeutung des Fischmotivs im Gedicht ‚Die Welt'. Dadurch
wird aber seine Ridikülisierung im Kontext des Gedichts ‚Nächte' nicht
aufgehoben, und es scheint hier – im Kontext des neuen Sujets – auf die
Bedeutung anspielen zu wollen, die Freud dem Fisch in seiner reich facet-
tierten Sexualsymbolik beigemessen hat. Am Schluß des Gedichts indessen
wird das „Fischlein" mit dem Tod kontaminiert: „Weiße Beinchen hat das
Fischlein. Weiße Augen hat der Tod!" (40, 16) In der ‚Zwiebel' nimmt der
Fisch – so scheint es – die Funktion eines Wetterhahns auf dem Kirchturm
ein (40, 24 f.), um so vielleicht auf die Bedeutung des Fisches als christliches
Bekenntnissymbol hinzuweisen. In seinem Manifest ‚An alle Bühnen der
Welt' – dem vorletzten Beitrag der Sammlung – eröffnet Schwitters die drei
ersten Absätze mit jeweils einem Postulat: „Ich fordere die Merzbühne"
– „Ich fordere die restlose Zusammenfassung aller künstlerischen Kräfte
zur Erlangung des Gesamtkunstwerkes" – „Ich fordere den Bismarckhe-
ring" (40, 40). Im Kontext des Manifestes wirkt das dritte Postulat natürlich
lächerlich und unsinnig. Es enthält aber eine ernsthafte Valeur, wenn man
an das Eingangsgedicht zurückdenkt, in dem die Menschen, von „Hunger-
delirien gepeitscht", auf den „verlangenden Händen" „einen toten Fisch"
tragen, „bangend, er könne das Kreuz brechen." (40, 7) Der Fisch ist nur
ein Beispiel für ein Verfahren, das sich innerhalb der Gedichte, innerhalb
der Sammlung in der Zuordnung der Gedichte und innerhalb des Bedeu-
tungsgehalts der einzelnen Motive beobachten läßt: das Gegeneinanderwerten von divergierenden und heterogenen Sinnstrukturen und Bedeutungsvaleurs. Insofern muß man die ‚Anna Blume'-‚Dichtungen' immer
auch quer lesen im Sinne eines „Cross-Readings", wie es Karl Riha neuerdings als „poetische und satirische Technik" der „Zitat-Collagen" beschrieben hat. Nach unseren Beobachtungen bedarf allerdings seine
Ansicht der Korrektur, daß Schwitters im Unterschied zur „parteilichen
Zuspitzung der ‚Cross-reading'-Collage" der Berliner Dadaisten (insbesondere von George Grosz und John Heartfield) „stärker am
Zufallsprinzip" festhalte, „wie es Hans Arp für den Dadaismus des Jahres
1917 fixiert hatte." (78, 43) Riha begründet dies u. a. mit der Beliebigkeit
des von Schwitters vermerzten Materials:

„Um diese Nuance unterscheidet sich Schwitters von den nach links abschwen-
kenden Dadaisten und stellt sich in die Tradition einer Unsinnspoesie, wie sie –
für die deutsche Literatur – in ihren Grundzügen Christian Morgenstern schon
vor dem ersten Weltkrieg skizziert hatte. . . . es kommt nicht darauf an, von bestimmten Positionen her einzelne Zitate und Zitathäufungen in sich zu entlarven
oder gegeneinander auszuspielen, es kommt nicht darauf an, wie Karl Kraus eine
Kritik der Phrase zu betreiben, sondern es ist darauf abgehoben, alle Zitate in der

ihnen eigenen Sinn- und Beziehungslosigkeit fremd und bizarr nebeneinander stehen zu lassen." (78, 44)

Indessen: Die erste ‚Anna Blume'-Sammlung und auch ‚Auguste Bolte' sind Resultate eines sehr bewußt „wertenden" Kunstverstandes, der die Herstellung von Widersprüchlichkeiten in der Wort- und Sinnebene nicht mehr wie noch Arp dem Zufall überläßt, sondern – nicht ohne Anschein des Spielerischen – montierend komponiert. Das dem Verfahren zugrundeliegende kalkulierende Prinzip hat Schwitters mit dem Begriff des „Gegeneinanderwertens" deutlich benannt. In diesen Vorgang bezieht er den gesamten Bereich der Sprach-Wirklichkeit mit ein, und dazu gehören nicht nur – darauf schränkt Riha den Begriff der Textcollage ein – die „vorfabrizierte Sprache, eben die der Zeitung und des Journals" oder „alle anderen Fälle verfestigter, formelhaft gewordener Sprache" (78, 11), sondern sowohl einzelne Worte und Realitätsvokabeln wie „Sägen" oder „knien", die im Sinne Rihas noch gar nicht den Charakter des Vorfabrizierten besitzen, als auch der gesamte, assoziativ vergegenwärtigte Bereich kulturgeschichtlicher Werte. Indem sie aber – wie in der ‚Zwiebel' ein religiöser und ein gesellschaftspolitisch-aktueller Sinnaspekt – miteinander konfrontiert werden, enthüllt sich ihre innere Affinität oder ihr spannungsvoller Kontrast.

Dies ist ein entscheidender Unterschied zu den zuvor beschriebenen Positionen des Dadaismus. Denn es geht Schwitters nicht mehr um die Zerstörung der Kultur, an der sich die Zürcher und Berliner Dadaisten in der „Stunde des Mittags" im Sinne einer als notwendig betrachteten Aufgabe beteiligten, um einer „Umwertung aller Werte" Raum zu schaffen, es geht ihm auch nicht mehr um die Verwirklichung und Darstellung eines poetischen Nihilismus, der das Leben als Chaos zur Anschauung bringt. Vielmehr findet er dieses Chaos unmittelbar nach Beendigung des Krieges als gleichsam „positiv gegeben" vor, und dieses bildet daher auch die „Material"-Grundlage der Schwittersschen Poesie. Da es historisch konkret in Erscheinung getreten ist, kann es in der Collage gleichsam dingfest und handgreiflich vorgeführt werden. Aber es dient nur als Grundlage für einen poetischen Neubeginn, der sich konsequent aus der sichtenden Wertung des im Zerstörungsprozeß Übriggebliebenen entwickelt. Ähnlich urteilt auch Friedhelm Lach: „Die geschichtliche Situation bei der Entstehung von ‚Merz' sieht alles zerstört, was vorher sakrosankt war. Auf die dadaistische Destruktion folgt deshalb die Merz-Konstruktion." (48, 23) Diese ist indessen – auch das hebt Lach mit Recht hervor – nicht mehr von dem Willen getragen, „eine neue Weltanschauung, ein neues Kunstideal oder eine konstante Lebenshaltung aufzustellen, sondern man mußte gerade von allem Fixierten abrücken." (48, 23) Denn auch die neuen Werte, die expressioni-

stische Sehnsucht nach dem „neuen Menschen", hatten sich als nicht reali-
sierbare Utopie herausgestellt. Insofern ist die Haltung von Schwitters
konsequent positivistisch, aber nicht mehr lebensphilosophisch orientiert.
In der ‚Auguste Bolte‘, die Schwitters u. a. der „Fakultät Leb."
zugeeignet hat, hat er eine beziehungsreiche Karikatur der Lebensphilosophie ge-
zeichnet, die Heinrich Rickert noch 1920 als „Modeströmung unserer Zeit"
bezeichnen konnte (74, 32). Der Schwitterssche Positivismus zeigt sich aber
nicht mehr in jener reduzierten Form einer bruitistischen Kommunikation
mit den Erscheinungen der Wirklichkeit, die sich unterhalb aller als Fiktionen entlarvten Wertordnungen bewegte und deshalb eine Symbiose mit der
Lebensphilosophie eingehen konnte, sondern umfaßt und akzeptiert nun
diese Wertordnungen selbst als „fruchtbare Irrtümer" im Sinne Vaihingers,
die in einem unüberschaubaren Nebeneinander existierten und die, wie sich
alsbald zeigen sollte, das Nachkriegschaos überstanden hatten und sich in
der Weimarer Republik etablieren konnten, als sei nichts geschehen. Das
„Wertchaos" blieb, und es galt, sich in ihm einzurichten. Ausdruck dieses
Zustands sind Collage und Montage. Ernst Bloch bezeichnet letztere als
„die eigentliche Frucht des ‚Relativismus‘; denn sie *improvisiert* mit dem
gesprungenen Zusammenhang, sie macht aus den pur gewordenen Elementen, woraus die Sachlichkeit starre Fassaden bildet, variable Versuchungen
und Versuche im Hohlraum." (100a, 214 f.) Der Weg zur ‚Neuen Sachlichkeit‘ – dies hat sich auch Lothar Köhn herauszuarbeiten bemüht (73) – war
indessen in dieser positivistischen Grundhaltung bereits angelegt. Auch
Schwitters ist ihn – nach einem konstruktivistischen Zwischenstadium seit
etwa 1923 – gegangen (vgl. 48, 52 ff.). Die dort vollzogene „Auflösung des
ästhetischen Scheins" geschah in der Absicht, „endlich jenen Kontakt zur
Wirklichkeit der Tatsachen zu gewinnen, den die Dadaisten wollten" (73),
als sie das Leben als bruitistisches Chaos zu erleben und zu gestalten versuchten. „Die positivistische Addition von Reportagen", erklärt Köhn im
Anschluß an Kracauer, „mündet von der anderen Seite in ein gleichsam dadaistisches Chaos. Die totale Realisierung der schöpferischen Subjektivität
angesichts von Tradition und konkreter Zeitwirklichkeit, wie sie die
Dadaisten wollten, bringt in ihrer Substanz vergleichbare Resultate hervor
wie die vollständige Negation der Subjektivität, die Ästhetik des ‚neutralen
Mediums‘ (Kisch) im ‚Leben mit der undurchleuchteten Einzelheit‘ angesichts der Herrschaft der Objekte. Im Willen zur Unmittelbarkeit finden
sich die Gegensätze wieder, Sinnleere und Sinngebung fallen ununter-
scheidbar zusammen." (73)

Diese Vorausdeutung auf die ‚Neue Sachlichkeit‘ der Zwanziger Jahre
ermöglicht uns eine genauere Beurteilung der Schwittersschen Merzkunst
zwischen 1919 und 1922. In dieser Phase liefert sich der Künstler nicht der
„Herrschaft der Objekte" aus, sondern verfügt über sie, indem er sie im

Medium des zweifellos in seinem Werk vorhandenen Ästhetischen in ihrem widersprüchlichen Wert zur Anschauung bringt und nach Maßgabe ihres Wertes komponiert. Damit reproduziert er aber auch nicht einfach die Wirklichkeit, sondern die Hereinnahme von Realitätspartikeln dient nur der künstlerischen Improvisation. Diese wiederum bedient sich des gesamten Arsenals künstlerischer Formgebung, so im Bereich der Textcollagen: der Klang- und Versbildung, der Evokation von Gefühlen und Stimmungen, traditioneller Sujets und Gattungen (Natur- und Liebeslyrik) sowie struktureller Verknüpfungen innerhalb der Texte und der Sammlung selbst. Nach dem Prinzip des Widerspruchs und der Heterogenität komponiert, entfaltet sich in diesen Collagen eine ästhetische Autonomie, die sich im Sinne Balls einer unmittelbaren Verfügbarkeit entzieht, die im Collageprinzip selbst eine ästhetische Einheitlichkeit herstellt und gleichwohl darauf verzichtet, nur in eine reine Autonomie der Kunst zu entfliehen und dies als „Große Weigerung" zu deklarieren; vielmehr sucht sie auch den politisch-gesellschaftlichen Bereich bewußt zu machen. Indessen jeder Eindeutigkeit im Sinne einer parteipolitischen Stellungnahme enthalten sich diese Collagen, und nicht zuletzt deshalb vermögen sie sich ihre Unabhängigkeit und Ungebundenheit zu bewahren, wobei letztere wiederum in einem sehr vermittelten Sinne den positivistischen Grundzug der Epoche repräsentiert. Unverbindlichkeit aber eignet ihnen nicht. Schwitters hat stets der „Vorstellungsfähigkeit des Betrachters" (17, 150) eine große Bedeutung beigemessen, und noch heute hat sein dichterisches Werk provokativen Charakter – von wenigen, unter der Etikettierung als „Unsinnspoesie" konsumierbar gemachten und in ihren Intentionen entschärften Gedichten wie dem Titelgedicht der ‚Anna Blume'-Sammlungen einmal abgesehen. Im Sinne traditioneller Ästhetik und Poetik sind diese Texte un-ästhetisch und damit auch seinen künstlerischen Collagen unterlegen. Aber damit dokumentieren sie zugleich, daß die Literatur nach allem, was während des Krieges und nach ihm passiert war, nicht in die gewohnte Ästhetizität zurückzufallen vermochte. Es ist kein Zufall, daß in jenen Nachkriegsjahren auch Brecht von anderen Voraussetzungen her und mit didaktischen Intentionen begann, den ästhetischen Charakter der Kunst zu durchbrechen (vgl. 73).

Indessen: man sollte sich vor fragwürdigen Analogien hüten. Und gegenüber Brecht ist Schwitters – vielleicht weniger in dem, was er wollte, aber in dem, was er produziert hat – ohnehin ein poetisches Leichtgewicht. Angespornt von dem Erfolg seiner ersten ‚Anna Blume'-Sammlung hat er sich in den Nachfolge-Kollektionen zu immer trivialeren „Dichtungen" hinreißen lassen, die nun – in der neuen Gesamtausgabe unseligerweise nach Kategorien wie ‚Gedichte', ‚Banalitäten', ‚Sprüche und Sentenzen', ‚Schlager und Lieder' sowie ‚konkrete poesie' geordnet und damit ihres ursprünglichen, vom Autor gewollten Zusammenhangs entrissen – eben in ihrer ganzen „Banalität" sichtbar werden, die der teuren Ausgabe geradezu Hohn spricht. Vieles, scheint mir, ist nicht wert, tradiert zu werden.

Letzteres gilt indessen für die literarische Produktion des Dadaismus allgemein. Aber eine Kunstrichtung, die glaubte, in einer bestimmten historischen Stunde die Gesellschaft und ihre Kunst zerstören zu müssen, um neu aufbauen zu können, ist nicht mit „normalen" ästhetischen Maßstäben meßbar. Der im Vorwort und in der Einleitung skizzierte Anspruch Dadas, eine Synthese der Kunst seiner Zeit zu sein, läßt sich, scheint mir, nach allem, was wir hier ausgebreitet haben, im Bereich der betrachteten Textsorten historisch rechtfertigen. Allerdings – und dies erklärt rückschauend die Länge des ersten und die Kürze des letzten Teils –: Vom eigenen Anspruch her war Dada nur eine Synthese jener Kunst, die vom Pathos der Sehnsucht nach Zerstörung und Überwindung getragen war, die die „Stunde des Mittags" herbeisehnte, welche Dada im Bereich der Kunst vollzog, sei es im Bruitismus oder im Lautgedicht. Zwar ließ sich auch jener Moment des Umschlags in einen Neubeginn noch auf dadaistische Weise veranschaulichen – durch das ‚Zwiebel'-hafte Collagieren jener Reste, welche die Zerstörung übriggelassen hatte –, doch in dem Maße, in dem die Gesellschaft zu positiven Wertsetzungen und zu einer ‚Neuen Sachlichkeit' zurückkehrte, verlor Dada seine Daseinsberechtigung. Es wurde überholt: von jenen, die im Bereich der Kunst nach neuen Werten suchten, und von jenen, welche die Kunst als obsolet erachteten, wo es erneut galt, jene Gesellschaft zu zerstören, die sich aus den Trümmern des Wilhelminischen Reiches in die Weimarer Republik hinübergerettet hatte. Die erstrebte Synthese – das Vermächtnis der ‚deutschen Intelligenz' – fiel nach der „Stunde des Mittags" erneut der Partialisierung zum Opfer (vgl. 66; 67; 70).

236

Verzeichnis der zitierten Literatur

I. Historische Dokumente und Memoiren

1 Arp, Hans / Richard Huelsenbeck / Tristan Tzara (Hg.): Die Geburt des Dada. Dichtung und Chronik der Gründer. 1957.
2 Ball, Hugo: Briefe 1911–1927. 1957.
3 Ball, Hugo: H. B. an Käthe Brodnitz. Bisher unveröffentlichte Briefe u. Kurzmitteilungen aus den ‚Dada‘-Jahren. Hg. v. Richard W. Sheppard. In: Schillerjb. 16. 1972. S. 37–70.
4 Ball, Hugo: Die Flucht aus der Zeit. 1946.
4a Ball, Hugo: Die Kunst unserer Tage. In: Literatur-Revolution 1910–1925. Dokumente. Manifeste. Programme. Hg. v. Paul Pörtner. Bd. I. 1960. S. 136–140.
5 Hennings, Emmy: Hugo Balls Weg zu Gott. 1931.
6 Hennings, Emmy: Ruf und Echo. Mein Leben mit Hugo Ball. 1953.
7 Huelsenbeck, Richard (Hg.): Dada Almanach. 1920. Neuaufl. 1966.
8 Huelsenbeck, Richard: Erste Dadarede in Deutschland. In: Dada Almanach (vgl. Nr. 7). S. 104–108.
9 Huelsenbeck, Richard (Hg.): Dada. Eine literarische Dokumentation. 1964.
10 Huelsenbeck, Richard: Mit Witz, Licht und Grütze. Auf den Spuren des Dadaismus. 1957.
11 Janco, Marcel: Schöpferischer Dada. In: Dada. Monographie einer Bewegung. Hg. v. Willy Verkauf / Marcel Janco / Hans Bolliger. 1965. S. 24–44.
12 Kandinsky, Wassily / Franz Marc (Hg.): Der Blaue Reiter. 1912. Dokumentarische Neuausgabe von Klaus Lankheit. 1965.
13 Mehring, Walter: Berlin Dada. Eine Chronik mit Photos und Dokumenten. 1959.
14 Motherwell, Robert (Hg.): The Dada Painters and Poets: An Anthology. 1951.
15 Pfemfert, Franz (Hg.): Die Aktion. 4. Jg. 1914. Photomech. Nachdr. 1961.
16 Richter, Hans: Dada Profile. Mit Zeichnungen Photos Dokumenten. 1961.
17 Richter, Hans: Dada – Kunst und Antikunst. Der Beitrag Dadas zur Kunst des 20. Jahrhunderts. Mit einem Nachwort v. Werner Haftmann. 1964.
18 Richter, Hans: Begegnungen von Dada bis heute. Briefe, Dokumente, Erinnerungen. 1973.
19 Rotermund, Erwin (Hg.): Gegengesänge. Lyrische Parodien vom Mittelalter bis zur Gegenwart. 1964.
20 Schöffler, Heinz (Hg.): Der jüngste Tag. Die Bücherei einer Epoche. Neu hg. u. mit einem dokumentarischen Anhang versehen. 2 Bde. 1970.
21 Schreyer, Lothar: Erinnerungen an Sturm und Bauhaus. 1966.
22 Tzara, Tristan: Chronique Zurichoise. In: Dada Almanach (vgl. Nr. 7). S. 10–29.
23 Tzara, Tristan: Manifest Dada 1918. In: Dada Almanach (vgl. Nr. 7). S. 116–131.

II. Literatur von und zu einzelnen Autoren der Epoche

24 *Arp*, Hans
Gesammelte Gedichte. Gedichte 1903–1939. (=Bd. I der Gesammelten Gedichte.) 1963.

25 Döhl, Reinhard: Das literarische Werk Hans Arps. 1903–1930. Zur poetischen Vorstellungswelt des Dadaismus. 1967.

26 *Ball*, Hugo
Gesammelte Gedichte. Mit Photos und Faksimiles. 1963.

27 Zur Kritik der deutschen Intelligenz. 1919. Hg. v. Gerd-Klaus Kaltenbrunner. 1970.

28 Hesse, Hermann: Vorwort. In: Hugo Ball. Briefe (vgl. Nr. 2.). S. 7–13.

29 Kaltenbrunner, Gerd-Klaus: Zwischen Anarchie und Mystik. Hugo Balls Kritik der deutschen Intelligenz. In: Zur Kritik (vgl. Nr. 27). S. 9–29.

30 Steinke, Gerhardt E.: The Life and Work of Hugo Ball. Founder of Dadaism. 1967.

31 *Heym*, Georg
Dichtungen und Schriften. Gesamtausgabe. Hg. v. Karl Ludwig Schneider. Bd. 1. Lyrik. 1964.

32 Mautz, Kurt: Mythologie und Gesellschaft im Expressionismus. Die Dichtung Georg Heyms. 1961. 2. Aufl. 1972.

33 Ziegler, Jürgen: Form und Subjektivität. Zur Gedichtstruktur im frühen Expressionismus. 1972.

34 *Holz*, Arno
Phantasus. Werke Bd. I. Hg. v. Wilhelm Emrich und Anita Holz. 1961.

35 *Huelsenbeck*, Richard
Phantastische Gebete. 1960.

36 *Lichtenstein*, Alfred
Gesammelte Gedichte. Mit Photos, Portrait und Faksimiles. Hg. v. Klaus Kanzog. 1962.

37 Küntzel, Heinrich: Alfred Lichtenstein. In: Expressionismus als Literatur. Gesammelte Studien. Hg. v. Wolfgang Rothe. 1969. S. 398–409.

38 *Morgenstern*, Christian
Alle Galgenlieder. (1947). 1971.

39 *Schwitters*, Kurt
Das literarische Werk. Hg. v. Friedhelm Lach. Bd. I. Lyrik. 1973.

40 Anna Blume. Dichtungen. (1919). 1965.

41 Anna Blume und ich. Die gesammelten ,Anna Blume'-Texte. Mit Photos, Zeichnungen, Dokumenten. Hg. v. Ernst Schwitters. 1965.

42 Auguste Bolte. (1923). Hg. v. Ernst Schwitters. 1966.

43 Kurt Schwitters. Ausstellungskatalog Staatsgalerie Stuttgart. 1971.

44 Arnold, Armin: Kurt Schwitters' Gedicht ,An Anna Blume': Sinn oder Unsinn? In: Text und Kritik. H. 35/36: Kurt Schwitters. 1972. S. 13–23.

45 Döhl, Reinhard: Kurt Merz Schwitters. In: Expressionismus als Literatur (vgl. Nr. 37). S. 761–774.

46 Helms, Dietrich: Schwitters nachher jetzt. In: Kurt Schwitters (vgl. Nr. 43). S. 14.

47 Kemper, Hans-Georg: Die Logik der „harmlosen Irren" – ‚Auguste Bolte' und die Kunstkritik. In: Text und Kritik (vgl. Nr. 44). S. 52–66.

48 Lach, Friedhelm: Der MerzKünstler Kurt Schwitters. 1971.

49 Lach, Friedhelm: Vorwort. In: Das literarische Werk (vgl. Nr. 39). S. 7–29.

50 Scheffer, Bernd: Als die Wörter laufen lernten. Aspekte des Spielerischen in den Texten von Kurt Schwitters. In: Text und Kritik (vgl. Nr. 44). S. 40–49.

51 Schmalenbach, Werner: Kurt Schwitters. 1967.

52 *Stadler*, Ernst
   Der Aufbruch und ausgewählte Gedichte. Auswahl und Nachwort v. Heinz Rölleke. 1967.

53 *Stramm*, August
   Das Werk. Hg. v. René Radrizzani. 1963.

54 *Trakl*, Georg
   Dichtungen und Briefe. Historisch-kritische Ausgabe. Hg. v. Walther Killy und Hans Szklenar. Bd. I. 1969.

55 Kemper, Hans-Georg: Trakl-Forschung der sechziger Jahre. Korrekturen über Korrekturen. In: DVjs. 45. 1971. Sonderheft. S. 496–571.

56 Kemper, Hans-Georg: Georg Trakls Entwürfe. Aspekte zu ihrem Verständnis. 1970.

57 Philipp, Eckhard: Die Funktion des Wortes in den Gedichten Georg Trakls. Linguistische Aspekte ihrer Interpretation. 1971.

58 Wetzel, Heinz: Klang und Bild in den Dichtungen Georg Trakls. 2., durchges. und erg. Aufl. 1972.

59 *Werfel*, Franz
   Die Versuchung. Ein Gespräch des Dichters mit dem Erzengel und Luzifer. 1913. (= ‚Der jüngste Tag' Bd. I. Vgl. Nr. 20).

60 Gesänge aus den drei Reichen. Ausgewählte Gedichte. 1917. (= ‚Der jüngste Tag' Bd. 29/30. Vgl. Nr. 20).

III. Gesamtdarstellungen und Einzelaspekte zur Literatur der Epoche

61 Allemann, Beda: Gibt es abstrakte Dichtung? In: Definitionen. Essays zur Literatur. Hg. v. Adolf Frisé. 1963. S. 157–184.

62 Baumgarth, Christa: Geschichte des Futurismus. 1966.

63 Brinkmann, Richard: Zur Wortkunst des Sturm-Kreises. Anmerkungen über Möglichkeiten und Grenzen abstrakter Dichtung. In: Unterscheidung und Bewahrung. Festschrift für Hermann Kunisch. 1961. S. 63–78.

64 Brinkmann, Richard: ‚Abstrakte' Lyrik im Expressionismus und die Möglichkeit symbolischer Aussage. In: Der deutsche Expressionismus. Formen und Gestalten. Hg. v. Hans Steffen. 1965. S. 88–114.

65 Brinkmann, Richard: Über einige Voraussetzungen von Dada. Ein Vortrag. In: Festschrift für Klaus Ziegler. 1968. S. 361–384.

66 Denkler, Horst: Die Literaturtheorie der Zwanziger Jahre: Zum Selbstverständnis des literarischen Nachexpressionismus in Deutschland – ein Vortrag. In: Monatshefte. Vol. LIX. No. 4. 1967. S. 305–319.

67 Denkler, Horst: Sache und Stil. Die Theorie der ‚Neuen Sachlichkeit‘ und ihre Auswirkungen auf Kunst und Dichtung. In: WW 18. 1968. S. 167–185.

68 Döhl, Reinhard: Dadaismus. In: Expressionismus als Literatur (vgl. Nr. 37). S. 719–739.

69 Fritz, Horst: Literarischer Jugendstil und Expressionismus. Zur Kunsttheorie, Dichtung und Wirkung Richard Dehmels. 1969.

70 Grimm, Reinhold / Jost Hermand (Hg.): Die sogenannten Zwanziger Jahre. First Wisconsin Workshop. 1970.

71 Heselhaus, Clemens: Deutsche Lyrik der Moderne. Von Nietzsche bis Yvan Goll. Die Rückkehr zur Bildlichkeit der Sprache. 1961.

72 Kemper, Hans-Georg / Silvio Vietta: Expressionismus. 1975.

73 Köhn, Lothar: Überwindung des Historismus. Zu Problemen einer Geschichte der deutschen Literatur zwischen 1918 und 1933. In: DVjs. 48. 1974. H. 4. (Im Druck.)

74 Martens, Gunter: Vitalismus und Expressionismus. Ein Beitrag zur Genese und Deutung expressionistischer Stilstrukturen und Motive. 1971.

75 Meyer, Reinhart et al.: Dada in Zürich und Berlin 1916–1920. Literatur zwischen Revolution und Reaktion. 1973.

76 Mon, Franz: Collagetexte und Sprachcollagen. In: F. M. Texte über Texte. 1970. S. 116–135.

77 Prosenc, Miklavž: Die Dadaisten in Zürich. 1967.

78 Riha, Karl: Cross-Reading und Cross-Talking. Zitat-Collagen als poetische und satirische Technik. 1971.

79 Thomke, Hellmut: Hymnische Dichtung im Expressionismus. 1972.

80 Verkauf, Willy / Marcel Janco / Hans Bollinger (Hg.): Dada. Monographie einer Bewegung. 1965.

81 Verkauf, Willy: Ursache und Wirkung des Dadaismus. In: Dada (vgl. Nr. 80). S. 8–23.

82 Vietta, Silvio: Großstadtwahrnehmung und ihre literarische Darstellung. Expressionistischer Reihungsstil und Collage. In: DVjs. 48. 1974. S. 354–373.

IV. Zu Musik und bildender Kunst

83 Cobbing, Bob: Konkrete Lautdichtung 1950–1970. In: akustische texte / konkrete poesie / visuelle texte. Ausstellungskatalog des Württembergischen Kunstvereins. Stuttgart. 1971. O.S.

84 Eimert, Herbert: Vokalität im 20. Jahrhundert. In: Sprache. Dichtung. Musik. Hg. v. Jakob Knaus. 1973. S. 86–107.

85 Hartmann, Thomas von: Über die Anarchie in der Musik. In: Der Blaue Reiter (vgl. Nr. 12). S. 88–94.

86 Kandinsky, Wassily: Über das Geistige in der Kunst. 1912. 5. Aufl. 1956.

87 Kandinsky, Wassily: Über die Formfrage. In: Der Blaue Reiter (vgl. Nr. 12). S. 132–182.

88 Klein, Rudolf / Kurt Blaukopf: Dada in der Musik. In: Dada (vgl. Nr. 80). S. 69–78.
89 Knaus, Jakob: Vorwort. In: Sprache, Dichtung, Musik (vgl. Nr. 84). S. VII–XIV.
90 *Kulbin*, N.: Die Freue Musik. In: Der Blaue Reiter (vgl. Nr. 12). S. 125–131.
91 *Nietzsche*, Friedrich: Über Musik und Wort. In: Sprache, Dichtung, Musik (vgl. Nr. 84). S. 20–32.
92 Rathke, Ewald: Zum Wesen und zur Geschichte der Collage. In: Collagen aus sechs Jahrzehnten. Ausstellungskatalog des Frankfurter Kunstvereins. 1968. S. 7–20.
93 *Sabanejew*, Leonid: ‚Prometheus‘ von Skrjabin. In: Der Blaue Reiter (vgl. Nr. 12). S. 107–124.
94 *Schönberg*, Arnold: Das Verhältnis zum Text. In: Der Blaue Reiter (vgl. Nr. 12). S. 60–75.
95 Staiger, Emil: Deutsche Romantik in Dichtung und Musik. In: Sprache, Dichtung, Musik (vgl. Nr. 84). S. 47–64.
96 Stuckenschmidt, Hans Heinz: Arnold Schönbergs musikalischer Expressionismus. In: Der deutsche Expressionismus (vgl. Nr. 64). S. 250–268.
97 *Wagner*, Richard: Oper und Drama. Dichtkunst und Tonkunst im Drama der Zukunft. In: Sprache, Dichtung, Musik (vgl. Nr. 84). S. 1–19.
98 Wissmann, Jürgen: Collagen oder die Integration von Realität im Kunstwerk. In: Immanente Ästhetik – ästhetische Reflexion. Lyrik als Paradigma der Moderne. Hg. v. Wolfgang Iser. 1966. S. 327–360.
99 *Worringer*, Wilhelm: Abstraktion und Einfühlung. Ein Beitrag zur Stilpsychologie. 1908.

V. Zur Geistes-, Wirtschafts- und Sozialgeschichte

100 *Bergson*, Henri: Schöpferische Entwicklung. 1912.
100a *Bloch*, Ernst: Erbschaft dieser Zeit. Gesamtausgabe Bd. 4. 1962.
101 Böhme, Helmut: Prolegomena zu einer Sozial- und Wirtschaftsgeschichte Deutschlands im 19. und 20. Jahrhundert. 1968.
102 *Bölsche*, Wilhelm: Das Liebesleben in der Natur. Eine Entwicklungsgeschichte der Liebe. 1. Teil. Stark vermehrte und umgearbeitete Aufl. 1913.
103 Gleitze, Bruno: Statistisches Lexikon. 1935.
104 Habermas, Jürgen: Erkenntnis und Interesse. 1968.
105 Horkheimer, Max / Theodor W. Adorno: Dialektik der Aufklärung. 1971.
105a Hübscher, Arthur: Von Hegel zu Heidegger. Gestalten und Probleme. 1963.
106 *Landauer*, Gustav: Skepsis und Mystik. Versuche im Anschluß an Mauthners Sprachkritik. 1903. 2. Aufl. 1923.
107 *Mach*, Ernst: Die Analyse der Empfindungen und das Verhältniss des Physischen zum Psychischen. 1885. 2. verm. Aufl. 1900.
108 Marcuse, Herbert: Der eindimensionale Mensch. Studien zur Ideologie der fortgeschrittenen Industriegesellschaft. 1970.
109 *Mauthner*, Fritz: Die Sprache. 1906. 4. und 5. Tsd. 1907. (Neudruck 1974).

110 Moore, Ruth: Die Lebensspirale. Die großen Entdeckungen der Naturwissenschaften. 1967.
111 *Nietzsche*, Friedrich
Werke. 3 Bde. Hg. v. Karl Schlechta. 6., durchges. Aufl. 1969. Bd. I.
112 Bd. II.
113 Bd. III.
114 Löwith, Karl: Nietzsches Philosophie der ewigen Wiederkehr des Gleichen.
1956.
115 Pütz, Peter: Friedrich Nietzsche. 1967.
116 Ulmer, Karl: Nietzsche. Einheit und Sinn seines Werkes. 1962.
117 *Pinthus*, Kurt: Die Überfülle des Erlebens. 10 Jahre ununterbrochener Sensationen. In: Facsimile Querschnitt durch die Berliner Illustrirte. Hg. v. Friedrich
Luft. 1965. S. 130–132. (Artikel v. 28. 2. 1925).
118 *Rickert*, Heinrich: Die Grenzen der naturwissenschaftlichen Begriffsbildung.
Eine logische Einleitung in die historischen Wissenschaften. 1902. 2., neubearb.
Aufl. 1913.
119 *Simmel*, Georg: Lebensanschauung. 1918.
120 *Schopenhauer*, Arthur: Die Welt als Wille und Vorstellung. Bd. I. Sämtliche
Werke. Hg. v. Arthur Hübscher. Bd. II. 2. Aufl. 1949.
121 Wolff, Hans M.: Arthur Schopenhauer. Hundert Jahre später. 1960.
122 Schulz, Walter: Philosophie in der veränderten Welt. 1972.
123 *Vaihinger*, Hans: Die Philosophie des Als Ob. System der theoretischen, praktischen und religiösen Fiktionen der Menschheit auf Grund eines idealistischen
Positivismus. 1911. 2. Aufl. 1924.

VI. Weitere Literatur (u. a. zur Psychologie)

124 Belschner, Wilfried: Das Lernen aggressiven Verhaltens. In: Zur Aggression
verdammt? Psychologische Ansätze einer Friedensforschung. Hg. v. Herbert
Selg. 1971. S. 53–90.
124 Bernstein, Basil: Studien zur sprachlichen Sozialisation. 1972.
125 Hollitscher, Walter: Aggression im Menschenbild. Marx, Freud, Lorenz. 1970.
126 Hörmann, Hans: Psychologie der Sprache. 1967.
127 Jakobi, Ute / Herbert Selg / Wilfried Belschner: Triebmodelle der Aggression.
In: Zur Aggression verdammt? (Vgl. Nr. 124). S. 36–52.
128 Köhn, Lothar: Der positivistische Ansatz. In: Methodendiskussion. Arbeits-
buch zur Literaturwissenschaft. Bd. I. 1972. S. 29–63.
129 *Lavater*, Johann Kaspar: Ausgewählte Schriften. Hg. v. Joh. Kaspar Orelli:
Acht Theile. Theil 5. 1842.
130 *Lessing*, Gotthold Ephraim: Laokoon oder Über die Grenzen der Malerei und
Poesie. Lessings Werke in fünf Bänden. Bd. III. 1964. S. 161–332.
131 Lévi-Strauss, Claude: Das Ende des Totemismus. 1965.
132 *Novalis*: Heinrich von Ofterdingen. Ein Roman. Schriften. Bd. I. Das dichterische Werk. Hg. v. Paul Kluckhohn und Richard Samuel. 2. Aufl. 1960.
S. 193–334.

133 Selg, Herbert: Die Frustrations-Aggressions-Theorie. In: Zur Aggression ver-
      dammt? (Vgl. Nr. 124). S. 11–35.

134 Weiser, Arthur: Die Psalmen. 6. Aufl. 1963.

135 Wilpert, Gero von: Sachwörterbuch der Literatur. 3. Aufl. 1961.